合格テキスト

よくわかる**簿記**シリーズ　　TEXT

日商簿記2級
商業簿記

❖ はしがき

　現代はIT社会といわれるように，情報・通信技術の飛躍的な発達にはめざましいものがあり，企業経営においても合理化・効率化や，より戦略的な活動の推進のためIT技術の積極的な導入が図られています。とりわけ経理分野では，コンピュータの利用により，簿記の知識はもはや不要とすらいわれることもあります。しかし，これらの情報機器は計算・集計・伝達のツールであり，得られたデータを生かすには簿記会計の知識をもった人の判断が必要であることを忘れてはなりません。また，計数感覚はビジネスパーソンにとって最低限の基礎的知識といえますが，これも簿記を学習することにより習得することができます。

　本書は，日本商工会議所主催簿記検定試験の受験対策用として刊行したものです。

　この検定試験は，2022年4月より新出題区分で施行されていますが，本書は，この出題区分に対応したテキストです。本書は，ＴＡＣ簿記検定講座で使用中の教室講座，通信講座の教材をもとに，長年蓄積してきたノウハウを集約したものであり，「合格する」ことを第一の目的において編集したものです。特に，読者の皆さんがこの一冊で教室と同じ学習効果を上げられるように，次のような工夫をしています。

　　1．学習内容を具体的に理解できるようイラストや図表を使って説明しています。
　　2．学習の論点を明確に把握できるよう「ここがPOINT」を設けてあります。
　　3．補足的あるいは発展的な内容を「supplement」および「研究」として別枠で明示し，
　　　　受験対策上，重要なものを効率よく学習できるように配慮してあります。
　　4．本書のテーマに完全準拠した問題集『合格トレーニング』を用意しました。
　　＊詳しくは「本書の使い方」をご覧ください。

　本書を活用していただければ，読者の皆さんが検定試験に必ず合格できるだけの実力を身につけられるものと確信しています。また本書は，受験用としてばかりではなく，簿記を知識として学習したいと考えている学生，社会人の方にも最適と考えています。

　現在，日本の企業は国際競争の真っ只中にあり，いずれの企業も実力のある人材，とりわけ簿記会計の知識を身につけた有用な人材を求めています。読者の皆さんが本書を活用することで，簿記の検定試験に合格し，将来の日本をになう人材として成長されることを心から願っています。

2024年1月

TAC簿記検定講座

Ver.17.0への改訂について

　本書は，『合格テキスト　日商簿記2級　商業簿記』Ver.16.0について，最近の出題傾向に基づき，改訂を行ったものです。

❖ 本書の使い方

　本書は，日商簿記検定試験に合格することを最大の目的として編纂しました。TAC簿記検定講座が教室講座の運営をとおして構築したノウハウの集大成です。

　本書の特徴は次のような点であり，きっと満足のいただけるものと確信しています。

各テーマの冒頭にそのテーマで学習する範囲を示してありますので，事前に学習範囲を知ることができます。

論点を理解するために必要な内容をテーマごとにまとめましたので，無駄のない学習を行うことができます。

各論点には「仕訳例」や「設例」を示してありますので，これに従って学習を進めることで，無理なく内容を理解することができます。

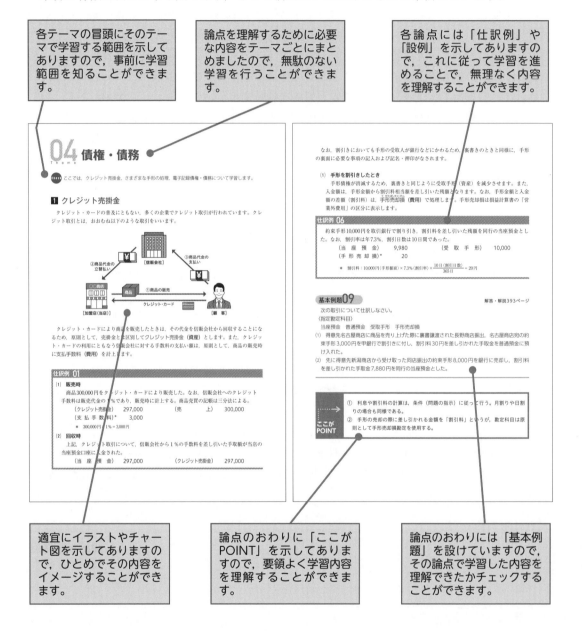

適宜にイラストやチャート図を示してありますので，ひとめでその内容をイメージすることができます。

論点のおわりに「ここがPOINT」を示してありますので，要領よく学習内容を理解することができます。

論点のおわりには「基本例題」を設けていますので，その論点で学習した内容を理解できたかチェックすることができます。

なお，より簿記の理解を高めるため，本書に沿って編集されている問題集『合格トレーニング』を同時に解かれることをおすすめします。

ＴＡＣ簿記検定講座スタッフ一同

> より理解を高めるために「supplement」および「研究」として，補足的あるいは発展的な内容を別枠で示してあります。

> 巻末付録の勘定科目一覧表で，２級商業簿記にて用いる主な勘定科目を，財務諸表ごとに確認することができます。

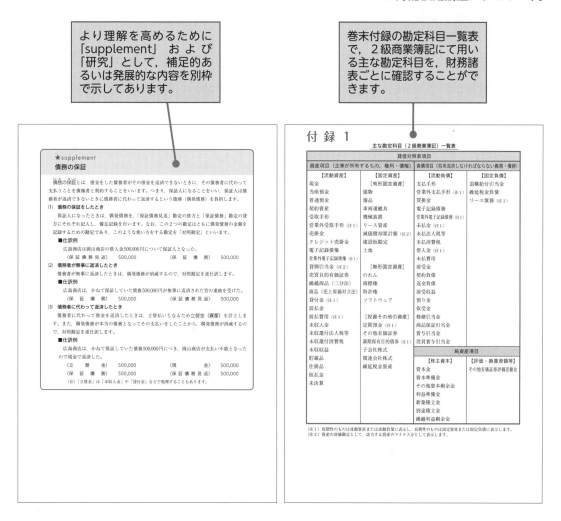

■簿記で使用される記号

(1) P/L	：損益計算書	(Profit & Loss Statement)	
(2) B/S	：貸借対照表	(Balance Sheet)	
(3) S/S	：株主資本等変動計算書	(Statements of Shareholders' Equity)	
(4) C/R	：製造原価報告書（明細書）	(Cost Report)	
(5) F/S	：財務諸表	(Financial Statements)	
(6) T/B	：試算表	(Trial Balance)	
(7) W/S，W/P	：精算表	(Working Sheet, Working Paper)	
(8) a/c	：勘定	(account)	
(9) ¥	：円	(yen)	
(10) @	：単価	(at)　@¥100→単価100円	

❖合格までのプロセス

　本書は，合格することを第一の目的として編集しておりますが，学習にあたっては次の点に注意してください。

1．段階的な学習を意識する

　学習方法には個人差がありますが，検定試験における「合格までのプロセス」は，次の3段階に分けることができます。各段階の学習を確実に進めて，合格を勝ち取りましょう。

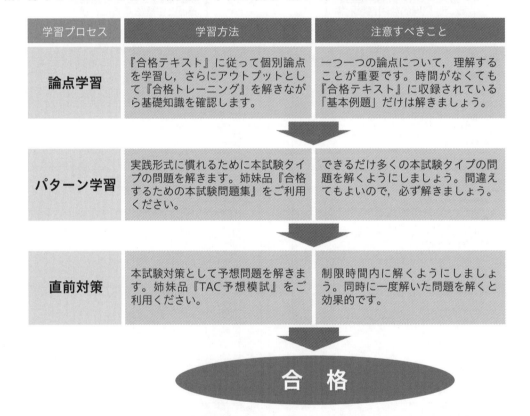

学習プロセス	学習方法	注意すべきこと
論点学習	『合格テキスト』に従って個別論点を学習し，さらにアウトプットとして『合格トレーニング』を解きながら基礎知識を確認します。	一つ一つの論点について，理解することが重要です。時間がなくても『合格テキスト』に収録されている「基本例題」だけは解きましょう。
パターン学習	実践形式に慣れるために本試験タイプの問題を解きます。姉妹品『合格するための本試験問題集』をご利用ください。	できるだけ多くの本試験タイプの問題を解くようにしましょう。間違えてもよいので，必ず解きましょう。
直前対策	本試験対策として予想問題を解きます。姉妹品『TAC予想模試』をご利用ください。	制限時間内に解くようにしましょう。同時に一度解いた問題を解くと効果的です。

合　格

2．簿記は習うより慣れろ

　簿記は問題を解くことで理解が深まりますので，読むだけでなく実際にペンを握ってより多くの問題を解くようにしましょう。

論点学習　▶　「基本例題」を　解　く　▶　『合格トレーニング』の問題を解く　▶　次の論点学習

3．学習計画を立てる

　検定試験を受験するにあたり，学習計画は事前に立てておく必要があります。日々の積み重ねが合格への近道です。学習日程を作り，一夜漬けにならないように気をつけましょう。（「論点学習計画表」は（10）ページに掲載していますので，ご利用ください。）

学 習 テ ー マ		計　　画		実　　施	
テーマ00	簿記一巡の手続き	月	日	月	日
テーマ01	財務諸表	月	日	月	日
テーマ02	商品売買	月	日	月	日
テーマ03	現金および預金	月	日	月	日
テーマ04	債権・債務	月	日	月	日
テーマ05	有価証券	月	日	月	日
テーマ06	有形固定資産（Ⅰ）	月	日	月	日
テーマ		月	日		

● 学習サポートについて ●

　　　ＴＡＣ簿記検定講座では，皆さんの学習をサポートするために受験相談窓口を開設しております。ご相談は文書にて承ります。住所，氏名，電話番号を明記の上，返信用切手84円を同封し下記の住所までお送りください。なお，返信までは7〜10日前後必要となりますので，予めご了承ください。

〒101-8383　東京都千代田区神田三崎町３−２−18

資格の学校ＴＡＣ　簿記検定講座講師室　「受験相談係」宛

（注）受験相談窓口につき書籍に関するご質問はご容赦ください。

❖ 効率的な学習方法

　これから学習を始めるにあたり，試験の出題傾向にあわせた効率的な学習法（得点源）について見ることにしましょう。

1．配点基準

　日商簿記2級検定試験では，第1問〜第3問までが商業簿記，第4問〜第5問までが工業簿記の範囲から出題されます。各回の検定試験では，おおむね次のような配点基準で出題されています。

商業簿記			工業簿記	
第1問 20点	第2問 20点	第3問 20点	第4問 28点	第5問 12点
合　計：100点				

2．出題傾向と対策

　検定試験では100点満点のうち70点を得点することで合格となりますが，ここでは第1問〜第3問までの商業簿記について見ることにしましょう。

第1問対策 ……　ここでは仕訳形式の問題が5題出題され，各4点の配点となります。なお，検定試験では使用できる勘定科目が指定されますので，この指定科目を使用して解答しなければ正解とならないことに注意してください。

第2問対策 ……　簿記一巡の手続きを前提とした個別論点または連結会計などの特殊論点の内容が出題されます。

第3問対策 ……　精算表の作成，財務諸表の作成など決算にかかわる論点から出題されます。また，本支店会計およびサービス業や製造業を前提とした決算問題なども出題される可能性があります。

　2級商業簿記の学習にあたっては，3級商業簿記で学習した「簿記一巡の手続き」を意識しながら学習をすることが大切です。
　簿記一巡の手続きを前提に，体系的な理解を心掛けましょう。

❖ 試験概要

　現在，実施されている簿記検定試験の中で最も規模が大きく，また歴史も古い検定試験が，日本商工会議所が主催する簿記検定試験です（略して日商検定といいます）。

　日商検定は知名度も高く企業の人事労務担当者にも広く知れ渡っている資格の一つです。一般に履歴書に書けるといわれているのは3級からですが，社会的な要請からも今は2級合格が一つの目安になっています。なお，同検定1級合格者には税理士試験（税法に属する試験科目）の受験資格を付与するという特典があり，職業会計人の登竜門となっています。

級　別	科　　目	制限時間	程　　　　　　　　度
1級	商業簿記 会計学 工業簿記 原価計算	〈商・会〉 90分 〈工・原〉 90分	極めて高度な商業簿記・会計学・工業簿記・原価計算を修得し，会計基準や会社法，財務諸表等規則などの企業会計に関する法規を踏まえて，経営管理や経営分析を行うために求められるレベル。
2級	商業簿記 工業簿記	90分	高度な商業簿記・工業簿記（原価計算を含む）を修得し，財務諸表の数字から経営内容を把握できるなど，企業活動や会計実務を踏まえ適切な処理や分析を行うために求められるレベル。
3級	商業簿記	60分	基本的な商業簿記を修得し，小規模企業における企業活動や会計実務を踏まえ，経理関連書類の適切な処理を行うために求められるレベル。
簿記初級	商業簿記	40分	簿記の基本用語や複式簿記の仕組みを理解し，業務に利活用することができる。（試験方式：ネット試験）
原価計算 初級	原価計算	40分	原価計算の基本用語や原価と利益の関係を分析・理解し，業務に利活用することができる。（試験方式：ネット試験）

　各級とも100点満点のうち70点以上を得点すれば合格となります。ただし，1級については各科目25点満点のうち，1科目の得点が10点未満であるときは，たとえ合計が70点以上であっても不合格となります。

主 催 団 体	日本商工会議所，各地商工会議所
受 験 資 格	特に制限なし
試 　験 　日	統一試験：年3回　6月（第2日曜日）／11月（第3日曜日）／2月（第4日曜日） ネット試験：随時（テストセンターが定める日時）
試 　験 　級	1級・2級・3級・簿記初級・原価計算初級
申 込 方 法	統一試験：試験の約2か月前から開始。申込期間は，各商工会議所によって異なります。 ネット試験：テストセンターの申込サイトより随時。
受験料(税込)	1級　￥8,800　2級　￥5,500　3級　￥3,300　簿記初級・原価計算初級　￥2,200 ※　一部の商工会議所およびネット試験では事務手数料がかかります。
問い合せ先	最寄りの各地商工会議所にお問い合わせください。 検定試験ホームページ：https://www.kentei.ne.jp/

※　刊行時のデータです。最新の情報は検定試験ホームページをご確認ください。

❖ 論点学習計画表

学習テーマ		計画		実施	
テーマ00	簿記一巡の手続き	月	日	月	日
テーマ01	財務諸表	月	日	月	日
テーマ02	商品売買	月	日	月	日
テーマ03	現金および預金	月	日	月	日
テーマ04	債権・債務	月	日	月	日
テーマ05	有価証券	月	日	月	日
テーマ06	有形固定資産（Ⅰ）	月	日	月	日
テーマ07	有形固定資産（Ⅱ）	月	日	月	日
テーマ08	リース取引	月	日	月	日
テーマ09	無形固定資産等と研究開発費	月	日	月	日
テーマ10	引当金	月	日	月	日
テーマ11	外貨換算会計	月	日	月	日
テーマ12	税金	月	日	月	日
テーマ13	課税所得の算定と税効果会計	月	日	月	日
テーマ14	株式の発行	月	日	月	日
テーマ15	剰余金の配当と処分	月	日	月	日
テーマ16	決算手続	月	日	月	日
テーマ17	収益の認識基準	月	日	月	日
テーマ18	本支店会計	月	日	月	日
テーマ19	合併と事業譲渡	月	日	月	日
テーマ20	連結会計Ⅰ（資本連結Ⅰ）	月	日	月	日
テーマ21	連結会計Ⅱ（資本連結Ⅱ）	月	日	月	日
テーマ22	連結会計Ⅲ（成果連結）	月	日	月	日
テーマ23	連結会計Ⅳ（連結株主資本等変動計算書を作成する場合）	月	日	月	日
テーマ24	製造業会計	月	日	月	日

※ おおむね2～3か月程度で論点学習を終えるようにしましょう。

合格テキスト　日商簿記2級　商業簿記 # CONTENTS

テーマ 00 簿記一巡の手続き／2ページ

テーマ 01 財務諸表／20ページ

テーマ 02 商品売買／30ページ

テーマ 03 現金および預金／52ページ

テーマ 04 債権・債務／66ページ

テーマ 05 有価証券／82ページ

テーマ 06 有形固定資産（Ⅰ）／108ページ

仕訳Webアプリ「受かる！仕訳猛特訓」で訓練しよう！

本書購入特典として、仕訳Webアプリが付属しています。

新試験方式になり、本試験における仕訳の重要度がさらに高まりました。仕訳を制する者は、本試験を制するともいっても過言ではありません。スキマ時間などを使い、仕訳を徹底的にマスターして本試験にのぞんでください！

※本サービスの提供期間は、本書の改訂版刊行月末日までです。

（免責事項）
(1) 本アプリの利用にあたり、当社の故意または重大な過失によるもの以外で生じた損害、及び第三者から利用者に対してなされた損害賠償請求に基づく損害については一切の責任を負いません。
(2) 利用者が使用する対応端末は、利用者の費用と責任において準備するものとし、当社は、通信環境の不備等による本アプリの使用障害については、一切サポートを行いません。
(3) 当社は、本アプリの正確性、健全性、適用性、有用性、動作保証、対応端末への適合性、その他一切の事項について保証しません。
(4) 各種本試験の申込、試験申込期間などは、必ず利用者自身で確認するものとし、いかなる損害が発生した場合であっても当社では一切の責任を負いません。

（推奨デバイス）スマートフォン・PC・タブレット
（推奨ブラウザ）Microsoft Edge 最新版／
Google Chrome 最新版／Safari 最新版

詳細は、下記URLにてご確認ください。
https://shiwake.tac-school.co.jp/login/2

仕訳Webアプリへのアクセス方法

STEP 1　TAC出版　検索

STEP 2　🌱 書籍連動ダウンロードサービス　にアクセス

STEP 3　パスワードを入力
240210657

＼ Start! ／

合格テキスト

日商簿記級

00 簿記一巡の手続き
Theme

Check ここでは，簿記検定3級で学習した内容を前提として，簿記一巡の手続きを確認します。

1 簿記一巡の手続き

簿記の処理は会計期間を前提としており，その手続きは，開始手続，営業手続および決算手続からなっています。これを整理すると，次のようになります。

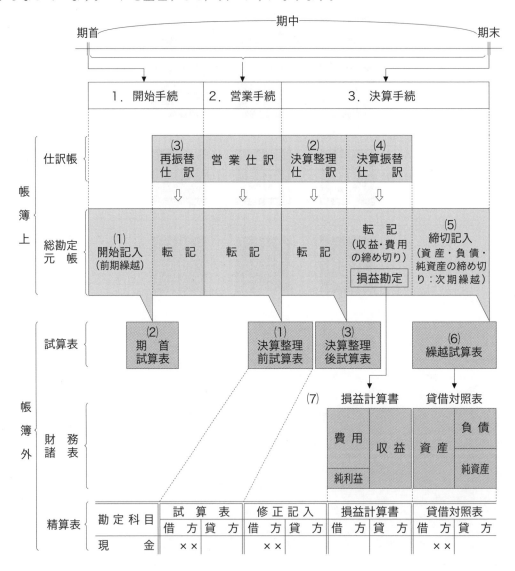

1．期首の処理：開始手続

(1) 開始記入

　　前期より繰り越された資産・負債・純資産の諸勘定の金額を「前期繰越」として，該当する勘定に記入します。なお，この開始記入について仕訳は行いません。勘定の借方または貸方に直接記入します。

繰越試算表(一部)
×1年12月31日

借　　方	勘　定　科　目	貸　　方
5,000	現　　　　金	
⋮	⋮	
	買　　掛　　金	2,000
	⋮	⋮
	資　　本　　金	3,000
××		××

現　　　　金	
1/1 前期繰越　5,000	

買　　掛　　金	
	1/1 前期繰越　2,000

資　　本　　金	
	1/1 前期繰越　3,000

(2) 期首試算表の作成

　　開始記入を検証するため，試算表を作成します。試算表とは，総勘定元帳における勘定記録の内容を一覧表にしたもので，勘定記録の「合計」に着目した合計試算表と「残高」に着目した残高試算表があります。この期首時点において作成した試算表を「期首試算表」といいます。

(3) 再振替仕訳

　　一定の項目について，再振替仕訳を行います。再振替仕訳は，前期末に行われた決算整理仕訳の一部について，これを「元に戻す」ために行われます。

　　たとえば，簿記検定3級の学習範囲においては，経過勘定項目が再振替仕訳の対象となります。

2．期中の処理：営業手続

　　期中の「取引」についてこれを仕訳し，勘定に転記します。また，必要に応じて試算表を作成します。

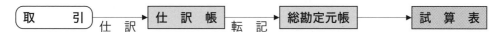

取　　引 ── 仕訳 → **仕 訳 帳** ── 転 記 → **総勘定元帳** ── → **試 算 表**

3．期末の処理：決算手続

(1) 決算整理前試算表の作成

決算に先立ち，期中処理に誤りがないかを検証するために試算表が作成されます。この試算表を決算整理前試算表（前T/B）といいます。

(2) 決算整理

期末において，適正な期間損益計算と適正な財政状態を把握するために行われる調整の処理を決算整理といいます。商品売買取引を三分法で記帳した場合の「売上原価の算定」，「貸倒引当金の設定」，固定資産に係る「減価償却」などがこれに該当します。

① 売上原価の算定：仕入勘定で算定

販売された商品の原価を売上原価といい，次の計算により求めることができます。

> 売上原価 ＝ 期首商品棚卸高 ＋ 当期商品仕入高 － 期末商品棚卸高

上記の算式にもとづき，当期の仕入高を記録する仕入勘定で売上原価を明らかにするために，次の仕訳を行います。

（仕　　　　入）⊕　××	（繰　越　商　品）⊖　××
（繰　越　商　品）⊕　××	（仕　　　　入）⊖　××

② 貸倒引当金の設定

期末の売上債権等の残高について将来の貸倒れを見積り，貸倒引当金を設定します。なお，その処理は貸倒見積額から貸倒引当金勘定の残高を差し引いた差額部分について行います（差額補充法）。

> 貸倒見積額：売上債権残高 × 貸倒実績率
> 貸倒引当金の繰入額：貸倒見積額 － 貸倒引当金残高

（貸倒引当金繰入）⊕　××	（貸　倒　引　当　金）⊕　××

③ 減価償却（間接法）

建物，備品等の固定資産について，定額法等の計算により減価償却費を計上します。

> 定額法による減価償却費 ＝ （取得原価 － 残存価額）÷耐用年数

（減　価　償　却　費）⊕　××	（減価償却累計額）⊕　××

④ **経過勘定項目（前払費用・前受収益および未払費用・未収収益）の計上**

期間の定めのある費用・収益について，その期間が当期と次期にまたがるとき，経過勘定を計上し，費用・収益の金額を調整します。

ⓐ **前払費用の計上**

当期に支払った費用の金額のうち，次期分の費用の金額を前払費用（資産）に振り替えます。

（前　払　費　用）⊕ ××	（費用の諸勘定）⊖ ××

ⓑ **前受収益の計上**

当期に受け取った収益の金額のうち，次期分の収益の金額を前受収益（負債）に振り替えます。

（収益の諸勘定）⊖ ××	（前　受　収　益）⊕ ××

ⓒ **未払費用の計上**

当期に支払っていない，当期分の費用の金額について未払費用（負債）を計上します。

（費用の諸勘定）⊕ ××	（未　払　費　用）⊕ ××

ⓓ **未収収益の計上**

当期に受け取っていない，当期分の収益の金額について未収収益（資産）を計上します。

（未　収　収　益）⊕ ××	（収益の諸勘定）⊕ ××

⑶ **決算整理後試算表の作成**

決算整理の処理に誤りがないかを検証するために試算表が作成されます。この試算表を決算整理後試算表（後T/B）といいます。

⑷ **決算振替**

「損益」勘定を設定し，決算整理後の費用・収益の諸勘定を損益勘定に集計することにより当期純利益を算定します。この手続きを決算振替といいます。

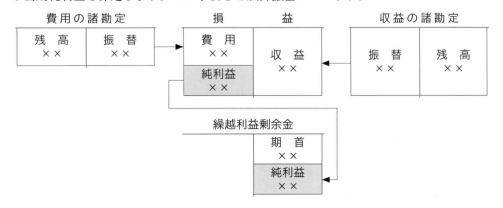

〈決算振替仕訳〉

ⓐ 収益の振り替え

収益の諸勘定の残高を損益勘定の貸方へ振り替えます。

| （収 益 の 諸 勘 定） | × × | （損　　　　益） | × × |

ⓑ 費用の振り替え

費用の諸勘定の残高を損益勘定の借方へ振り替えます。

| （損　　　　益） | × × | （費 用 の 諸 勘 定） | × × |

ⓒ 当期純利益の振り替え

損益勘定の貸方残高は「当期純利益」として，繰越利益剰余金に振り替えます。

| （損　　　　益） | × × | （繰越利益剰余金） | × × |

(5) 締切記入

　　資産・負債・純資産の諸勘定の残高を次期に繰り越すため「次期繰越」として記入します。なお，この繰越の記入について仕訳は行いません。勘定の借方または貸方に直接記入します。

(6) 繰越試算表の作成

　　繰越の記入に誤りがないかを検証するため，試算表を作成します。この試算表を繰越試算表といいます。なお，「繰越試算表」は，日商簿記検定においては，2019年4月以降実施される試験の出題区分からは除外されましたが，その存在は知っておいてください。

(7) 財務諸表の作成

① 「損益」勘定より損益計算書を作成します。

② 「繰越試算表」より貸借対照表を作成します。

設例 0-1

東京商店（決算日3月末）の以下の〔A〕～〔C〕の資料にもとづいて，次の各問に答えなさい。なお，商品売買の取引は三分法による。また，解答にあたり，以下の［仕訳帳］［総勘定元帳］を使用しなさい。

問1　資料〔A〕および資料〔B〕により，決算整理前残高試算表を作成しなさい。

問2　資料〔C〕により，決算整理後残高試算表を作成しなさい。

問3　損益勘定と繰越試算表を作成しなさい。

問4　損益計算書と貸借対照表を作成しなさい。

〔A〕前期末（×1年3月31日）における繰越試算表

繰 越 試 算 表
×1年3月31日

借　　　方	勘 定 科 目	貸　　　方
389,000	現　　　　　金	
50,000	繰 越 商 品	
3,000	前 払 家 賃	
250,000	備　　　　　品	
	未 払 給 料	15,000
	減価償却累計額	27,000
	資 本 金	500,000
	利 益 準 備 金	100,000
	繰 越 利 益 剰 余 金	50,000
692,000		692,000

＊　前払家賃，未払給料については期首の日付で再振替仕訳を行う。

〔B〕期中取引

①　商品 370,000 円を仕入れ，代金は現金で支払った。

②　商品（原価 385,000 円，売価 520,000 円）を販売し，代金は現金で受け取った。

③　株主総会において配当金 30,000 円を決議し，同日ただちに株主に対して現金で支払った。同時に 3,000 円を利益準備金として積み立てた。

④　給料 40,000 円を現金で支払った。

⑤　向こう1年分として家賃 12,000 円を現金で支払った。

〔C〕決算整理事項

(1)　期末商品棚卸高は 35,000 円である。なお，売上原価を仕入勘定で算定する。

(2)　備品に対し，残存価額は取得原価の 10%，耐用年数は5年の定額法により減価償却を行う。

(3)　次期分の家賃 2,400 円について前払家賃に振り替える。

(4)　給料の未払分 18,000 円について未払給料を計上する。

[仕訳帳]

1．再振替仕訳

（	）	（	）
（	）	（	）

2．期中取引の仕訳

①	（	）	（	）
②	（	）	（	）
③	（	）	（	）
			（	）
④	（	）	（	）
⑤	（	）	（	）

3．決算整理仕訳

(1)	（	）	（	）
	（	）	（	）
(2)	（	）	（	）
(3)	（	）	（	）
(4)	（	）	（	）

4．決算振替仕訳：勘定の締め切り

〈収益の振り替え〉

（	）	（	）

〈費用の振り替え〉

（	）	（	）
		（	）
		（	）
		（	）

〈当期純利益の振り替え〉

（	）	（	）

[総勘定元帳]

現　　　　金		未　払　給　料	

繰　越　商　品		減価償却累計額	

前　払　家　賃		資　　本　　金	

備　　　　品		利　益　準　備　金	

仕　　　　入		繰越利益剰余金	

給　　　　料		売　　　　上	

支　払　家　賃		損　　　　益	

減　価　償　却　費	

〈解答欄〉

〔問1〕

決算整理前残高試算表
×2年3月31日

借　方	勘　定　科　目	貸　方
	現　　　　　金	
	繰　越　商　品	
	備　　　　　品	
	減価償却累計額	
	資　　本　　金	
	利　益　準　備　金	
	繰越利益剰余金	
	売　　　　　上	
	仕　　　　　入	
	給　　　　　料	
	支　払　家　賃	

〔問2〕

決算整理後残高試算表
×2年3月31日

借　方	勘　定　科　目	貸　方
	現　　　　　金	
	繰　越　商　品	
	前　払　家　賃	
	備　　　　　品	
	未　払　給　料	
	減価償却累計額	
	資　　本　　金	
	利　益　準　備　金	
	繰越利益剰余金	
	売　　　　　上	
	仕　　　　　入	
	給　　　　　料	
	支　払　家　賃	
	減　価　償　却　費	

〔問3〕

	損		益	
3/31	仕　　　　　入		3/31	売　　　　　上
〃	給　　　料			
〃	支　払　家　賃			
〃	減　価　償　却　費			
〃	繰　越　利　益　剰　余　金			

繰　越　試　算　表
×2年3月31日

借　　　方	勘　定　科　目	貸　　　方
	現　　　　　金	
	繰　越　商　品	
	前　払　家　賃	
	備　　　　　品	
	未　払　給　料	
	減　価　償　却　累　計　額	
	資　　本　　金	
	利　益　準　備　金	
	繰　越　利　益　剰　余　金	

〔問4〕

損　益　計　算　書
×1年4月1日～×2年3月31日

費　　　　　用	金　額	収　　　　　益	金　額
（　　　　　　）		（　　　　　　）	
給　　　料			
支　払　家　賃			
減　価　償　却　費			
（　　　　　　）			

貸借対照表
×2年3月31日

資　　　　産	金　額	負債・純資産	金　額
現　　　　金		未　払　費　用	
（　　　　）		資　　本　　金	
前　払　費　用		利　益　準　備　金	
備　　　　品		繰越利益剰余金	
（　　　　）			

〈解答・解説〉

〔問1〕

決算整理前残高試算表
×2年3月31日

借　　方	勘　定　科　目	貸　　方
457,000	現　　　　　金	
50,000	繰　越　商　品	
250,000	備　　　　　品	
	減価償却累計額	27,000
	資　　本　　金	500,000
	利　益　準　備　金	103,000
	繰越利益剰余金	17,000
	売　　　　　上	520,000
370,000	仕　　　　　入	
25,000	給　　　　　料	
15,000	支　払　家　賃	
1,167,000		1,167,000

1．再振替仕訳

（支　払　家　賃）	3,000	（前　払　家　賃）	3,000
（未　払　給　料）	15,000	（給　　　　料）	15,000

２．期中取引の仕訳

①	（仕	入）	370,000	（現	金）	370,000
②	（現	金）	520,000	（売	上）	520,000
③	（繰越利益剰余金）		33,000	（現	金）	30,000
				（利 益 準 備 金）		3,000
④	（給	料）	40,000	（現	金）	40,000
⑤	（支 払 家 賃）		12,000	（現	金）	12,000

〈勘定記入〉

　転記は本来「日付」「相手科目」「金額」を記入すべきですが，以下の勘定記入において，次の２点を変更しているので注意してください。

(1)　再振替仕訳によって記入されるものは，「相手科目」に代えて「再振替」と記しています。

(2)　期中取引によって記入されるものは，「日付」の代わりに取引番号を記しています。また，「相手科目」の記入は省略しています。

現　　　金

4/1	前期繰越	389,000	①		370,000
②		520,000	③		30,000
			④		40,000
			⑤		12,000

未 払 給 料

4/1	再振替	15,000	4/1	前期繰越	15,000

繰 越 商 品

4/1	前期繰越	50,000			

減価償却累計額

			4/1	前期繰越	27,000

前 払 家 賃

4/1	前期繰越	3,000	4/1	再振替	3,000

資　本　金

			4/1	前期繰越	500,000

備　　　品

4/1	前期繰越	250,000			

利 益 準 備 金

			4/1	前期繰越	100,000
			③		3,000

仕　　　入

①		370,000			

繰 越 利 益 剰 余 金

③		33,000	4/1	前期繰越	50,000

給　　　料

④		40,000	4/1	再振替	15,000

売　　　上

			②		520,000

支 払 家 賃

4/1	再振替	3,000			
⑤		12,000			

〔問2〕

決算整理後残高試算表
×2年3月31日

借　　　方	勘　定　科　目	貸　　　方
457,000	現　　　　　金	
35,000	繰　越　商　品	
2,400	前　払　家　賃	
250,000	備　　　　　品	
	未　払　給　料	18,000
	減価償却累計額	72,000
	資　　本　　金	500,000
	利　益　準　備　金	103,000
	繰越利益剰余金	17,000
	売　　　　　上	520,000
385,000	仕　　　　　入	
43,000	給　　　　　料	
12,600	支　払　家　賃	
45,000	減　価　償　却　費	
1,230,000		1,230,000

3．決算整理仕訳

(1) 売上原価の算定

（仕　　　　　入）	50,000	（繰　越　商　品）	50,000
（繰　越　商　品）	35,000	（仕　　　　　入）	35,000

売上原価：50,000円 + 370,000円 − 35,000円 = 385,000円

(2) 減価償却

（減　価　償　却　費）	45,000	（減価償却累計額）	45,000

減価償却費：250,000円 × 0.9 ÷ 5年 = 45,000円

(3) 支払家賃の前払い

（前　払　家　賃）	2,400	（支　払　家　賃）	2,400

(4) 給料の未払い

（給　　　　　料）	18,000	（未　払　給　料）	18,000

〈勘定記入〉

決算整理仕訳によって記入されるものは，「相手科目」の記入に代えて取引番号を記しています。

現		金			未 払 給 料			
4/1 前期繰越	389,000	①	370,000	4/1 再振替	15,000	4/1 前期繰越	15,000
②	520,000	③	30,000			3/31 (4)	18,000
		④	40,000				
		⑤	12,000				

繰 越 商 品				減 価 償 却 累 計 額			
4/1 前期繰越	50,000	3/31 (1)	50,000			4/1 前期繰越	27,000
3/31 (1)	35,000					3/31 (2)	45,000

前 払 家 賃				資 本 金			
4/1 前期繰越	3,000	4/1 再振替	3,000			4/1 前期繰越	500,000
3/31 (3)	2,400						

備		品		利 益 準 備 金			
4/1 前期繰越	250,000					4/1 前期繰越	100,000
						③	3,000

仕		入		繰 越 利 益 剰 余 金			
①	370,000	3/31 (1)	35,000	③	33,000	4/1 前期繰越	50,000
3/31 (1)	50,000						

給		料		売		上	
④	40,000	4/1 再振替	15,000			②	520,000
3/31 (4)	18,000						

支 払 家 賃			
4/1 再振替	3,000	3/31 (3)	2,400
⑤	12,000		

減 価 償 却 費			
3/31 (2)	45,000		

〔問3〕

	損		益	
3/31 仕 入	385,000	3/31 売 上	520,000
〃 給 料	43,000		
〃 支 払 家 賃	12,600		
〃 減 価 償 却 費	45,000		
〃 繰 越 利 益 剰 余 金	34,400		
	520,000		520,000

繰 越 試 算 表
×2年3月31日

借 方	勘 定 科 目	貸 方
457,000	現 金	
35,000	繰 越 商 品	
2,400	前 払 家 賃	
250,000	備 品	
	未 払 給 料	18,000
	減 価 償 却 累 計 額	72,000
	資 本 金	500,000
	利 益 準 備 金	103,000
	繰 越 利 益 剰 余 金	51,400
744,400		744,400

4. ⓐ 決算振替仕訳：費用・収益の勘定の締め切り

〈収益の振り替え〉

（売 上）	520,000	（損 益）	520,000

〈費用の振り替え〉

（損 益）	485,600	（仕 入）	385,000
		（給 料）	43,000
		（支 払 家 賃）	12,600
		（減 価 償 却 費）	45,000

〈当期純利益の振り替え〉

（損 益）	34,400	（繰越利益剰余金）	34,400

〈勘定記入〉

仕 入			
①	370,000	3/31　(1)	35,000
3/31　(1)	50,000	〃　損　益	385,000
	420,000		420,000

売 上			
3/31　損　益	520,000	②	520,000

給 料			
④	40,000	4/1　再振替	15,000
3/31　(4)	18,000	3/31　損　益	43,000
	58,000		58,000

損 益　（〔問3〕解答）			
3/31　仕　入	385,000	3/31　売　上	520,000
〃　給　料	43,000		
〃　支払家賃	12,600		
〃　減価償却費	45,000		
〃　繰越利益剰余金	34,400		
	520,000		520,000

支 払 家 賃			
4/1　再振替	3,000	3/31　(3)	2,400
⑤	12,000	〃　損　益	12,600
	15,000		15,000

減 価 償 却 費			
3/31　(2)	45,000	3/31　損　益	45,000

4．ⓑ　締切記入：資産・負債・純資産の勘定の締め切り

現 金			
4/1　前期繰越	389,000	①	370,000
②	520,000	③	30,000
		④	40,000
		⑤	12,000
		3/31　次期繰越	457,000
	909,000		909,000

未 払 給 料			
4/1　再振替	15,000	4/1　前期繰越	15,000
3/31　次期繰越	18,000	3/31　(4)	18,000
	33,000		33,000

繰 越 商 品			
4/1　前期繰越	50,000	3/31　(1)	50,000
3/31　(1)	35,000	〃　次期繰越	35,000
	85,000		85,000

減 価 償 却 累 計 額			
3/31　次期繰越	72,000	4/1　前期繰越	27,000
		3/31　(2)	45,000
	72,000		72,000

前 払 家 賃			
4/1　前期繰越	3,000	4/1　再振替	3,000
3/31　(3)	2,400	3/31　次期繰越	2,400
	5,400		5,400

資 本 金			
3/31　次期繰越	500,000	4/1　前期繰越	500,000

備 品			
4/1　前期繰越	250,000	3/31　次期繰越	250,000

利 益 準 備 金			
3/31　次期繰越	103,000	4/1　前期繰越	100,000
		③	3,000
	103,000		103,000

繰 越 利 益 剰 余 金			
③	33,000	4/1　前期繰越	50,000
3/31　次期繰越	51,400	3/31　損　益	34,400
	84,400		84,400

17

〔問4〕

損 益 計 算 書
×1年4月1日～×2年3月31日

費　　　　　用	金　額	収　　　　　益	金　額
（売　上　原　価）	385,000	（売　　上　　高）	520,000
給　　　　　料	43,000		
支　払　家　賃	12,600		
減　価　償　却　費	45,000		
（当　期　純　利　益）	34,400		
	520,000		520,000

貸 借 対 照 表
×2年3月31日

資　　　　　産	金　額	負　債・純　資　産	金　額
現　　　　　金	457,000	未　払　費　用	18,000
（商　　　　　品）	35,000	資　　本　　金	500,000
前　払　費　用	2,400	利　益　準　備　金	103,000
備　　　　　品	250,000	繰　越　利　益　剰　余　金	51,400
（減価償却累計額）	△72,000		
	672,400		672,400

MEMO

01 財務諸表
Theme

Check ここでは，この後の個別論点の学習にあたり，必要な範囲で報告式の損益計算書と勘定式の貸借対照表の様式と区分表示を紹介します。なお，初学の際，このテーマは概要を把握する程度の学習で構いませんが，個別論点の学習が終了したところで立ち戻り，詳しく学習してください。

1 損益計算書（報告式）

1. 様式

簿記検定2級では報告式（ほうこくしき）の損益計算書を学習します（簿記検定3級で学習したT字型のものは勘定式といいます。なお，以下，初学の際，未学習の勘定科目について深く考える必要はありません）。

損 益 計 算 書

○○株式会社　　　自×7年4月1日　至×8年3月31日　　　　（単位：円）

I 売 上 高		120,000	
II 売 上 原 価			
1．期首商品棚卸高	20,000		
2．当期商品仕入高	80,000		
合　　計	100,000		
3．期末商品棚卸高	30,000	70,000	
売上総利益		50,000	← (1)粗利，商品の販売益
III 販売費及び一般管理費			
1．給　　　　料	12,000		
2．広 告 宣 伝 費	7,000		
3．旅 費 交 通 費	3,000		
4．租 税 公 課	1,000		
5．研 究 開 発 費	2,500		
6．貸倒引当金繰入	500		
7．減 価 償 却 費	4,000	30,000	
営 業 利 益		20,000	← (2)営業活動の成果たる利益
IV 営 業 外 収 益			
1．受 取 利 息	1,900		
2．有価証券売却益	3,100	5,000	
V 営 業 外 費 用			
1．支 払 利 息	4,300		
2．有価証券評価損	7,700	12,000	
経 常 利 益		13,000	← (3)正常な企業活動の成果たる利益
VI 特 別 利 益			
1．固定資産売却益	1,000	1,000	
VII 特 別 損 失			
1．災 害 損 失	4,000	4,000	
税引前当期純利益		10,000	← (4)一会計期間の成果たる利益
法人税，住民税及び事業税		4,000	
当 期 純 利 益		6,000	← (5)税引後の当期純利益

2. 表示区分と各種の利益

報告式の損益計算書では，原則として，区分表示がなされ，その区分ごとに性格の異なる利益を段階的に算出します。その「表示区分」と「各種の利益」の内容は次のとおりです。

なお，今後，費用・収益の項目は，損益計算書の表示区分を意識して学習してください。

(1) 売上総利益の計算

「売上高」と「売上原価」を記載して，「売上総利益」を算出します。売上総利益は，いわゆる粗利のことであり，商品販売業においては商品の販売益を意味します。なお，売上原価の区分では原則として，その計算過程を明らかにします。

> 売上原価 ＝ 期首商品棚卸高 ＋ 当期商品仕入高 － 期末商品棚卸高

(2) 営業利益の計算と販売費及び一般管理費

売上総利益から「販売費及び一般管理費」を控除して，「営業利益」を算出します。

営業利益とは，営業活動，すなわち本業に関する成果を意味する利益です。したがって，「販売費及び一般管理費」に記載する費用は，営業活動に直接関連する費用であり，以下のようなものがあります。

たとえば，「給料」「広告宣伝費」「旅費交通費」や営業債権に関する「貸倒引当金繰入」，および店舗等の建物に関する「減価償却費」などです。

(3) 経常利益の計算と営業外損益

営業利益に対して，「営業外収益」を加算し，「営業外費用」を控除して「経常利益」を算出します。

経常利益とは，正常な企業活動の成果を意味する利益です。したがって，営業外損益とは，本業とは直接関係のない投資活動の成果としてもたらされた「受取利息」などの収益，または財務活動により生じた「支払利息」などの費用が該当し，それぞれ営業外収益または営業外費用の区分に記載されます。

(4) 税引前当期純利益の計算と特別損益

経常利益に対して，「特別利益」を加算し，「特別損失」を控除して「税引前当期純利益」を算出します。

税引前当期純利益とは，法人税等を控除する前の 1 年間の終局的な企業活動の成果を意味する利益です。したがって，特別損益とは，正常とはいえない臨時的な損益を意味し，災害によりもたらされた「災害損失」，固定資産の売却によりもたらされた「固定資産売却損（益）」などが記載されます。

(5) 当期純利益の計算と法人税等

税引前当期純利益から，所得（利益）に対して課税される「法人税，住民税及び事業税」を控除して「当期純利益」を算出します。

❷ 貸借対照表（勘定式）

1. 様 式

　貸借対照表の様式には報告式と勘定式がありますが，ここでは，簿記検定2級によく出題される，区分表示された勘定式（かんじょうしき）の貸借対照表を学習します（なお，以下，初学の際，未学習の勘定科目について深く考える必要はありません）。

貸 借 対 照 表

○○株式会社		×8年3月31日		（単位：円）
資 産 の 部			**負 債 の 部**	
Ⅰ 流 動 資 産			Ⅰ 流 動 負 債	
現 金 預 金		23,000	支 払 手 形	10,000
受 取 手 形	25,000		買 掛 金	13,000
売 掛 金	10,000		短 期 借 入 金	48,000
計	35,000		前 受 収 益	800
貸 倒 引 当 金	500	34,500	未 払 費 用	200
有 価 証 券		37,000	未 払 法 人 税 等	5,000
商 品		30,000	流 動 負 債 合 計	77,000
前 払 費 用		1,200	Ⅱ 固 定 負 債	
未 収 収 益		1,000	長 期 借 入 金	50,000
流 動 資 産 合 計		126,700	退 職 給 付 引 当 金	28,000
Ⅱ 固 定 資 産			固 定 負 債 合 計	78,000
1. 有形固定資産			負 債 合 計	155,000
建 物	40,000		**純 資 産 の 部**	
減価償却累計額	7,200	32,800	Ⅰ 株 主 資 本	
備 品	4,000		1. 資 本 金	70,000
減価償却累計額	800	3,200	2. 資 本 剰 余 金	
土 地		56,000	(1) 資本準備金	12,000
有形固定資産合計		92,000	(2) その他資本剰余金	3,000　15,000
2. 無形固定資産			3. 利 益 剰 余 金	
の れ ん		20,000	(1) 利益準備金	5,000
無形固定資産合計		20,000	(2) その他利益剰余金	
3. 投資その他の資産			別 途 積 立 金	2,000
長 期 性 預 金		6,000	繰越利益剰余金	7,000　14,000
投 資 有 価 証 券		4,000	株 主 資 本 合 計	99,000
関 係 会 社 株 式		5,300	Ⅱ 評価・換算差額等	
長 期 前 払 費 用		1,000	その他有価証券評価差額金	1,000
投資その他の資産合計		16,300	評価・換算差額等合計	1,000
固 定 資 産 合 計		128,300	純 資 産 合 計	100,000
資 産 合 計		255,000	負債及び純資産合計	255,000

2. 表示区分

(1) 資産の部・負債の部

　資産・負債について，主として，その決済までの期間の長短により「流動」「固定」の区分で表示が行われます。

なお，固定資産には，本質的に固定資産としての性質を有する建物，備品などの「有形固定資産」，特許権，商標権などの「無形固定資産」のほか，後述する正常営業循環基準や一年基準の適用により固定資産として分類される長期貸付金，長期性預金などの「投資その他の資産」が含まれます。

(2)　純資産の部

　純資産の部の表示区分は，簿記検定2級の学習において少々複雑なものとなります。ただし，この段階の学習においては重要性が乏しいため省略します。

3. 資産および負債の「流動」・「固定」分類

(1)　流動・固定の分類基準

　資産および負債は，主に，次の2つの基準により流動資産と固定資産，流動負債と固定負債とに分類します。

①　正常営業循環基準

　正常営業循環基準とは，企業の主たる営業活動の営業サイクル（たとえば，現金 ➡ 商品 ➡ 売掛金 ➡ 現金というようなサイクル）のなかに入る資産または負債をすべて流動資産または流動負債に属するものとする基準をいいます。

　よって，以下の図に示す勘定科目は，正常営業循環基準の適用により，すべて流動資産または流動負債として表示されます。

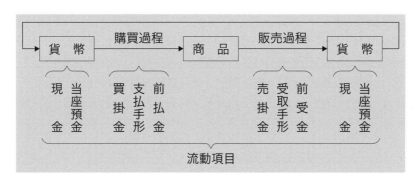

②　一年基準

　一年基準とは，営業サイクルのなかに入らない資産または負債のうち，決算日の翌日から起算して1年以内に現金化（または費用化）される資産を流動資産，1年を超えて現金化（または費用化）される資産を固定資産とし，1年以内に決済期限が到来する負債を流動負債，1年を超えて決済期限が到来する負債を固定負債とする基準です。

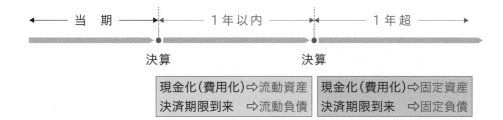

③ 正常営業循環基準と一年基準の関係

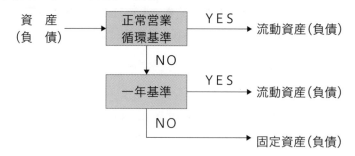

(2) 一年基準の適用例

以下，簿記検定3級で学習した項目について，一年基準の適用例を2つ解説します。

① 借入金

借入金は，決算日後，その返済期限が1年以内に到来するものを「短期借入金」として流動負債に，1年を超えて到来するものを「長期借入金」として固定負債に表示します。

設例 1-1

次の資料にもとづき，貸借対照表上，流動負債に記載する「短期借入金」と固定負債に記載する「長期借入金」の金額を答えなさい。なお，当期の決算日は×5年3月31日とする。

（資　料）

×5年3月31日における借入金2,300,000円の内訳は次のとおりである。

借入金（A銀行）　800,000円：借入期間5年（返済期日：×5年9月末）
借入金（B銀行）1,000,000円：借入期間3年（返済期日：×6年10月末）
借入金（C銀行）　500,000円：借入期間1年（返済期日：×6年1月末）

〈解　答〉

短期借入金	1,300,000円
長期借入金	1,000,000円

〈解　説〉

　決算日（×5年3月31日）後，1年以内に返済期日が到来するものを「短期借入金」として流動負債に，1年を超えて返済期日が到来するものを「長期借入金」として固定負債に表示します。

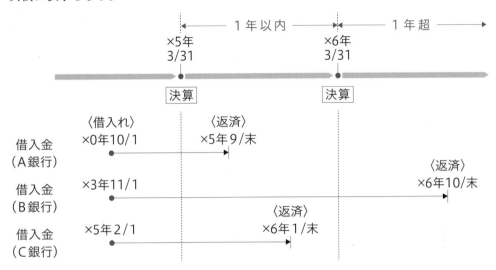

　　　　短期借入金：A銀行 800,000円＋C銀行 500,000円＝1,300,000円
　　　　長期借入金：B銀行 1,000,000円

（参　考）

　以下は必要な「組替仕訳」です。なお，組替仕訳については後述の「5．勘定科目と表示科目」を参照してください。

（借　　入　　金）2,300,000	（短 期 借 入 金）1,300,000
	（長 期 借 入 金）1,000,000

② 経過勘定（前払費用）

経過勘定項目のうち，前払費用について一年基準の適用が問題となります。

前払費用のうち，翌期の期間に対応する金額は「前払費用」として流動資産に，翌期を超える期間に対応する金額は「長期前払費用」として固定資産に表示します。

設例 1-2

次の資料にもとづき，貸借対照表上，流動資産に記載する「前払費用」と固定資産に記載する「長期前払費用」の金額を答えなさい。なお，当期の決算日は×2年3月31日とする。

（資　料）

保険料360,000円は×1年10月1日に支払った向こう3年分の保険料であり，保険期間の未経過分について必要な処理を行う。

〈解　答〉

前 払 費 用	120,000円
長期前払費用	180,000円

〈解　説〉

1．仕訳（前払保険料の計上）

（前 払 保 険 料)* 300,000	（保 　 険 　 料） 300,000

＊　$360,000円 \times \dfrac{30か月（×2年4月1日〜×4年9月30日）}{36か月（×1年10月1日〜×4年9月30日）} = 300,000円$

2．前払保険料の流動・固定分類

前払保険料のうち，決算日（×2年3月31日）後，1年以内の期間に対応する金額を「前払費用」として流動資産に表示し，1年を超える期間に対応する金額を「長期前払費用」として固定資産に表示します。

(1) タイムテーブル

* 1　$360,000円 \times \dfrac{12か月}{36か月} = 120,000円$（決算日の翌日から1年以内）

* 2　$360,000円 \times \dfrac{18か月}{36か月} = 180,000円$（決算日の翌日から1年超）

(注) 当期分（6か月分）の金額はそのまま保険料勘定に残り，当期の費用となります。

(2) 参考

　　以下は必要な「組替仕訳」です。なお，組替仕訳については後述の「5.勘定科目と表示科目」を参照してください。

| (前　払　費　用)*1 120,000 | (前　払　保　険　料)　　300,000 |
| (長 期 前 払 費 用)*2 180,000 | |

4. 貸倒引当金と減価償却累計額の表示方法

貸倒引当金は受取手形や売掛金といった債権ごと（科目別）に，また減価償却累計額は建物や備品といった種類ごと（科目別）に間接的に控除する形で表示するのが原則です。しかし，例外的に一括して間接的に控除する形で表示することもできます。

設例 1-3

次の決算整理後残高試算表にもとづいて，貸借対照表の一部を作成しなさい。なお，貸倒引当金の設定率は2％である。

決算整理後残高試算表(一部)
×3年3月31日

借　　方	勘　定　科　目	貸　　方
2,500	受　取　手　形	
4,000	売　　掛　　金	
60,000	建　　　　物	
5,000	備　　　　品	
⋮		
	貸　倒　引　当　金	130
	建物減価償却累計額	3,600
	備品減価償却累計額	1,800

〈解答・解説〉

	貸　倒　引　当　金	減価償却累計額
原則	I　流　動　資　産 受　取　手　形　　2,500 貸倒引当金　　　50*　2,450 売　掛　金　　　4,000 貸倒引当金　　　80*　3,920	II　固　定　資　産 建　　　物　　60,000 減価償却累計額　3,600　56,400 備　　　品　　5,000 減価償却累計額　1,800　3,200
例外	I　流　動　資　産 受　取　手　形　　2,500 売　掛　金　　　4,000 計　　　6,500 貸倒引当金　130　6,370	II　固　定　資　産 建　　　物　　60,000 備　　　品　　5,000 計　　　65,000 減価償却累計額　5,400　59,600

* 2,500円〈受取手形〉× 2 ％＝50円〈貸倒引当金〉
4,000円〈売　掛　金〉× 2 ％＝80円〈貸倒引当金〉

5. 勘定科目と表示科目

(1) 表示科目とは

損益計算書や貸借対照表等の財務諸表に記載する科目を「表示科目」といいます。帳簿上

の「勘定科目」と同じであることが多いですが，異なることもあります。

たとえば，「売上」勘定の金額は損益計算書において「売上高」として表示され，また，貸借対照表において「繰越商品」勘定は「商品」として表示されます。このように「勘定科目」と「表示科目」が異なるときは，勘定科目を表示科目に置き換えて財務諸表を作成します。

また，勘定科目を表示科目へ「置き換える」ために行う仕訳を「組替仕訳」といいます。組替仕訳は帳簿外の処理として行うため，原則として，帳簿に記録されないことに注意してください。

上記の例について組替仕訳を示すと以下のようになります。

① 「売上」勘定の「売上高」への置き換え

```
(売        上) ⊖   ××      (売   上   高) ⊕      ××
```

② 「繰越商品」勘定の「商品」への置き換え

```
(商        品) ⊕   ××      (繰 越 商 品) ⊖      ××
```

(2) 貸借対照表における表示科目

以下，簿記検定2級の学習における主要な貸借対照表の表示科目を紹介します。ただし，その詳細は，後の個別論点のテーマにおける「supplement」において解説するので，今は簡単に見ておいてください。

なお，簿記検定2級では貸借対照表作成の問題において「勘定科目」のまま解答させる出題も考えられるため，問題を解答する際にはその指示に従ってください。

内　容	勘定科目	表示科目	表示区分
現金および預金 （テーマ03）	現　　金	現 金 預 金	流動資産
	当座預金		
	定期預金（1年以内）		
	定期預金（1年超）	長 期 性 預 金	固定資産
有 価 証 券 （テーマ05）	売買目的有価証券	有 価 証 券	流動資産
	満期保有目的債券	投資有価証券	固定資産
	その他有価証券		
	子 会 社 株 式	関係会社株式	固定資産
	関 連 会 社 株 式		
債権・債務 （テーマ04・ テーマ08）	借 入 金（1年以内）	短 期 借 入 金	流動負債
	借 入 金（1年超）	長 期 借 入 金	固定負債
	リース債務（1年以内）	リ ー ス 債 務	流動負債
	リース債務（1年超）	長期リース債務	固定負債
経 過 勘 定	前払費用（1年以内）	前 払 費 用	流動資産
	前払費用（1年超）	長期前払費用	固定資産

02 商品売買

Check ここでは，一般的な商品売買取引の処理について学習します。

1 商品売買取引の記帳方法

　商品売買取引を会計処理する目的は，①損益計算書に記載する売上高と売上原価および，②貸借対照表に記載する商品の金額を明らかにすることです。したがって，これらの金額を明らかにすることができるのであれば，期中において，その過程をどのように処理するかは企業の自由です。そのため，商品売買取引については複数の処理方法が存在します。ここでは，三分法と売上原価対立法を解説します。

1. 三分法
　三分法は，仕入（費用），売上（収益），繰越商品（資産）の3つの勘定を用いて，期中における商品売買の取引を損益の取引として処理する方法です。

　⑴　**商品を仕入れたとき**
　　その原価を費用として「仕入」の借方に記入します。

仕訳例 01

商品100,000円を掛けで仕入れた。

　　（仕　　　　　入）　100,000　　　　　（買　　掛　　金）　100,000

　⑵　**商品を販売したとき**
　　その売価をもって「売上」の貸方に記入します。

仕訳例 02

商品（原価80,000円，売価120,000円）を掛けで販売した。

　　（売　　掛　　金）　120,000　　　　　（売　　　　　上）　120,000

　⑶　**決算時：売上原価の算定**
　　期中において売上原価および在庫商品の金額は総勘定元帳において把握されません。そのため，決算整理仕訳によりこれを明らかにします。

　　仕入勘定で売上原価を算定する場合，繰越商品勘定を相手科目として期首商品棚卸高および期末商品棚卸高を調整します。

① **期首商品棚卸高について**

| （仕　　　　　入） ⊕ | ×× | （繰 越 商 品） ⊖ | ×× |

② **期末商品棚卸高について**

| （繰 越 商 品） ⊕ | ×× | （仕　　　　　入） ⊖ | ×× |

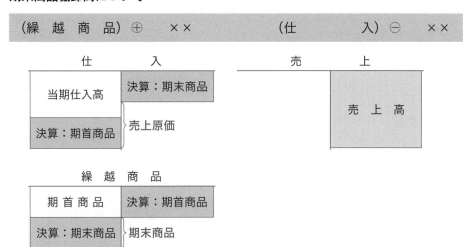

設例　2-1

　次の①～④について，仕訳を示しなさい。
① 　期首商品棚卸高が 30,000 円ある。
② 　商品 100,000 円を掛けで仕入れた。
③ 　商品（原価 80,000 円，売価 120,000 円）を掛けで販売した。
④ 　決算となる。期末商品棚卸高が 50,000 円ある。

〈解答・解説〉
① **期　首**
　開始記入の手続きにより，期首商品棚卸高 30,000 円を繰越商品勘定の借方に「前期繰越」として記入します。

| 仕　訳　な　し |

② **仕入時**

| （仕　　　　　入）　100,000 | （買　　掛　　金）　100,000 |

③ **販売時**

| （売　　掛　　金）　120,000 | （売　　　　　上）　120,000 |

〈決算整理前の勘定記入〉

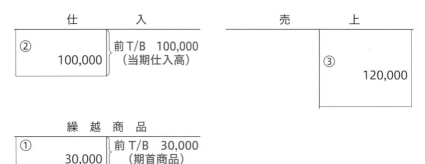

④　決算整理

　売上原価の金額および期末商品の金額を明らかにするため，決算整理仕訳を行います。

　一会計期間の売上原価は，以下の算式により求めます。

> 売上原価 ＝ 期首商品棚卸高 ＋ 当期仕入高 － 期末商品棚卸高

　売上原価を仕入勘定で算定する場合，期首商品30,000円を繰越商品勘定から仕入勘定に振り替え，期末商品50,000円を仕入勘定から繰越商品勘定へ振り替えます。この仕訳により仕入勘定で売上原価が，繰越商品勘定で期末商品の金額が明らかとなります。

| （仕　　　　　入） | 30,000 | （繰　越　商　品） | 30,000 |
| （繰　越　商　品） | 50,000 | （仕　　　　　入） | 50,000 |

〈決算整理後の勘定記入〉

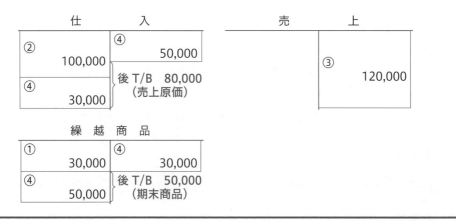

以下の資料にもとづき，(1)仕入勘定の記入を完成し，(2)精算表の一部を作成しなさい。商品売買の記帳は三分法による。また，売上原価は仕入の行で算定する。

① 期首商品棚卸高が4,500円ある。

② 商品178,500円を掛けで仕入れた。

③ 商品（原価180,000円，売価200,000円）を掛けで販売した。

④ 決算となる。期末商品棚卸高が3,000円ある。

(1) 仕入勘定

<table>
<tr><td colspan="2" style="text-align:center">仕　　　入</td></tr>
<tr><td>② 買　掛　金（　　　　）</td><td>④ 繰 越 商 品（　　　　）</td></tr>
<tr><td>④ 繰 越 商 品（　　　　）</td><td>　　損　　　益（　　　　）</td></tr>
<tr><td>　　　　　　　（　　　　）</td><td>　　　　　　　（　　　　）</td></tr>
</table>

(2) 精算表

精　算　表　　　　　　（単位：円）

勘定科目	残高試算表		修正記入		損益計算書		貸借対照表	
	借　方	貸　方	借　方	貸　方	借　方	貸　方	借　方	貸　方
繰 越 商 品								
売　　　上								
仕　　　入								

2. 売上原価対立法

　売上原価対立法（商品を仕入れたときに商品勘定に記入し，販売したときにそのつど売上原価を売上原価勘定に振り替える方法）は，商品（**資産**），売上（**収益**），売上原価（**費用**）の3つの勘定を用いて，商品売買取引を商品という資産の増減として処理する方法です。なお，売上原価対立法は，商品の販売時において，販売された商品の売価を売上として認識するとともに販売された商品の原価をそのつど売上原価として認識するところが大きな特徴です。

(1) 商品を仕入れたとき

　　その原価を「商品」の借方に記入します。

仕訳例 03

商品100,000円を掛けで仕入れた。

　　（商　　　　品）　100,000　　　　　　（買　掛　金）　100,000

(2) 商品を販売したとき

　　その売価をもって「売上」の貸方に記入します。同時に，その原価（売上原価）を「商品」から「売上原価」に振り替えます。

仕訳例 04

商品（原価80,000円，売価120,000円）を掛けで販売した。

　　（売　掛　金）　120,000　　　　　　（売　　　上）　120,000
　　（売　上　原　価）　80,000　　　　　　（商　　　品）　80,000

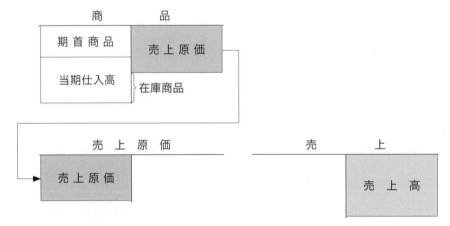

(3) 決算時：売上原価の算定

　　期中において，商品販売のつど売上原価および在庫商品の金額を認識しているため，「売上原価の算定」にかかる決算整理仕訳は不要です。

設例 2-2

次の①～④について，仕訳を示しなさい。

① 期首商品棚卸高が 30,000 円ある。

② 商品 100,000 円を掛けで仕入れた。

③ 商品（原価 80,000 円，売価 120,000 円）を掛けで販売した。

④ 決算となる。期末商品棚卸高が 50,000 円ある。

〈解答・解説〉

① 期　首

開始記入の手続きにより，期首商品棚卸高 30,000 円を商品勘定の借方に「前期繰越」として記入します。

仕　訳　な　し

② 仕入時

（商　　　　　品）	100,000	（買　　掛　　金）	100,000

③ 販売時

（売　　掛　　金）	120,000	（売　　　　　上）	120,000
（売　上　原　価）	80,000	（商　　　　　品）	80,000

〈勘定記入〉

④ 決算整理

売上高，売上原価および期末商品の金額がすべて明らかです。したがって，決算整理仕訳は不要です。

仕　訳　な　し

以下の資料にもとづき，(1)商品勘定の記入を完成し，(2)精算表の一部を作成しなさい。商品売買の記帳は売上原価対立法による。

① 期首商品棚卸高が4,500円ある。

② 商品178,500円を掛けで仕入れた。

③ 商品（原価180,000円，売価200,000円）を掛けで販売した。

④ 決算となる。期末商品棚卸高が3,000円ある。

(1) 商品勘定

<table>
<tr><td colspan="6" align="center">商　　　品</td></tr>
<tr><td>①</td><td>前 期 繰 越</td><td>(　　　　)</td><td>③</td><td>売 上 原 価</td><td>(　　　　)</td></tr>
<tr><td>②</td><td>買　　掛　　金</td><td>(　　　　)</td><td>④</td><td>次 期 繰 越</td><td>(　　　　)</td></tr>
<tr><td></td><td></td><td>(　　　　)</td><td></td><td></td><td>(　　　　)</td></tr>
<tr><td></td><td>前 期 繰 越</td><td>(　　　　)</td><td></td><td></td><td></td></tr>
</table>

(2) 精算表

精　算　表　　　　　　　　　　(単位：円)

勘定科目	残高試算表		修正記入		損益計算書		貸借対照表	
	借　方	貸　方	借　方	貸　方	借　方	貸　方	借　方	貸　方
商　　　　　品								
売　　　　　上								
売　上　原　価								

★supplement
分記法

分記法は，商品（**資産**）と商品売買益（**収益**）の2つの勘定を用いて，商品売買取引を商品という資産の増減として処理する方法です。

⑴　**商品を仕入れたとき**

その原価を「商品」の借方に記入します。

■**仕訳例**

商品100,000円を掛けで仕入れた。

（商　　　　　品）　　100,000　　　　　　（買　　掛　　金）　　100,000

⑵　**商品を販売したとき**

その原価（売上原価）を「商品」の貸方に記入し，利益（販売益）の金額を「商品売買益」の貸方に記入します。

■**仕訳例**

商品（原価80,000円，売価120,000円）を掛けで販売した。

（売　　掛　　金）　　120,000　　　　　　（商　　　　　品）　　 80,000

　　　　　　　　　　　　　　　　　　　　　（商　品　売　買　益）　 40,000

⑶　**決算時：売上原価の算定**

売上高と売上原価の金額は明らかにされていませんが，その差額で求める販売益の金額が商品売買益勘定で明らかにされています。また，期末商品の金額は商品勘定で明らかにされています。したがって，決算整理仕訳は不要です。

❷ 返品・割戻し

1. 返品・割戻しとは

返品・割戻しの内容は，次に示すとおりです。

返　　　品	品違いなどの理由による商品の返却をいいます。これを販売側からは「売上戻り」といい，仕入側からは「仕入戻し」といいます。
割　戻　し （リ　ベ　ー　ト）	一定期間に多額または多量の取引をしたときに行われる商品代金の返戻額をいい，通常，あらかじめ割戻契約が結ばれます。これを販売側からは「売上割戻」といい，仕入側からは「仕入割戻」といいます。

2. 仕入取引における返品・割戻し

⑴ 三分法の場合

三分法では，商品を仕入れたときに，仕入勘定の借方にその原価を記入しています。

したがって，返品したときは仕入取引を取り消すために，割戻し（リベート）を受けたときは商品の原価を修正するために，それぞれ，その金額を仕入勘定の貸方に記入します。

（注）仕入割戻は，仕入勘定とは別に仕入割戻勘定を設けて記録することもできます。

仕訳例 05

① **仕入れのとき**

商品1,000円を掛けで仕入れた。

　　　　（仕　　　　　入）　　1,000　　　　　（買　　掛　　金）　　1,000

② **仕入戻しのとき**

掛けで仕入れた商品のうち，100円を品違いのため返品した。

　　　　（買　　掛　　金）　　100　　　　　　（仕　　　　　入）　　100

③ **仕入割戻のとき**

仕入先からの購入量が一定量となったため，割戻し30円を受け，掛け代金と相殺した。

　　　　（買　　掛　　金）　　30　　　　　　　（仕　　　　　入）　　30

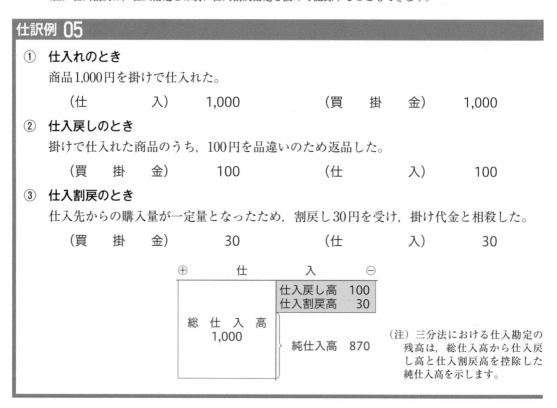

38

(2) 売上原価対立法の場合

　売上原価対立法では，商品を仕入れたときに商品勘定の借方にその原価を記入しています。

　したがって，返品したときは仕入取引を取り消すためにその原価を商品勘定の貸方に記入します。また，割戻し（リベート）を受けたときは商品の原価を修正するために，その金額を商品勘定の貸方に記入します。

仕訳例 06

① **仕入れのとき**

　商品1,000円を掛けで仕入れた。

　　（商　　　　品）　1,000　　　　（買　掛　金）　1,000

② **仕入戻しのとき**

　掛けで仕入れた商品のうち，100円を品違いのため返品した。

　　（買　掛　金）　100　　　　（商　　　　品）　100

③ **仕入割戻のとき**

　仕入先からの購入量が一定量となったため，割戻し30円を受け，掛け代金と相殺した。

　　（買　掛　金）　30　　　　（商　　　　品）　30

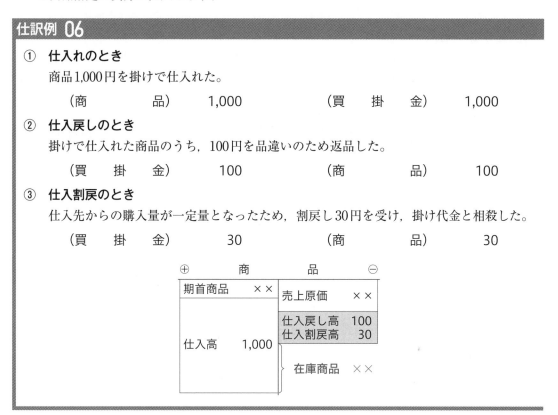

39

3. 売上取引における返品・割戻し

　以下，売上返品について解説します。売上割戻に関しては，「収益認識に関する会計基準」の適用が問題となるため，その詳細は後述します（「テーマ17　収益の認識基準」を参照のこと）。

> （注）なお，簿記検定2級で扱う「売上返品」は品違いなど偶発的な事情にもとづく売上返品を対象とします。その他，契約にもとづき売上返品が販売時に予想される場合など，その会計処理は後述する「収益認識に関する会計基準」の適用が問題となりますが，簿記検定2級の学習範囲外とされているため，割愛します。

(1)　三分法の場合

　三分法では，商品を販売したときに，売上勘定の貸方にその売価を記入しています。

　したがって，返品されたときは売上取引を取り消すために，その売価を売上勘定の借方に記入します。

仕訳例 07

① **販売のとき**

商品（原価700円，売価1,000円）を掛けで販売した。

（売　掛　金）	1,000	（売　　　　上）	1,000

② **売上戻りのとき**

掛けで販売した商品（原価70円，売価100円）が品違いのため返品された。

（売　　　　上）	100	（売　掛　金）	100

> （注）売上勘定の残高は，総売上高から売上戻り高を控除した純売上高を示します。

---

(2)　売上原価対立法の場合

　売上原価対立法では，商品を販売したときに売上勘定の貸方にその売価を記入するとともに，その原価（売上原価）を商品勘定から売上原価勘定に振り替えています。

　したがって，返品されたときは売上取引を取り消すために売上勘定の借方にその売価を記入するとともに，売上原価を取り消すためにその原価を売上原価勘定から商品勘定へ振り替えます。

① **販売のとき**

商品（原価700円，売価1,000円）を掛けで販売した。

（売 掛 金）	1,000	（売 上）	1,000
（売 上 原 価）	700	（商 品）	700

② **売上戻りのとき**

掛けで販売した商品（原価70円，売価100円）が品違いのため返品された。

（売 上）	100	（売 掛 金）	100
（商 品）	70	（売 上 原 価）	70

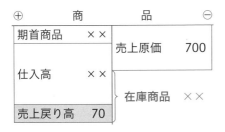

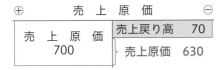 

基本例題03

解答・解説388ページ

次の取引について，仕訳しなさい。

(1) 先に掛けで仕入れた商品100,000円のうち，15,000円を品違いのため返品した。

(2) 当月の掛けによる仕入額が一定額に達したため，代金について50,000円の免除を受けることととなり，掛け代金と相殺した。

(3) 先に掛けで販売した商品（原価60,000円，売価80,000円）のうち一部の商品（原価12,000円，売価16,000円）が品違いのため返品された。

1．三分法で記帳している場合
〈指定勘定科目〉 現金 売掛金 買掛金 売上 仕入
2．売上原価対立法で記帳している場合
〈指定勘定科目〉 現金 売掛金 商品 買掛金 売上 売上原価

Theme
02

商品売買

3 仕入・売上の計上基準

以下，三分法の記帳を前提に解説します。

1．仕入の計上基準

商品を仕入れたときに仕入を計上しますが，具体的に，どのような事実をもって「仕入れ」と考えるのかが問題となります。代表的なものとして，入荷基準，検収基準があります。

(1) 入荷基準

商品の入荷（到着）という事実にもとづき仕入を計上する基準です。

(2) 検収基準

商品の到着後，商品の検収の終了をもって仕入を計上する基準です。

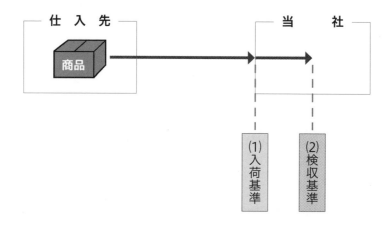

仕訳例 09

① 先に注文した商品100,000円が到着した。代金は掛けとする。

② 商品を検収したところ5,000円の商品が品違いであったため，返品した。

	入 荷 基 準			検 収 基 準		
①	（仕　入）100,000	（買掛金）100,000		仕　訳　な　し		
②	（買掛金）　5,000	（仕　入）　5,000		（仕　入）95,000	（買掛金）95,000	

２．売上の計上基準

売上収益は，原則として販売の事実にもとづき計上します。そのうえで，具体的に，どのような事実をもって「販売」と考えるのかが問題となります。代表的なものとして，出荷基準，着荷基準および検収基準があります。なお，「収益認識に関する会計基準」が適用される場合，「検収基準」が原則となります。

(1) 出荷基準

商品の出荷（発送）という事実にもとづき売上を計上する基準です。

(2) 着荷基準

商品が得意先に到着した時点で売上を計上する基準です。

(3) 検収基準

得意先に商品が到着した後，得意先における検収の終了をもって売上を計上する基準です。

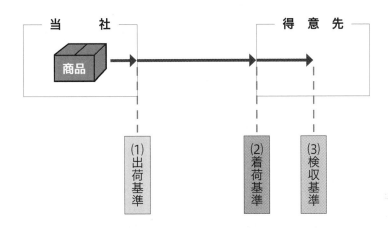

仕訳例 10

① 先に注文を受けた商品100,000円を発送した。代金は掛けとする。
② 得意先より商品が到着した旨，連絡を受けた。
③ 得意先より検収の結果5,000円の商品が品違いである旨の連絡を受け，返品を承諾した。

	(1) 出荷基準	(2) 着荷基準	(3) 検収基準
①	(売掛金)100,000 　　(売　上)100,000	仕　訳　な　し	仕　訳　な　し
②	仕　訳　な　し	(売掛金)100,000 　　(売　上)100,000	仕　訳　な　し
③	(売　上)　5,000 　　(売掛金)　　5,000	(売　上)　5,000 　　(売掛金)　　5,000	(売掛金) 95,000 　　(売　上) 95,000

4 商品の期末評価

商品の期末評価の流れは次のとおりです。

(1) 期末商品帳簿棚卸高の算定
(2) 棚卸減耗損の計上
(3) 商品評価損の計上

1. 帳簿棚卸高と実地棚卸高

(1) 帳簿棚卸高

　一定の帳簿において記録された期末商品の有高を「帳簿棚卸高」といいます。補助簿として商品有高帳を記帳している場合には，その期末残高として把握されます。また，商品売買取引を「売上原価対立法」で記帳している場合には，「商品」勘定の期末残高として把握されます。なお，帳簿棚卸高は以下のように計算されます。

帳簿棚卸高 ＝ @原価 × 帳簿数量

@原価

帳簿棚卸高

帳簿数量

(2) 実地棚卸高

　商品は，通常，期末において「棚卸し」が実施されます。この棚卸しによって把握された期末商品の有高を「実地棚卸高」といいます。なお，実地棚卸高は以下のように計算されます。

実地棚卸高 ＝ @原価 × 実地数量

2. 棚卸減耗

　期末商品の「帳簿棚卸高」と「実地棚卸高」は等しくなることが理想ですが，現実には等しくならないことが多いです。たとえば，商品について盗難・紛失等がある場合，「帳簿棚卸高」と「実地棚卸高」は等しくなりません。

　「帳簿棚卸高」と「実地棚卸高」が等しくない場合，その差額を「棚卸減耗」といい，棚卸減耗が発生したときは棚卸減耗損（**費用**）を計上し，帳簿棚卸高を減額します。

（棚 卸 減 耗 損）⊕ ×× 　　　　（繰 越 商 品）＊⊖ ××

＊ 「売上原価対立法」の場合は，「商品」勘定を減額します。

棚卸減耗損は以下のように計算します。

棚卸減耗損 ＝ @原価×（帳簿数量 － 実地数量）

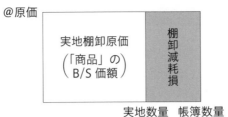

実地数量 帳簿数量

3. 商品の評価替え：収益性の低下による評価替え

期末商品は最終的に「資産」として貸借対照表に計上されます。そのため，期末商品について
は，その「時価」を把握し，一定の場合に商品の「評価替え」が問題となります。なお，この時
価は，その商品が「いくらで販売できるのか？」という観点，すなわち「売価」で把握されたも
ので，「正味売却価額」とよばれています。

(1) 時価 ＜ 原価の場合

「時価（＝正味売却価額）」が「原価」より下落している場合，これを「収益性の低下」と
いいます。収益性の低下が発生している場合，商品評価損 (費用) を計上し，原価を時価ま
で切り下げます。

(商品評価損) ⊕ ××	(繰越商品)*⊖ ××

＊ 「売上原価対立法」の場合は，「商品」勘定を減額します。

商品評価損は次のように計算します。

商品評価損 ＝ （@原価 － @時価）× 実地数量

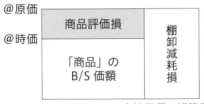

実地数量 帳簿数量

(2) 時価 ＞ 原価の場合

「時価（＝正味売却価額）」が「原価」より高い場合は，「収益性の低下」が発生していな
いため，評価替えは行いません。商品の評価替えは，「時価が原価より低い場合」にのみ行
います。

実地数量 帳簿数量

仕 訳 な し

次の決算整理事項にもとづいて，(1)三分法で記帳している場合，(2)売上原価対立法で記帳している場合に必要な決算整理仕訳を示しなさい。なお，期首商品棚卸高は 30,000 円である。また，三分法において，売上原価は仕入勘定で算定する。

（決算整理事項）

商品の期末棚卸高は次のとおりである。

帳簿棚卸高	数量 10個	原　価 @ 5,000円
実地棚卸高	数量 9個	正味売却価額 @ 4,800円

〈解答・解説〉

1．期末商品棚卸高の算定

次のような図を作り，前記の決算整理仕訳で使う各金額を求めます。なお，正味売却価額とは時価に相当する概念となります。

* 1 @5,000円 × 10個 = 50,000円
* 2 @5,000円 × (10個 − 9個) = 5,000円
* 3 (@5,000円 − @4,800円) × 9個 = 1,800円
* 4 @4,800円 × 9個 = 43,200円
　　　　または
　　50,000円 − 5,000円 − 1,800円 = 43,200円

2．決算整理仕訳

(1) **三分法で記帳している場合**

①売上原価の算定，ならびに②棚卸減耗損および商品評価損の計上について決算整理仕訳が必要となります。

① **売上原価の算定**

（仕　　　　　入）	30,000	（繰　越　商　品）	30,000
（繰　越　商　品）	50,000	（仕　　　　　入）	50,000

② **棚卸減耗損，商品評価損の計上**

（棚 卸 減 耗 損）	5,000	（繰　越　商　品）	6,800
（商 品 評 価 損）	1,800		

(2) 売上原価対立法で記帳している場合

②棚卸減耗損および商品評価損の計上について決算整理仕訳が必要となります。なお，売上原価対立法で記帳している場合，売上原価を期中において認識しているため，①売上原価の算定のための決算整理仕訳は不要です。

① 売上原価の算定

仕 訳 な し

② 棚卸減耗損，商品評価損の計上

（棚 卸 減 耗 損）	5,000	（商 品）	6,800
（商 品 評 価 損）	1,800		

★supplement
払出単価の計算方法

期末商品帳簿棚卸高は単価（@原価）に期末の帳簿棚卸数量を乗じて計算します。この単価を決定する方法として，①先入先出法，②移動平均法，③総平均法があります。なお，①先入先出法と②移動平均法は簿記検定3級で学習済みです。ここでは③総平均法を取り上げます。

総平均法とは，一定期間に受け入れた商品の総額を一定期間の受入数量の合計で割って平均単価を求め，これをその期間の払出単価とする方法です。なお，売上原価対立法は期中販売のつど払出単価を決定する必要があるため，総平均法は原則として適用されません。

$$平均単価 = \frac{期首有高＋当期受入高}{期首数量＋当期受入数量}$$

〈例〉期首商品棚卸高が3個で2,400円，当期商品仕入高が12個で12,600円の場合において，期末の商品在庫が5個ある。期末商品棚卸高を総平均法により求めなさい。

(1) 平均単価

$$\frac{2,400円＋12,600円}{3個＋12個} ＝@1,000円$$

(2) 期末商品棚卸高

@1,000円×5個＝5,000円

基本例題04

次の決算整理事項にもとづいて，精算表の一部を作成しなさい。

(決算整理事項)

商品の期末棚卸高は次のとおりである。

帳簿棚卸高　数量　30個　原　　価　@100円

実地棚卸高　数量　28個　正味売却価額　@ 95円

1. 三分法で記帳している場合。なお，売上原価は仕入勘定で算定する。

精　算　表 (単位：円)

勘定科目	残高試算表 借方	残高試算表 貸方	修正記入 借方	修正記入 貸方	損益計算書 借方	損益計算書 貸方	貸借対照表 借方	貸借対照表 貸方
繰越商品	4,500							
売　　上		200,000						
仕　　入	178,500							
棚卸減耗損								
商品評価損								

2. 売上原価対立法で記帳している場合

精　算　表 (単位：円)

勘定科目	残高試算表 借方	残高試算表 貸方	修正記入 借方	修正記入 貸方	損益計算書 借方	損益計算書 貸方	貸借対照表 借方	貸借対照表 貸方
商　　品	3,000							
売　　上		200,000						
売上原価	180,000							
棚卸減耗損								
商品評価損								

4. 棚卸減耗損と商品評価損の損益計算書の表示方法

棚卸減耗損と商品評価損の表示区分については，簿記検定2級では指示があることが多いです。表示区分に関する規定をまとめた表は以下のとおりです。

評価損等＼表示区分		売上原価の内訳科目	販 売 費	営業外費用	特 別 損 失
商 品 評 価 損		○	—	—	○
棚 卸 減 耗 損	原価性 有	○	○	—	—
	無	—	—	○	○

(注1) 商品評価損は原則として，「売上原価の内訳科目」として表示しますが，その発生が臨時的なものであり，かつ，その金額が多額である場合には「特別損失」に計上します。
(注2) 通常の管理をしていてやむなく発生する程度のものを「原価性がある」といいます。

設例 2-4

次の資料と決算整理事項により，損益計算書および貸借対照表の一部を作成しなさい。

（資　料）

決算整理前残高試算表（一部）
×3年3月31日

借 方	勘 定 科 目	貸 方
30,000	繰 越 商 品	
┊	┊	
	売 上	120,000
100,000	仕 入	

〈決算整理事項〉

商品の期末棚卸高は次のとおりである。

	数 量	単 価
帳簿棚卸高	10個	@5,000円
実地棚卸高	9個	@4,800円

なお，商品評価損は売上原価の内訳科目に，棚卸減耗損は販売費及び一般管理費に計上する。

〈解答・解説〉

(1)　決算整理仕訳…売上原価の計算

（仕　　　　入）	30,000	（繰 越 商 品）*1	30,000
（繰 越 商 品）*2	50,000	（仕　　　　入）	50,000
（棚 卸 減 耗 損）*3	5,000	（繰 越 商 品）	6,800
（商 品 評 価 損）*4	1,800		
（仕　　　　入）	1,800	（商 品 評 価 損）	1,800

*1　期首商品棚卸高：前T/B繰越商品の行より
*2　@5,000円×10個＝50,000円
*3　@5,000円×（10個－9個）＝5,000円
*4　（@5,000円－@4,800円）×9個＝1,800円
※　貸借対照表上の「商品」：@4,800円×9個＝43,200円

(2) **表示場所とボックス図**

　報告式の損益計算書では，売上原価の金額をその計算過程とともに明らかにする必要があるため，前記(1)で示した決算整理仕訳をしないで，以下のボックス図を用いて直接解答を記入すると，時間が短縮できます。

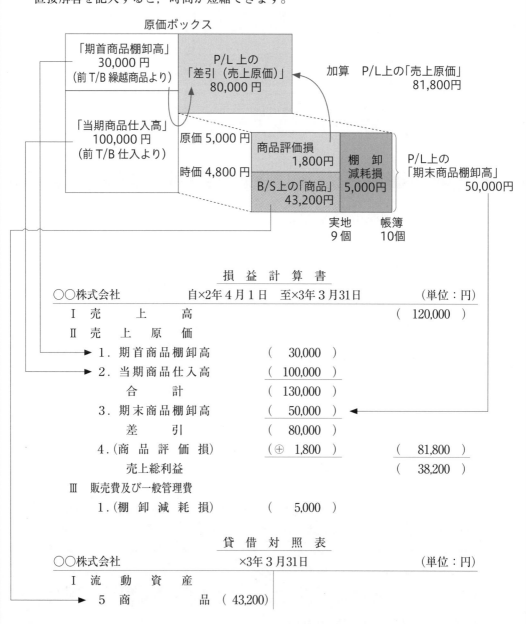

<pre>
              損　益　計　算　書
○○株式会社   自×2年4月1日　至×3年3月31日   （単位：円）
  Ⅰ　売　　　上　　　高   （ 120,000 ）
  Ⅱ　売　　上　　原　　価
    1．期首商品棚卸高   （   30,000 ）
    2．当期商品仕入高   （ 100,000 ）
         合　　　計   （ 130,000 ）
    3．期末商品棚卸高   （   50,000 ）
         差　　　引   （   80,000 ）
    4．(商品評価損)   （ ⊕ 1,800 ） （   81,800 ）
         売上総利益   （   38,200 ）
  Ⅲ　販売費及び一般管理費
    1．(棚卸減耗損)   （   5,000 ）
</pre>

<pre>
              貸　借　対　照　表
○○株式会社   ×3年3月31日   （単位：円）
  Ⅰ　流　動　資　産
    5　商　　　　　品　（ 43,200）
</pre>

ここが POINT

　商品売買の論点に関しては，どの金額を損益計算書と貸借対照表のどこに記入するのか，よく確認しておく必要がある。

★supplement
値入率と原価率

(1) 値入率（利益加算率，付加率，マークアップ率）

　値入率とは，原価を1（＝100%）とした場合，その原価に対する利益の加算割合を表すもので，問題文では「売価は原価の××%増し」という表現で出題されます。

〈例〉売価は原価80円の25%増しである。

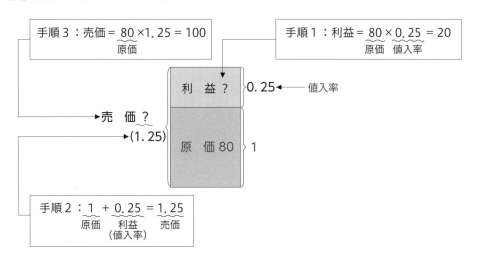

手順3：売価＝80×1.25＝100
　　　　　　　原価

手順1：利益＝80×0.25＝20
　　　　　　　原価　値入率

利　益？　0.25 ← 値入率

→売　価？
　→（1.25）

原　価80　1

手順2：1 ＋ 0.25 ＝ 1.25
　　　　原価　利益　　売価
　　　　　　（値入率）

(2) 原価率・利益率

　原価率とは，売価を1（＝100%）とした場合の売価に対する原価の占める割合をいい，利益率とは，売価を1（＝100%）とした場合の売価に対する利益の占める割合をいいます。

〈例〉売価は100円，原価は80円である。

（0.2）
利益　20

（1）
売価100

（0.8）
原価　80

$$利益率＝\frac{20〈利益〉}{100〈売価〉}＝0.2（＝20%）$$

$$原価率＝\frac{80〈原価〉}{100〈売価〉}＝0.8（＝80%）$$

（注）割り切れない場合は分数のままにしておきます。

∴　原価率＋利益率＝1（＝100%）

（注）原価率，利益率は小数点表示（0.8，0.2）する場合と，パーセント表示（80%，20%）する場合があります。

03 現金および預金
Theme

Check ここでは，現金預金のうち現金，当座預金および定期預金の会計処理について学習します。

1 現　金

1. 現金の範囲

簿記会計上，「現金」で処理されるのは，通貨（外国通貨を含む）および通貨代用証券です。

---

(1) **通貨（外国通貨を含む）**……紙幣・硬貨

(2) **通貨代用証券**

  ① **他人振出の当座小切手**……他人が振り出した当座小切手

  ② **配当金領収証**……株式の配当として交付される配当金の領収証

  ③ **期限到来後の公社債利札（クーポン）**……公債（国債・地方債）や社債の証券にあら
                             かじめ印刷されている利息の受取証

  ④ **郵便為替証書**……郵便局が送金者の依頼にもとづいて交付する証券

  ⑤ **送金小切手**……銀行経由の送金手段として銀行が交付する小切手

---

②配当金領収証および③期限到来後の公社債利札の取り扱いは，「テーマ05　有価証券」で解説します。

仕訳例 01

得意先より売掛金の回収として，郵便為替証書3,000円を受け取った。

(現　　　　　金)　　3,000　　　　　(売　掛　金)　　3,000
　　郵便為替証書

---

2. 現金の実査（現金過不足の処理）

(1) 期中に現金過不足が発生した場合

　現金の帳簿残高（現金出納帳残高）と現金の実際有高は，記帳漏れなどの原因により一致しないことが多いです。この場合，その事実に合わせて帳簿残高を実際有高に修正し，その不足額または過剰額を一時的に現金過不足で処理しておきます。そして，後日，原因が判明したときに正しい勘定へ振り替えます。

　また，決算日になっても原因がわからない場合は，決算整理仕訳において，不足額は現金過不足から雑損**（費用）**または雑損失へ，過剰額は現金過不足から雑益**（収益）**または雑収入へ振り替えます。

　雑損（または雑損失）は損益計算書の「営業外費用」の区分に表示し，雑益（または雑収入）は損益計算書の「営業外収益」の区分に表示します。

設例 3-1

次の取引について仕訳を示しなさい。

(1)① 現金の帳簿残高は 30,000 円であり，実際有高は 28,500 円であった。

② ①の現金不足額のうち，800 円は販売費の記帳漏れであったが，700 円の原因は判明しなかった。

(2)① 現金の帳簿残高は 28,500 円であり，実際有高は 30,000 円であった。

② ①の現金過剰額のうち，800 円は受取利息の記帳漏れであったが，700 円の原因は判明しなかった。

〈解　答〉

	(1)　帳簿残高＞実際有高の場合	(2)　帳簿残高＜実際有高の場合
①	（現金過不足）1,500　（現　　金）1,500	（現　　金）1,500　（現金過不足）1,500
②	（販　売　費）　800　（現金過不足）1,500 （雑　　損）　700 P/L営業外費用	（現金過不足）1,500　（受取利息）　800 （雑　　益）　700 　　　　　　　　　　　P/L営業外収益

(2)　決算時に現金過不足が発生した場合

決算にあたり，現金の実査を行った結果，帳簿残高（現金出納帳残高）と実際有高に原因不明の不一致が生じた場合には，現金過不足を用いずに，次のように処理します。

設例 3-2

次の取引について仕訳を示しなさい。

(1) 決算にあたり，現金の帳簿残高は 1,000 円であり，実際有高は 900 円であった。なお，不一致の原因は不明である。

(2) 決算にあたり，現金の帳簿残高は 900 円であり，実際有高は 1,000 円であった。なお，不一致の原因は不明である。

〈解　答〉

(1)　帳簿残高＞実際有高の場合	(2)　帳簿残高＜実際有高の場合
（雑　　損）　100　（現　　金）　100 P/L営業外費用	（現　　金）　100　（雑　　益）　100 　　　　　　　　　　　P/L営業外収益

3. 現金実査のパターンと解法手順

　検定試験では，決算整理前の現金勘定残高（現金出納帳残高）と決算における現金実査に関する資料をもとに必要な修正を考える問題が出題されています。

(1)　「現金」として処理すべき項目の確認と修正

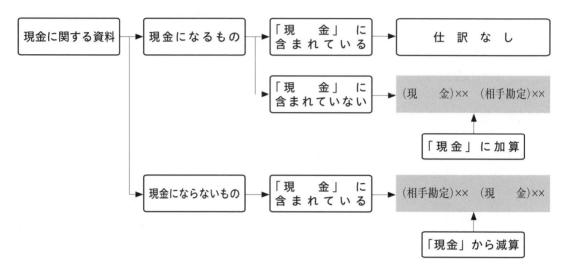

(2)　現金過不足の確認と修正

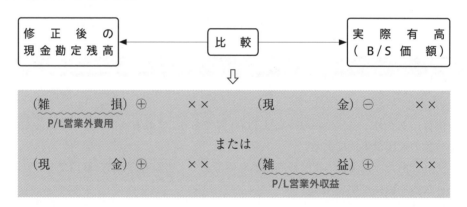

基本例題**05**

解答・解説391ページ

　決算日において，現金勘定の残高は166,000円であり，金庫の中を実査したところ，次のものが入っていた。このうち，売掛金の回収として受け取った郵便為替証書30,000円が未処理であることが判明した。よって必要な決算整理仕訳（未処理事項を含む）を示しなさい。

〈指定勘定科目〉　現金　売掛金　雑益　雑損

他店振出小切手	50,000円	他店振出の約束手形	180,000円
郵便為替証書	30,000円	紙幣・硬貨	115,000円

---

2 当座預金の調整（銀行勘定調整表）

　決算日や月末において，企業の当座預金勘定の残高と銀行側の当座預金口座の残高とが一致しないことがあります。そこで，残高証明書を銀行に発行してもらい，以下のような銀行勘定調整表を作成して，その不一致の原因を明らかにし，その調整を行います。

銀 行 勘 定 調 整 表

○銀行○支店			×年×月×日		
当座預金勘定残高		××	銀行残高証明書残高		××
加　算			加　算		
入金連絡未通知	××		時 間 外 預 入	××	
未 渡 小 切 手	××	××	未 取 立 小 切 手	××	××
減　算			減　算		
引落連絡未通知	××		未 取 付 小 切 手		××
売 掛 金 誤 記 入	××	××			
		××			××

　企業の当座預金勘定の残高と銀行の残高証明書の残高が一致しない原因として以下のようなものがあり，修正仕訳が「必要なもの」と「必要でないもの」に大別されます。

1. 修正仕訳なし

(1) 時間外預入

　時間外預入（じかんがいあずけいれ）とは，銀行の営業時間終了後に夜間金庫などに現金を預け入れることをいいます。この場合，企業側では預け入れ当日に当座預金の増加処理をしますが，銀行では翌営業日の入金として処理されるので，両者の残高が一時的に一致しなくなります。

　時間外預入は，時の経過（翌日，銀行が入金処理を行う）により両者の残高は一致するので，修正仕訳は必要ありません。

(2) **未取付小切手**

未取付小切手とは，小切手を振り出し取引先に交付したにもかかわらず，まだ取引先が銀行に呈示（取り付け）していない小切手をいいます。この場合，企業側は小切手を振り出した当日に当座預金の減少処理をしますが，銀行側では小切手が呈示されたときに支払いの記帳がされるので，両者の残高が一時的に一致しなくなります。

未取付小切手は，時の経過（取引先が小切手を銀行に持ち込む）により両者の残高は一致するので，修正仕訳は必要ありません。

(3) **未取立小切手**

未取立小切手とは，他人振出の小切手を銀行に預け入れて取り立てを依頼したにもかかわらず，銀行側が未だ取り立てていない小切手をいいます。この場合，企業側では小切手の預入日に「当座預金の増加」として処理していますが，銀行側ではその小切手を交換所へ持ち込み決済を行った段階で入金処理するため，企業残高と銀行残高は一致しません。

未取立小切手は，時の経過（銀行が取り立てる）により両者の残高は一致するので修正仕訳は必要ありません。

2. 修正仕訳あり

(1) 連絡未通知（未処理事項）

　連絡未通知とは，銀行で当社に関する当座振込や自動引落しなどがあったにもかかわらず，いまだ銀行から連絡がないことをいいます。この場合，銀行側は処理済みですが企業側は未記帳なので，両者の残高は一致しません。連絡未通知は企業側が未記帳となっている取引の記帳を行うことにより解決します。

仕訳例 02

　当座預金について，決算日に得意先からの売掛金200円の振り込みと手形代金400円の引き落しがあったが，当方に未達のため未記帳になっていた。

| （当 座 預 金） | 200 | （売　掛　金） | 200 |
| （支 払 手 形） | 400 | （当 座 預 金） | 400 |

---

(2) 企業側誤記入（訂正仕訳）

　企業側が，実際に預け入れた金額，または引き出した金額と異なる金額で記帳してしまうことを誤記入といい，当然この場合も銀行側の残高とは一致しません。誤記入は，企業側が訂正仕訳を行うことにより解決します。

仕訳例 03

　得意先からの売掛金の振込額600円を650円と誤記していた。

| （売　掛　金） | 50 | （当 座 預 金） | 50 |

　簿記検定3級で学習した訂正仕訳を行うこととなります。

①	誤った仕訳の逆仕訳：（売　掛　金）	650	（当 座 預 金）	650
②	正 し い 仕 訳：（当 座 預 金）	600	（売　掛　金）	600
③	訂正仕訳（①＋②）：（売　掛　金）	50	（当 座 預 金）	50

　なお，簿記検定2級では③の訂正仕訳を，直接考えられるようにしましょう。

(3) **未渡小切手**

　未渡小切手とは，自社で振り出した小切手がいまだ相手に交付されていない状態の小切手をいいます。決算日に未渡小切手があった場合には，小切手による支払いは行われなかったことになります。しかし，小切手を振り出した時点で「当座預金の減少」として処理しているので，当座預金勘定の減少処理を取り消すために「当座預金の増加」で処理します。

① **仕入債務の支払いに対するもの**

　小切手振出時に「買掛金の減少・当座預金の減少」として処理していますが，実際には買掛金の支払いが行われていないので，振出時の仕訳を取り消します。

仕訳例 04

　買掛金支払いのために振り出した小切手150円（振出時に記帳済み）が，決算日において金庫に保管されたままであった。

　　　（当　座　預　金）　　　　150　　　　　（買　　掛　　金）　　　　150

上記の仕訳は以下のように考えることができます。

⑴ **仕入時（三分法で記帳）**

（仕　　　　　入）　　　150	（買　　掛　　金）　　　150

⑵ **未渡小切手**

① **作成時**

（買　　掛　　金）　　　150	（当　座　預　金）　　　150

② **あるべき仕訳**

仕　訳　な　し

③ **決算時（修正仕訳）**

（当　座　預　金）　　　150	（買　　掛　　金）　　　150

② **仕入債務以外の支払いに対するもの**

　　小切手振出時に「未払金の減少・当座預金の減少」として処理していますが，実際には未払金の支払いが行われていないので，振出時の仕訳を取り消します。

仕訳例 05

　広告費支払いのため振り出した小切手150円（振出時に記帳済み）が決算日において金庫に保管されたままであった。

（当 座 預 金）	150	（未 払 金）	150

上記の仕訳は以下のように考えることができます。

(1)　**費用発生時**

（広 告 費）	150	（未 払 金）	150

(2)　**未渡小切手**

　①　**作成時**

（未 払 金）	150	（当 座 預 金）	150

　②　**あるべき仕訳**

仕 訳 な し

　③　**決算時（修正仕訳）**

（当 座 預 金）	150	（未 払 金）	150

ここが
POINT

未渡小切手　┬─► 対仕入先 ─────► 買掛金の増加（買掛金の減少の取り消し）

　　　　　　└─► 上記以外 ─────► 未払金の増加（未払金の減少の取り消し）

基本例題06

基本例題06

解答・解説391ページ

次の資料にもとづいて，精算表の一部を作成しなさい。

（資　料）

決算日現在の銀行残高証明書の残高は7,350円であった。当座預金勘定残高との差額について，調査したところ，次の事実が判明した。

(1) 決算日に現金300円を預け入れたが，銀行では翌日付けの入金となっていた。

(2) 買掛金支払いのため振り出した小切手150円が銀行に未呈示であった。

(3) 売掛金の回収として受け取った先方振り出しの小切手500円が銀行において未取立であった。

(4) 銀行より当社への通知未達分
　　　得意先からの売掛金の振り込み　　　450円
　　　振り出した約束手形の引き落し　　　400円

(5) 得意先からの売掛金の振込額380円を480円と記帳していた。

(6) 買掛金を支払うため振り出した小切手200円が，まだ金庫に保管されていた。

精　算　表　　　　　　　　（単位：円）

勘定科目	残高試算表 借方	残高試算表 貸方	修正記入 借方	修正記入 貸方	損益計算書 借方	損益計算書 貸方	貸借対照表 借方	貸借対照表 貸方
当座預金	7,850							
売掛金	9,000							
支払手形		4,000						
買掛金		6,000						

60

3 銀行勘定調整表の作成

銀行勘定調整表とは，企業の当座預金勘定の残高と銀行が発行する残高証明書の残高との不一致を明らかにし，これを調整する表をいいます。

銀行勘定調整表の作成方法には，両者区分調整法，企業残高基準法，銀行残高基準法の３つがあります。

1. 両者区分調整法

両者区分調整法とは，「修正仕訳が必要」な不一致原因について企業の当座預金勘定残高を調整し，「修正仕訳が不要」な不一致原因について銀行の残高証明書残高を調整することにより，両者の金額を一致させる方法です。

両者区分調整法により求めた残高が，貸借対照表上の「当座預金」の金額となります。

銀 行 勘 定 調 整 表

当社の帳簿残高		7,000	銀行の残高証明書残高		6,050
（加　算）			（加　算）		
入金連絡未通知	200		時間外預入	520	
未渡小切手	150	350	未取立小切手	350	870
（減　算）			（減　算）		
引落連絡未通知	400		未取付小切手		20
売掛金誤記入	50	450			
		6,900			6,900

↑━━━ 貸借対照表上の当座預金の金額 ━━━↑

ここがPOINT

銀行勘定調整表（両者区分調整法）の作成における不一致原因の調整を整理すると，次のようになる。

〔不 一 致 原 因〕	〔企業側（当社側）〕 **当座預金勘定残高** 〔決算修正仕訳〕	〔銀　行　側〕 **銀行残高証明書残高** 〔証明書残高の修正〕
時 間 外 預 入	なし	あり（加算）
未 取 付 小 切 手	なし	あり（減算）
未 取 立 小 切 手	なし	あり（加算）
連 絡 未 通 知(注1)	**あり**	なし
企 業 側 誤 記 入(注2)	**あり**	なし
未 渡 小 切 手(注3)	**あり**	なし

（注１）連絡未通知は，企業側で未記帳のため，当座預金勘定の修正となる。
（注２）企業側誤記入は，企業側で誤った処理をしているため，当座預金勘定の修正となる。
（注３）未渡小切手は，企業側で早まった処理をしているため，当座預金勘定の修正となる。

2. その他の銀行勘定調整表のひな型

　銀行勘定調整表には，両者区分調整法のほかに次の2つの方法がありますが，これらは一方の残高を基準とし，他方をこれに合わせる方法であり，修正仕訳とは関係なく作成されます。なお，「両者区分調整法」がわかりやすいので，これと比較しながら覚えてください。

(1) 企業（当座預金）残高基準法

　企業残高基準法とは，企業の当座預金勘定の残高に，不一致の原因となる項目を加減算して，銀行の残高証明書の残高に一致させる方法です。

銀 行 勘 定 調 整 表

当社の帳簿残高		7,000
（加　算）入金連絡未通知	200	
未渡小切手	150	
未取付小切手	20	370
計		7,370
（減　算）引落連絡未通知	400	
売掛金誤記入	50	
時間外預入	520	
未取立小切手	350	1,320
銀行の残高証明書残高		6,050

　当社の帳簿残高を基準とするため，銀行残高に対する調整項目の「加算」「減算」を逆にして調整することに注意が必要です。

(2) 銀行（残高証明書）残高基準法

　銀行残高基準法とは，銀行の残高証明書の残高に，不一致の原因となる項目を加減算して，企業の当座預金勘定の残高に一致させる方法です。

銀 行 勘 定 調 整 表

銀行の残高証明書残高		6,050
（加　算）時間外預入	520	
未取立小切手	350	
引落連絡未通知	400	
売掛金誤記入	50	1,320
計		7,370
（減　算）未取付小切手	20	
入金連絡未通知	200	
未渡小切手	150	370
当社の帳簿残高		7,000

　銀行残高を基準とするため，当社の帳簿残高に対する調整項目の「加算」「減算」を逆にして調整することに注意が必要です。

4 定期預金

1. 定期預金とは

定期預金とは，余裕資金を有効に運用する目的で利用される預金で，期間（たとえば３か月，６か月，１年，２年）満了まで引き出しができない利付預金です。

定期預金については一年基準の適用により，決算日の翌日から１年以内に満期日が到来するものは貸借対照表上，「流動資産」の区分に現金勘定や当座預金勘定と一括して現金預金として表示し，決算日の翌日から１年を超えて満期日が到来するものは貸借対照表上，「固定資産（投資その他の資産）」の区分に長期性預金（または長期定期預金）として表示します。

2. 未収利息の計上

定期預金の利息は一般的に後払いであるため，利払日と決算日が一致しない場合には，預入日または期中の最終利払日の翌日から決算日までの利息を，月割計算により見越計上します。

（未 収 利 息）⊕	××	（受 取 利 息）⊕	××

設例 3-3

次の資料にもとづいて，必要な決算整理仕訳を示しなさい。なお，決算日は×2年3月31日である。

（資料１）決算整理前残高試算表

決算整理前残高試算表
×2年３月31日

現 金 預 金	75,000	受 取 利 息	600

（資料２）決算整理事項

1．現金預金のうち20,000円は，×1年５月１日から期間２年の定期預金（利率年６％，利払日は４月と10月の各末日）である。

〈解答・解説〉

(1) 科目の分類（一年基準の適用）

満期日（×3年４月30日）が，決算日（×2年３月31日）の翌日から起算して１年を超えるため「長期性預金」となります。

（長 期 性 預 金）	20,000	（現 金 預 金）	20,000
B/S固定資産			

(2) **未収利息の計上** ⇨ 利払日≠決算日のために計上します（月割計算）

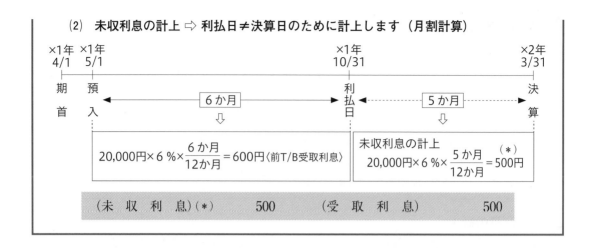

★supplement

現金預金の表示

表示科目	表示区分	内　容
現 金 預 金	流 動 資 産	・現金 ・普通預金，当座預金　等 ・満期日が貸借対照表日の翌日から１年以内の定期預金　等
長期性預金	固 定 資 産 （投資その他の資産）	・満期日が貸借対照表日の翌日から１年を超える定期預金　等

MEMO

現金および預金

04 債権・債務
Theme

Check ここでは，クレジット売掛金，さまざまな手形の処理，電子記録債権・債務について学習します。

1 クレジット売掛金

クレジット・カードの普及にともない，多くの企業でクレジット取引が行われています。クレジット取引とは，おおむね以下のような取引をいいます。

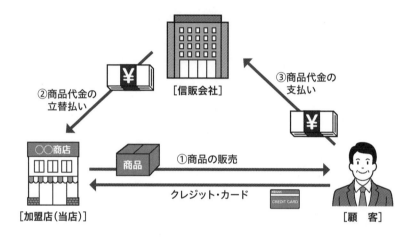

クレジット・カードにより商品を販売したときは，その代金を信販会社から回収することになるため，原則として，売掛金とは区別して**クレジット売掛金（資産）**とします。また，クレジット・カードの利用にともなう信販会社に対する手数料の支払い額は，原則として，商品の販売時に**支払手数料（費用）**を計上します。

仕訳例 01

(1) 販売時

商品300,000円をクレジット・カードにより販売した。なお，信販会社へのクレジット手数料は販売代金の1％であり，販売時に計上する。商品売買の記帳は三分法による。

（クレジット売掛金）	297,000	（売　　　　上）	300,000
（支 払 手 数 料)*	3,000		

* 300,000円×1％＝3,000円

(2) 回収時

上記，クレジット取引について，信販会社から1％の手数料を差し引いた手取額が当店の当座預金口座に入金された。

（当 座 預 金）	297,000	（クレジット売掛金）	297,000

入金時に支払手数料を計上する場合

■仕訳例

　商品300,000円をクレジット・カードにより販売した。なお，信販会社へのクレジット手数料は販売代金の１％であり，入金時に計上する。商品売買の記帳は三分法による。

　　（クレジット売掛金）　　300,000　　　　　　　　（売　　　　　上）　　300,000

■仕訳例

　上記，クレジット取引について，信販会社から１％の手数料を差し引いた手取額が当店の当座預金口座に入金された。

　　（当　座　預　金）　　297,000　　　　　　　（クレジット売掛金）　　300,000
　　（支　払　手　数　料）＊　　3,000
　　　＊　300,000円×1%＝3,000円

基本例題 07

解答・解説392ページ

以下の取引について仕訳しなさい。

〈指定勘定科目〉

当座預金　クレジット売掛金　売上　支払手数料

1．商品1,200,000円をクレジット・カードにより販売した。なお，信販会社へのクレジット手数料は販売代金の５％であり，販売時に計上する。商品売買の記帳は三分法による。

2．上記，クレジット取引について，クレジット手数料を差し引いた手取額が当店の当座預金口座に入金された。

2　手形取引

1．約束手形の振り出しと受け取り

　商品の売買代金を約束手形を用いて決済したときは，手形に関する債権を受取手形（**資産**）で，手形に関する債務を支払手形（**負債**）で処理します。

仕訳例 02

① **振出人の処理**

　福岡商店は東京商店に対する買掛金100,000円を支払うため，約束手形100,000円を振り出した。

　　（買　　掛　　金）　　100,000　　　　　　　（支　払　手　形）　　100,000

② **受取人の処理**

　東京商店は福岡商店に対する売掛金100,000円の回収として，先方振出しの約束手形100,000円を受け取った。

　　（受　取　手　形）　　100,000　　　　　　　（売　　掛　　金）　　100,000

2. 手形の裏書き

約束手形の所持人は，支払期日前に，仕入代金や買掛金の支払いのためにその手形を譲渡することができます。このとき，手形の所持人は手形の裏面に譲渡する相手先など必要な事項を記入し，記名・押印することから，手形を譲渡することを手形の裏書きまたは手形の裏書譲渡といいます。

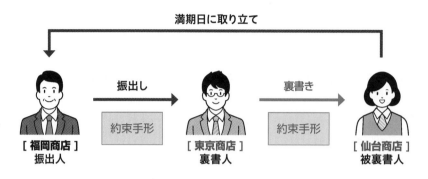

〈表面〉

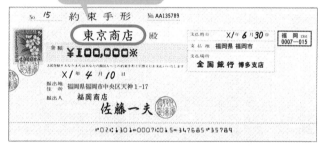

〈裏面〉

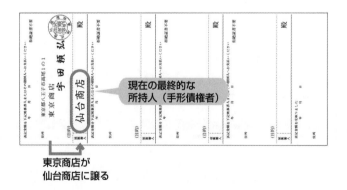

(1) **手形の裏書譲渡**

手形を裏書譲渡したときは，手形金額を受け取る権利（債権）が消滅するので，受取手形（資産）の減少を処理します。また，手形を裏書譲渡されたときは，手形金額を受け取る権利（債権）が生じるので，受取手形（資産）の増加を処理します。

仕訳例 03

① **裏書人の処理**

東京商店は，仙台商店から商品100,000円を仕入れ，代金はかねて福岡商店から受け取っていた約束手形100,000円を裏書譲渡して支払った。

（仕　　　　入）　100,000　　　　（受　取　手　形）　100,000

② **被裏書人の処理**

仙台商店は東京商店へ商品100,000円を販売し，代金は福岡商店振出，東京商店宛の約束手形100,000円を裏書きされた。

（受　取　手　形）　100,000　　　　（売　　　　上）　100,000

(2)　**裏書きされた手形の決済**

約束手形の振出人は，支払期日における手形所持人に対して手形金額を支払います。

仕訳例 04

① **振出人の処理**

福岡商店は，先に振り出した約束手形100,000円の支払期日が到来したため，取引銀行から当座預金より支払われた旨の通知を受けた。

（支　払　手　形）　100,000　　　　（当　座　預　金）　100,000

② **被裏書人の処理**

仙台商店は東京商店より受け取っていた福岡商店振出の約束手形100,000円につき，取引銀行に取り立てを依頼していたが，本日，支払期日となり，当座預金に入金された旨の通知を受けた。

（当　座　預　金）　100,000　　　　（受　取　手　形）　100,000

(3)　**自己振出の約束手形の回収**

かつて当店が振り出した約束手形が，裏書きの連続により，当店に戻ってくることがあります。この場合，その手形を受け取ることで，手形金額を支払う義務（債務）が消滅します（誰にも支払わなくてすむ）。したがって，支払手形（負債）の減少を処理します。

振出し　　約束手形　　裏書き　　約束手形

[福岡商店]　　　　　　　　[東京商店]　　　　　　　　[仙台商店]
振出人　　　　　　　　　　裏書人　　　　　　　　　　被裏書人

裏書き

福岡商店は仙台商店に商品100,000円を販売し，代金としてかねて当店が振り出した約束手形100,000円を受け取った。

（支 払 手 形）	100,000	（売 上）	100,000

基本例題08

解答・解説392ページ

次の取引について仕訳しなさい。

〈指定勘定科目〉

受取手形　売掛金　支払手形　買掛金　売上　仕入

(1)　石川商店より商品3,000円を仕入れ，代金は富山商店振出，当店宛の約束手形を裏書きして支払った。

(2)　福井商店に商品2,000円を販売し，代金は滋賀商店振出，福井商店宛の約束手形を裏書きされた。

(3)　岐阜商店に対する買掛金2,300円の支払いのため，手持ちの和歌山商店振出，当店宛の約束手形を裏書譲渡した。

(4)　奈良商店に対する売掛金2,500円を，京都商店振出の約束手形で受け取った。

(5)　静岡商店に対する売掛金3,600円を，かねて当店が振り出した約束手形で受け取った。

ここが POINT

　手形代金の支払いや受け取りは，債権債務の当事者間で直接行うものではなく，取引銀行を通じて振り込みや引き落としによって行われる。裏書譲渡などによって，所持人が変わっても（直接取引のない相手との債権・債務となっても）関係なく，銀行間で決済する。

3. 手形の割引き

　約束手形の所持人は，支払期日前に，取引銀行などに手形を譲渡することで，資金の融通を受けることができます。これを手形の割引きといいます。

　手形を割り引いたときは，割引日から満期日までの期間に対応する利息と手数料を支払うことになりますが，これを割引料といいます。割引料の計算は，借入金の利息と同様に行います。

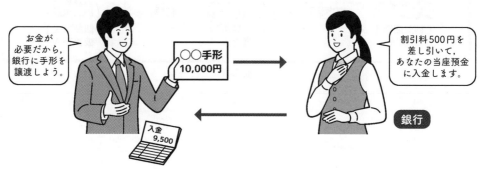

なお，割引きにおいても手形の受取人が銀行などにかわるため，裏書きのときと同様に，手形の裏面に必要な事項の記入および記名・押印がなされます。

⑴ 手形を割引きしたとき

手形債権が消滅するため，裏書きと同じように受取手形（資産）を減少させます。また，入金額は，手形金額から割引料相当額を差し引いた残額となります。なお，手形金額と入金額の差額（割引料）は，**手形売却損（費用）**で処理します。手形売却損は損益計算書の「営業外費用」の区分に表示します。

仕訳例 06

約束手形10,000円を取引銀行で割り引き，割引料を差し引いた残額を同行の当座預金とした。なお，割引率は年7.3%，割引日数は10日間であった。

| （当 座 預 金） | 9,980 | （受 取 手 形） | 10,000 |
| （手 形 売 却 損）* | 20 | | |

＊　割引料：10,000円〈手形額面〉× 7.3%〈割引率〉× $\dfrac{10日〈割引日数〉}{365日}$ ＝ 20円

基本例題 09

解答・解説393ページ

次の取引について仕訳しなさい。

〈指定勘定科目〉

当座預金　普通預金　受取手形　手形売却損

⑴　得意先名古屋商店に商品を売り上げた際に裏書譲渡された長野商店振出，名古屋商店宛の約束手形3,000円を甲銀行で割引きに付し，割引料30円を差し引かれた手取金を普通預金に預け入れた。

⑵　先に得意先新潟商店から受け取った同店振出の約束手形8,000円を銀行に売却し，割引料を差し引かれた手取金7,880円を同行の当座預金とした。

ここが
POINT

①　利息や割引料の計算は，条件（問題の指示）に従って行う。月割りや日割りの場合も同様である。

②　手形の売却の際に差し引かれる金額を「割引料」というが，勘定科目は原則として手形売却損勘定を使用する。

4. 手形の不渡り

⑴ 手形の不渡りと償還請求（手形の遡求）

手形の不渡りとは，手形の所持人が支払期日に取り立てをしたにもかかわらず，支払いを拒絶されることをいいます。手形が不渡りとなった場合，ただちに回収不能とはなりませんが，正常な手形債権と区別するために，その手形金額を受取手形勘定から不渡手形（資産）へ振り替えます。

なお，裏書きされた手形が不渡りとなった場合，手形の所持人は，裏書人に対して償還請求することができます（手形の遡求）。

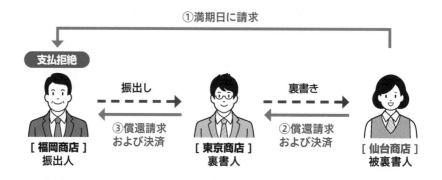

| ①満期日に請求 |
| 支払拒絶 |
| [福岡商店] 振出人 | 振出し → ← ③償還請求および決済 | [東京商店] 裏書人 | 裏書き → ← ②償還請求および決済 | [仙台商店] 被裏書人 |

仕訳例 07

〈被裏書人の処理〉

仙台商店は，福岡商店振出，東京商店裏書の約束手形100,000円について，満期日に取引銀行を通じて取り立てを依頼したところ，支払いを拒絶されたので，東京商店に対し償還請求を行った。なお，その際に拒絶証書作成の費用3,000円を現金で支払った。

| （不 渡 手 形） | 103,000 | （受 取 手 形） | 100,000 |
| | | （現 金） | 3,000 |

(注) 拒絶証書とは，手形が決済されなかったことを証明する文書で，公証人に作成してもらうのが原則です。しかし，実際に流通している手形には銀行などが交付する統一手形用紙が使われており，これには「拒絶証書不要」と印刷されていて拒絶証書の作成を免除しています。

⑵ 償還請求および決済

その後，不渡手形が決済されたときは，通常の債権回収と同様に処理します。しかし，支払人の破産等のため，不渡手形の全額または一部が回収できないことが確実となったときは，貸倒れの処理をします。

仕訳例 08

① 被裏書人の処理

仙台商店は，不渡手形103,000円および満期日から償還期日までの法定利息2,000円について東京商店から小切手を受け取り，ただちに当座預金とした。

| （当 座 預 金） | 105,000 | （不 渡 手 形） | 103,000 |
| | | （受 取 利 息） | 2,000 |

② **裏書人の処理**

東京商店は，かねて仙台商店に裏書譲渡した約束手形について償還請求を受け，手形金額100,000円および拒絶証書作成費用3,000円ならびに満期日から償還期日までの法定利息2,000円とともに，小切手を振り出して支払った。なお，ただちに振出人である福岡商店に対して償還請求を行った。

（不 渡 手 形）	105,000	（当 座 預 金）	105,000

仕訳例 09

〈裏書人の処理〉

東京商店は，福岡商店に対する不渡手形105,000円について，10,000円を現金で受け取ったが，残りは貸倒処理することにした。なお，貸倒引当金の残高はない。

（現　　　　金）	10,000	（不 渡 手 形）	105,000
（貸 倒 損 失）	95,000		

基本例題 10

解答・解説393ページ

次の取引を仕訳しなさい。

〈指定勘定科目〉

現金　受取手形　不渡手形　受取利息

(1) 名古屋商店から裏書譲渡された大阪商店振出の約束手形2,000円が不渡りとなったので，裏書人である名古屋商店に償還請求した。このための費用300円を現金で支払った。

(2) 上記の不渡手形の金額を，名古屋商店から期限後利息50円とともに小切手で受け取った。

5. 手形の更改（書き換え）

手形の更改（書き換え）とは，手形の満期日に資金の都合がつかないときに，手形の所持人の承諾を得て，支払期日を延長してもらうため，新しい手形を振り出して古い手形と交換する手続きをいいます。

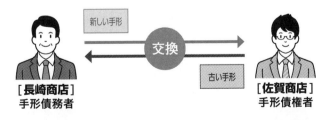

手形を更改したときは，古い手形の債権・債務が消滅し，新しい手形の債権・債務が発生します。その際に，支払期日の延長日数に応じた利息（または更改料）を債務者が負担しますが，(1)利息を別に支払う場合と，(2)利息を含めた新手形を振り出す場合とがあります。

Theme 04

債権・債務

長崎商店は，先に振り出した約束手形300,000円につき，資金の都合から手形所持人である佐賀商店に手形の更改を申し込み，同意を得て新手形と旧手形を交換した。

(1) 利息10,000円については小切手を振り出して支払った場合

① **手形債務者の処理**

| （支　払　手　形） | 300,000 | （支　払　手　形） | 300,000 |
| （支　払　利　息） | 10,000 | （当　座　預　金） | 10,000 |

② **手形債権者の処理**

| （受　取　手　形） | 300,000 | （受　取　手　形） | 300,000 |
| （現　　　　金） | 10,000 | （受　取　利　息） | 10,000 |

(2) 利息10,000円を含めた新手形を振り出し，旧手形と交換した場合

① **手形債務者の処理**

| （支　払　手　形） | 300,000 | （支　払　手　形） | 310,000 |
| （支　払　利　息） | 10,000 | | |

② **手形債権者の処理**

| （受　取　手　形） | 310,000 | （受　取　手　形） | 300,000 |
| | | （受　取　利　息） | 10,000 |

6. 営業外受取手形・営業外支払手形

　固定資産の売買等，商品売買以外の取引で，その代金について約束手形を振り出して支払った場合の処理は以下のとおりです。

(1) 営業外受取手形と営業外支払手形

　建物・備品・土地など，商品以外の物品を売却し，代金として約束手形を受け取った場合，その手形債権は営業外受取手形（**資産**）で処理します。また，商品以外の物品を購入し，代金として約束手形を振り出した場合，その手形債務は営業外支払手形（**負債**）で処理します。

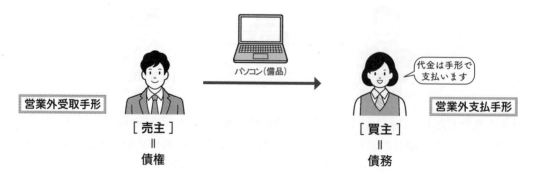

(2) 営業外受取手形の処理

商品以外の物品を売却し, 代金として約束手形を受け取ったときは, 受取手形勘定ではなく, 営業外受取手形勘定の借方に記入します。

仕訳例 11

① 約束手形の受け取り

備品（取得原価350,000円, 減価償却累計額270,000円, 間接法で記帳）を売却し, 代金100,000円は約束手形で受け取った。

| （減価償却累計額） | 270,000 | （備 品） | 350,000 |
| （営業外受取手形） | 100,000 | （固定資産売却益） | 20,000 |

② 約束手形の決済

上記, 約束手形が支払期日となり, 取引銀行より当座預金口座に入金された旨の通知を受けた。

| （当 座 預 金） | 100,000 | （営業外受取手形） | 100,000 |

(3) 営業外支払手形の処理

商品以外の物品を購入し, 代金として約束手形を振り出したときは, 支払手形勘定ではなく, 営業外支払手形勘定の貸方に記入します。

仕訳例 12

① 約束手形の振り出し

備品を購入し, 代金100,000円は約束手形を振り出して支払った。

| （備 品） | 100,000 | （営業外支払手形） | 100,000 |

② 約束手形の決済

上記, 約束手形が支払期日となり, 取引銀行より当座預金口座から支払われた旨の通知を受けた。

| （営業外支払手形） | 100,000 | （当 座 預 金） | 100,000 |

7. 勘定科目のまとめ

簿記において, 債権・債務の勘定科目は, 主たる営業活動（商品売買業を営む企業における商品売買取引）から生じたものとその他の取引から生じたものを区別します。手形取引も債権・債務の取引であるから, 同様に区別します。

取　引		債 権 者	債 務 者
主たる営業活動		受取手形	支払手形
その他の取引	金銭の貸借	(手形)貸付金	(手形)借入金
	そ の 他	営業外受取手形	営業外支払手形

3 電子記録債権・債務

　電子記録債権とは，その発生・譲渡・消滅について電子記録（一定の金融機関が作成する記録原簿）を要件とする金銭債権です。これは手形債権の代替として機能するものであり，手形債権と比較した場合，紛失・盗難のリスクがないこと，債権が分割可能であること，印紙税の負担が回避できるなど，その利便性が評価されています。なお，電子記録債権の記録の請求は，債権者側，債務者側，いずれも請求可能ですが，債権者側が請求を行うときは債務者の承諾を必要とします。

1. 売掛金について電子記録債権を記録した場合

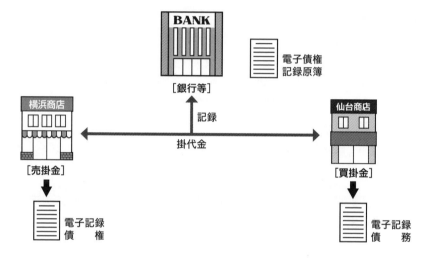

(1) 債権者の処理

売掛金について，電子記録債権を記録した場合，債権者は売掛金から電子記録債権（**資産**）に振り替えます。電子記録債権は，支払期日までの間に譲渡記録を行うことにより，現金化もしくは買掛金等の支払いのため，第三者に譲渡することができます。

なお，電子記録債権の譲渡金額（売却価格）が，その帳簿価額より低いときは，その差額を電子記録債権売却損（**費用**）として計上します。電子記録債権売却損は損益計算書の「営業外費用」の区分に表示します。

仕訳例 13

① 電子記録債権の発生記録

横浜商店は，得意先仙台商店に対する売掛金90,000円について，同店の承諾を得て，電子記録債権の発生記録を行った。

（電子記録債権）	90,000	（売　掛　金）	90,000

② 電子記録債権の譲渡

ⓐ　横浜商店は，新宿商店に対する買掛金を支払うため，①で発生した電子記録債権のうち40,000円の譲渡記録を行った。

（買　掛　金）	40,000	（電子記録債権）	40,000

ⓑ　横浜商店は，①で発生した電子記録債権のうち30,000円を品川商店に売却し，譲渡記録を行った。なお，売却代金29,000円は現金で受け取った。

（現　　　　金）	29,000	（電子記録債権）	30,000
（電子記録債権売却損）	1,000		

③ 電子記録債権の決済

①で発生した電子記録債権のうち20,000円の支払期日が到来し，当座預金口座に入金された。

（当　座　預　金）	20,000	（電子記録債権）	20,000

(2) 債務者の処理

買掛金について，電子記録債務を記録した場合，債務者は買掛金から電子記録債務（**負債**）に振り替えます。

仕訳例 14

① 電子記録債務の発生記録

仙台商店は，仕入先横浜商店に対する買掛金90,000円について，電子記録債務の発生記録を行った。

（買　掛　金）	90,000	（電子記録債務）	90,000

② 電子記録債務の決済

仙台商店は，電子記録債務90,000円の支払期日が到来したため，当座預金で決済した。

（電子記録債務）	90,000	（当　座　預　金）	90,000

2. 貸付金について電子記録債権を記録した場合

金銭の消費貸借（おカネの貸し借り）について，電子記録債権を取得した場合は，債権者は貸付金（資産）で処理します。また，その債務者は借入金（負債）で処理します。

仕訳例 15

(1) 債権者の処理

大阪商店は，神戸商店に対し現金30,000円を貸し付け，ただちに神戸商店の承諾を得て，電子記録債権の発生記録を行った。

（貸　　付　　金）　30,000　　　　　（現　　　　　金）　30,000

(2) 債務者の処理

神戸商店は，大阪商店より現金30,000円を借り入れた。同時に電子記録債務の発生記録について承諾した。

（現　　　　　金）　30,000　　　　　（借　　入　　金）　30,000

3. 固定資産等の売買代金について電子記録債権を記録した場合

固定資産，有価証券などの売買代金について，電子記録債権を取得した場合は，債権者は営業外電子記録債権（資産）で処理します。また，その債務者は営業外電子記録債務（負債）で処理します。

仕訳例 16

(1) 債権者の処理

札幌商店は，所有する土地（帳簿価額100,000円）を函館商店に120,000円で売却し，ただちにその売却代金につき函館商店の承諾を得て，電子記録債権の発生記録を行った。

（営業外電子記録債権）　120,000　　　　　（土　　　　　地）　100,000
　　　　　　　　　　　　　　　　　　　　（固定資産売却益）　 20,000

(2) 債務者の処理

函館商店は，札幌商店より土地120,000円を購入し，同時に，その購入代金に関する電子記録債務の発生記録について承諾した。

（土　　　　　地）　120,000　　　　　（営業外電子記録債務）　120,000

4. 勘定科目のまとめ

電子記録債権（債務）は元の取引の違いにより区別されます。

取　　引		債　権　者	債　務　者
主たる営業活動		電子記録債権	電子記録債務
その他の取引	金銭の貸借	貸付金	借入金
	そ　の　他	営業外電子記録債権	営業外電子記録債務

　以下の取引について，大阪商店，福岡商店および京都商店のそれぞれの仕訳を示しなさい。なお，仕訳がない取引は「仕訳なし」と解答し，商品売買の記帳は三分法による。

〈指定勘定科目〉

　当座預金　売掛金　電子記録債権　買掛金　電子記録債務　売上　仕入

⑴　大阪商店は，商品150,000円を福岡商店に掛けで販売した。

⑵　大阪商店は，上記の販売代金のうち100,000円につき，福岡商店の承諾を得て発生記録の請求を行い，電子記録債権100,000円が生じた。

⑶　大阪商店は，京都商店に対する買掛金100,000円を支払うため，電子記録債権の譲渡記録を行った。

⑷　電子記録債権の支払期限が到来した。京都商店および福岡商店はそれぞれ当座預金で電子記録債権（債務）を決済した。

4 その他の債権の譲渡

手形債権，電子記録債権のみならず，「債権」は，原則として，現金化もしくは買掛金等の支払いのため第三者に譲渡することができます。売掛金等の債権の譲渡は，その譲渡人と譲受人との契約により効力が生じますが，これを債務者に対抗（主張）するには，債権の譲渡人から債務者への通知，または債務者の承諾が必要となります。

設例 4-1

京都商店は，大阪商店に対する売掛金 50,000 円を同店の承諾を得て神戸商店に譲渡し，現金 45,000 円を受け取った。京都商店の仕訳を示しなさい。

〈解答・解説〉

大阪商店に対する売掛金の減少を仕訳します。また，売掛金の譲渡金額（売却価額）がその帳簿価額より低いときは，その差額を「債権売却損（費用）」とします。

（現　　　　金）	45,000	（売　掛　金）	50,000
（債 権 売 却 損）	5,000		

設例 4-2

京都商店は大阪商店に対する売掛金 50,000 円を，神戸商店に対する買掛金 50,000 円を支払うために，大阪商店の承諾を得て神戸商店に譲渡した。京都商店の仕訳を示しなさい。

〈解答・解説〉

大阪商店に対する売掛金の減少と神戸商店に対する買掛金の消滅を仕訳します。

（買　掛　金）	50,000	（売　掛　金）	50,000

債務の保証

　債務の保証とは，借金をした債務者がその借金を返済できないときに，その債務者に代わって支払うことを債権者と契約することをいいます。つまり，保証人になることをいい，保証人は債務者が返済できないときに債務者に代わって返済するという債務（偶発債務）を負担します。

(1) 債務の保証をしたとき

　保証人になったときは，偶発債務を，「保証債務見返」勘定の借方と「保証債務」勘定の貸方にそれぞれ記入し，備忘記録を行います。なお，この2つの勘定はともに偶発債務の金額を記録するための勘定であり，このような使い方をする勘定を「対照勘定」といいます。

■仕訳例

　広島商店は岡山商店の借入金500,000円について保証人となった。

| （保 証 債 務 見 返） | 500,000 | （保 証 債 務） | 500,000 |

(2) 債務者が無事に返済したとき

　債務者が無事に返済したときは，偶発債務が消滅するので，対照勘定を逆仕訳します。

■仕訳例

　広島商店は，かねて保証していた債務500,000円が無事に返済された旨の連絡を受けた。

| （保 証 債 務） | 500,000 | （保 証 債 務 見 返） | 500,000 |

(3) 債務者に代わって返済したとき

　債務者に代わって借金を返済したときは，立替払いとなるため立替金（資産）を計上します。また，偶発債務が本当の債務となってその支払いをしたことから，偶発債務が消滅するので，対照勘定を逆仕訳します。

■仕訳例

　広島商店は，かねて保証していた債務500,000円につき，岡山商店が支払い不能となったので現金で返済した。

| （立 替 金） | 500,000 | （現 金） | 500,000 |
| （保 証 債 務） | 500,000 | （保 証 債 務 見 返） | 500,000 |

　（注）「立替金」は「未収入金」や「貸付金」などで処理することもあります。

Theme
04

債権・債務

05 有価証券
Theme

Check ここでは，有価証券の会計処理について学習します。

1 有価証券の範囲

簿記検定2級の試験で出題される有価証券は，広く投資の目的で保有する(1)株式と，(2)国債・社債等の公社債（債券）です。

1. 株式とは

株式とは，株式会社の社員（出資者）たる地位を表す概念で，株式会社へ出資を行うことにより，その出資者が取得する権利の総称をいいます。株式には，議決権（会社の経営に参加する権利）や利益配当請求権（利益の分配を要求する権利）などが含まれます。また，株式を所有する者を株主といいます。

2. 公社債（債券）とは

国や株式会社などが，広く一般公衆から資金を借り入れたときに，その債権に対して発行される有価証券を公社債（債券）といい，国が発行したものを国債，株式会社などが発行したものを社債といいます。公社債（債券）を取得した者は，定期的に利息を受け取ることができ，期日（満期または償還期日）まで保有すれば額面金額での償還が保証されています。

2 有価証券の分類

有価証券は，その保有目的の違いによって区別し，その目的ごとに勘定を設定します。

1. 保有目的による分類

(1) 売買目的有価証券 ⇨ 売買目的で保有

売買目的有価証券とは，時価の変動により利益を得ることを目的（トレーディング目的）として保有する株式および公社債（債券）で，通常は同一銘柄に対して相当程度の反復的な購入と売却が行われるものをいいます。

(2) 満期保有目的債券 ⇨ 満期まで保有

満期保有目的債券とは，満期まで所有する意図をもって保有する公社債（債券）をいいます。なお，公社債（債券）はあらかじめ定められた償還日に，額面金額による償還が予定されています。

(3) 子会社株式・関連会社株式 ⇨ 支配目的などで保有

子会社株式とは，当社の子会社が発行している株式をいい，関連会社株式とは，当社の関連会社が発行している株式をいいます。

なお，親会社とは，他の企業の意思決定機関（株主総会，取締役会など）を支配している

企業をいい，子会社とは，当該他の企業をいいます。親会社および子会社または子会社が，他の企業の意思決定機関を支配している場合における当該他の企業も，その親会社の子会社とみなします。

また，関連会社とは，企業（当社の子会社を含む）が，出資，人事，資金，技術，取引などの関係を通じて，子会社以外の他の企業の意思決定に対して重要な影響を与えられることができる場合における当該子会社以外の他の企業をいいます。

親　会　社	他の企業の意思決定機関を支配している企業
子　会　社	他の企業に意思決定機関を支配されている企業
関　連　会　社	他の企業の意思決定に重要な影響を与えることができる場合における当該子会社以外の他の企業

（注1）他の企業の意思決定機関を支配している企業とは，①他の企業の議決権の過半数（50％超）を所有している企業または②議決権の40％以上50％以下を所有し，かつ，一定の要件を満たす企業などをいいます。

（注2）他の企業の意思決定機関に重要な影響を与えることができる企業とは，①子会社以外の他の企業の議決権の20％以上を所有している企業または②子会社以外の他の企業の議決権の15％以上20％未満を所有し，かつ，一定の要件を満たす企業などをいいます。

(4) その他有価証券 ⇨ 長期保有目的などで保有

その他有価証券とは，売買目的有価証券，満期保有目的債券，子会社株式および関連会社株式以外の有価証券をいいます。その他有価証券には，長期的な時価の変動により利益を得ることを目的として保有する株式および公社債（債券）や業務提携の目的で保有する持ち合い株式などが含まれます。

★supplement
表示科目と表示区分による分類

有価証券は，貸借対照表に記載する表示科目と勘定科目が大きく異なるので注意が必要です。

売買目的有価証券および1年以内に満期の到来する公社債（債券）は，流動資産に「有価証券」として表示します。

その他の有価証券は，原則として，固定資産（投資その他の資産）に「投資有価証券」として表示しますが，子会社株式および関連会社株式は，「関係会社株式」として表示します。

なお，簿記検定2級の試験では，貸借対照表に勘定科目をもって解答させる問題も考えられるため，解答の際には問題の指示をよく確認する必要があります。

保有目的による分類	B/S上の表示科目	B/S上の表示区分	
売買目的有価証券	有　価　証　券	流動資産	
満期保有目的債券	投資有価証券	固定資産（投資その他の資産）	（注）
子　会　社　株　式 関　連　会　社　株　式	関係会社株式	固定資産（投資その他の資産）	
そ　の　他　有　価　証　券	投資有価証券	固定資産（投資その他の資産）	（注）

（注）1年以内に満期の到来する公社債（債券）は，売買目的有価証券と同様に，流動資産に「有価証券」として表示します。

3 株式の処理

1. 株式と受取配当金

株式を取得すると会社の株主となります。株主は会社のオーナーの一員として利益の分配を受けることができます。これを配当といいます。

所有する株式について配当を受け取ったときは，受取配当金（**収益**）を計上します。受取配当金は損益計算書の「営業外収益」の区分に表示します。

仕訳例 01

かねてより所有している東日本電力株式会社の株式10,000株について，同社から株式配当金領収証30,000円が郵送されてきた。

（現 　　　　金）	30,000	（受 取 配 当 金）	30,000

株式配当金領収証

研究 配当と基準日

株式会社は，配当金の支払い等について基準日を定めることができます。基準日を定めた場合，配当金は基準日に株式を所有している者（株主）に対して支払われます。配当は一般的に年2回，決算配当（定時株主総会の決議による配当），中間配当（定時株主総会後，取締役会の決議による配当）という形で行われますが，それぞれ，その基準日が定められることがあります。したがって，基準日の定めがある場合，基準日に株主であればその期間の配当金を受け取ることができますが，基準日に株主でなければその期間の配当金を受け取ることはできません。

---

2. 株式の購入と売却

以下，売買目的の株式を前提に解説します。

(1) 購入

株式を購入した場合は，購入代価に購入手数料などの付随費用を加算した額をもって取得原価とします。

> 取得原価 =（1株あたりの）買入単価×買入株数 + 購入手数料

(2) 売却

株式を売却した場合は，売却した株式の帳簿価額を減額し，売却価額と帳簿価額との差額を有価証券売却益または有価証券売却損として計上します。

> 売却価額 − 帳簿価額 = $\begin{cases} (+) \text{ 有価証券売却益（収益）} \\ (-) \text{ 有価証券売却損（費用）} \end{cases}$

なお，同一銘柄の株式を複数回に分けて購入し，その購入単価が異なる場合，売却した株式の帳簿価額は，移動平均法等の計算にもとづき算定した平均単価により算定します。

次の取引について仕訳を示しなさい。

(1) 売買目的により，A社の株式1,000株を1株79円で購入し，代金は購入手数料1,000円とともに現金で支払った。

(2) (1)のA社の株式500株を1株85円で追加購入し，代金は購入手数料500円とともに現金で支払った。

(3) 上記，A社の株式500株を1株100円で売却し，代金は現金で受け取った。

〈解答・解説〉

(1)	(売買目的有価証券)*1	80,000	(現　　　　金)	80,000
(2)	(売買目的有価証券)*2	43,000	(現　　　　金)	43,000
(3)	(現　　　　金)*3	50,000	(売買目的有価証券)*4	41,000
			(有価証券売却益)*5	9,000

＊1　@79円×1,000株＋1,000円＝80,000円（取得原価）
＊2　@85円×500株＋500円＝43,000円（取得原価）

$$\therefore \quad \frac{80,000円＋43,000円}{1,000株＋500株} = \frac{123,000円}{1,500株} = @82円（平均単価）$$

＊3　@100円×500株＝50,000円（売却代金）
＊4　@82円×500株＝41,000円（売却原価）
＊5　50,000円－41,000円＝9,000円（売却益）

★supplement
売却手数料が問題となる場合

有価証券の売却時において，証券会社等に手数料を支払う場合，その売却手数料の処理は次の2つの方法が考えられます。［設例5-1］(3)において，売却手数料1,000円を支払う場合，その仕訳は以下のとおりです。

(1) 「支払手数料」として，営業外費用に計上する方法

| (現　　　　金)*1 | 49,000 | (売買目的有価証券) | 41,000 |
| (支払手数料) | 1,000 | (有価証券売却益)*2 | 9,000 |

＊1　売却価額50,000円－手数料1,000円＝49,000円
＊2　売却価額50,000円－帳簿価額41,000円＝9,000円

(2) 「支払手数料」を計上しないで「有価証券売却損益」に加減する方法

| (現　　　　金)*1 | 49,000 | (売買目的有価証券) | 41,000 |
| | | (有価証券売却益)*2 | 8,000 |

＊1　売却価額50,000円－手数料1,000円＝49,000円
＊2　手取額49,000円－帳簿価額41,000円＝8,000円

4 公社債（債券）の処理

1. 公社債（債券）と利息

　ある会社の発行する社債券を取得すると，その会社の債権者として，社債券に付されたクーポン（利札）により利息を受け取ることができます。クーポンにはそれぞれ，その期日が記載されており，簿記上期日の到来した公社債（債券）のクーポンは通貨代用証券（＝現金）として取り扱われるため，その期日の到来をもって利息の受け取りを認識し，有価証券利息（収益）を計上します。有価証券利息は損益計算書の「営業外収益」の区分に表示します。

クーポン（利札）

仕訳例 02

　かねてより所有している凸凹商事株式会社の社債につき，社債利札14,750円の期限が到来した。

　　（現　　　　　金）　　14,750　　　　　（有価証券利息）　　14,750
　　　期限到来後の利札

2．公社債（債券）の購入と売却

(1) 購入

以下，売買目的の公社債（債券）を前提に解説します。

公社債（債券）を購入した場合は，購入代価に購入手数料などの付随費用を加算した額をもって取得原価とします。

$$取得原価 ＝（1口あたりの）買入単価 × \frac{額面総額}{100円} ＋ 購入手数料$$

仕訳例 03

売買目的により額面総額10,000円のA社社債を額面100円につき95円で購入し，証券会社に対する手数料50円とともに小切手を振り出して支払った。

（売買目的有価証券）＊	9,550	（当 座 預 金）	9,550

$$＊ \quad @95円 × \frac{10,000円}{100円} ＋ 50円 ＝ 9,550円$$

(2) 売却

公社債（債券）を売却したときの処理は，株式の場合と同様に売却した公社債（債券）の帳簿価額を減額し，売却価額と帳簿価額との差額を有価証券売却益（収益）または有価証券売却損（費用）として計上します。

仕訳例 04

かねて売買目的により購入したA社社債額面総額10,000円（帳簿価額9,550円）を額面100円につき96円で売却し，代金は先方振り出しの小切手で受け取った。

（現　　　　金）＊1	9,600	（売買目的有価証券）	9,550
		（有価証券売却益）＊2	50

$$＊1 \quad @96円 × \frac{10,000円}{100円} ＝ 9,600円$$

$$＊2 \quad 9,600円 － 9,550円 ＝ 50円$$

3．端数利息の授受

公社債（債券）の売買においては，通常，端数利息の授受が問題となります。端数利息とは，公社債（債券）の売買が利払日と利払日の間で行われるとき，その買主が売主に対して支払うクーポン（利札）の経過利息をいい，原則として以下のように計算します。

$$端数利息 ＝ 公社債（債券）の額面総額 × 年利率 × \frac{前利払日の翌日から売買日当日までの日数}{365日}$$

（注）端数利息の計算は，契約当事者間で，ある程度自由に取り決めることができるため，この問題に解答するときは問題文をよく読む必要があります。なお，過去，簿記検定2級の試験において，「前利払日の翌日から売買日前日まで」という問題も出題されています。

(1) 売却と端数利息の受け取り

　売主は，売買日において期日の到来していない利札をつけたまま公社債（債券）を渡す代わりに，原則として，売買日直前の利払日の翌日から売買日当日までの期間に相当する利息（端数利息）を買主より受け取ります。

仕訳例 05

　×1年11月12日に，かねて売買目的により額面100円につき96円で購入していた額面総額20,000円の社債を額面100円につき97円で売却し，代金は前利払日の翌日から売買日当日までの端数利息とともに小切手で受け取った。なお，この社債は利率年7.3％，利払日は6月末，12月末の年2回で，端数利息は1年を365日として日割計算する。

（現　　　　金）　　19,940	（売買目的有価証券）*1　19,200
	（有価証券売却益）*2　　　200
	（有 価 証 券 利 息）*3　　540

　　＊1　帳簿価額：@96円×$\dfrac{20,000円}{100円}$（200口）＝19,200円

　　＊2　売却損益：19,400円－19,200円＝200円〈売却益〉

　　＊3　端数利息：20,000円×7.3％×$\dfrac{135日^{(注)}}{365日}$＝540円

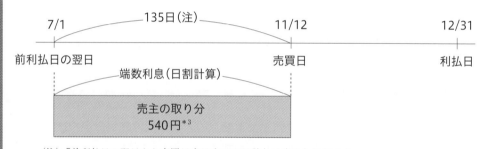

　（注）「前利払日の翌日から売買日当日までの日数」は次のとおりです。
　　　31日〈7/1～31〉＋31日〈8/1～31〉＋30日〈9/1～30〉＋31日〈10/1～31〉＋12日〈11/1～12〉＝135日

　公社債（債券）の売却取引は，「売却」の仕訳と「端数利息の受け取り」の仕訳に分けて考えることができます。

① 売　却

（現　　　　金）*4　19,400	（売買目的有価証券）*1　19,200
	（有価証券売却益）*2　　　200

　　＊4　売却価額：@97円×$\dfrac{20,000円}{100円}$（200口）＝19,400円　…　端数利息の金額を含まない債券の時価で「裸相場」とよばれる額

② 端数利息の受け取り

（現　　　　金）　　　540	（有 価 証 券 利 息）*3　　540

(2) **購入と端数利息の支払い**

　　買主は，売買日において期日の到来していない利札をつけたまま公社債（債券）を受け取る代わりに，原則として，売買日直前の利払日の翌日から売買日当日までの売主分の利息（端数利息）を売主に対して支払います。その後，次の利払日に売主分の利息を含めた利息を債券の発行者から受け取ることとなるため，端数利息の支払いは立替払いの意味となります。

仕訳例 06

① ×1年11月12日に，売買目的により額面総額20,000円の社債を額面100円につき97円で購入し，端数利息とともに小切手を振り出して支払った。なお，この社債は利率年7.3％，利払日は6月末，12月末の年2回で，端数利息は1年を365日として日割計算する。

　　（売買目的有価証券）*1　19,400　　　　（当　座　預　金）　19,940
　　（有 価 証 券 利 息）*2　　540

　　＊1　$@97円 \times \dfrac{20,000円}{100円}(200口)=19,400円$

　　＊2　$20,000円 \times 7.3\% \times \dfrac{135日^{(注)}}{365日}=540円$

② ×1年12月31日，所有している社債の利札730円の期限が到来した。

　　（現　　　　　金）　　730　　　　（有 価 証 券 利 息）*3　　730

　　＊3　$20,000円 \times 7.3\% \times \dfrac{6か月}{12か月}=730円（月割計算）$

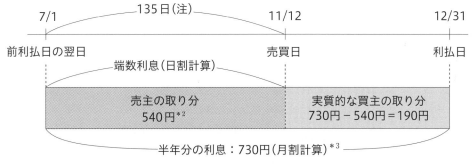

（注）「前利払日の翌日から売買日当日までの日数」は次のとおりです。
　　　31日〈7/1〜31〉＋31日〈8/1〜31〉＋30日〈9/1〜30〉＋31日〈10/1〜31〉＋12日〈11/1〜12〉＝135日

［仕訳例06］にもとづいて勘定図を示すと，次のようになります。

次の取引を仕訳しなさい。

〈指定勘定科目〉

　現金　当座預金　売買目的有価証券　有価証券利息　有価証券売却益　有価証券売却損

(1)　売買目的により額面100円につき95円で買い入れた社債額面総額20,000円を額面100円につき96円の裸相場で売却し，端数利息500円とともに小切手で受け取った。

(2)　売買目的により社債額面総額20,000円を額面100円につき96円の裸相場で購入し，この代金に前の利払日の翌日から購入日当日までの利息500円を加えた合計額を小切手を振り出して支払った。

★supplement

売却損益の損益計算書の表示

　当初から，売却を意図する「売買目的有価証券」および「その他有価証券」の売却損益は，原則として営業外損益の区分に表示します。一方，売却を意図していない「満期保有目的債券」および「子会社株式・関連会社株式」を売却したときは，原則として，特別損益の区分に表示します。

分　　　類	売却損益	表示科目		表示区分
売買目的有価証券	有価証券売却益	有価証券売却益		営業外収益
	有価証券売却損	有価証券売却損		営業外費用
満期保有目的債券	満期保有目的債券売却益	投資有価証券売却益		特　別　利　益
	満期保有目的債券売却損	投資有価証券売却損		特　別　損　失
子 会 社 株 式 関 連 会 社 株 式	子会社(関連会社)株式売却益	関係会社株式売却益		特　別　利　益
	子会社(関連会社)株式売却損	関係会社株式売却損		特　別　損　失
その他有価証券	その他有価証券売却益	臨時的なもの	投資有価証券売却益	特　別　利　益
		上 記 以 外	投資有価証券売却益	営業外収益
	その他有価証券売却損	臨時的なもの	投資有価証券売却損	特　別　損　失
		上 記 以 外	投資有価証券売却損	営業外費用

---

5 有価証券の期末評価

1. 売買目的有価証券

(1) 期末評価：時価法

　　売買目的有価証券は，時価をもって貸借対照表価額とし，評価差額は有価証券評価損益とします。

　　なお，有価証券評価損益勘定は損益計算書上，借方残高であれば「有価証券評価損」として営業外費用に，貸方残高であれば「有価証券評価益」として営業外収益に表示します。また，評価差額の会計処理には洗替方式と切放方式があります。

(2) 洗替方式

　　期末における時価評価の仕訳について，翌期首に再振替仕訳（評価差額の振戻仕訳）を行います。

　　この場合，売買目的有価証券の帳簿価額は「取得原価」で維持されるため，その後，その有価証券を売却したときは売却価額と取得原価との差額で売却損益を算定します。

仕訳例 07

① **決算日**

　　売買目的で取得したA社株式10株（取得原価@150円）の期末時価が@180円となっているため，評価替えを行う。

| （売買目的有価証券） | 300 | （有価証券評価損益）* | 300 |

　　* （@180円 − @150円）× 10株 = 300円（評価益）

② **翌期首**

　　再振替仕訳を行う。

| （有価証券評価損益） | 300 | （売買目的有価証券） | 300 |

仕訳例 08

① **決算日**

　　売買目的で取得したB社株式10株（取得原価@120円）の期末時価が@100円となっているため，評価替えを行う。

| （有価証券評価損益）* | 200 | （売買目的有価証券） | 200 |

　　* （@100円 − @120円）× 10株 = △200円（評価損）

② **翌期首**

　　再振替仕訳を行う。

| （売買目的有価証券） | 200 | （有価証券評価損益） | 200 |

設例 5-2

　　次の資料により，売買目的有価証券の会計処理について洗替方式を適用した場合の，(1)×1年度および(2)×2年度の仕訳を示し，(3)解答欄に示した勘定の記入を完成しなさい。

（資料1）×1年度（×1年4月1日から×2年3月31日まで）

決算整理前残高試算表
×2年3月31日　　　　　（単位：円）

| 売買目的有価証券 | 2,700 | |

　　売買目的有価証券は，すべて×1年度に取得した株式（取得原価2,700円，時価2,800円）である。

（資料２）×2年度（×2年4月1日から×3年3月31日まで）
　4月3日，上記株式を3,000円で売却し，代金は現金で受け取った。

〈解答欄〉

売買目的有価証券

現　　　　金	2,700	3/31 次 期 繰 越	（　　　）
3/31 有価証券評価損益	（　　　）		
	（　　　）		（　　　）
4/1 前 期 繰 越	（　　　）	4/1 有価証券評価損益	（　　　）
		3 現　　　　金	（　　　）

有価証券評価損益

3/31 損　　　　益	（　　　）	3/31 売買目的有価証券	（　　　）
4/1 売買目的有価証券	（　　　）		

〈解答・解説〉

(1)　**×1年度** ⇨ 期末評価（決算整理仕訳）

（売買目的有価証券）	100	（有価証券評価損益）*1	100
		営業外収益	

＊1　2,800円 − 2,700円 = 100円（評価益）

貸 借 対 照 表
×2年3月31日　　　　　　（単位：円）

売買目的有価証券	2,800	

(2)　**×2年度**

①　**期首** ⇨ 再振替仕訳（評価損益の振戻仕訳）を行います。

（有価証券評価損益）	100	（売買目的有価証券）	100
営業外費用			

②　**売却**

　　売却価額と取得原価の差額が売却損益となります。

（現　　　　金）	3,000	（売買目的有価証券）	2,700
		（有価証券売却益）*2	300

＊2　3,000円 − 2,700円 = 300円（売却益）

(3) 勘定記入

売買目的有価証券

現　　　金	2,700	3/31 次 期 繰 越	(	2,800)
3/31 有価証券評価損益	(100)			
	(2,800)		(	2,800)
4/1 前 期 繰 越	(2,800)	4/1 有価証券評価損益	(	100)
		3 現　　　金	(	2,700)

有価証券評価損益

3/31 損　　　益	(100)	3/31 売買目的有価証券	(	100)
4/1 売買目的有価証券	(100)			

(3) 切放方式

　期末における時価評価の仕訳について，再振替仕訳（評価差額の振戻仕訳）は行いません。

　この場合，売買目的有価証券の帳簿価額は「前期末の時価」となるため，その後，その有価証券を売却したときは売却価額と前期末時価との差額で売却損益を算定します。

仕訳例 09

① **決算日**

　売買目的で取得したA社株式（取得原価@150円）10株の期末時価が@180円となっているため，評価替えを行う。

　　　（売買目的有価証券）　　　300　　　　　（有価証券評価損益）*　　　300

　　　＊　（@180円－@150円）×10株＝300円（評価益）

② **翌期首**

仕 訳 な し

仕訳例 10

① **決算日**

　売買目的で取得したB社株式（取得原価@120円）10株の期末時価が@100円となっているため，評価替えを行う。

　　　（有価証券評価損益）*　　　200　　　　　（売買目的有価証券）　　　200

　　　＊　（@100円－@120円）×10株＝△200円（評価損）

② **翌期首**

仕 訳 な し

　次の資料により，売買目的有価証券の会計処理について切放方式を適用した場合の，(1) ×1 年度および(2) ×2 年度の仕訳を示し，(3)解答欄に示した勘定の記入を完成しなさい。

（資料 1 ）×1 年度（×1 年 4 月 1 日から ×2 年 3 月 31 日まで）

決算整理前残高試算表
×2 年 3 月 31 日　　　　　　　（単位：円）

売買目的有価証券	2,700	

　売買目的有価証券は，すべて ×1 年度に取得した株式（取得原価 2,700 円，時価 2,800 円）である。

（資料 2 ）×2 年度（×2 年 4 月 1 日から ×3 年 3 月 31 日まで）

　4 月 3 日，上記株式を 3,000 円で売却し，代金は現金で受け取った。

〈解答欄〉

売買目的有価証券

現　　　　金	2,700	3/31 次 期 繰 越（　　　）
3/31 有価証券評価損益（　　　）		
（　　　）		（　　　）
4/1 前 期 繰 越（　　　）		4/3 現　　　　金（　　　）

有価証券評価損益

3/31 損　　　益（　　　）	3/31 売買目的有価証券（　　　）

〈解答・解説〉

(1)　**×1 年度** ⇨ 期末評価（決算整理仕訳）

（売買目的有価証券）	100	（有価証券評価損益）*1	100
		営業外収益	

＊ 1　2,800円 − 2,700円 = 100円（評価益）

貸 借 対 照 表
×2 年 3 月 31 日　　　　　　　（単位：円）

売買目的有価証券	2,800	

(2)　**×2 年度**

　①　**期首** ⇨ 再振替仕訳（評価差額の振戻仕訳）を行いません。

　②　**売却**

　　売却価額と帳簿価額（前期末時価）の差額が売却損益となります。

（現　　　　金）	3,000	（売買目的有価証券）	2,800
		（有価証券売却益）*2	200

＊ 2　3,000円 − 2,800円 = 200円（売却益）

(3) 勘定記入

売買目的有価証券

現　　　　金	2,700	3/31 次 期 繰 越 （	2,800）
3/31 有価証券評価損益 （	100）		
	（　2,800）		（　2,800）
4/1 前 期 繰 越 （	2,800）	4/3 現　　　　金 （	2,800）

有価証券評価損益

3/31 損　　　　益 （	100）	3/31 売買目的有価証券 （	100）

基本例題 13

解答・解説394ページ

次の決算整理事項にもとづいて，精算表の一部を作成しなさい。

(決算整理事項)

当期に購入した有価証券は次のとおりである。なお，有価証券の評価は時価法による。

	所有目的	帳簿価額	時　価
A社株式	売買目的	1,500円	1,800円
B社株式	売買目的	1,200円	1,000円
		2,700円	2,800円

精　算　表 (単位：円)

勘定科目	残高試算表		修 正 記 入		損益計算書		貸借対照表	
	借　方	貸　方	借　方	貸　方	借　方	貸　方	借　方	貸　方
売買目的有価証券	2,700							
有価証券評価損益								

2. 満期保有目的債券

(1) 期末評価：原価法または償却原価法

　満期保有目的債券は，取得原価をもって貸借対照表価額とします。ただし，公社債（債券）を債券金額（額面総額）より低い価額（または高い価額）で取得した場合において，その差額が金利の調整（金利調整差額）であるときは，償却原価法にもとづいて算定された価額（償却原価）を貸借対照表価額とします。

(2) 償却原価法

　償却原価法とは，公社債（債券）を債券金額（額面総額）より低い価額（または高い価額）で取得した場合に，金利調整差額に相当する金額を償還期に至るまで毎期一定の方法で償却し，その償却額を帳簿価額に加減する方法をいいます。なお，その償却額は定額法により計算し，有価証券利息（収益）で処理します。

$$当期償却額 = \underbrace{（債券金額 - 取得価額）}_{金利調整差額} \times \frac{当期所有月数}{取得日から償還日までの月数}$$

① 債券金額より低い価額で取得した場合

仕訳例 11

　当期首（×1年4月1日）に満期保有の目的でA社の発行する社債（額面総額10,000円，償還日×4年3月31日）を額面100円につき97円で購入し，小切手を振り出して支払った。

　（満期保有目的債券）＊　　9,700　　　　（当 座 預 金）　　9,700

　　＊　@97円×$\frac{10,000円}{100円}$＝9,700円

仕訳例 12

　決算となる。当期首に取得したA社の社債について償却原価法（定額法）を適用する。

　（満期保有目的債券）＊　　100　　　　（有 価 証 券 利 息）　　100

　　＊　（10,000円 − 9,700円）×$\frac{12か月}{36か月}$＝100円

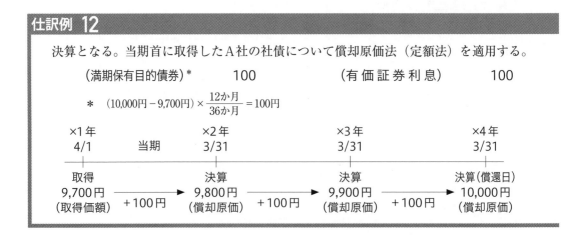

96

② **債券金額より高い価額で取得した場合**

仕訳例 13

当期首（×1年4月1日）に満期保有の目的でB社の発行する社債（額面総額10,000円，償還日×4年3月31日）を額面100円につき101.5円で購入し，小切手を振り出して支払った。

（満期保有目的債券）* 10,150 　　　　　（当 座 預 金） 10,150

　　　＊ @101.5円×$\dfrac{10,000円}{100円}$＝10,150円

仕訳例 14

決算となる。当期首に取得したB社の社債について償却原価法（定額法）を適用する。

（有価証券利息） 50 　　　　　（満期保有目的債券）* 50

　　　＊ （10,000円−10,150円）×$\dfrac{12か月}{36か月}$＝△50円

当社（決算年1回3月31日）は，×1年4月1日に満期保有の目的で額面総額10,000円のC社社債を9,700円で取得した。この社債の償還日は×4年3月31日，利率は年1％，利払日は9月末と3月末の年2回である。なお，額面総額と取得価額との差額は金利調整差額であり，償却原価法（定額法）を適用する。よって，(1)取得日，(2)利払日，(3)決算日および(4)償還日の仕訳を示しなさい。なお，社債の購入および償還は現金で決済したものとする。

〈解答・解説〉

(1) ×1年4月1日（取得日）

| （満期保有目的債券） | 9,700 | （現　　　　金） | 9,700 |

(2) ×1年9月30日（利払日）

⇨6か月分（×1年4月1日から×1年9月30日まで）の利息計上

| （現　　　　金） | 50 | （有価証券利息）*1 | 50 |

*1　10,000円〈額面総額〉× 1 ％〈券面利子率〉× $\dfrac{6か月}{12か月}$ ＝50円

(3) ×2年3月31日

① 期中仕訳（利息の受け取り）

決算日＝利払日であるため，まず利息の処理を行います。

⇨6か月分（×1年10月1日から×2年3月31日まで）の利息計上

| （現　　　　金） | 50 | （有価証券利息）*1 | 50 |

② 決算整理仕訳（償却原価法）

| （満期保有目的債券） | 100 | （有価証券利息）*2 | 100 |

*2　（10,000円〈債券金額〉－9,700円〈取得価額〉）× $\dfrac{12か月}{36か月}$ ＝100円〈当期償却額〉

∴　9,700円〈取得価額〉＋100円〈当期償却額〉＝9,800円〈期末償却原価＝B/S価額〉

上記の取引にもとづいて勘定図を示すと次のようになります。

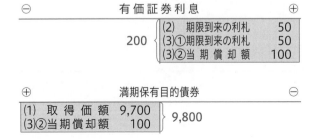

98

(4) ×4年3月31日 ⇨ 期中仕訳

① 利息の受け取り

| (現 金) | 50 | (有価証券利息) | 50 |

② 償却原価法および償還

決算日＝償還日であるため，償却原価法は期中仕訳として行います。

| (満期保有目的債券) | 100 | (有価証券利息) | 100 |
| (現 金) | 10,000 | (満期保有目的債券) | 10,000 |

満期保有目的債券勘定の残高の変化を図にすると，次のようになります。

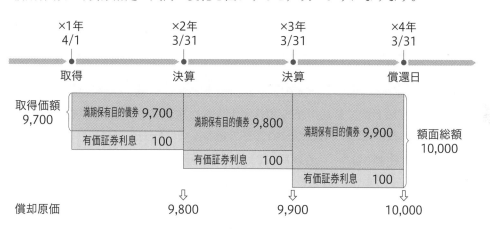

基本例題14

解答・解説395ページ

次の決算整理事項にもとづいて，精算表の一部を作成しなさい。

(決算整理事項)

満期保有目的債券は，×1年4月1日に額面総額10,000円のC社社債（満期日は×6年3月31日，年利率2％，利払日9月末，3月末）を額面100円につき97円で取得したものである。なお，額面総額と取得価額との差額は金利調整差額であり，償却原価法（定額法）を適用する。なお，クーポン利息は適正に処理されている。

会計期間は×1年4月1日から×2年3月31日までの1年である。

精 算 表 （単位：円）

勘定科目	残高試算表		修正記入		損益計算書		貸借対照表	
	借 方	貸 方	借 方	貸 方	借 方	貸 方	借 方	貸 方
満期保有目的債券	9,700							
有価証券利息		200						

3. 子会社株式・関連会社株式

(1) 期末評価：原価法

　　子会社株式は会社の支配を目的として，関連会社株式は影響力の行使を目的として，それぞれ長期間所有されることから，時価の変動を認識する必要がありません。そのため，取得原価をもって貸借対照表価額とします。

仕訳例 15

　　会社支配の目的でA社の株式60株を1株あたり200円で取得し，代金を現金で支払った。なお，A社の発行済株式総数は100株である。

　　　　（子 会 社 株 式）＊　　12,000　　　　　（現　　　　　金）　　12,000

　　　　＊　A社の発行済株式総数の60％$\left(\dfrac{60株}{100株}\right)$を取得しているため，子会社株式に該当します。

　　　　　　@200円×60株＝12,000円

仕訳例 16

　　影響力を行使する目的でB社の株式30株を1株あたり200円で取得し，代金を現金で支払った。なお，B社の発行済株式総数は100株である。

　　　　（関 連 会 社 株 式）＊　　6,000　　　　　（現　　　　　金）　　6,000

　　　　＊　B社の発行済株式総数の30％$\left(\dfrac{30株}{100株}\right)$を取得しているにすぎないため，子会社株式には該当しません。ただし，20％を超えているため関連会社株式に該当します。

　　　　　　@200円×30株＝6,000円

設例 5-5

　　次の資料により，決算整理仕訳を示しなさい。なお，当期は×1年4月1日から×2年3月31日までの1年である。

（資料1）決算整理前残高試算表（一部）

決算整理前残高試算表
×2年3月31日　　　　　　（単位：円）

子 会 社 株 式	12,000	
関 連 会 社 株 式	6,000	

（資料2）決算整理事項

　　×2年3月31日現在における子会社株式の時価は13,200円，関連会社株式の時価は5,500円である。

〈解答・解説〉

「子会社株式」および「関連会社株式」は，取得原価をもって貸借対照表価額とするため，「仕訳なし」となります。

仕 訳 な し

4. その他有価証券

(1) 期末評価：時価法（全部純資産直入法）

その他有価証券は時価をもって貸借対照表価額とし，「評価差額」は原則として，その他有価証券評価差額金勘定を用いて純資産に計上します。これを純資産直入といい，簿記検定2級では「全部純資産直入法」を学習します。

（注）有価証券の期末評価における「時価」とは市場価格をいいます。したがって，市場価格のない有価証券（上場されていない有価証券）は時価評価を行うことができないため，取得原価により評価します（原価法）。

(2) 評価差額の会計処理

全部純資産直入法とは，その他有価証券の時価評価にともなう「評価差額」のすべてを「その他有価証券評価差額金」という純資産の科目をもって，貸借対照表の純資産の部に直接計上する方法です。

その他有価証券は「持ち合い株式」のように事業遂行の必要性から売買・換金を行うことができない場合が多く，これを当期の「損益」として処理した場合，当期純利益に「未実現利益（現金等の裏付けのない利益）が含まれるおそれが生じます。そこで，その評価差額は損益として処理するのではなく，純資産の部に直接計上します（純資産直入）。

なお，評価差額が借方残高（評価差損）の場合には，純資産の控除項目として，金額の前に「△」を付して純資産の部に表示します。

また，その他有価証券の評価差額の会計処理は「洗替方式」のみとなります。したがって，翌期首に再振替仕訳が行われることにより，その他有価証券評価差額金（純資産）の残高はゼロとなります。

(3) 税効果会計

その他有価証券の時価評価により生じた評価差額に関して，後述する税効果会計（「テーマ13　課税所得の算定と税効果会計」参照。）の適用が問題となりますが，本テーマでは，税効果会計の適用はないものとして解説します。

仕訳例 17

長期利殖の目的でC社の株式10株を1株あたり270円で取得し，代金を現金で支払った。

| （その他有価証券）* | 2,700 | （現　　　金） | 2,700 |

＊ @270円×10株＝2,700円

① **決算日**

　長期利殖の目的で取得したC社株式10株（取得原価@270円）の期末時価が@280円となっているため，評価替えを行う。

|（その他有価証券）| 100 |（その他有価証券評価差額金）* | 100 |

　　＊　その他有価証券評価差額金は，貸借対照表の純資産の部，評価・換算差額等の区分に表示します。
　　　　（@280円 − @270円）×10株＝100円（評価差益）

② **翌期首**

　再振替仕訳を行う。

|（その他有価証券評価差額金）| 100 |（その他有価証券）| 100 |

① **決算日**

　長期利殖の目的で取得したC社株式10株（取得原価@270円）の期末時価が@250円となっているため，評価替えを行う。

|（その他有価証券評価差額金）* | 200 |（その他有価証券）| 200 |

　　＊　その他有価証券評価差額金が借方残高の場合，純資産の減算項目となるため，金額の前に「△」
　　　　を付して貸借対照表の純資産の部，評価・換算差額等の区分に表示します。
　　　　（@250円 − @270円）×10株＝△200円（評価差損）

② **翌期首**

　再振替仕訳を行う。

|（その他有価証券）| 200 |（その他有価証券評価差額金）| 200 |

　次の資料により，その他有価証券について，全部純資産直入法を適用した場合の，(1)×1年度および×2年度における仕訳を示し，(2)解答欄に示した勘定の記入を完成しなさい。なお，会計期間は1年，決算日は3月31日であり，税効果会計は考慮しない。

（資料1）×1年度（×1年4月1日から×2年3月31日まで）

<u>決算整理前残高試算表</u>
×2年3月31日　　　　　　　（単位：円）

| その他有価証券 | 2,700 | |

　その他有価証券は，すべて×1年度に取得したC社株式（取得原価2,700円，時価2,800円）である。

（資料2）×2年度（×2年4月1日から×3年3月31日まで）

　5月11日に，上記C社株式を3,000円で売却し，代金は現金で受け取った。

〈解答欄〉

その他有価証券

現　　　金	2,700	3/31 次 期 繰 越 （　　　）			
3/31 その他有価証券評価差額金 （　　　）					
（　　　）		（　　　）			
4/1 前 期 繰 越 （　　　）		4/1 その他有価証券評価差額金 （　　　）			
		5/11 現　　　金 （　　　）			

その他有価証券評価差額金

3/31 次 期 繰 越 （　　　）	3/31 その他有価証券 （　　　）	
4/1 その他有価証券 （　　　）	4/1 前 期 繰 越 （　　　）	

〈解答・解説〉

(1) 仕訳

×1 年度：期末評価

（その他有価証券）	100	（その他有価証券評価差額金）*1	100
		B／S 純資産	

＊1　2,800円〈時価〉−2,700円〈取得原価〉＝100円（評価差益）

×2 年度

① 期首：再振替仕訳

（その他有価証券評価差額金）	100	（その他有価証券）	100
B／S 純資産			

② 売却：売却価額と取得原価の差額が売却損益となります。

（現　　　金）	3,000	（その他有価証券）	2,700
		（投資有価証券売却益）*2	300

＊2　3,000円〈売却価額〉−2,700円〈取得原価〉＝300円（売却益）

(2) 勘定記入

その他有価証券

現　　　金	2,700	3/31 次 期 繰 越 （ 2,800）	
3/31 その他有価証券評価差額金 （ 100）			
（ 2,800）		（ 2,800）	
4/1 前 期 繰 越 （ 2,800）		4/1 その他有価証券評価差額金 （ 100）	
		5/11 現　　　金 （ 2,700）	

その他有価証券評価差額金

3/31 次 期 繰 越 （ 100）	3/31 その他有価証券 （ 100）	
4/1 その他有価証券 （ 100）	4/1 前 期 繰 越 （ 100）	

Theme
05

有価証券

その他有価証券（債券）の時価評価

　公社債等の債券をその他有価証券として所有し，かつ取得時に金利調整差額が生じている場合，その期末評価は，満期保有目的債券と同様に償却原価法を適用したうえで，時価評価を行います。すなわち，まず，償却原価法を適用して取得原価を償却原価に修正し，その後で償却原価を時価に修正します。

■仕訳例

　当社は，当期首にその他有価証券として額面総額10,000円のC社社債をその発行と同時に9,700円で取得した。この社債の償還期間は3年間，額面総額と取得価額との差額300円は金利調整差額であり，償却原価法（定額法）を適用する。また，当期末の時価は9,850円であった。

〈解答・解説〉

1．C社社債（その他有価証券）の期末評価

（1）　償却原価法

　　　当期経過分の金利調整差額を償却し，償却原価を算定します。

（その他有価証券）	100	（有価証券利息）	100*

　　　＊　$(10,000円 - 9,700円) \times \dfrac{12か月}{36か月} = 100円$

　　　償却原価：9,700円〈取得価額〉＋100円〈償却額〉＝9,800円

（2）　時価評価

　　　償却原価を時価に評価替えします。

（その他有価証券）	50	（その他有価証券評価差額金）	50*

　　　＊　9,850円〈時価〉－9,800円〈償却原価〉＝50円（評価差益）

2．再振替仕訳

　　　時価評価の仕訳について再振替仕訳を行います。すなわち，翌期首において，前期末の時価を前期末の償却原価まで振り戻します。

（その他有価証券評価差額金）	50	（その他有価証券）	50

5. 評価のまとめ

有価証券の評価をまとめると次のようになります。

保 有 目 的 等	貸借対照表価額	評価差額等の処理
売 買 目 的 有 価 証 券	時　　価	当期の損益 （洗替方式または切放方式）
満 期 保 有 目 的 債 券	金利調整差額なし：取得原価	――
	金利調整差額あり：償却原価	償却額は有価証券利息
子 会 社 株 式 関 連 会 社 株 式	取得原価	――
そ の 他 有 価 証 券	時　　価	純資産直入 （洗替方式）

★supplement

売買目的有価証券と有価証券運用損益

　売買目的有価証券については，期中の売買にともなう売却損益，期末の時価評価にともなう評価損益，および株式の所有に係る受取配当金，公社債の所有に係る有価証券利息の金額をすべてまとめて「有価証券運用損益」として処理することができます。

Theme
05

有
価
証
券

次の資料により，損益計算書（一部）および貸借対照表（一部）を作成しなさい。

なお，会計期間は1年，当期は×1年4月1日から×2年3月31日までである。

（資料）決算整理事項

当社が所有する有価証券の内訳は次のとおりであり，すべて当期に取得したものである。

銘　柄	分　類	取得原価	時　価	備　考
A社株式	売買目的有価証券	66,000円	60,000円	(3)
B社株式	その他有価証券	96,000円	104,000円	(1)(3)
C社株式	子会社株式	100,000円	110,000円	(3)
D社社債	満期保有目的債券	98,000円	99,000円	(2)(3)

(1)　全部純資産直入法を適用する。なお，税効果会計は考慮しない。

(2)　D社社債は，当期首に額面総額100,000円を額面100円につき98円で購入したものである。償還日は×6年3月31日である。取得価額と額面総額の差額はすべて金利調整差額と認められるため，償却原価法（定額法）を適用する。

(3)　売買目的有価証券は「有価証券」として，満期保有目的債券およびその他有価証券は「投資有価証券」として，子会社株式は「関係会社株式」として，それぞれ表示する。

損　益　計　算　書

自×1年4月1日　至×2年3月31日　　　（単位：円）

Ⅳ　営 業 外 収 益

　1.（　　　　　　　）　　　　　　（　　　　　）

Ⅴ　営 業 外 費 用

　1.（　　　　　　　）　　　　　　（　　　　　）

貸　借　対　照　表

×2年3月31日　　　　　（単位：円）

資　産　の　部		負　債　の　部	
Ⅰ　流 動 資 産		：	
（　　　　）（　　　　）		純 資 産 の 部	
Ⅱ　固 定 資 産		：	
（　　　　）（　　　　）		Ⅱ　評価・換算差額等	
（　　　　）（　　　　）		（　　　　）（　　　　）	

MEMO

有価証券

06 有形固定資産（Ⅰ）
Theme

Check ここでは，有形固定資産の購入時，決算時，売却時の処理について学習します。以下，文中の「固定資産」はすべて「有形固定資産」を表します。

1 固定資産の購入

固定資産とは，建物，備品，車両運搬具や土地など，長期間にわたり使用するために所有する資産をいいます。

固定資産を購入したときは，購入代価に企業がその資産を手に入れて使用するまでにかかった付随費用を加算した取得原価をもってその勘定の借方に記入します。

取得原価 ＝ 購入代価 ＋ 付随費用

（注）付随費用には，仲介手数料や登記料などがあります。また，購入にあたって割戻しを受けた場合には，購入代価からその金額を控除します。

仕訳例 01

営業用の建物55,000円を購入し，代金は小切手を振り出して支払った。なお，不動産業者への手数料3,000円と登記料2,000円は現金で支払った。

（建　　　　物）	60,000	（当　座　預　金）	55,000
		（現　　　　金）	5,000

2 減価償却

1. 減価償却とは

減価償却とは，利用または時の経過による固定資産の価値の減少を見積り，その取得原価を各事業年度に費用（減価償却費）として配分するための手続きです。

なお，土地のように，使用しても価値が減少しない固定資産は減価償却の対象となりません。

2. 計算要素

減価償却費の計算において，次の3つの要素を考慮します。

取得原価	固定資産を取得するために要した支出額
耐用年数	見積りによる固定資産の利用可能な年数
残存価額	耐用年数経過後の処分可能見込額

簿記検定2級では，建物などの有形減価償却資産の耐用年数は「○年」，また残存価額は「取得原価の10％」もしくは「残存価額はゼロ」と出題されることが多いですが，問題文の指示に従ってください。

3. 減価償却費の計算方法

固定資産の価値の減少は客観的に把握することが困難であるため，一定の仮定にもとづいて価値の減少を把握し，減価償却費を計算します。

(1) 定額法

① 意 義

定額法とは，固定資産の耐用年数中，毎期均等額の減価償却費を計算する方法です。したがって，定額法では1年あたりの減価償却費は同じになります。

固定資産の耐用年数が到来したときには，残存価額だけ固定資産の価値が残っているため，残存価額分は減価償却しません。なお，取得原価から残存価額を差し引いた金額を「要償却額」といいます。

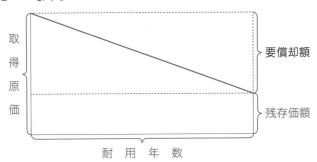

② 計算式

$$\text{1年あたりの減価償却費} = \frac{\text{取得原価} - \text{残存価額}}{\text{耐用年数}}$$

なお，受験上は残存価額を取得原価の10%またはゼロとする場合が多いため，以下の式を用いた方が計算は速くなります。

ⓐ 残存価額が取得原価の10%の場合

$$\text{1年あたりの減価償却費} = \text{取得原価} \times 0.9 \div \text{耐用年数}$$

ⓑ 残存価額がゼロの場合

$$\text{1年あたりの減価償却費} = \text{取得原価} \div \text{耐用年数}$$

仕訳例 02

決算につき，当期の期首に取得した営業用の建物（取得原価：60,000円，耐用年数：30年，残存価額：取得原価の10%，償却方法：定額法）の減価償却を行う。なお，会計期間は1年とし，記帳方法は間接法によること。

| （減 価 償 却 費）* | 1,800 | （減価償却累計額） | 1,800 |

＊ 60,000円×0.9÷30年＝1,800円

なお，会計期間の途中で取得した固定資産については，取得し使用開始した月から決算の月までの減価償却費を次のように月割計算します。

$$\boxed{1\,年分の減価償却費 \times \dfrac{使用開始日から決算日までの月数}{12か月}}$$

また，実務では月の途中で取得しても，その月の初めから使用したとみなして計算しますが，簿記検定2級の試験では問題文の指示に従ってください。

基本例題 **16**

解答・解説397ページ

次の取引を仕訳しなさい。

〈指定勘定科目〉

建物　減価償却累計額　減価償却費

×2年3月31日，決算にあたり，当期の6月1日に取得した建物の減価償却を行う。取得原価は500,000円，耐用年数は25年，残存価額は取得原価の10％，償却方法は定額法，記帳方法は間接法とする。会計期間は1年とし，減価償却費は月割計算を行う。

⑵　定率法

①　意　義

定率法とは，固定資産の帳簿価額（取得原価−期首減価償却累計額）に毎期一定の償却率を乗じて，減価償却費を計算する方法です。したがって，期間が経過するにともない，毎期の償却額は逓減します。なお，定率法の計算は，「定率法（狭義）」と「200％定率法」に区別されます。

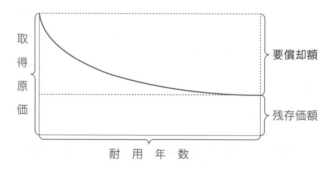

②　計算式

「定率法（狭義）」も「200％定率法」も基本的な計算は同じです。

$$\boxed{1\,年あたりの減価償却費 = (取得原価 − 期首減価償却累計額) \times 年償却率}$$

定率法の「年償却率」は，「耐用年数」と「残存価額」を反映して決定されるため，減価償却費の計算においてこれらを考慮する必要はありません。なお，残存価額を「取得原価の10％」とする償却率を用いるのが「定率法（狭義）」であり，残存価額を「ゼロ」とする償却率を用いるのが「200％定率法」と考えます。

また，会計期間の途中で取得した場合は，減価償却費を月割計算します。

設例 6-1

　第1期の期首に取得した備品5,000円について，第1期，第2期および第3期の決算で計上する減価償却費を定率法（償却率：20％）により求め，決算整理仕訳を行いなさい。なお，記帳方法は間接法による。

〈解答・解説〉

(1)　第1期決算

＊　（5,000円 − 0円）×20％ ＝ 1,000円

(2)　第2期決算

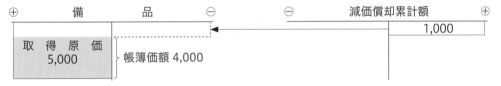

＊　（5,000円 − 1,000円）×20％ ＝ 800円

(3)　第3期決算

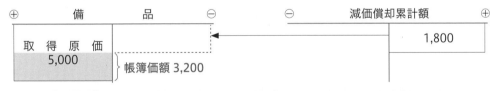

＊　{5,000円 −（1,000円 + 800円）}×20％ ＝ 640円

(4)　各期の減価償却費と各期末における帳簿価額

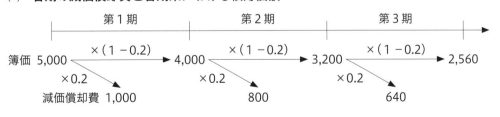

③　200％定率法の注意点
　ⓐ　償却率について
　　　200％定率法は，「定額法の償却率を2倍した率」をその償却率として使用します。したがって，簿記検定2級の問題では，原則として，「償却率」は自分で求めることになります。
　　　たとえば，耐用年数を5年とした場合，200％定率法の償却率は以下のように求めます。

> 定額法の償却率：1 ÷ 5 年 = 0.2
> 　　　　　　　　　　　 耐用年数
> 定率法償却率：0.2 × 200％ = 0.4
> 　　　　　　　 定額法の償却率

　　　なお，定率法（狭義）の「償却率」は，特別な計算によりこれを求めるため，簿記検定2級では必ず問題文に指示があります。

　ⓑ　均等償却への切り替え
　　　200％定率法は残存価額をゼロとする定率法ですが，定率法の計算では，必ず一定の金額が帳簿価額として残るため，耐用年数到来時まで償却しても帳簿価額をゼロとすることができません。
　　　そこで，「本来の計算により求めた減価償却費」が，「償却保証額」を下回る年度からは，残存耐用年数による均等償却に切り替えます。
　　　また，この切り替えのタイミングを決定し，切り替え後の減価償却費を算定するため，耐用年数ごとの「保証率（償却保証額を算定するための率）」と「改定償却率（切り替え後の減価償却費を算定するための率）」が用意されています。
　　　ただし，耐用年数到来時には1円だけ残しておく処理を行います。これを備忘価額といいます。この処理は，償却済みの固定資産があることを帳簿に記録しておくために行います。

> 償却保証額 ＝ 取得原価 × 保証率
> 切替後の減価償却費＝切替年度における期首帳簿価額 × 改定償却率

設例 6-2

　備品（取得原価 100,000 円，耐用年数 5 年，残存価額ゼロ）について 200％定率法により減価償却を行った場合，各期の減価償却費を算定しなさい。

　なお，上記の条件による保証率は 0.10800，改定償却率は 0.500 である。

〈解答・解説〉

	1 年目	2 年目	3 年目	4 年目	5 年目
期 首 帳 簿 価 額	100,000円	60,000円	36,000円	21,600円	10,800円
償却率による減価償却費	40,000円	24,000円	14,400円	8,640円	―
償 却 保 証 額*	10,800円	10,800円	10,800円	10,800円	―
減 価 償 却 費	40,000円	24,000円	14,400円	10,800円	10,799円
期 末 帳 簿 価 額	60,000円	36,000円	21,600円	10,800円	1 円

＊　償却保証額：$\underset{\text{取得原価}}{100,000 \text{円}} \times \underset{\text{保証率}}{0.10800} = 10,800 \text{円}$

(1)　1年目から3年目

　各年度の償却率による減価償却費が償却保証額 10,800 円を上回るため，償却率による減価償却費が各期の減価償却費となります。

　定率法償却率：$1 \div \underset{\text{耐用年数}}{5 \text{年}} \times 200\% = 0.4$

　1 年目の減価償却費：$\underset{\text{期首帳簿価額}}{100,000 \text{円}} \times \underset{\text{定率法償却率}}{0.4} = 40,000 \text{円}$

　2 年目の減価償却費：$\underset{\text{期首帳簿価額}}{(100,000 \text{円} - 40,000 \text{円})} \times 0.4 = 24,000 \text{円}$

　3 年目の減価償却費：$\underset{\text{期首帳簿価額}}{(60,000 \text{円} - 24,000 \text{円})} \times 0.4 = 14,400 \text{円}$

(2)　4年目

　4 年目の償却率による減価償却費が償却保証額を下回るため，均等償却に切り替えます。

　4 年目の減価償却費：$\underset{\substack{\text{切替年度における} \\ \text{期首帳簿価額}}}{21,600 \text{円}} \times \underset{\text{改定償却率}}{0.500} = 10,800 \text{円}$

(3)　5年目（最終年度）

　耐用年数到来時には残存簿価（備忘価額）を 1 円残し，残額を減価償却費とします。

　5 年目の減価償却費：$\underset{\text{期首帳簿価額}}{10,800 \text{円}} - \underset{\text{残存簿価}}{1 \text{円}} = 10,799 \text{円}$

(3) 生産高比例法

生産高比例法とは，毎期その資産による生産または用役（利用）の度合いに比例した減価償却費を計上する方法です。

$$
(取得原価 − 残存価額) \times \frac{当期利用量}{総利用可能量} = 当期の減価償却費
$$

要償却額

生産高比例法を適用できる資産は，総利用可能量が物理的に確定できる自動車や航空機などに限られています。なお，生産高比例法の場合，会計期間の途中で取得したとしても，「月割計算」を行う必要はありません。これは，上記の式における「当期利用量」がすでに取得日から期末日までの生産または用役（利用）の度合いを正しく反映しているためです。

仕訳例 03

決算につき，車両運搬具200,000円について，生産高比例法により減価償却を行う（間接法）。この車両運搬具の可能走行距離は10,000km，当期走行距離は2,000km，残存価額は取得原価の10%とする。

（減 価 償 却 費）*　　36,000　　　　　（減価償却累計額）　　36,000

＊　$200,000円 \times 0.9 \times \dfrac{2,000km}{10,000km} = 36,000円$

基本例題17

解答・解説397ページ

次の資料にもとづいて精算表の一部を作成しなさい。なお，残存価額は建物が取得原価の10%，備品および車両はゼロである。

（資　料）

建物：定額法；耐用年数　30年　　　　備品：200%定率法；耐用年数８年
車両：生産高比例法；総可能走行距離　50,000km　当期走行距離　3,000km

精　算　表　　　　　　　　（単位：円）

勘定科目	残高試算表		修正記入		損益計算書		貸借対照表	
	借　方	貸　方	借　方	貸　方	借　方	貸　方	借　方	貸　方
建　　　物	60,000							
備　　　品	4,000							
車　　　両	10,000							
建物減価償却累計額		4,000						
備品減価償却累計額		1,000						
車両減価償却累計額		900						
減 価 償 却 費								

4. 記帳方法

減価償却の記帳方法には，直接法と間接法があります。

(1) 直接法

減価償却費の額を固定資産の勘定から直接控除する方法です。

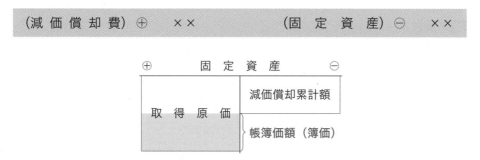

(2) 間接法

　減価償却費の額を固定資産の勘定から直接控除しないで，減価償却累計額（**資産の評価勘定**）を使って間接的に控除する方法です。この減価償却累計額勘定は固定資産の勘定を評価して帳簿価額（帳簿上の価値）を明らかにすることから，評価勘定とよばれます。

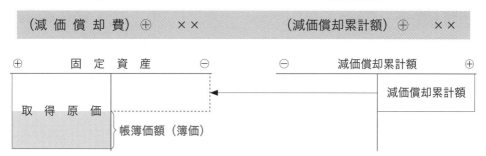

3 固定資産の売却

　固定資産を売却したときは，売却時点の帳簿価額と売却価額を比べて，売却損益を求め，固定資産売却益または固定資産売却損を計上します。

$$
\text{売却価額} - \text{売却時点の帳簿価額} = \begin{cases} (+) \ \text{固定資産売却益（特別利益）} \\ (-) \ \text{固定資産売却損（特別損失）} \end{cases}
$$

これ以降，売却時点の違いによって期首売却，期中売却に分けて説明します。

1. 期首に売却した場合

売却時点の帳簿価額は次のとおりであり，売却日の減価償却費の計上は行いません。

$$
\text{売却時点の帳簿価額} = \text{取得原価} - \text{期首減価償却累計額}
$$

　×3年4月1日，備品（取得原価5,000円，期首減価償却累計額1,800円）を3,000円で売却し，代金は小切手で受け取った。なお，決算日は3月31日（年1回）であり，間接法（定率法，償却率20%）により処理している。

〈解答・解説〉

（減価償却累計額）	1,800	（備　　　　品）	5,000
（現　　　　金）	3,000		
（固定資産売却損）	200		

取得から売却までの流れを示すと次のとおりです。

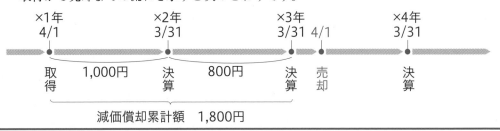

基本例題 **18**

解答・解説398ページ

　次の一連の取引について，(1)仕訳し，(2)解答欄に示した勘定の記入を完成しなさい。決算日は毎年3月31日の年1回とし，減価償却の記帳方法は間接法によること。

〈指定勘定科目〉

　未収入金　備品　減価償却累計額　未払金　固定資産売却益　減価償却費　固定資産売却損

① ×1年4月1日　備品5,000円を購入し，代金は月末に支払うこととした。
② ×2年3月31日　決算につき，減価償却を行う（定率法，償却率20%）。
③ ×3年3月31日　決算につき，減価償却を行う。
④ ×3年4月1日　備品を3,000円で売却し，代金は月末に受け取ることとした。

〈解答欄〉

減 価 償 却 費

② 減価償却累計額	（　　　　）	② 損　　　益	（　　　　）
③ 減価償却累計額	（　　　　）	③ 損　　　益	（　　　　）

減価償却累計額

② 次 期 繰 越	（　　　　）	② 減 価 償 却 費	（　　　　）
③ 次 期 繰 越	（　　　　）	前 期 繰 越	（　　　　）
		③ 減 価 償 却 費	（　　　　）
	（　　　　）		（　　　　）
④ 備　　　品	（　　　　）	前 期 繰 越	（　　　　）

2. 期中に売却した場合

売却時点の帳簿価額は次のとおりであり，売却した期の期首から売却月までの減価償却費を月割計算して計上します。

$$\begin{array}{l}\text{売却時点の} \\ \text{帳 簿 価 額}\end{array} = \text{取得原価} - \text{期首減価償却累計額} - \begin{array}{l}\text{期首から売却月} \\ \text{までの減価償却費}\end{array}$$

$$\begin{array}{l}\text{期首から売却月} \\ \text{までの減価償却費}\end{array} = \begin{array}{l}\text{その1年分の} \\ \text{減価償却費}\end{array} \times \frac{\text{期首から売却月までの月数}}{12\text{か月}}$$

設例 6-4

×3年6月30日，備品（取得原価5,000円，期首減価償却累計額1,800円）を3,000円で売却し，代金は小切手で受け取った。なお，決算日は3月31日（年1回）であり，間接法により処理している。減価償却は定率法（償却率20%）で行い，月割計算すること。

〈解答・解説〉

（減価償却累計額）	1,800	（備 品）	5,000
（減 価 償 却 費）*1	160		
（現 金）	3,000		
（固定資産売却損）*2	40		

*1 期首から売却月までの減価償却費（月割計算）

$(5{,}000円 - 1{,}800円) \times 20\% \times \dfrac{3\text{か月}}{12\text{か月}} = 160円$

*2 $\underset{\text{売却価額}}{3{,}000円} - \underset{\text{帳簿価額}}{(5{,}000円 - 1{,}800円 - 160円)} = \triangle 40円\langle\text{売却損}\rangle$

取得から売却までの流れを示すと次のとおりです。

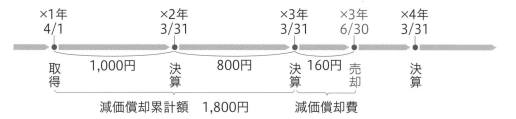

〈売却時点の勘定記録〉

これは次の２つの仕訳を合算したものと考えます。

(1) **売却の仕訳その１**（３か月分の減価償却費の計上）

（減 価 償 却 費）	160	（減価償却累計額）	160

(2) **売却の仕訳その２**

（減価償却累計額）＊	1,960	（備　　　　品）	5,000
（現　　　　金）	3,000		
（固定資産売却損）	40		

＊ (1)の仕訳のあと減価償却累計額勘定の残高は，1,800円＋160円＝1,960円となります。

(3) (1)＋(2)：減価償却累計額を相殺

（減価償却累計額）	1,800	（備　　　　品）	5,000
（減 価 償 却 費）	160		
（現　　　　金）	3,000		
（固定資産売却損）	40		

基本例題 **19**

解答・解説399ページ

次の取引について仕訳しなさい。

〈指定勘定科目〉

現金　未収入金　備品　減価償却累計額　固定資産売却益　減価償却費　固定資産売却損

(1) ×3年９月30日，備品（取得原価5,000円，期首減価償却累計額1,800円）を3,000円で売却し，代金は翌月末に受け取ることになった。なお，決算日は３月31日（年１回）であり，間接法により処理している。減価償却は定率法（償却率20％）で月割償却すること。

(2) ×4年３月31日，備品（取得原価5,000円，期首減価償却累計額1,800円）を3,000円で売却し，代金は小切手で受け取った。なお，決算日は３月31日（年１回）であり，間接法により処理している。減価償却は定率法（償却率20％）で行うこと。

MEMO

07 有形固定資産（Ⅱ）
Theme

Check ここでは，有形固定資産の買換え，建設仮勘定さらに未決算勘定などを学習します。
以下，文中の「固定資産」はすべて「有形固定資産」を表します。

1 固定資産の割賦購入

固定資産を割賦（分割払い）により購入した場合には，一括払いにより購入した場合と比較して支払額が高くなることがあります。この差額は，利息の性格を有するため，原則として，固定資産の取得原価には含めずに区別して処理します。

以下，約束手形を振り出して固定資産を割賦購入した場合の処理を解説します。

> （注）なお，購入代金について，約束手形を振り出さずに，分割払いの契約を結んだ場合には，営業外支払手形勘定ではなく未払金勘定を用います。

1. 購入時に「前払利息（資産）」を計上する方法

（1）購入時

固定資産を割賦購入し，約束手形を振り出した場合，手形の額面金額を営業外支払手形として計上し，利息に相当する金額を前払利息（**資産**）として計上します。

仕訳例 01

1月1日，建物1,000,000円を購入し，その代金は5回に分割して支払うことにし，2か月ごとに支払期日を定めた約束手形を5枚（@210,000円×5枚）振り出して支払った。

（建　　　　　物）	1,000,000	（営業外支払手形）*1	1,050,000
（前　払　利　息）*2	50,000		

＊1　@210,000円×5回＝1,050,000円
＊2　@210,000円×5回－1,000,000円＝50,000円

（2）代金の支払時

購入代金を支払ったとき（約束手形を決済したとき）は，手形債務の消滅を処理するとともに，定額法などの計算にもとづき，前払利息を取り崩し，支払利息（**費用**）に振り替えます。

仕訳例 02

2月28日，［仕訳例01］における建物の購入に関する，1枚目の手形金210,000円を当座預金で決済した。なお，2か月分の前払利息を定額法により配分する。

（営業外支払手形）	210,000	（当　座　預　金）	210,000
（支　払　利　息）*	10,000	（前　払　利　息）	10,000

＊　$50,000円 \times \dfrac{1回}{5回} = 10,000円$

(3) **決算時**

固定資産の割賦購入において計上した前払利息は，その支払日と決算日が異なる場合において，当期の最終の支払日の翌日から決算日までの経過期間に対応する利息を決算整理において取り崩し，支払利息に振り替えます。

仕訳例 03

3月31日，決算につき，［仕訳例01］における建物の購入に関する前払利息について，当期の経過期間に対応する1か月分を定額法により取り崩す。

| （支 払 利 息） | 5,000 | （前 払 利 息） | 5,000 |

＊　$50,000円 \times \dfrac{1回}{5回} \times \dfrac{1か月}{2か月} = 5,000円$

★supplement
購入時に「支払利息（費用）」を計上する方法

(1) **購入時**
   ■**仕訳例**

建物1,000,000円を購入し，その代金は5回に分割して支払うこととし，2か月ごとに支払期日を定めた約束手形を5枚（@210,000円×5枚）振り出して支払った。

| （建 物） | 1,000,000 | （営業外支払手形） | 1,050,000 |
| （支 払 利 息）＊ | 50,000 | | |

　　＊　@210,000円×5回 − 1,000,000円 = 50,000円

(2) **代金の支払時**
   ■**仕訳例**

上記建物につき，本日1枚目の手形金210,000円を当座預金で決済した。

| （営業外支払手形） | 210,000 | （当 座 預 金） | 210,000 |

(3) **決算時**

固定資産の割賦購入において計上した支払利息は，決算整理において，次期以降の未経過期間に対応する利息を前払利息に振り替えます。

■仕訳例

決算につき，上記建物の購入に関する支払利息について，未経過期間（次期分）に対応する7か月分を定額法により前払利息に振り替えます。

（前 払 利 息）*	35,000	（支 払 利 息）	35,000

$$* \quad 50{,}000円 \times \frac{1回}{5回} \times \frac{1か月}{2か月} \times 7か月 = 35{,}000円$$

2 建設仮勘定

1. 建設仮勘定とは

建設仮勘定とは，現在建設中（または製作中）の固定資産をいいます。

建物・構築物・機械装置などの建設や製作は，完成し引き渡しを受けるまでに長期間を要するため，建設中に代金の一部を手付金等として支払うことがあります。この建設中に支払った工事代金などの支払額は，一時的に建設仮勘定（**資産**）で処理しておき，完成し引き渡しを受けたときに建物などの勘定に振り替えます。

なお，建設仮勘定は固定資産をまだ使用していないので，減価償却は行いません。

仕訳例 04

(1) **手付金を支払ったとき**

大宮建設に倉庫の新築を500,000円で請け負わせ，代金の一部150,000円を小切手を振り出して支払った。

（建 設 仮 勘 定）	150,000	（当 座 預 金）	150,000

(2) **完成し引き渡しを受けたとき**

大宮建設に建設を依頼していた倉庫が完成し，引き渡しを受け，請負代金500,000円のうち未払分350,000円を小切手を振り出して支払った。なお，支払額の全額を建物勘定に振り替えた。

（建 物）	500,000	（建 設 仮 勘 定）	150,000
		（当 座 預 金）	350,000

基本例題20

解答・解説399ページ

次の取引について仕訳しなさい。

〈指定勘定科目〉

当座預金　建物　建設仮勘定

(1)　宇都宮工務店に倉庫の新築を700,000円で請け負わせ，代金の一部200,000円を小切手を振り出して支払った。

(2)　上記倉庫が完成し，引き渡しを受けたので，請負代金の残額を小切手を振り出して支払った。

❸ 改良と修繕

改良とは，固定資産に対する支出のうち避難階段の増設や取替部品の改良などその固定資産の価値を高めたり，耐用年数が延長するような支出をいい，資本的支出といいます。

修繕とは，固定資産に対する支出のうち定期的に行う修繕のように，固定資産の価値を維持するための支出をいい，収益的支出といいます。

(1)　改良を行ったとき（資本的支出）

改良を行ったときは，その固定資産の取得原価に加算し，これ以後の期間に減価償却費として費用配分します。

(2)　修繕を行ったとき（収益的支出）

修繕を行ったときは，支出した期の費用として，修繕費（費用）を計上します。

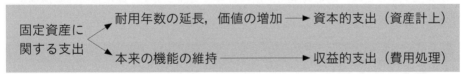

```
固定資産に       耐用年数の延長，価値の増加 ──→ 資本的支出（資産計上）
関する支出
               本来の機能の維持 ─────────→ 収益的支出（費用処理）
```

仕訳例 05

建物の改良と修繕を行い，その代金30,000円を小切手を振り出して支払った。なお，このうち20,000円は改良とみなされた。

| （建 物） | 20,000 | （当 座 預 金） | 30,000 |
| （修 繕 費） | 10,000 | | |

基本例題21
解答・解説399ページ

次の取引について仕訳しなさい。

〈指定勘定科目〉 当座預金 建物 修繕費

建物の改良工事と定期修繕を行い、その代金1,200円を小切手を振り出して支払った。なお、このうち850円は改良のための支出であった。

4 除却と廃棄

1. 除却したとき

除却とは、固定資産を事業の用途から取り除くことをいいます。

固定資産を除却したときは、除却した固定資産の処分可能価額（評価額）を見積り、貯蔵品（資産）として計上します。処分可能価額と除却時の帳簿価額との差額は固定資産除却損（費用）とします。固定資産除却損は損益計算書の「特別損失」に表示します。

仕訳例 06

当期首に機械装置（取得原価5,000円、減価償却累計額4,500円）を除却した。除却した機械装置の処分可能価額は100円であり、減価償却は間接法で記帳している。

（減価償却累計額）	4,500	（機 械 装 置）	5,000
（貯 蔵 品）	100		
（固定資産除却損）*	400		

* 100円 −（5,000円 − 4,500円）=△400円〈固定資産除却損〉

2. 廃棄したとき

廃棄した固定資産の帳簿価額を固定資産廃棄損（費用）として計上します。なお、廃棄の際に廃棄費用が発生するときは、固定資産廃棄損に含めて処理します。固定資産廃棄損は損益計算書の「特別損失」に表示します。

仕訳例 07

当期首に機械装置（取得原価5,000円、減価償却累計額4,500円）を廃棄した。なお、減価償却は間接法で記帳している。

（減価償却累計額）	4,500	（機 械 装 置）	5,000
（固定資産廃棄損）	500		

次の取引について仕訳しなさい。なお，減価償却の記帳は間接法によること。

〈指定勘定科目〉

機械装置　貯蔵品　減価償却累計額　固定資産除却損　固定資産廃棄損

(1) 取得原価8,000円，減価償却累計額5,000円の機械装置を当期首に除却した。なお，見積売却価額は400円であった。

(2) 取得原価4,000円，減価償却累計額3,000円の機械装置を当期首に廃棄した。

5 買換え

　買換えとは，新しい固定資産を購入する際に，古い固定資産を下取りしてもらうことをいいます。下取りとは，古い固定資産を売って得たお金を，新しい固定資産を買うための購入代金に充てることです。

仕訳例 08

　当期首に営業用の自動車（取得原価9,000円，減価償却累計額7,000円）を下取りさせて新車両（購入価額10,000円）を購入した。なお，旧車両の下取価格は1,500円であり，購入価額との差額は現金で支払った。ただし，減価償却は間接法で記帳している。

（車　両　運　搬　具）	10,000	（車　両　運　搬　具）	9,000
（減価償却累計額）	7,000	（現　　　　　金）	8,500
（固定資産売却損）	500		

　買換えの仕訳は，旧固定資産を売却した仕訳と，新固定資産を購入した仕訳に分けて考えます。

〈旧固定資産を売却した仕訳〉

（減価償却累計額）	7,000	（車　両　運　搬　具）	9,000
（現　　　　金）*	1,500	旧車両	
（固定資産売却損）	500		

　　＊　下取価格1,500円は「旧固定資産の売却価額」を意味しています。

〈新固定資産を購入した仕訳〉

（車　両　運　搬　具）	10,000	（現　　　　金）	10,000
新車両			

　上記2つの仕訳を合算すると現金1,500円（下取価格）が相殺され，解答の仕訳となります。

解答・解説400ページ

次の取引について仕訳しなさい。

〈指定勘定科目〉　現金　車両運搬具　減価償却累計額　固定資産売却益　固定資産売却損

　期首に営業用の自動車（取得原価6,000円，減価償却累計額4,500円）を下取りさせて新車両（購入価額11,000円）を購入した。なお，旧車両の下取価格は1,200円であり，購入価額との差額は現金で支払った。ただし，減価償却は間接法で記帳している。

6 臨時損失

　資産が火災や盗難などにより失われた場合において，臨時的に行われる簿価の切り下げを臨時損失といい，その資産に保険が掛けられているかどうかにより処理が異なります。ここでは，火災を例にとって説明します。

1. 保険を掛けていない場合

　焼失した資産の火災時の帳簿価額を火災損失（費用）として計上します。火災損失は損益計算書の「特別損失」に表示します。

仕訳例 09

　当期首に火災により商品倉庫（取得原価200,000円，減価償却累計額120,000円）が焼失した。なお，減価償却は間接法で記帳している。

| （減価償却累計額） | 120,000 | （建　　　　物） | 200,000 |
| （火　災　損　失） | 80,000 | | |

2. 保険を掛けている場合

(1) 火災が発生したとき

　保険金が確定するまで焼失した資産の火災時の帳簿価額を未決算（資産）または火災未決算（資産）として計上します。

仕訳例 10

　当期首に火災により商品倉庫（取得原価200,000円，減価償却累計額120,000円）が焼失した。なお，限度額100,000円の火災保険契約を締結しており，減価償却は間接法で記帳している。

| （減価償却累計額） | 120,000 | （建　　　　物） | 200,000 |
| （未　　決　　算） | 80,000 | | |

(2) 保険金が確定したとき

　保険会社より保険金を支払う旨の連絡を受けた場合には，その確定した保険金の額を未収入金（資産）として計上し，未決算を精算します。

① **保険金確定額 ＞ 未決算（火災時の帳簿価額）**

保険金確定額と未決算との差額は保険差益（収益）を計上します。保険差益は損益計算書の「特別利益」に表示します。

[仕訳例10] の損害について，100,000円の保険金を支払う旨の連絡があった。

（未 収 入 金）	100,000	（未　決　算）	80,000
		（保 険 差 益）	20,000

② **保険金確定額 ＜ 未決算（火災時の帳簿価額）**

保険金確定額と未決算との差額は火災損失（費用）を計上します。

[仕訳例10] の損害について，70,000円の保険金を支払う旨の連絡があった。

（未 収 入 金）	70,000	（未　決　算）	80,000
（火 災 損 失）	10,000		

基本例題24

解答・解説400ページ

次の連続した取引について仕訳しなさい。なお，減価償却の記帳法は間接法による。

〈指定勘定科目〉

未収入金　未決算　建物　減価償却累計額　保険差益　火災損失

(1) 当期首に火災によって建物（取得原価550,000円，減価償却累計額180,000円）が焼失した。

　　なお，焼失した建物に400,000円の火災保険が掛けられていたので，保険会社へ保険金の支払いを請求した。

(2) 保険会社より保険金を支払う旨の連絡があった。

　① 保険金確定額が400,000円の場合

　② 保険金確定額が300,000円の場合

7 圧縮記帳

1. 圧縮記帳とは

圧縮記帳とは，国庫補助金などにより取得した固定資産について，法人税等の課税の繰延べを図るため，その取得原価を一定額だけ減額（圧縮）し，減額（圧縮）後の帳簿価額を貸借対照表価額とする方法です。

なお，圧縮記帳の対象となる固定資産については，次のようなものがあります。

内　　　容	圧縮限度額
国庫補助金により取得した固定資産	国庫補助金相当額
工事負担金により取得した固定資産	工事負担金相当額

（注1）国庫補助金とは，国または地方公共団体から交付された固定資産取得のための補助金であり，受入時に「国庫補助金受贈益（収益）」を計上します。

（注2）工事負担金とは，電力会社，電信電話会社などが利用者から設備取得のために受け取った資金であり，受入時に「工事負担金受贈益（収益）」を計上します。

2．圧縮記帳の会計処理：直接減額方式

簿記検定2級では直接減額方式による圧縮記帳を学習します。

直接減額方式とは，圧縮相当額について固定資産圧縮損（**費用**）を計上するとともに，同額を固定資産の取得原価（帳簿価額）から直接減額する方法です。「固定資産圧縮損」は，損益計算書の「特別損失」の区分に表示します。

直接減額方式	（固定資産圧縮損）⊕　　×× P/L特別損失	（固　定　資　産）⊖　　×× 直接減額

直接減額方式により圧縮記帳を行う場合の減価償却費の計算は，圧縮後の帳簿価額（＝取得原価－圧縮額）を取得原価とみなして計算します。

設例 7-1

次の取引について仕訳を示しなさい。なお，会計期間は1年，当期は×1年4月1日から×2年3月31日までである。

(1) ×1年4月1日。国から国庫補助金300,000円を現金で受け入れ，国庫補助金に自己資金600,000円を加えて，備品900,000円を購入し，代金は現金で支払った。国庫補助金相当額の圧縮記帳を直接減額方式により行った。

(2) ×2年3月31日決算。期首に取得した上記備品について，定額法（残存価額はゼロ，耐用年数3年）により減価償却を行い，間接法により記帳する。

〈解答・解説〉

(1) **国庫補助金の受け入れと備品の取得（×1年4月1日＝当期首）**

① **国庫補助金の受け入れ**

（現　　　　金）　300,000	（国庫補助金受贈益）* 1　300,000 P/L特別利益

＊1　国庫補助金相当額

② 備品の取得および圧縮記帳

（備　　　　品）	900,000	（現　　　　金）	900,000
（固定資産圧縮損）*¹	300,000	（備　　　　品）	300,000
P/L特別損失		直接減額	

(2) 決算時（×2年3月31日）

直接減額方式により圧縮記帳を行った場合の減価償却費の計算は，圧縮後の帳簿価額（＝取得原価－圧縮額）を取得原価とみなして計算します。

（減 価 償 却 費）*²	200,000	（減価償却累計額）	200,000

* 2 　（900,000円−300,000円）÷ 3 年＝200,000円
　　　　600,000円〈圧縮後の帳簿価額〉

基本例題25

解答・解説400ページ

次の取引について仕訳しなさい。

〈指定勘定科目〉

当座預金　備品　未払金　減価償却累計額　国庫補助金受贈益　減価償却費　固定資産圧縮損

(1) 期首に，備品の取得を助成するため国より交付された補助金500,000円を受け取り，当座預金とした。

(2) 上記補助金と自己資金により，備品800,000円を取得し，代金は月末に支払うことにした。なお，この備品については補助金に相当する額の圧縮記帳（直接減額方式）を行った。

(3) 決算となる。期首に取得した備品について定額法（残存価額ゼロ，耐用年数 5 年）により減価償却を行う。なお，記帳は間接法による。

研究　圧縮記帳の目的

　圧縮記帳は，法人税等の課税の繰延べを図ることを目的とした税法を根拠とする制度です。

　固定資産の取得に関して国から補助金を受けた場合，本来，資本助成の意味をもつ補助金の受取額は制度会計上「国庫補助金受贈益」として収益計上され，法人税等の課税対象となります。そこで，同額の「固定資産圧縮損」を費用計上することにより，国庫補助金受贈益に対する課税の弊害を回避するため，税法上，圧縮記帳が認められました。

　ただし，圧縮記帳を行った場合，固定資産の取得原価が減額されるため，その後，計上される減価償却費は，当初の減価償却費よりも小さくなります。減価償却費の減少分は，利益に反映されるため法人税等の課税対象となります。したがって，圧縮記帳を行っても課税の弊害は回避できておらず，せいぜい，一時に課税される法人税等を将来に繰り延べているに過ぎません。圧縮記帳が「課税の繰延べを図る制度」といわれるのはこの意味です。

08 リース取引
Theme

Check ここでは，リース取引について学習します。簿記検定2級では，借手の会計処理を中心に学習します。

1 リース取引とは

　リース取引とは，特定の物件（主に有形固定資産）について，その所有者たる貸手（リース会社）が，その物件の借手に対し，リース期間にわたり貸し渡す契約を結び，借手は，合意した使用料（リース料）を貸手に支払う取引をいいます。一般的には，借手と貸手がリース契約を結ぶと，貸手はメーカー等との売買契約によりリース物件を調達し，調達したリース物件を借手に貸し渡します。

2 リース取引の分類

　リース取引の本質は，賃貸借取引となりますが，リース取引のうちには，①リース契約に定められた「リース期間」がリース物件の法定耐用年数に近い場合，または②「リース料」の支払総額がリース物件の購入価額（見積現金購入価額）を超えるような場合，もしくはそれに近い価額が定められる場合も多くあります。

　そこで，リース取引は，前記①または②に該当するような取引の実質が「売買」と考えられるようなリース取引を「ファイナンス・リース」として，前記①かつ②に該当しない本来の「賃貸借」と考えられるリース取引を「オペレーティング・リース」として分類し，それぞれ会計処理を行います。

リース取引の分類と判定基準

1．ファイナンス・リースの要件

リース取引をファイナンス・リース取引として分類するためには，以下の2つの要件を充たす必要があります。

(1) 解約不能（ノン・キャンセラブル）

解約できないリース取引，または法的には解約ができても解約時に相当の違約金を支払う必要があり，実質的に解約不能なリース取引であること。

(2) フルペイアウト

借手がリース物件の経済的利益を実質的に享受し，かつリース物件の使用に伴って生じるコストを実質的に負担するリース取引であること。

2．リース取引の判定基準

リース取引の分類にあたっては詳細な基準が定められています。まず，「現在価値基準」または「経済的耐用年数基準」のいずれかの条件に該当するものをファイナンス・リース取引と判定し，それ以外のものをオペレーティング・リース取引とします。次にファイナンス・リース取引と判定されたもののうち，契約上の諸条件により所有権が移転すると認められるものを所有権移転ファイナンス・リース取引とし，それ以外のファイナンス・リース取引を所有権移転外ファイナンス・リース取引とします。なお，簿記検定2級で学習するファイナンス・リース取引は「所有権移転外ファイナンス・リース取引」です。

ファイナンス・リース取引	①現在価値基準 リース料総額の現在価値が，見積現金購入価額の概ね90％以上 ②経済的耐用年数基準 解約不能のリース期間が，経済的耐用年数の概ね75％以上 ①または②のいずれかに該当するもの	所有権移転ファイナンス・リース取引	③所有権移転条項付リース ④割安購入選択権付リース ⑤特別仕様物件のリース ③から⑤のいずれかに該当するもの
		所有権移転外ファイナンス・リース取引	上　記　以　外
オペレーティング・リース取引	上　記　以　外		

（注1）「リース料総額の現在価値」とは，リース料総額を適当な割引率で割り引いた金額をいいます。現在価値の算定に用いる割引率（借手の場合）は，借手が貸手の計算利子率を知り得る場合には，貸手の計算利子率とし，知り得ない場合には，借手の追加借入れに適用されると合理的に見積られた利率（追加借入利子率）とします。

（注2）「見積現金購入価額」とは，借手がリース物件を現金で購入すると仮定した場合の合理的見積金額をいいます。

3 リース取引の会計処理（借手側）

リース取引は，次のように処理します。

リ ー ス 取 引	会 計 処 理
ファイナンス・リース取引	売 買 処 理
オペレーティング・リース取引	賃 貸 借 処 理

1. ファイナンス・リース取引

売買取引と同様の会計処理を行います。すなわち，借手はリース会社からリース物件を購入し，購入代金を分割払いする取引とみなして会計処理を行います。

なお，ファイナンス・リース取引は，固定資産を割賦購入した場合と同様に，借手が支払うリース料の総額には，一定の「利息（貸手であるリース会社の利益）」が含まれます。この利息の処理の違いにより，ファイナンス・リース取引の売買処理は，①「利子抜き法（原則）」と②「利子込み法」の2つに区別されます。

2. オペレーティング・リース取引

通常の賃貸借取引（建物を借りて家賃を支払う）と同様の会計処理を行います。

4 ファイナンス・リース取引の会計処理（売買処理）

1. 利子抜き法による処理

(1) リース取引開始時

リース物件とこれに係る債務を「リース資産」および「リース債務」として計上します。「リース資産」および「リース債務」は，原則として，リース料総額からこれに含まれている利息相当額を控除した取得原価相当額をもって計上します。なお，簿記検定2級の学習においては，「見積現金購入価額」を取得原価相当額と考えます。

(注1）取得原価相当額は，「貸手側の購入価額」が基本となります。ただし，貸手側の購入価額は借手側で知ることができない場合が多いため，それに代えて，「見積現金購入価額」または，「リース料総額を一定の利子率で割引計算したその割引現在価値」を取得原価相当額とすることができます。

(注2）「リース資産」については，原則として，有形固定資産，無形固定資産の別に，一括して「リース資産」として表示します。ただし，有形固定資産または無形固定資産に属する各科目に含めることもできます。

(注3）「リース債務」については，一年基準により分類し，貸借対照表日後1年以内に支払期限が到来するものは流動負債に表示し，1年を超えて支払期限が到来するものは固定負債に表示します。

(2) リース料支払時

リース料支払時には，リース料のうち経過期間の利息に相当する額を「定額法」により算定し「支払利息」として処理し，残額を「リース債務」の返済として処理します。

（リース債務）⊖	××	（現 金 預 金）⊖	××
（支 払 利 息）⊕	××		

（注）利息の計算は「利息法」が原則ですが，簿記検定2級では「定額法」を前提に学習します。なお，「利息法」とは，各期の利息相当額をリース債務の未返済元本残高に一定の利率を乗じて算定する方法をいいます。

(3) 決算時

① リース資産の減価償却

「リース資産」について減価償却費を計上します。

（減 価 償 却 費）⊕	××	（減価償却累計額）⊕	××

なお，減価償却費の算定は，耐用年数を「リース期間」，残存価額を「ゼロ」として行います。

② 未払利息の計上

決算日とリース料の支払日が異なる場合には，経過期間の利息について未払利息を計上します。

（支 払 利 息）⊕	××	（未 払 利 息）⊕	××

設例 8-1

P社（借手）は下記の条件によって×1年4月1日にS社（貸手）と備品のリース契約を結び，リース取引を開始した。なお，P社の会計期間は1年，決算日は3月31日である。よって，以下のファイナンス・リース取引におけるP社の(1)契約時（×1年4月1日），(2)リース料支払時（×2年3月31日），(3)決算時（×2年3月31日）の仕訳を利子抜き法により示しなさい。

〔条 件〕

1．リース契約の内容
 (1) 解約不能のリース期間：5年
 (2) リース料：年額12,000円，総額60,000円，毎年3月31日払い（後払い，現金預金で処理）

2．リース資産の見積現金購入価額は50,000円である。

3．リース資産の減価償却は，耐用年数5年，残存価額ゼロの定額法により，間接法で記帳する。

〈解答・解説〉

(1) リース開始時（×1年4月1日）

（リ ー ス 資 産）*	50,000	（リ ー ス 債 務）	50,000

　　　備　品

　* ファイナンス・リース取引であり，かつ，利子抜き法によるため，見積現金購入価額50,000円をリース資産およびリース債務として計上します。

(2) リース料支払時（×2年3月31日）

（リ ー ス 債 務）*³	10,000	（現 金 預 金）*¹	12,000
（支 払 利 息）*²	2,000		

　*1　年間リース料

　*2　$(60,000円 - 50,000円) \times \dfrac{12か月}{60か月} = 2,000円$

　*3　12,000円 - 2,000円 = 10,000円

(3) 決算時（×2年3月31日） ⇨ 減価償却費の計上

（減 価 償 却 費）*	10,000	（減価償却累計額）	10,000

　*　50,000円 ÷ 5年〈リース期間〉= 10,000円

基本例題26

解答・解説401ページ

　次の取引について仕訳しなさい。

〈指定勘定科目〉

　当座預金　リース資産　リース債務　減価償却累計額　減価償却費　支払利息

(1) 関西商事株式会社は当期首に下記の条件によって東海リース株式会社とコピー機のリース契約を結び，リース取引を開始した。このリース取引はファイナンス・リース取引であり，利子抜き法により処理する。

　　リース期間：5年間

　　リース料年額：50,000円（毎年3月末日払い）

　　リース資産の見積現金購入価額：210,000円

(2) 3月31日，関西商事株式会社は1回目のリース料を契約どおりに小切手を振り出して支払った。なお，リース料に含まれている利息は定額法の計算により費用として処理する。

(3) 3月31日，決算にあたり，コピー機は耐用年数5年，残存価額ゼロとして定額法で減価償却（記帳方法は間接法）を行う。

2. 利子込み法による処理

(1) リース取引開始時

リース物件とこれにかかる債務を「リース資産」および「リース債務」として計上します。「リース資産」および「リース債務」はリース料総額をもって計上します。

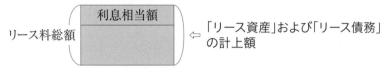

(2) リース料支払時

支払ったリース料について「リース債務」を減額します。

（リース債務）⊖　×× 　　　　　　　（現金預金）⊖　××

なお，利子込み法の場合「支払利息」の計上はありません。

(3) 決算時

「リース資産」について減価償却費を計上します。

（減価償却費）⊕　×× 　　　　　　（減価償却累計額）⊕　××

なお，耐用年数は「リース期間」，残存価額は「ゼロ」とします。

設例 8-2

　P社（借手）は下記の条件によって×1年4月1日にS社（貸手）と備品のリース契約を結び，リース取引を開始した。なお，P社の会計期間は1年，決算日は3月31日である。よって，以下のファイナンス・リース取引におけるP社の(1)契約時（×1年4月1日），(2)リース料支払時（×2年3月31日），(3)決算時（×2年3月31日）の仕訳を利子込み法により示しなさい。

〔条　件〕

1．リース契約の内容

(1) 解約不能のリース期間：5年

(2) リース料：年額12,000円，総額60,000円，毎年3月31日払い（後払い，現金預金で処理）

2．リース資産の見積現金購入価額は50,000円である。

3．リース資産の減価償却は，耐用年数5年，残存価額ゼロの定額法により，間接法で記帳する。

〈解答・解説〉

(1) リース開始時（×1年4月1日）

（リ ー ス 資 産)*	60,000	（リ ー ス 債 務)	60,000
備 品			

* ファイナンス・リース取引であり，かつ，利子込み法によるため，リース料総額60,000円をリース資産およびリース債務として計上します。

(2) リース料支払時（×2年3月31日）

（リ ー ス 債 務)*	12,000	（現 金 預 金)	12,000

* 年間リース料

(3) 決算時（×2年3月31日）⇨ 減価償却費の計上

（減 価 償 却 費)*	12,000	（減価償却累計額)	12,000

* 60,000円 ÷ 5年〈リース期間〉= 12,000円

基本例題27

解答・解説402ページ

次の取引について仕訳しなさい。

〈指定勘定科目〉

当座預金　リース資産　リース債務　減価償却累計額　減価償却費

(1) 関東商事株式会社は当期首に下記の条件によって東北リース株式会社とコピー機のリース契約を結び，リース取引を開始した。このリース取引はファイナンス・リース取引であり，利子込み法により処理する。

リース期間：5年間

リース料年額：50,000円（毎年3月末日払い）

リース資産の見積現金購入価額：210,000円

(2) 3月31日，関東商事株式会社は1回目のリース料を契約どおりに小切手を振り出して支払った。

(3) 3月31日，決算にあたり，コピー機は耐用年数5年，残存価額ゼロとして定額法で減価償却（記帳方法は間接法）を行う。

★supplement
ファイナンス・リース契約の中途解約

　ファイナンス・リースに係る契約は基本的に中途解約することはできません。しかし，リース物件の事故等による喪失など，一定の場合にはファイナンス・リース契約を中途で解約することがあります。ファイナンス・リース契約を中途解約した場合，「リース資産」について除却の処理を行い，リース料の残額を返済することになります。なお，返済したリース料の残額と「リース債務」の帳簿価額との差額は「リース債務解約損」として処理します。

■設　例

1. 当社（決算日3月末）は×1年4月1日に以下の条件で備品を取得した。この取引はファイナンス・リース取引と判定された。
   (1) リース期間：5年
   (2) リース料：年額12,000円（期末に1年分を後払い）
   (3) 見積現金購入価額：50,000円
   (4) リース資産は，耐用年数5年，残存価額をゼロとする定額法により減価償却を行い，間接法により記帳する。
2. ×3年4月1日に発生した火災により，リース契約により取得した備品を焼失した。これにともない，リース契約に従って解約し，リース料の残額36,000円を当座預金より支払った。

〈解答・解説〉

(1) **利子抜き法で処理している場合**

　この場合，リース資産の取得原価は50,000円（見積現金購入価額），解約時の減価償却累計額は20,000円（50,000円÷5年×2年）となります。また，解約時におけるリース債務の残高は30,000円（50,000円－10,000円×2年）となります。

（減 価 償 却 累 計 額）	20,000	（リ ー ス 資 産）	50,000
（固 定 資 産 除 却 損）	30,000*1		
（リ ー ス 債 務）	30,000	（当 座 預 金）	36,000
（リース債務解約損）	6,000*2		

　*1　50,000円〈取得原価〉－20,000円〈減価償却累計額〉＝30,000円
　*2　30,000円〈リース債務残高〉－36,000円〈返済額〉＝△6,000円

(2) **利子込み法で処理している場合**

　この場合，リース資産の取得原価は60,000円（リース料総額），解約時の減価償却累計額は24,000円（60,000円÷5年×2年）となります。また，解約時におけるリース債務の残高は36,000円（60,000円－12,000円×2年）となり，返済額と同額となるため「リース債務解約損」は発生しません。

（減 価 償 却 累 計 額）	24,000	（リ ー ス 資 産）	60,000
（固 定 資 産 除 却 損）	36,000*		
（リ ー ス 債 務）	36,000	（当 座 預 金）	36,000

　*　60,000円〈取得原価〉－24,000円〈減価償却累計額〉＝36,000円

5 オペレーティング・リース取引の会計処理（賃貸借処理）

　オペレーティング・リース取引は，通常の賃貸借取引に係る方法と同様の会計処理を行います。したがって，リース料の支払時に「支払リース料」を計上します。なお，リース料支払日と決算日が異なる場合には，経過期間のリース料について未払リース料を計上します。

	借　手　側					
取 引 開 始 時	仕　訳　な　し					
リース料支払時	（支 払 リ ー ス 料）⊕	××		（現　金　預　金）⊖	××	
決　　算　　時	（支 払 リ ー ス 料）⊕	××		（未 払 リ ー ス 料）⊕	××	

設例 8-3

　　P社（借手）は下記の条件によって×1年4月1日にS社（貸手）と備品のリース契約を結び，リース取引を開始した。なお，P社の会計期間は1年，決算日は3月31日である。よって，以下のオペレーティング・リース取引におけるP社の(1)契約時（×1年4月1日），(2)リース料支払時（×2年3月31日），(3)決算時（×2年3月31日）の仕訳を示しなさい。

〔条　件〕

1．リース契約の内容

　⑴　リース期間：5年

　⑵　リース料：年額 12,000円，総額 60,000円，毎年3月31日払い（後払い，現金預金で処理）

2．リース資産の見積現金購入価額は 50,000円である。

3．経済的耐用年数：6年

〈解答・解説〉

⑴　**リース開始時**（×1年4月1日）⇨ **オペレーティング・リース取引（賃貸借処理）**

仕　訳　な　し

⑵　**リース料支払時**（×2年3月31日）

（支 払 リ ー ス 料）　12,000	（現　金　預　金）*　12,000

　　*　年間リース料

⑶　**決算時**（×2年3月31日）

　　オペレーティング・リースでは「リース資産」を計上していないため，減価償却は行いません。また，リース料の支払日と決算日が同じであるため，「未払リース料」の計上も必要ありません。よって，「仕訳なし」となります。

仕　訳　な　し

基本例題**28**

解答・解説402ページ

次の取引について仕訳しなさい。なお，仕訳が不要な場合は「仕訳なし」と解答すること。

〈指定勘定科目〉

当座預金　未払リース料　支払リース料

(1)　京都株式会社（決算日3月末）は×1年12月1日に下記の条件によって大阪リース株式会社と備品のリース契約を結び，リース取引を開始した。なお，このリース取引はオペレーティング・リース取引である。

リース期間：4年間

リース料年額：30,000円（支払日は毎年11月末日，後払い）

(2)　×2年3月31日，決算にあたり，当期の経過期間に対応する未払リース料を計上する。

(3)　×2年4月1日，再振替仕訳を行う。

(4)　×2年11月30日，京都株式会社は1回目のリース料を契約どおりに小切手を振り出して支払った。

Theme
08

リース取引

09 無形固定資産等と研究開発費

Theme

Check ここでは，のれんなどの無形固定資産等や研究開発費について学習します。

1 無形固定資産

無形固定資産とは，具体的な形のない長期利用目的の資産をいいます。特許権等の知的財産権と呼ばれる法律上の「権利」をはじめとして，「ソフトウェア」および「のれん」などが含まれます。

特 許 権	特許（高度な発明）の独占的利用権
商 標 権	商標（文字，図形，記号）の独占的利用権
鉱 業 権	一定の区域において鉱物を採掘し，取得する権利
の れ ん	合併や買収により取得した超過収益力
ソフトウェア	コンピュータを機能させるように指令を組み合わせて表現したプログラムなど

（注）このほか実用新案権，意匠権，電話加入権などがあります。

1. 取得したとき

（1）特許権等の取得

特許権等の権利を売買等の取引により有償取得したときは，その取得に要した支出額を取得原価とし，「特許権（資産）」等を計上します。

（注）自社の研究開発により特許権等を取得した場合，その研究開発に関する支出額は研究開発費（費用）として処理されるため，無形固定資産として計上できません（**3**研究開発費を参照）。

仕訳例 01

特許権を100,000円で取得し，登録手数料20,000円とともに現金で支払った。

（特 許 権）* 120,000 （現 金） 120,000

＊ 取得原価：100,000円＋20,000円＝120,000円

（2）ソフトウェアの取得

社内利用目的でソフトウェアを購入した場合，その取得に要した支出額を取得原価とし，「ソフトウェア（資産）」を計上します。

（注）なお，ソフトウェアを資産計上するためには，「その利用により将来の収益獲得または費用の削減効果が確実と認められる場合」という要件がつきます。ただし，簿記検定2級の学習上，そのソフトウェアを利用することにより収益の獲得または費用の削減効果は認められると考えます。

仕訳例 02

　社内利用目的のソフトウェアを48,000円で取得し，セッティング費用2,000円とともに現金で支払った。なお，このソフトウェアの利用により，将来の費用削減が確実に認められる。

　　　（ソフトウェア）*　　50,000　　　　　　　（現　　　　金）　　50,000

　　　　＊ 取得原価：48,000円＋2,000円＝50,000円

(3)　のれんの取得

　合併等，企業再編に関する行為により，かつ，有償で取得したものについて「のれん（**資産**）」が計上されることがあります。なお，その詳細については，「テーマ19　合併と事業譲渡」において解説します。

2.　決算のとき

　建物などの有形固定資産に対して減価償却を行うのと同様に，無形固定資産に対しても法定の償却期間内において償却を行い，無形固定資産の取得原価を各事業年度に配分します。ただし，次のような相違点があります。

	無形固定資産の償却	有形固定資産の減価償却
残 存 価 額	残 存 価 額 な し	残 存 価 額 あ り（な し）
償 却 方 法	原 則 と し て，定 額 法	定 率 法 な ど も あ り
記 帳 方 法	直　　接　　法	原 則 と し て 間 接 法

(1)　償却方法

　原則として，定額法により償却します。

　　（注）ただし，鉱業権のように取得時にその総採掘量（総利用可能量）を把握することが可能な無形固定資産については生産高比例法を用いることもできます。

(2)　記帳方法

　直接法のみです。間接法による記帳は認められません。したがって，毎期の償却額はすべて無形固定資産の勘定から直接減額します。また，その償却額は「減価償却費」ではなく「○○償却（**費用**）」という勘定科目をもって処理し，原則として，「販売費及び一般管理費」の区分に計上します。

仕訳例 03

　当期首に取得した社内利用目的のソフトウェア50,000円について，定額法，償却期間を5年として償却する。

　　　（ソフトウェア償却）*　　10,000　　　　　　（ソフトウェア）　　10,000

　　　　＊　50,000円〈取得原価〉÷5年＝10,000円

　　（注）ソフトウェア勘定の残高：50,000円－10,000円＝40,000円

次の決算整理事項にもとづいて，精算表の一部を作成しなさい。

（決算整理事項）
1．特許権は当期首に取得したものであり，8年にわたり定額法により償却する。
2．ソフトウェアは前期首に取得したものであり，5年にわたり定額法で償却している。

精　算　表

（単位：円）

勘定科目	残高試算表		修正記入		損益計算書		貸借対照表	
	借　方	貸　方	借　方	貸　方	借　方	貸　方	借　方	貸　方
特　許　権	320,000							
ソフトウェア	600,000							
特許権償却								
ソフトウェア償却								

3. 売却・除却したとき

(1) 売却

有形固定資産と同様に，売却時の帳簿価額と売却価額との差額により売却損益を求め，固定資産売却益または固定資産売却損を計上します。

仕訳例 04

特許権（取得原価120,000円，帳簿価額105,000円）を80,000円で売却し，代金を現金で受け取った。

（現　　　　金）	80,000	（特　許　権）	105,000
（固定資産売却損）*	25,000		

* 売却損益：80,000円〈売却価額〉−105,000円〈帳簿価額〉＝△25,000円〈売却損〉

(2) 除却

無形固定資産の除却は，ほぼ廃棄の意味合いとなります。したがって，除却時における無形固定資産の帳簿価額について固定資産除却損（費用）を計上します。

仕訳例 05

社内利用目的のソフトウェア（取得原価50,000円，帳簿価額40,000円）を除却した。

（固定資産除却損）*	40,000	（ソフトウェア）	40,000

* 40,000円〈帳簿価額〉

② 投資その他の資産

投資その他の資産には，長期投資または他企業を支配する目的等で所有する有価証券（満期保有目的債券，子会社株式，関連会社株式，その他有価証券），長期性預金，長期貸付金，長期前払費用などが含まれます。

③ 研究開発費

1. 研究開発費とは

新製品などの「研究」および「開発」に関する支出額を研究開発費といいます。研究開発にともなう原材料費，人件費，および諸経費などが該当します。なお，特定の研究開発目的のみに使用され，他の目的に転用できない機械装置などの取得のための原価を含みます。前述のような固定資産を取得するための支出額は，「固定資産（資産）」として処理することができないことに注意します。

（注1）「研究」とは，新しい知識の発見を目的とした計画的な調査・探求をいいます。
（注2）「開発」とは，新製品等の計画・設計，または既存の製品等を著しく改良するための計画・設計として，研究の成果を具体化することをいいます。

2. 会計処理

研究開発費は，その発生時に費用を認識し，**研究開発費（費用）**として処理します。研究開発費は，原則として，損益計算書の「販売費及び一般管理費」の区分に表示します。

仕訳例 06

新製品Zの開発のため，これに従事している従業員の給料10,000円および，この研究開発にのみ使用する目的で特別に仕様変更した機械装置の代金120,000円を小切手を振り出して支払った。

| （研究開発費） | 130,000 | （当座預金） | 130,000 |

仕訳例 07

外部企業に委託していた新製品の研究のための委託費用70,000円を小切手を振り出して支払った。

| （研究開発費） | 70,000 | （当座預金） | 70,000 |

研究　研究開発費の取り扱い

従前，研究開発費は「繰延資産」として，任意に資産計上することが認められていました。しかし，研究開発費それ自体に換価価値はなく，また，その発生時において将来の収益を獲得できるかどうかも不明であるため，その資産計上には批判がありました。さらに，研究開発の情報は投資家にとって重要な情報であるにもかかわらず，費用処理と資産計上の2つの会計処理があることにより，企業間の比較可能性を損なうおそれもあります。そこで，「研究開発に関する会計基準」が定められ，研究開発に関する支出額は，すべて「費用処理」することに統一されました。

Theme 10 引当金

Check ここでは，引当金の処理について学習します。

1 引当金とは

1. 引当金とは

　引当金とは，将来における費用または損失の発生に備えて，その合理的な見積額のうち当期の負担に属する金額を見越して計上したときに生じる貸方科目です。簿記検定2級では，貸倒引当金のほか，修繕引当金，退職給付引当金などを学習します。

2. 引当金の設定方法

　当期末において，前期末に設定された引当金の残高が存在する場合，その残高の取り扱いについて「差額補充法」と「洗替法」の2つがあります。

⑴　差額補充法

　　前期末に設定された引当金の残高を取り崩すことなく，「当期末における引当金見積額」と前期末に設定された「引当金の残高」との差額について繰入処理する方法を差額補充法といいます。

> **仕訳例 01**
>
> 　期末売上債権（受取手形および売掛金）の期末残高500,000円に対し2％の貸倒れを見積る。なお，貸倒引当金の残高が3,000円あり，差額補充法により貸倒引当金を設定する。
>
> 　　（貸倒引当金繰入）　　7,000　　　　　（貸　倒　引　当　金）　　7,000
>
> 　見積額：500,000円×2％＝10,000円
> 　繰入額：10,000円－3,000円＝7,000円

⑵　洗替法

　　前期末に設定された「引当金の残高」をすべて取り崩して戻入処理を行い，「当期末における引当金見積額」の全額について繰入処理する方法を洗替法といいます。

> **仕訳例 02**
>
> 　期末売上債権（受取手形および売掛金）の期末残高500,000円に対し2％の貸倒れを見積る。なお，貸倒引当金の残高が3,000円あり，洗替法により貸倒引当金を設定する。
>
> 　　（貸　倒　引　当　金）　　3,000　　　　　（貸倒引当金戻入）　　3,000
> 　　（貸倒引当金繰入）　10,000　　　　　（貸　倒　引　当　金）　10,000
>
> 　見積額＝繰入額：500,000円×2％＝10,000円

2 貸倒引当金

1. 貸倒引当金とは

　貸倒引当金とは，商品などを販売することにより生じた受取手形や売掛金といった売上債権などの期末残高が次期以降に回収不能となる可能性がある場合，この貸倒れに備えて設定する引当金をいいます。

　貸倒引当金は，将来生じる可能性がある貸倒損失（費用）を当期の収益（売上高）に対応させるために見越計上したときの貸方科目です。

2. 貸倒引当金の設定

⑴ 貸倒引当金の設定対象

　　金銭債権一般について貸倒引当金を設定しますが，簿記検定2級では売上債権（受取手形，売掛金および電子記録債権）のほか，貸付金について貸倒引当金を設定することがあります。

⑵ 貸倒見積額の算定

　　基本的には，期末時点での売上債権および貸付金の残高に対し過去における貸倒れの実績率を乗じて算定します（一括評価）。ただし，貸倒れの危険性の高い金銭債権は，他の金銭債権と区別して，個別にその回収不能額を見積らなければなりません（個別評価）。

　　また，個別評価により貸倒れの見積りを行う場合，保証または抵当権等の担保が付されている債権については，債権金額から保証による回収見込額または担保の処分見込額を控除して貸倒見積額を算定します。

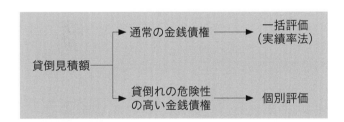

⑶ 貸倒引当金の繰入額について

　　売上債権と貸付金に貸倒引当金を設定した場合，その繰入額は，報告式の損益計算書を作成するにあたって区別します。

　　売上債権に対する繰入額は営業費用の性質を有するため，「販売費及び一般管理費」の区分に表示し，貸付金に対する繰入額は営業外費用の性質を有するため，「営業外費用」の区分に表示します。

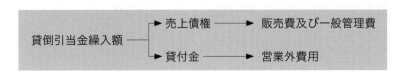

以下の資料にもとづき，精算表の一部を作成しなさい。

（資　料）

売上債権（A社に対する売掛金を除く）および貸付金に対して，実績率法により期末残高の２％について貸倒引当金を差額補充法により設定する。売掛金のうち 50,000 円はA社に対するものであり，個別に期末残高の 50％を貸倒引当金として設定する。なお，試算表の貸倒引当金のうち 5,000 円は売上債権に対するものであり，2,000 円は貸付金に対するものである。

〈解答欄〉

精　算　表　　　　　　　（単位：円）

勘定科目	残高試算表 借方	残高試算表 貸方	修正記入 借方	修正記入 貸方	損益計算書 借方	損益計算書 貸方	貸借対照表 借方	貸借対照表 貸方
受 取 手 形	200,000							
売 掛 金	300,000							
貸 付 金	150,000							
貸 倒 引 当 金		7,000						
貸倒引当金繰入 （販売費及び一般管理費）								
貸倒引当金繰入 （営 業 外 費 用）								

〈解答・解説〉

精　算　表　　　　　　　（単位：円）

勘定科目	残高試算表 借方	残高試算表 貸方	修正記入 借方	修正記入 貸方	損益計算書 借方	損益計算書 貸方	貸借対照表 借方	貸借対照表 貸方
受 取 手 形	200,000						200,000	
売 掛 金	300,000						300,000	
貸 付 金	150,000						150,000	
貸 倒 引 当 金		7,000		29,000 1,000				37,000
貸倒引当金繰入 （販売費及び一般管理費）			29,000		29,000			
貸倒引当金繰入 （営 業 外 費 用）			1,000		1,000			

(1) **売上債権**

		貸倒見積額		試算表	繰入額
受取手形	200,000円 × 2％ =	4,000円			
売掛金（A社以外）	250,000円 × 2％ =	5,000円	− 5,000円 =	29,000円
売掛金（A社）	50,000円 × 50％ =	25,000円			

（貸倒引当金繰入）	29,000	（貸 倒 引 当 金）	29,000

(2) **貸付金**

	貸倒見積額	試算表	繰入額
貸付金	150,000円 × 2％ = 3,000円 − 2,000円 = 1,000円

（貸倒引当金繰入）	1,000	（貸 倒 引 当 金）	1,000

基本例題30

解答・解説403ページ

次の決算整理事項にもとづいて，精算表の一部を作成しなさい。

（決算整理事項）

売上債権（受取手形と売掛金）の期末残高に対し３％の貸倒引当金を差額補充法により設定する。ただし，売掛金のうち，3,000円はA社に対するものであり，貸倒れの危険性が高いため，個別に債権残高に対して50％の貸倒れを見積る。

精　算　表　　　　　　　　　　（単位：円）

勘定科目	残高試算表		修正記入		損益計算書		貸借対照表	
	借　方	貸　方	借　方	貸　方	借　方	貸　方	借　方	貸　方
受 取 手 形	4,000							
売 　掛 　金	9,000							
貸 倒 引 当 金		80						
貸倒引当金繰入								

3. 貸倒れのとき

(1) 前期以前発生債権の当期貸倒れ

前期以前に発生した売掛金などが貸し倒れたときは，まず貸倒引当金（**資産の評価勘定**）を取り崩し，不足額が生じたときは貸倒損失（**費用**）を計上します。

仕訳例 03

次の一連の取引を仕訳しなさい。なお，貸倒引当金の残高は1,000円とする。

(1) 得意先青森商店が倒産し，前期販売分の売掛金700円が回収不能となった。

| （貸 倒 引 当 金） | 700 | （売 掛 金） | 700 |

(2) 得意先富山商店が倒産し，前期販売分の売掛金500円が回収不能となった。

| （貸 倒 引 当 金） | 300 | （売 掛 金） | 500 |
| （貸 倒 損 失） | 200 | | |

(3) 得意先山口商店が倒産し，前期販売分の売掛金600円が回収不能となった。

| （貸 倒 損 失） | 600 | （売 掛 金） | 600 |

(2) 当期発生債権の当期貸倒れ

当期に発生した売掛金などが貸し倒れたときは，これに対する貸倒引当金は設定されていないため，その全額について貸倒損失（**費用**）を計上します。

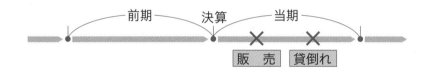

仕訳例 04

次の一連の取引を仕訳しなさい。なお，貸倒引当金の残高は1,000円とする。

(1) 得意先高知商店に商品700円を販売し，代金は掛けとした。

| （売 掛 金） | 700 | （売 上） | 700 |

(2) 得意先高知商店が倒産し，売掛金700円が貸倒れとなった。これは当期中に販売した商品代金である。

| （貸 倒 損 失） | 700 | （売 掛 金） | 700 |

（注）貸倒引当金の残高があったとしても，これを取り崩さずに，「貸倒損失」とします。なお，本試験で，貸し倒れた売掛金などの発生時期がわからないときは，貸倒引当金を取り崩さざるをえません。

次の取引について仕訳しなさい。

〈指定勘定科目〉

売掛金　貸倒引当金　貸倒損失

(1)　前期に発生した売掛金15,000円が貸し倒れた。なお，貸倒引当金の残高が50,000円ある。

(2)　当期に発生した売掛金30,000円が回収不能となった。なお，貸倒引当金の残高が25,000円ある。

(3)　得意先渡辺商事株式会社が倒産したため，売掛金13,000円が貸し倒れた。このうち5,000円は当期中に販売した商品代金であり，残りは前期末までに販売した分である。なお，貸倒引当金の残高は10,000円である。

---

3 その他の引当金

1. 修繕引当金

企業が所有する建物や機械装置などについて，毎年行われる通常の修繕が資金の都合などにより行われなかった場合，その費用は当期に負担させるべきであることから，決算時に当期の費用として計上します。このときの貸方科目が修繕引当金です。

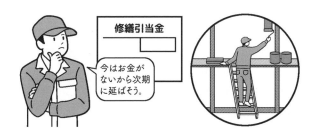

(1)　決算のとき

当期に負担させるべき金額について修繕引当金繰入（費用）を計上し，修繕引当金（負債）を設定します。修繕引当金繰入は，原則として損益計算書の「販売費及び一般管理費」に表示します。

仕訳例 05

当期に予定されていた建物の定期修繕を実施することができなかったため，決算にあたり修繕引当金9,000円を設定する。なお，修繕引当金の残高はない。

| （修繕引当金繰入） | 9,000 | （修 繕 引 当 金） | 9,000 |

(2) **支払いのとき**

翌期において当該修繕を行ったときに修繕引当金を取り崩します。なお，引当金の不足額が生じたときはその不足額を修繕費（費用）として処理します。

仕訳例 06

建物の定期修繕を実施し，修繕費10,000円について小切手を振り出して支払った。なお，前期末に計上した修繕引当金が9,000円ある。

（修 繕 引 当 金）	9,000	（当 座 預 金）	10,000
（修 繕 費）	1,000		

---

(3) **支出額に資本的支出が含まれているとき**

支出額に資本的支出が含まれているときは，支出額を資本的支出と収益的支出に区別します。

資本的支出はその固定資産の取得原価に算入し（資産処理），収益的支出は修繕費として処理します（費用処理）。なお，収益的支出について修繕引当金が設定されている場合には，まず，その取り崩しを行い，引当金の不足部分について修繕費を計上します。

仕訳例 07

建物の定期修繕と改良を行い，代金30,000円は小切手を振り出して支払った。代金のうち20,000円は耐用年数を延長させるための改良分であり，残額は定期修繕のためのものである。なお，この定期修繕のために修繕引当金が9,000円設定されている。

（建 物）^{*1}	20,000	（当 座 預 金）	30,000
（修 繕 引 当 金）	9,000		
（修 繕 費）^{*2}	1,000		

*1 資本的支出（改良分）：20,000円
*2 収益的支出（修繕分）：30,000円－20,000円＝10,000円
　　修繕費：10,000円－9,000円〈修繕引当金〉＝1,000円

（注）資本的支出と収益的支出については，「テーマ07　有形固定資産（Ⅱ）**3** 改良と修繕」参照。

基本例題32

解答・解説404ページ

次の一連の取引を仕訳しなさい。

〈指定勘定科目〉

建物　未払金　修繕引当金　修繕費　修繕引当金繰入

(1) 当期行う予定だった建物の修繕を，資金の都合により次期に延期した。そこで，決算にあたり修繕引当金を700円繰り入れる。

(2) 建物の改装と修繕を行い，代金3,000円は月末に支払うこととした。代金のうち1,000円は定期的な修繕のための支出であり，残額は耐用年数を延長させるための改良分である。なお，定期修繕のために修繕引当金が700円設定されている。

---

2. 商品保証引当金

　商品の販売にあたり，故障などについて一定期間内であれば無料修理に応じる保証をしている場合，次期以降に予想される修理費用（商品保証費）は当期に負担させるべきであることから，決算時に当期の費用として計上します。このときの貸方科目が商品保証引当金です。

　　(注) 自社で製造した製品であるときは，商品保証引当金ではなく製品保証引当金とします。

(1) 決算のとき

　　当期に負担させるべき金額について商品保証引当金繰入（費用）を計上し，商品保証引当金（負債）を設定します。

仕訳例 08

　　決算にあたり，品質保証付商品の販売高800,000円に対して1％の保証費用を見積った。なお，商品保証引当金の残高が3,000円あるため，洗替法により商品保証引当金を設定する。

（商品保証引当金）	3,000	（商品保証引当金戻入）*2	3,000
（商品保証引当金繰入）*2	8,000	（商品保証引当金）*1	8,000

＊1　800,000円×1％＝8,000円
＊2　損益計算書の表示
　　　洗替法により引当金を設定した場合，その繰入額と戻入額を相殺し，その残額を「販売費及び一般管理費（繰入額の場合）」または「営業外収益（戻入額の場合）」に計上します。なお，他の引当金についても同様に考えます。

損　益　計　算　書

Ⅲ　販売費及び一般管理費	
商品保証引当金繰入	（　　　5,000　　）
Ⅳ　営業外収益	
商品保証引当金戻入	（　　　　—　　　）

商品保証引当金繰入：8,000円〈繰入額〉− 3,000円〈戻入額〉＝ 5,000円

---

(2) 支払いのとき

　　販売した商品について修理を行い，その修理費用を支払ったときは以下のように処理します。

　　前期販売分の修理費用：商品保証引当金を取り崩します。なお，引当金の不足額が生じた
　　　　　　　　　　　　　場合には，その不足額を商品保証費（費用）として処理します。
　　当期販売分の修理費用：商品保証引当金は取り崩さずに，商品保証費（費用）を計上しま
　　　　　　　　　　　　　す。

仕訳例 09

　　前期に販売した品質保証付商品につき，修理の申し出があったので修理業者に依頼するとともに修理代金12,000円を小切手を振り出して支払った。なお，商品保証引当金が8,000円ある。

（商品保証引当金）	8,000	（当　座　預　金）	12,000
（商品保証費）	4,000		

---

3. 退職給付引当金

　従業員が退職するときには，退職一時金を支払ったり，厚生年金基金などと契約して退職者に年金を支払うことがありますが，これらの退職給付は給料の後払いの性格をもちます。そこで，将来支払わなければならない退職給付のうち当期に負担させるべき金額を費用として計上します。このときの貸方科目が退職給付引当金です。

(1)　決算のとき

　将来の退職給付のうち当期負担額について，退職給付費用（費用）を計上し，退職給付引当金（負債）を設定します。退職給付費用は，原則として損益計算書の「販売費及び一般管理費」に表示します。

仕訳例 10

　決算に際し，退職給付引当金の当期繰入額25,000円を計上する。

（退職給付費用）	25,000	（退職給付引当金）	25,000

---

(2)　退職給付を支払ったとき

　企業が従業員に退職給付を直接支給したときは，同額の退職給付引当金を取り崩します。

仕訳例 11

　従業員が退職したので，退職一時金150,000円を小切手を振り出して支払った。なお，退職給付引当金が700,000円ある。

（退職給付引当金）	150,000	（当 座 預 金）	150,000

★supplement
年金の掛け金を支払ったとき

　厚生年金基金など社外の組織に掛け金を支払い，将来の退職給付に備えて積み立てを行うことがあります。支払った掛け金はその外部組織で運用され，有価証券などの年金資産となり，将来の支払いに充てられます。したがって，掛け金の支払いは社外で年金資産となって，将来，会社が直接退職者へ支払わなければならない金額を減らすため，同額の退職給付引当金を取り崩します。

■仕訳例
　厚生年金基金へ掛け金30,000円を小切手を振り出して支払った。

（退職給付引当金）	30,000	（当 座 預 金）	30,000

4. 賞与引当金

　従業員に対して賞与を支給している場合，次期に予想される支払額のうち当期に属する分は当期に負担させるべきであることから，決算時に当期の費用として計上します。このときの貸方科目が賞与引当金です。

(1)　決算のとき

　　当期の負担に属する賞与の金額について賞与引当金繰入（費用）を計上し，賞与引当金（負債）を設定します。その金額は賞与の計算期間のうち，当期に属する部分を月割計算することにより算出します。賞与引当金繰入は，原則として損益計算書の「販売費及び一般管理費」に表示します。

仕訳例 12

　決算（3月末）にあたり，次期の6月に支給する賞与120,000円について，賞与引当金を設定する。なお，当社は年2回，賞与を支給しており，その計算期間は12月1日から5月末までの分を6月に支給し，6月1日から11月末までの分を12月に支給している。

　　　（賞与引当金繰入）*　　80,000　　　　　（賞　与　引　当　金）　　80,000

　　*　$120{,}000円 \times \dfrac{4\,か月\langle12月1日\sim3月31日\rangle}{6\,か月\langle12月1日\sim5月31日\rangle} = 80{,}000円$

〈タイムテーブル〉

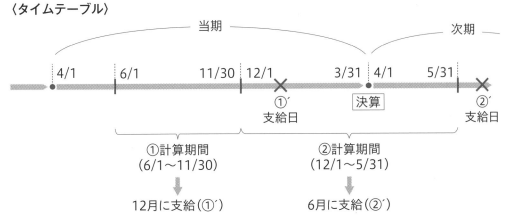

　②の計算期間について見積られた賞与120,000円のうち，当期経過分（12月1日～3月31日の4か月分）の80,000円を賞与引当金として設定します。

⑵ 支払いのとき

賞与支給日となり従業員に賞与を支給したときは，その支出額について賞与引当金を取り崩します。なお，当期に属する賞与は，賞与（費用）を計上します。賞与は，原則として損益計算書の「販売費及び一般管理費」に表示します。

仕訳例 13

6月20日，従業員に対して賞与120,000円を現金で支給した。なお，前期末に計上した賞与引当金が80,000円ある。

（賞 与 引 当 金）	80,000	（現　　　　金）	120,000
（賞　　　　与）	40,000		

5. 役員賞与引当金

役員に対して次期に支払われる賞与がある場合，次期に予想される支払額は当期に負担させるべきであることから，決算時に当期の費用として計上します。このときの貸方科目が役員賞与引当金です。

⑴ 決算のとき

当期の負担に属する役員賞与の金額について役員賞与引当金繰入（費用）を計上し，役員賞与引当金（負債）を設定します。役員賞与引当金繰入は，損益計算書の「販売費及び一般管理費」に表示します。

仕訳例 14

決算にあたり，役員賞与引当金の当期繰入額を10,000円計上する。

（役員賞与引当金繰入）	10,000	（役員賞与引当金）	10,000

⑵ 支払いのとき

賞与支給日となり役員に賞与を支給したときは，その支出額について役員賞与引当金を取り崩します。

仕訳例 15

役員に対して賞与10,000円を小切手を振り出して支払った。なお，前期末に計上した役員賞与引当金が10,000円ある。

（役員賞与引当金）	10,000	（当 座 預 金）	10,000

次の取引について仕訳しなさい。

〈指定勘定科目〉　現金　賞与引当金　役員賞与引当金　退職給付引当金　賞与
　　　　　　　　　賞与引当金繰入　役員賞与引当金繰入　退職給付費用

(1)　決算にあたり，以下の金額をそれぞれ引当金として繰り入れる。

　　賞与引当金：850,000円

　　役員賞与引当金：500,000円

　　退職給付引当金：165,000円

(2)　従業員に対して賞与1,250,000円を現金で支給した。前期末に計上した賞与引当金が850,000円ある。

(3)　役員に対して賞与500,000円を現金で支給した。前期末に計上した役員賞与引当金が500,000円ある。

(4)　退職した従業員に対して退職一時金300,000円を現金で支給した。なお，退職給付引当金が1,800,000円ある。

外貨換算会計

ここでは，外貨換算会計の基礎について学習します。外貨建取引の換算，決算時の換算替えおよび為替予約について，しっかりとマスターしてください。

1 為替換算

為替換算とは，会計帳簿の記録または財務諸表を作成するにあたり，外貨で表示されている金額を円貨の金額に変更することをいい，次の計算により行います。

> 為替相場(レート)×外貨による金額＝円貨による金額

外国為替相場とは2国間の通貨の交換比率をいい，単に為替相場または為替レートともいわれます。

たとえば，毎日，新聞やニュースで示されるドルとの為替相場はドルと円の交換比率であり，1ドル＝100円であれば，100円で1ドルと交換できることを意味します。また，この為替相場が1ドル＝95円になれば，円の価値が高くなった（ドルの価値が低くなった）ことを意味するため円高とよばれ，また逆に1ドル＝105円になれば，円の価値が低くなった（ドルの価値が高くなった）ことを意味するため円安とよばれます。

★supplement

省略記号について

外貨換算会計の学習でよく使われる省略記号は次のとおりです。

(1) **相場の種類による分類**

　① 直物為替相場…SR（スポット・レート）

　② 先物為替相場…FR（フォワード・レート）

(2) **時期の違いによる分類**

　① 取引時または発生時の為替相場…HR（ヒストリカル・レート）

　② 決算時の為替相場 ･････････････････CR（クロージング・レートまたはカレント・レート）

---

2 外貨建取引の会計処理

1．取引発生時の会計処理

　外貨建取引は，原則として，その取引発生時の為替相場（HR）による円換算額をもって記録します。

2．決済時の会計処理

　外貨建金銭債権債務等の決済（外国通貨の円転換を含む）にともなう現金収支額は，原則として，決済時の為替相場（HR）による円換算額をもって記録します。この場合に生じた差額は，「為替差損益」として処理します。

(1) 外貨建ての仕入取引の処理

設例 11-1

　次の取引について仕訳しなさい。なお，商品売買取引は三分法で記帳する。
(1) 米国のA社より商品1,000ドルを購入することになり，その手付金として100ドルを現金で支払った。当日の為替相場は1ドルあたり110円であった。
(2) A社より商品1,000ドルを受け取り，先に支払った手付金100ドルを控除した残額を買掛金として計上した。当日の為替相場は1ドルあたり105円であった。
(3) 買掛金900ドルを現金で支払った。当日の為替相場は1ドルあたり100円であった。

〈解答・解説〉

(1) **手付金支払時**

（前　払　金）	11,000	（現　　　　金）＊	11,000

＊　110円／ドル×100ドル＝11,000円

(2) **仕入時**

「買掛金」を当日の為替相場で換算し，「前払金」と「買掛金」の円換算額の合計をもって「仕入」を計上します。

（仕　　　　入）＊2	105,500	（前　払　金）	11,000
		（買　掛　金）＊1	94,500

＊1　105円／ドル×900ドル＝94,500円
＊2　11,000円＋94,500円＝105,500円

(3) **買掛金支払時**

（買　掛　金）	94,500	（現　　　　金）＊1	90,000
		（為 替 差 損 益）＊2	4,500

＊1　100円／ドル×900ドル＝90,000円
＊2　貸借差額（貸方差額＝為替差益）
　　または，（105円／ドル－100円／ドル）×900ドル＝4,500円

(2) **外貨建ての売上取引の処理**

設例 11-2

次の取引について仕訳しなさい。なお，商品売買取引は三分法で記帳する。
(1) 米国のB社に商品1,200ドルを販売することになり，手付金として200ドルを現金で受け取った。当日の為替相場は1ドルあたり110円であった。
(2) B社に商品1,200ドルを発送し，手付金200ドルを控除した残額を売掛金として計上した。当日の為替相場は1ドルあたり105円であった。
(3) 売掛金1,000ドルを現金で回収した。当日の為替相場は1ドルあたり100円であった。

〈解答・解説〉
(1) **前受金受取時**

（現　　　　金)*	22,000	（前　受　金)	22,000

＊　110円／ドル×200ドル＝22,000円

(2) **販売時**

「売掛金」を当日の為替相場で換算し，「前受金」と「売掛金」の円換算額の合計をもって「売上」を計上します。

（前　受　金)	22,000	（売　　　　上)*²	127,000
（売　掛　金)*¹	105,000		

＊1　105円／ドル×1,000ドル＝105,000円
＊2　22,000円＋105,000円＝127,000円

(3) **売掛金回収時**

（現　　　　金)*¹	100,000	（売　掛　金)	105,000
（為 替 差 損 益)*²	5,000		

＊1　100円／ドル×1,000ドル＝100,000円
＊2　貸借差額（借方差額＝為替差損）
　　　または，(105円／ドル－100円／ドル)×1,000ドル＝5,000円

3. 決算時の会計処理（換算替え）

外貨建ての資産および負債のうち貨幣項目（外国通貨および外貨預金を含む外貨建金銭債権債務）について，決算時の為替相場（CR）による円換算額に換算替えします。このときに生じた差額は為替差損益とします。

分　類		項　目	貸借対照表価額
貨幣項目	貨幣性資産	外　国　通　貨，外　貨　預　金 受　取　手　形，売　　掛　　金 未　収　入　金，貸　　付　　金 未　収　収　益　など	CR換算 （換算替えする）
	貨幣性負債	支　払　手　形，買　　掛　　金 未　　払　　金，借　　入　　金 未　払　費　用　など	
非貨幣項目	非貨幣性資産	棚　卸　資　産，前　　払　　金 前　払　費　用，有形固定資産 無形固定資産　など	HR換算 （換算替えしない）
	非貨幣性負債	前　受　金，前　受　収　益 など	

（注）未収収益および未払費用は，CR換算されますが，決算日に計上するので換算替えによる為替差損益は計上されません。

設例 11-3

次の資料にもとづき，精算表の一部を作成しなさい。

（資　料）

1．売掛金のうち125,000円は米国のA社に対するドル建てのものであり，1,000ドルを取引時の為替相場1ドルあたり125円で換算している。

2．買掛金のうち96,000円は米国のZ社に対するものであり，800ドルを取引時の為替相場1ドルあたり120円で換算している。

3．決算日の為替相場は1ドルあたり115円であった。

〈解答欄〉

精　算　表

勘定科目	残高試算表		修正記入		損益計算書		貸借対照表	
	借　方	貸　方	借　方	貸　方	借　方	貸　方	借　方	貸　方
売　掛　金	255,000							
買　掛　金		186,000						
為替差損益								

159

〈解答・解説〉

精　算　表

勘定科目	残高試算表 借　方	残高試算表 貸　方	修正記入 借　方	修正記入 貸　方	損益計算書 借　方	損益計算書 貸　方	貸借対照表 借　方	貸借対照表 貸　方
売　掛　金	255,000			10,000			245,000	
買　掛　金		186,000	4,000					182,000
為替差損益			10,000	4,000	6,000			

1. **売掛金の換算替え**

　　換算替え：115円/ドル〈CR〉× 1,000ドル = 115,000円

　　為替差損益：125,000円 − 115,000円 = 10,000円（売掛金の減少 = 為替差損）

　　　　　　　または，（125円/ドル〈HR〉− 115円/ドル〈CR〉）× 1,000ドル

　　　　　　　= 10,000円

　　（為 替 差 損 益）　　10,000　　　　　　（売　　掛　　金）　　10,000

2. **買掛金の換算替え**

　　換算替え：115円/ドル〈CR〉× 800ドル = 92,000円

　　為替差損益：96,000円 − 92,000円 = 4,000円（買掛金の減少 = 為替差益）

　　　　　　　または，（120円/ドル〈HR〉− 115円/ドル〈CR〉）× 800ドル

　　　　　　　= 4,000円

　　（買　　掛　　金）　　4,000　　　　　　（為 替 差 損 益）　　4,000

4. 為替差損益の表示

　為替差損益は，原則として，損益計算書上，「営業外収益」または「営業外費用」の区分に純額で表示します。

基本例題 34

解答・解説405ページ

次の一連の取引について仕訳しなさい。なお，商品売買取引は三分法で記帳する。

〈指定勘定科目〉

現金　買掛金　仕入　為替差損益

(1)　米国のX社より商品1,000ドルを仕入れ，代金を掛けとした。為替相場は1ドルあたり105円であった。

(2)　決算となる。為替相場は1ドルあたり108円であった。

(3)　X社に対する買掛金1,000ドルを現金で支払った。為替相場は1ドルあたり110円であった。

基本例題 35

解答・解説405ページ

次の一連の取引について仕訳しなさい。なお，商品売買取引は三分法で記帳する。

〈指定勘定科目〉

現金　売掛金　売上　為替差損益

(1)　米国のZ社に商品1,000ドルを販売し，代金を掛けとした。為替相場は1ドルあたり105円であった。

(2)　決算となる。為替相場は1ドルあたり108円であった。

(3)　Z社に対する売掛金1,000ドルを現金で回収した。為替相場は1ドルあたり110円であった。

3　為替予約

1.　為替予約とは

　為替予約とは，将来の一定時点において，予め定めた為替相場で外国通貨の購入または売却を行う契約をいいます。為替予約は，外貨建取引により発生した外貨建金銭債権債務について，為替相場の変動にともなうリスクをヘッジ（回避）する目的で行います。

　なお，約定した交換レートのことを先物為替相場（FR：フォワード・レート）または予約レートといいます。反対に本来，外貨建取引に適用される交換レートを直物為替相場（SR：スポット・レート）といいます。

2.　為替予約の会計処理

　簿記検定2級における為替予約 (注) は，営業取引を前提とする「振当処理（特例）」を学習します。

　　（注）本来，為替予約の取引は「デリバティブ取引（金融派生商品取引）」の1つであるため，「独立処理」といわれる会計処理が原則となります。しかし，デリバティブ取引および独立処理については簿記検定1級の学習範囲とされています。

(1) 振当処理（特例）とは

振当処理とは，外貨建取引と為替予約を一体のものとして処理する方法であり，為替予約により確定した「先物為替相場」によって外貨建金銭債権債務などを換算します。

(2) 取引と同時に又は事前に為替予約を付した場合

営業取引において，取引と同時に又は事前に為替予約を締結している場合には，実務上の煩雑性を考慮して，外貨建取引および外貨建金銭債権債務に先物為替相場（予約レート）による円換算額を付すことができます。この場合，実質的に円建ての取引となるため，以降，決算日や決済日において為替差損益は生じません。

設例 11-4

次の各取引について，振当処理による仕訳を示しなさい。なお，会計期間は1年，決算日は3月31日である。

(1) ×1年12月1日。当社は商品30ドルを掛けで輸入した。輸入と同時に買掛金30ドルに対して先物為替相場1ドルあたり101円で為替予約（ドル買いの予約）を付した。買掛金は6か月後の×2年5月31日に決済予定である。輸入時の直物為替相場は1ドルあたり100円であった。外貨建取引および外貨建金銭債務については，先物為替相場で換算する。

(2) ×2年3月31日決算。決算日の直物為替相場は1ドルあたり107円であった。

(3) ×2年5月31日。上記(1)の買掛金30ドルを現金で支払った。決済時の直物為替相場は1ドルあたり115円であった。

〈解答・解説〉

(1) 仕入時＝予約時

（仕　　　　　入）*	3,030	（買　掛　金）*	3,030

＊　101円/ドル〈FR〉×30ドル＝3,030円

(2) 決算時

為替予約を行っている場合，決算時における換算替えは行いません。

仕　訳　な　し

(3) 決済時

（買　掛　金）	3,030	（現　　　金）	3,030

(3) 取引発生後に為替予約を付した場合

外貨建金銭債権債務について，為替予約時に為替予約にもとづく先物為替相場（予約レート）による円換算額に換算替えします。また，それにともなって生じた差額は為替差損益（注）とします。

（注）為替差損益は，期間配分される性質のものもありますが，簿記検定２級では考慮する必要はありません。なお，その詳細は，次ページの「研究」を参照してください。

設例 11-5

次の各取引について，振当処理による仕訳を示しなさい。なお，会計期間は１年，決算日は３月31日である。

(1) ×1年12月１日。当社は商品30ドルを掛けで輸入した。買掛金は６か月後の×2年５月31日に決済予定である。輸入時の直物為替相場は１ドルあたり100円であった。

(2) ×2年２月１日。上記(1)の買掛金30ドルに対して先物為替相場１ドルあたり101円で為替予約（ドル買いの予約）を付した。予約時の直物為替相場は１ドルあたり 103円であった。なお，為替予約にともなう差額はすべて当期の損益として処理する。

(3) ×2年３月31日決算。決算時の直物為替相場は１ドルあたり107円であった。

(4) ×2年５月31日。上記(1)の買掛金30ドルを現金で支払った。決済時の直物為替相場は１ドルあたり115円であった。

〈解答・解説〉

(1) 仕入時…取引全体を輸入時の直物為替相場で換算します。

(仕　　入)＊1	3,000	(買　掛　金)＊1	3,000

＊1　100円/ドル×30ドル＝3,000円

(2) 予約時…買掛金を予約した先物為替相場で換算替えします。

(為替差損益)	30	(買　掛　金)＊2	30

＊2　(101円/ドル〈FR〉－100円/ドル〈HR〉)×30ドル＝30円〈買掛金の増加＝為替差損〉

(3) 決算時

為替予約が付されているため，決算時の換算替えを行いません。

仕　訳　な　し

(4) 決済時…予約した先物為替相場で買掛金を決済します。

(買　掛　金)	3,030	(現　　金)	3,030

直々差額と直先差額

　取引発生後に為替予約を付した場合には，その外貨建金銭債権債務の取得時または発生時の為替相場による円換算額と為替予約による円換算額との差額を「直々差額（直直差額）」と「直先差額」とに分けて認識することができます。

(1)　直々差額

　直々差額とは，外貨建金銭債権債務の取得時または発生時の直物為替相場による円換算額と為替予約時の直物為替相場による円換算額との差額です。

　直々差額は，為替予約締結時までに生じている為替相場の変動による差額であるため，予約日の属する期の損益（為替差損益）として処理します。

(2)　直先差額

　直先差額とは，為替予約時の直物為替相場による円換算額と為替予約（先物為替相場）による円換算額との差額です。

　直先差額は，予約日の属する期から決済日の属する期までの期間にわたって合理的な方法により配分し，各期の損益として処理することが原則です。

　ただし，短期性のもの，もしくは重要性の乏しいものについては，予約を付した時にその全額を為替差損益として計上することもできます（例外）。

　簿記検定2級では後者の「例外」の内容が学習範囲とされています。

(3)　原則法により処理した場合

　取引発生後に為替予約を付した場合における「直々差額」と原則法により処理した場合における「直先差額」の期間配分に関して図示すると以下のようになります。

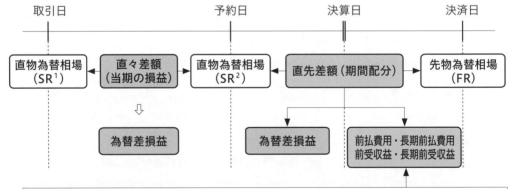

164

基本例題 36

解答・解説406ページ

次の一連の取引について仕訳しなさい。なお，仕訳が不要な場合は「仕訳なし」と解答すること。また，商品売買取引は三分法で記帳する。

〈指定勘定科目〉

現金　買掛金　仕入　為替差損益

(1) 米国のＸ社より商品1,000ドルを仕入れ，代金を掛けとした。購入と同時に先物為替相場1ドルあたり108円で為替予約（ドル買いの予約）を付した。当日の直物為替相場は1ドルあたり105円であった。

(2) 決算となる。直物為替相場は1ドルあたり110円であった。

(3) Ｘ社に対する買掛金1,000ドルを現金で支払った。当日の直物為替相場は1ドルあたり113円であった。

基本例題 37

解答・解説407ページ

次の一連の取引について仕訳しなさい。なお，仕訳が不要な場合は「仕訳なし」と解答すること。また，商品売買取引は三分法で記帳する。

〈指定勘定科目〉

現金　売掛金　売上　為替差損益

(1) 米国のＺ社に商品1,000ドルを販売し，代金を掛けとした。当日の直物為替相場は1ドルあたり105円であった。

(2) 上記，売掛金1,000ドルに対して，先物為替相場1ドルあたり108円で為替予約（ドル売りの予約）を付した。当日の直物為替相場は1ドルあたり107円であった。なお，為替予約にともなう差額はすべて当期の損益として処理する。

(3) 決算となる。直物為替相場は1ドルあたり110円であった。

(4) Ｚ社に対する売掛金1,000ドルを現金で回収した。当日の直物為替相場は1ドルあたり115円であった。

12 税　金
Theme

Check ここでは，法人税等と消費税について学習します。

1 税金の分類

株式会社に関する税金は，会計上，次のように分類されます。

(1) 利益に課せられるもの
法人税・住民税・事業税（あわせて「法人税等」といいます）
(2) 消費という事実に対して課せられるもの
消費税
(3) 上記以外のもの
① 費用となるもの
固定資産税・印紙税など（支出時または発生時に租税公課として処理）
② 資産の付随費用となるもの
不動産取得税・登録免許税など（原則として，資産の取得原価として処理）

2 法人税等

1. 法人税等の計上と納付

法人税は，会社の各事業年度の利益に対して課されます。会社は，決算によって算定した税引前当期純利益を基礎として法人税額を算定し，決算時に計上します。そして，決算日の翌日から2か月以内に確定申告を行って納付します。住民税及び事業税の申告や納付の方法は，法人税と同じです。したがって，法人税とまとめて，法人税，住民税及び事業税または，法人税等として処理し，損益計算書上，税引前当期純利益の控除項目として表示します。

また，会社は，原則として，事業年度の半年を経過した日から2か月以内に当期の負担に属する法人税等の一部の金額について中間申告を行い，納付します。そして，決算において法人税等の金額が確定したら，その確定額から中間申告による納付額を控除し，残額について確定申告を行い，納付します。

なお，中間申告による納付額は仮払法人税等（資産）で処理し，確定申告において納付すべき額は未払法人税等（負債）で処理します。

設例 12-1

　次の一連の取引を仕訳しなさい。

(1)　法人税等の中間申告を行い，税額 2,500 円を小切手を振り出して納付した。

(2)　決算において確定した税引前当期純利益 15,000 円を基礎として，その 40％相当額を法人税等として計上する。

(3)　法人税等の確定申告を行い，未払分 3,500 円を小切手を振り出して支払った。

〈解答・解説〉

(1)　**仮払時**

(仮 払 法 人 税 等)	2,500	(当 座 預 金)	2,500

(2)　**決算時**

(法人税, 住民税及び事業税)	6,000*	(仮 払 法 人 税 等)	2,500
		(未 払 法 人 税 等)	3,500

＊　15,000円×40％（税率）＝6,000円

(3)　**納付時**

(未 払 法 人 税 等)	3,500	(当 座 預 金)	3,500

2. 追徴と還付

　前期以前の法人税等について不足額の追徴を受けたとき，あるいは超過額の還付を受けたときは，当期の「法人税，住民税及び事業税」とは区別して次のように処理します。

(1)　**追徴税の納付時**

(追 徴 法 人 税 等) ⊕	××	(現 金 預 金) ⊖	××

(2)　**還付金の受取時**

(現 金 預 金) ⊕	××	(還 付 法 人 税 等) ⊕	××

　また，期末において当期純損失が確定した場合，当期に納付した法人税等の中間納付額は還付の対象となります。[設例12－1](2)において，当期純損失が確定した場合，次のように処理します。

(未収還付法人税等) ⊕	2,500	(仮 払 法 人 税 等) ⊖	2,500

次の取引について仕訳しなさい。

〈指定勘定科目〉

当座預金　仮払法人税等　未払法人税等　法人税,住民税及び事業税

(1)　第1期決算にあたり,税引前当期純利益20,000円を基礎として,その40%相当額を法人税,住民税及び事業税として計上する。なお,中間申告は行っていない。

(2)　第1期の確定申告にあたり,未払法人税等を小切手を振り出して支払った。

(3)　第2期の中間申告にあたり,前年度の実績にもとづいて法人税等4,000円を小切手を振り出して支払った。

(4)　第2期決算にあたり,税引前当期純利益18,750円を基礎として,その40%相当額を法人税,住民税及び事業税として計上する。なお,この金額から中間納付額を控除した金額を未払分として計上した。

(5)　第2期の確定申告にあたり,未払分を小切手を振り出して支払った。

★supplement
配当金・利息の受領に係る源泉所得税

　会社が所有する株式について配当金を受領した場合または所有する債券もしくは銀行預金等について利息を受領した場合,原則として,20%の税率にもとづく所得税が源泉徴収されます。株式会社において,この源泉所得税は法人税等の前払いを意味するため,原則として,「仮払法人税等」で処理します。

■仕訳例

　本日,所有するX社株式にかかる配当金として,源泉所得税20,000円を控除した80,000円が当座預金口座に入金された。

（当　座　預　金）	80,000	（受　取　配　当　金）＊	100,000
（仮　払　法　人　税　等）	20,000		

＊　80,000円＋20,000円＝100,000円

3　消費税

　消費税とは,国内における商品の販売,サービスの提供に課税される間接税であり,企業は,得意先などから受け取った消費税（仮受消費税）と仕入先などに支払った消費税（仮払消費税）との差額について決算日後に確定申告を行い,納付します。

　消費税の会計処理は税抜方式によります。税抜方式とは消費税額を売上高および仕入高に含めずに処理する方法です。

設例 12-2

次の(1)〜(5)の取引について，税抜方式による仕訳をしなさい。

(1) 掛け売上高　　　　　　　　2,000円（税抜き，消費税は10%の200円）

(2) 掛け仕入高　　　　　　　　1,000円（税抜き，消費税は10%の100円）

(3) 販売費の現金による支払い　　500円（税抜き，消費税は10%の50円）

(4) 決算時に未払消費税50円を計上する。

(5) 消費税を現金で納付した。

〈解答・解説〉

	税　抜　方　式
(1)売上時	（売　　掛　　金）　　2,200　（売　　　　　　　上）　　2,000 　　　　　　　　　　　　　　　　（仮　受　消　費　税）　　　200
(2)仕入時	（仕　　　　　　入）　　1,000　（買　　掛　　金）　　1,100 （仮　払　消　費　税）　　　100
(3)販売費支払時	（販　　売　　費）　　　500　（現　　　　　金）　　　550 （仮　払　消　費　税）　　　50
(4)決算時	決算整理前残高試算表 仮　払　消　費　税　　　150　仮　受　消　費　税　　　200 仕　　　　　入　　1,000　売　　　　　　上　　2,000 販　　売　　費　　　500 （仮　受　消　費　税）　　　200　（仮　払　消　費　税）　　　150 　　　　　　　　　　　　　　　　（未　払　消　費　税）　　　50 　　　　　　　　　　　　　　　　B/S流動負債 決算整理後残高試算表 仕　　　　　入　　1,000　未　払　消　費　税　　　50 販　　売　　費　　　500　売　　　　　　上　　2,000
(5)納付時	（未　払　消　費　税）　　　50　（現　　　　金）　　　50

基本例題39

解答・解説408ページ

次の一連の取引を税抜方式により，仕訳しなさい。なお，消費税率は10%とする。

〈指定勘定科目〉

現金　仮払消費税　仮受消費税　未払消費税　売上　仕入

(1) 商品55,000円（税込価額）を仕入れ，代金は現金で支払った。

(2) 商品99,000円（税込価額）を販売し，代金は現金で受け取った。

(3) 決算にあたり，消費税の納付額を確定した。

(4) 確定申告を行い，確定した消費税を現金で納付した。

13 課税所得の算定と税効果会計
Theme

Check ここでは，法人税法上の利益である課税所得の算定方法と税効果会計を学習します。

1 課税所得の算定

　これまでの学習において，「法人税等（法人税，住民税及び事業税）」は損益計算書の「税引前当期純利益」を基礎として算定しましたが，実際の「法人税等」は，法人税法上の利益（課税所得といいます）に税率を乗じて算定します。

　損益計算書上の「税引前当期純利益」は，次のように算定します。

$$税引前当期純利益 = 収\ 益 - 費\ 用$$

　また，「法人税等」の額のもとになる「課税所得」は，次のように算定します。

$$課税所得 = 益\ 金 - 損\ 金$$

　企業会計上の「収益・費用」と法人税法上の「益金・損金」はほぼ同じ概念ですが，目的の相違によりその範囲および認識時点などに若干の違い（これを「差異」といいます）が生じます。たとえば，企業の適正な財政状態と経営成績の算定・開示を目的とする「企業会計」においては，引当金の計上は広く認められますが，公平な税金の徴収を目的とする「法人税法」では，引当金を初めとする主観的な見積りによる費用（損金）の計上は，原則として認められません。そのため，引当金の計上額について「差異」が発生します。したがって，この差異により「税引前当期純利益」と「課税所得」にも若干の違いが生じることになります。

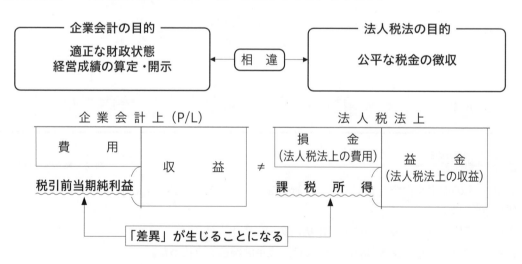

本来の「課税所得」の算定は，益金から損金を控除して求めますが，実際の「課税所得」の算定は，「税引前当期純利益」に差異部分を「加算調整」または「減算調整」することにより行います。

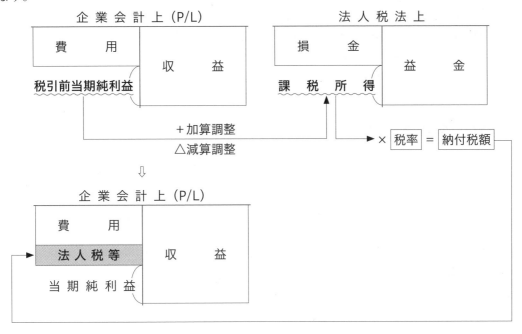

なお，「加算調整項目」および「減算調整項目」には，次のようなものがあります。

加算調整項目	益金算入	「益金算入」とは，企業会計上は「収益」として計上していないものを，法人税法上は「益金」として認めるものをいう。
	損金不算入	「損金不算入」とは，企業会計上は「費用」として計上したものを，法人税法上は「損金」として認めないものをいう。
減算調整項目	益金不算入	「益金不算入」とは，企業会計上は「収益」として計上したものを，法人税法上は「益金」として認めないものをいう。
	損金算入	「損金算入」とは，企業会計上は「費用」として計上していないものを，法人税法上は「損金」として認めるものをいう。

また，簿記検定2級において，出題の可能性のある具体的な「差異」の内容は，おおむね，以下のとおりです。

項　　　目	内　　　　　　容
引　当　金	見積りを前提として計上されるため，原則として，その計上額は法人税法上「損金」として認められない。
減価償却費	引当金と同様に見積りを前提とする費用であるが，法人税法は独自にその限度額を定め，これを「損金」として認めている。限度額を超える減価償却費は「損金」として認められない。
受取配当金	配当とは「利益」の分配を意味する。株式会社の利益の一部は株主に配当されることになるが，その利益は「法人税等が課税された後の利益」を前提とする。したがって，受取配当金を「益金」とした場合，同じ「利益」に対して二重に法人税が課税されることとなる。この弊害を避けるため，受取配当金は，原則として「益金」とならない。

会社は，決算日後一定の期日までに法人税の確定申告を行い，法人税を納付しなければなりません。法人税は，「確定申告書（税務署または国税局に提出する書類)」に添付する「別表」といわれる計算用紙において損益計算書上の利益に必要な調整を行い課税所得を計算し，課税所得に税率を乗じて計算します。なお，課税所得を計算するための調整を一般に「税務調整」といいます。

また，住民税および事業税も法人税または課税所得を基礎に計算されます。

② 差異の発生と解消

多くの差異は，企業会計における収益・費用と法人税法における益金・損金との範囲およびその認識（計上）時点などの相違により発生します。

たとえば，売掛金の貸倒れにともなう「貸倒損失」について考えてみましょう。

第1期の期末において，ある得意先に対する売掛金100円の貸倒れが予想され，第2期に，その売掛金100円が貸し倒れた場合どうなるでしょうか？

第1期の決算において，企業会計は貸倒引当金を設定して，これに備えます。貸倒れに対する費用は「貸倒引当金繰入」として第1期に計上されます。それに対して，法人税法は，「貸倒引当金繰入」が見積りによる費用であるため，これを損金として認めていません。そのため，課税所得の計算において，「損金不算入」として「税引前当期純利益」への「加算調整」が行われます。これにより，差異が100円発生することになります。

次に，第2期において売掛金100円の貸倒れが起こった場合を考えます。このとき，企業会計では貸倒引当金を取り崩します。この処理では「貸倒損失（費用)」は計上されません。それに対して，法人税法は，貸倒れの事実にもとづき，「貸倒損失（損金)」を認識します。そこで，課税所得の計算において，「損金算入」として「税引前当期純利益」への「減算調整」が行われます。これにより，第1期において発生した差異100円が解消します。

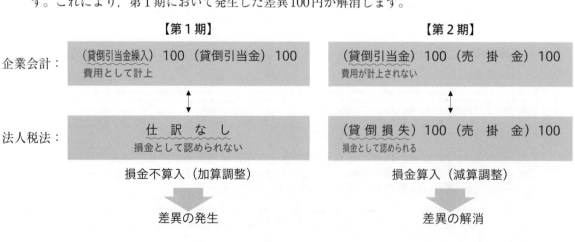

172

課税所得の算定において，前記「貸倒損失」のように企業会計と法人税法でその認識（計上）時点の相違にもとづく差異（後述の一時差異）は，その「発生」と「解消」の２つの場面で調整が行われます。

　なお，企業会計における収益・費用と法人税法における益金・損金とで，その範囲が異なることによって生じる差異（後述の永久差異）は，「発生」の場面のみでその調整が行われます。たとえば，「受取配当金」は企業会計上，収益として計上されますが，法人税法上，原則として益金となることはありません。そのため，受取配当金に関する調整は，企業会計上，受取配当金を計上した（発生）年度においてのみ行われることになります。

設例 13-1

　次の資料により，第１期の(1)課税所得の金額を求め，(2)法人税等の計上に関する仕訳を示しなさい。

（資　料）

1．損益計算書で計算された税引前当期純利益は3,650円であり，以下の差異を加減した課税所得に対して40%の法人税等を計上する。

2．会計上と税務上の差異

　(1)　売掛金15,000円に対して150円の貸倒引当金を設定したが，法人税法上，損金不算入となった。

　(2)　当期に計上した減価償却費800円のうち300円が損金不算入となった。

　(3)　受取配当金100円が益金不算入となった。

〈解　答〉

(1)

課 税 所 得	4,000円

(2)　仕　訳

（法人税, 住民税及び事業税）	1,600	（未 払 法 人 税 等）	1,600

〈解　説〉

1．課税所得の計算

	税 引 前 当 期 純 利 益	3,650円	
税務調整	貸倒引当金の損金不算入額	＋　　150円	←差異の発生（加算調整）
	減価償却費の損金不算入額	＋　　300円	←差異の発生（加算調整）
	受取配当金の益金不算入額	△　　100円	←差異の発生（減算調整）
	課 税 所 得	4,000円	

2．法人税等の計算

4,000円〈課税所得〉×40%〈税率〉＝1,600円〈法人税等〉

次の資料により，第2期の(1)課税所得の金額を求め，(2)法人税等の計上に関する仕訳を示しなさい。

（資　料）

1．損益計算書で計算された税引前当期純利益は4,290円であり，以下の差異を加減した課税所得に対して40％の法人税等を計上する。なお，仮払法人税等800円がある。

2．会計上と税務上の差異

　(1)　前期末において売掛金15,000円に対して150円の貸倒引当金を設定したが，法人税法上，損金不算入となった。しかし，当期において損金算入が認められた。また，当期末において売掛金18,000円に対して180円の貸倒引当金を設定したが，法人税法上，損金不算入となった。

　(2)　前期末における減価償却費の償却限度超過額の累計額は300円であった。当期に計上した減価償却費800円のうち300円が新たに損金不算入となったため，当期末における償却限度超過額の累計額は600円となった。

　(3)　受取配当金120円が益金不算入となった。

〈解　答〉

(1)

課 税 所 得	4,500円

(2)　**仕　訳**

（法人税, 住民税及び事業税）	1,800	（仮 払 法 人 税 等）	800
		（未 払 法 人 税 等）*	1,000

＊　貸借差額

〈解　説〉

1．課税所得の計算

	税 引 前 当 期 純 利 益		4,290円	
税務調整	貸 倒 引 当 金 の 損 金 算 入 額	△	150円	←差異の解消（減算調整）
	貸 倒 引 当 金 の 損 金 不 算 入 額	＋	180円	←差異の発生（加算調整）
	減 価 償 却 費 の 損 金 不 算 入 額	＋	300円	←差異の発生（加算調整）
	受 取 配 当 金 の 益 金 不 算 入 額	△	120円	←差異の発生（減算調整）
	課 税 所 得		4,500円	

2．法人税等の計算

4,500円〈課税所得〉×40％〈税率〉＝1,800円〈法人税等〉

❸ 税効果会計とは

　❶で法人税等の金額は，企業会計上の「税引前当期純利益」ではなく，法人税法上の「課税所得」に対して税率を乗じて計算されることを学びました。しかし，その「法人税等」をそのまま損益計算書に計上した場合，「税引前当期純利益」と「法人税等」は必ずしも期間的に対応しておらず，結果として税引後の「当期純利益」は適正な期間損益とはいえなくなってしまいます。そこで，税効果会計を行います。

　税効果会計とは，企業会計上の「収益・費用」と法人税法上の「益金・損金」の認識時点の相違により，企業会計上の「資産・負債」の額と法人税法上の「資産・負債」の額に相違が生じた場合に，利益の金額をもとに課税される法人税等の額を適切に期間配分することにより，「法人税等」の金額を「税引前当期純利益」に合理的に対応させるための手続きです。

★supplement
差異の認識方法

　税効果会計を適用するにあたり，その差異をどのように認識するかという点について「繰延法」と「資産・負債法」の2つの考え方があります。

(1)　繰延法

　損益計算書上の「収益・費用」と税務上の「益金・損金」との相違について差異を認識します。

(2)　資産・負債法

　貸借対照表上の「資産・負債」と税務上の「資産・負債」との相違について差異を認識します。

　なお，わが国の会計基準は「資産・負債法」を採用しています。

　たとえば，売掛金100円のうち30円が貸倒損失として処理され，それが法人税法上，損金不算入となった場合，繰延法では損益計算書上の「貸倒損失」の処理の違いにもとづき差異を認識しますが，資産・負債法では貸借対照表上の「売掛金」計上額の違いにもとづき差異を認識します。

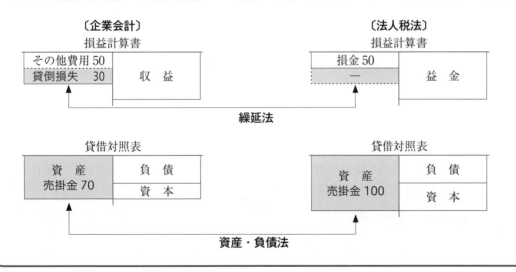

175

4 税効果会計の対象（一時差異と永久差異）

(1) 一時差異

　税効果会計の対象となる差異は，企業会計上の「収益・費用」と法人税法上の「益金・損金」が，その認識時点の相違によって発生したと考えられる企業会計上の「資産・負債」の額と法人税法上の「資産・負債」の額との差額であり，時間の経過にともない，その差額が将来において解消することが予定されるものです。これを「一時差異」といい，税効果会計を適用します。

(2) 永久差異

　それに対して，企業会計上の「収益・費用」と法人税法上の「益金・損金」との範囲の相違により，企業会計と法人税法で根本的にその取り扱いが異なるため，将来において永久に解消が予定されない差異を「永久差異」といいます。永久差異については税効果会計を適用しません。

5 税効果会計の会計処理

　一時差異について，税効果会計を適用しますが，その処理は法人税等を「繰り延べる」ケースと「見越す」ケースとに大別されます。前者のケースに該当する一時差異を「将来減算一時差異」といい，後者のケースに該当する一時差異を「将来加算一時差異」といいます。

(1) 将来減算一時差異：法人税等を繰り延べる

　当期の課税所得の計算において加算調整（損金不算入および益金算入）され，将来の差異の解消年度における課税所得の計算において減算調整（損金算入および益金不算入）される差異を「将来減算一時差異」といいます。これはその発生年度において法人税等の「前払い」が発生したことを意味し，法人税等の「繰延べ」処理を行います。

	発 生 年 度	解 消 年 度
税 務 調 整	損金不算入（加算）	損金算入（減算）
法 人 税 等	納付税額が増額	納付税額が減額
税効果会計	法人税等を減額調整	法人税等を増額調整

繰延処理を行う

① 発生年度

　差異の金額に税率を乗じた金額を「法人税等調整額」として法人税等から控除し，これを法人税等の前払分として繰延税金資産（**資産**）を計上します。

（繰 延 税 金 資 産）⊕　　××	（法人税等調整額）⊖　　××

　なお，法人税等調整額は，法人税，住民税及び事業税の評価勘定であり，貸方に仕訳された場合には，法人税，住民税及び事業税の減算項目となり，借方に仕訳された場合には，法人税，住民税及び事業税の加算項目となります。

② **解消年度**

「繰延税金資産」を取り崩し，その期の法人税等に加算します。

| （法人税等調整額） ⊕ ×× | （繰延税金資産） ⊖ ×× |

⑵ **将来加算一時差異：法人税等を見越す**

　当期の課税所得の計算において減算調整（損金算入および益金不算入）され，将来の差異の解消年度における課税所得の計算において加算調整（損金不算入および益金算入）される差異を「将来加算一時差異」といいます。これはその発生年度において法人税等の「未払い」が発生したことを意味し，法人税等の「見越し」処理を行います。

	発 生 年 度	解 消 年 度
税 務 調 整	損金算入（減算）	損金不算入（加算）
法 人 税 等	納付税額が減額	納付税額が増額
税効果会計	法人税等を増額調整	法人税等を減額調整

見越処理を行う

① **発生年度**

　差異の金額に税率を乗じた金額を「法人税等調整額」として法人税等に加算し，これを法人税等の未払分として繰延税金負債（**負債**）を計上します。

| （法人税等調整額） ⊕ ×× | （繰延税金負債） ⊕ ×× |

② **解消年度**

「繰延税金負債」を取り崩し，その期の法人税等から控除します。

| （繰延税金負債） ⊖ ×× | （法人税等調整額） ⊖ ×× |

⑶ **繰延税金資産・繰延税金負債の貸借対照表の表示**

　期末における繰延税金資産の残高と繰延税金負債の残高を相殺し，相殺後の純額を貸借対照表の「固定資産」または「固定負債」に表示します。

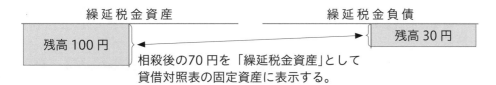

繰 延 税 金 資 産　　　　　　　　　繰 延 税 金 負 債

残高 100 円　　残高 30 円

相殺後の70円を「繰延税金資産」として
貸借対照表の固定資産に表示する。

⑷ 法人税等調整額の損益計算書の表示

法人税等調整額が借方残高のときは「法人税，住民税及び事業税」の金額に加算し，貸方残高のときは「法人税，住民税及び事業税」の金額から減算します。

① 借方残高の場合

損 益 計 算 書

諸 収 益		×××
諸 費 用		×××
税引前当期純利益		××
法人税，住民税及び事業税	××	
法人税等調整額	（＋）××	××
当 期 純 利 益		××

② 貸方残高の場合

損 益 計 算 書

諸 収 益		×××
諸 費 用		×××
税引前当期純利益		××
法人税，住民税及び事業税	××	
法人税等調整額	（△）××	××
当 期 純 利 益		××

⑸ 簿記検定2級における税効果会計について

税効果会計の論点は法人税法の知識を前提とするため，これを完全にマスターするには膨大な時間を要することになります。そのため，簿記検定2級で出題される税効果会計の内容は，受験生の負担を考慮して以下の3つに限定されています。

〈簿記検定2級で出題が予定されている一時差異の内容〉
① 引当金の設定にかかる一時差異
② 減価償却にかかる一時差異
③ その他有価証券評価差額金にかかる一時差異

6 将来減算一時差異

引当金の設定および減価償却にかかる一時差異は，将来減算一時差異として問題となります。以下，設例で将来減算一時差異の発生と解消を確認します。

⑴ 将来減算一時差異の発生

設例 13-3

次の資料により，法人税等の計上および税効果会計にかかる仕訳を示しなさい。
（資 料）
⑴ ×1年度の収益総額は10,000円，費用総額は5,000円（貸倒引当金繰入1,000円を含む）である。
⑵ 課税所得の算定にあたり，法人税法上，貸倒引当金繰入1,000円が損金不算入となった。
⑶ 法人税等の税率は40％とする。

〈解答・解説〉

1. 法人税等の計上

　税引前当期純利益に対し，貸倒引当金繰入を加算調整して課税所得を求め，法人税等を計上します。

| （法人税，住民税及び事業税）＊ | 2,400 | （未 払 法 人 税 等） | 2,400 |

＊　10,000円〈収益〉－5,000円〈費用〉＝5,000円〈税引前当期純利益〉
　　5,000円〈税引前当期純利益〉＋1,000円〈貸倒引当金繰入の損金不算入〉＝6,000円〈課税所得〉
　　6,000円〈課税所得〉×40％〈税率〉＝2,400円〈法人税，住民税及び事業税〉

2. 税効果会計

　貸倒引当金繰入に対して計算される法人税等を「繰延税金資産」に計上し，次期に繰り延べます。

| （繰 延 税 金 資 産）＊ | 400 | （法人税等調整額） | 400 |
| 前払税金 | | 法人税等の調整項目（減算） | |

＊　1,000円〈貸倒引当金繰入の損金不算入〉×40％〈税率〉＝400円〈調整額〉

（参考）損益計算書

（1）税効果会計の適用がない場合

損　益　計　算　書

収　　　　　益	10,000
費　　　　　用	5,000
税引前当期純利益	5,000
法人税，住民税及び事業税	2,400
当　期　純　利　益	2,600

対応していない（5,000円×40％≠2,400円）

（2）税効果会計の適用がある場合

損　益　計　算　書

収　　　　　益		10,000
費　　　　　用		5,000
税引前当期純利益		5,000
法人税，住民税及び事業税	2,400	
法 人 税 等 調 整 額	△　400	2,000
当　期　純　利　益		3,000

対応している（5,000円×40％＝2,000円となる）

(2) 将来減算一時差異の解消

設例 13-4（設例 13-3 の続き）

　次の資料により，法人税等の計上および税効果会計にかかる仕訳を示しなさい。

（資　料）

(1) ×2年度の収益総額は10,000円，費用総額は5,000円である。

(2) 課税所得の算定にあたり，×1年度（前期）に貸倒引当金を設定した売掛金1,000円が×2年度（当期）に貸し倒れたため，法人税法上，損金算入することが認められた。

(3) 法人税等の税率は40%とする。

〈解答・解説〉

1．法人税等の計上

　税引前当期純利益に対し，貸倒損失を減算調整して課税所得を求め，法人税等を計上します。

| （法人税, 住民税及び事業税）* | 1,600 | （未 払 法 人 税 等） | 1,600 |

＊　10,000円〈収益〉－5,000円〈費用〉＝5,000円〈税引前当期純利益〉
　　5,000円〈税引前当期純利益〉－1,000円〈貸倒損失の損金算入〉＝4,000円〈課税所得〉
　　4,000円〈課税所得〉×40%〈税率〉＝1,600円〈法人税，住民税及び事業税〉

2．税効果会計

　貸倒損失に対して計算される法人税等について「繰延税金資産」を取り崩します。

| （法人税等調整額）*
法人税等の調整項目（加算） | 400 | （繰 延 税 金 資 産） | 400 |

＊　1,000円〈貸倒損失の損金算入〉×40%〈税率〉＝400円〈調整額〉

（参考）損益計算書

(1) 税効果会計の適用がない場合

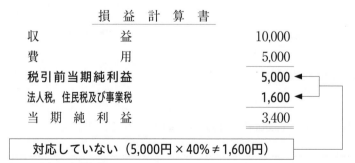

損　益　計　算　書	
収　　　　　　　益	10,000
費　　　　　　　用	5,000
税引前当期純利益	**5,000**
法人税, 住民税及び事業税	1,600
当　期　純　利　益	3,400

対応していない（5,000円×40%≠1,600円）

(2) 税効果会計の適用がある場合

損 益 計 算 書

収　　　　益		10,000
費　　　　用		5,000
税引前当期純利益		5,000
法人税, 住民税及び事業税	1,600	
法 人 税 等 調 整 額	＋　400	2,000
当 期 純 利 益		3,000

対応している（5,000円 × 40% ＝ 2,000円となる）

7 その他有価証券評価差額金にかかる税効果会計（全部純資産直入法）

　企業会計上, その他有価証券は時価評価を行いますが, 法人税法上は原価評価となります。そのため,「その他有価証券評価差額金」は一時差異となり, その他有価証券の時価評価に際して税効果会計を適用します。

　ただし, 企業会計上計上された「その他有価証券評価差額金」は純資産直入の処理により, 直接, 貸借対照表の純資産の部に計上され, 企業会計上の「税引前当期純利益」に影響を与えていません。そのため, その税効果会計は「法人税等調整額」を使用することなく, 評価差額に税率を乗じた金額を「その他有価証券評価差額金」から直接控除して「繰延税金資産」または「繰延税金負債」に計上します。なお, その他有価証券の時価評価は洗替方式によるため, その他有価証券評価差額金にかかる一時差異は, 翌期の再振替仕訳により必ず解消します。

(1) 発生年度（期末の時価評価）

① 評価差益（貸方差額）が発生した場合 → 将来加算一時差異の発生

② 評価差損（借方差額）が発生した場合 → 将来減算一時差異の発生

(2) 解消年度（翌期の再振替仕訳）

① 評価差益（貸方差額）の解消 → 将来加算一時差異の解消

② 評価差損（借方差額）の解消 → 将来減算一時差異の解消

仕訳例 01

(1) 発生年度（期末）

第1期の決算において，その他有価証券の帳簿価額は1,500円，その時価は1,600円であった。法人税等の税率を40%として税効果会計を適用し，評価替えを行う。

（その他有価証券）	100	（繰延税金負債）*1	40
		（その他有価証券評価差額金）*2	60

　　*1　1,600円－1,500円＝100円〈評価差額（貸方差額）〉
　　　　100円×40%＝40円
　　*2　100円×（100%－40%）＝60円

(2) 解消年度（翌期首）

前期末におけるその他有価証券の時価評価について再振替仕訳を行った。

（繰延税金負債）	40	（その他有価証券）	100
（その他有価証券評価差額金）	60		

設例 13-5

　次の資料により，第1期の(1)税効果会計等の仕訳を示すとともに，(2)損益計算書の一部を完成させ，(3)貸借対照表に記載される繰延税金資産の金額を示しなさい。なお，損益計算書で計算された税引前当期純利益は3,550円であり，以下の差異を加減した課税所得4,000円に対して，1,600円の法人税等を計上した。法人税等の税率は40%である。

（資　料）

(1) 売掛金15,000円に対して150円の貸倒引当金を設定したが，法人税法上，損金不算入となった。

(2) 当期に計上した減価償却費800円のうち，300円が損金不算入となった。

(3) 当期末におけるその他有価証券の帳簿価額は1,500円，その時価は1,600円であった。

〈解答・解説〉

1．課税所得の計算

税 引 前 当 期 純 利 益	3,550円
貸倒引当金の損金不算入	＋　150円
減価償却費の損金不算入	＋　300円
課　税　所　得	4,000円

2．法人税等の計上

（法人税，住民税及び事業税）*	1,600	（未 払 法 人 税 等）	1,600

　　*　4,000円×40%＝1,600円

3．税効果会計の仕訳

(1) 貸倒引当金の損金不算入：将来減算一時差異の発生

（繰延税金資産）*	60	（法人税等調整額）	60

* 150円 × 40％ ＝ 60円

(2) 減価償却費の損金不算入：将来減算一時差異の発生

（繰延税金資産）*	120	（法人税等調整額）	120

* 300円 × 40％ ＝ 120円

(3) その他有価証券の時価評価：将来加算一時差異の発生

（その他有価証券）*1	100	（繰延税金負債）*2	40
		（その他有価証券評価差額金）*3	60

* 1　1,600円 － 1,500円 ＝ 100円〈評価差額（貸方差額）〉
* 2　100円 × 40％ ＝ 40円
* 3　100円 ×（100％ － 40％）＝ 60円

4．損益計算書

損 益 計 算 書

諸　　収　　益		×××
諸　　費　　用		×××
税引前当期純利益		3,550
法人税，住民税及び事業税	1,600	
法 人 税 等 調 整 額	（△）180*	1,420
当 期 純 利 益		2,130

×40％（税率）

* 貸方：△60 ＋ 貸方：△120 ＝ 貸方：△180

　税効果会計適用前の法人税等1,600円は，税引前当期純利益3,550円に対する税率40％分として対応していませんが，税効果会計適用後の法人税等1,420円（＝ 1,600円 － 180円）は，税引前当期純利益3,550円に対する税率40％分として対応していることを確認してください。

5．貸借対照表の繰延税金資産

$$\underbrace{(60\,円 + 120\,円)}_{\text{繰延税金資産}} - \underbrace{40\,円}_{\text{繰延税金負債}} = \underbrace{140\,円}_{\text{繰延税金資産}}$$

繰延税金資産　　　　　　　　　　　　　繰延税金負債

貸倒引当金 60円	その他有価証券 40円
減価償却費 120円	

相殺後の140円を「繰延税金資産」として
貸借対照表の固定資産に表示する。

　次の資料により，第2期の(1)税効果会計の仕訳を示すとともに，(2)損益計算書の一部を完成させ，(3)貸借対照表に記載される繰延税金資産の金額を示しなさい。なお，損益計算書で計算された税引前当期純利益は4,170円であり，以下の差異を加減した課税所得4,500円に対して，1,800円の法人税等を計上した。法人税等の税率は40%である。

（資　料）

　(1)　前期末に計上した貸倒引当金150円の損金算入が認められた。また，当期末において売掛金18,000円に対して180円の貸倒引当金を設定したが，法人税法上，損金不算入となった。

　(2)　当期に計上した減価償却費800円のうち，300円が損金不算入となった。このため，当期末における償却限度超過額の累計額は600円となった。

　(3)　前期末におけるその他有価証券の時価評価について，再振替仕訳を行った。なお，前期末におけるその他有価証券の帳簿価額は1,500円，その時価は1,600円であった。また，その他有価証券は当期中にすべて売却したため，期末におけるその他有価証券の残高はない。

〈解答・解説〉

1．課税所得の計算

税引前当期純利益	4,170円
貸倒引当金の損金算入	△　150円
貸倒引当金の損金不算入	＋　180円
減価償却費の損金不算入	＋　300円
課　税　所　得	4,500円

2．法人税等の計上

（法人税，住民税及び事業税）*	1,800	（未払法人税等）	1,800

　*　4,500円×40% = 1,800円

3．税効果会計の仕訳

　(1)　貸倒引当金

　　①　前期計上分の損金算入：将来減算一時差異の解消

（法人税等調整額）	60	（繰延税金資産）*	60

　*　150円×40% = 60円

　　②　当期計上分の損金不算入：将来減算一時差異の発生

（繰延税金資産）*	72	（法人税等調整額）	72

　*　180円×40% = 72円

(2) 減価償却費の損金不算入 （当期計上分の損金不算入：将来減算一時差異の発生）

| （繰延税金資産）* | 120 | （法人税等調整額） | 120 |

  * 300円×40% = 120円

  当期において減価償却費の損金不算入にかかる差異の「解消」はありません。この差異に関する解消は当該固定資産を売却・除却したときに認識されます。

(3) その他有価証券評価差額金

  その他有価証券の時価評価は，翌期において「再振替仕訳」が行われるため，その他有価証券評価差額金に関する差異は，この再振替仕訳により必ず「解消」します。また，期末にその他有価証券を有していないことから，当期の「発生」はありません。

| （繰 延 税 金 負 債）*2 | 40 | （その他有価証券）*1 | 100 |
| （その他有価証券評価差額金）*3 | 60 | | |

  *1 1,600円 − 1,500円 = 100円〈評価差額〉   *3 100円×（100% − 40%）= 60円
  *2 100円×40% = 40円

4．損益計算書

損 益 計 算 書

諸　　収　　益		×××
諸　　費　　用		×××
税引前当期純利益		4,170
法人税, 住民税及び事業税	1,800	
法人税等調整額	（△）132*	1,668
当 期 純 利 益		2,502

×40%（税率）

  * 借方：60 + 貸方：△72 + 貸方：△120 = 貸方：△132

  税効果会計適用前の法人税等1,800円は，税引前当期純利益4,170円に対する税率40%分として対応していませんが，税効果会計適用後の法人税等1,668円（= 1,800円 − 132円）は，税引前当期純利益4,170円に対する税率40%分として対応していることを確認してください。

5．貸借対照表の繰延税金資産

$$\underbrace{(180円 + 72円 + 120円 - 60円)}_{繰延税金資産} + \underbrace{(40円}_{繰延税金負債} - \underbrace{40円)}_{繰延税金資産} = 312円$$

繰 延 税 金 資 産

期首	180 円	貸倒引当金	60 円
貸倒引当金	72 円		
減価償却費	120 円	312 円	

繰 延 税 金 負 債

| その他有価証券 | 40 円 | 期首 | 40 円 |

8 税効果会計の仕訳について

税効果会計の仕訳は，決算整理仕訳の１つとして行われるため，「将来減算一時差異」と「将来加算一時差異」を区別したうえで，まとめて処理することが可能です。なお，「その他有価証券評価差額金にかかる一時差異」は「法人税等調整額」が仕訳されないため含めずに処理します。

設例 13-7

当期における将来減算一時差異（貸倒引当金および減価償却）の増減は次のとおりである。よって必要な税効果会計の仕訳を示しなさい。なお，法人税等の税率は40％である。

一 時 差 異	期 首	解 消	発 生	期 末
貸倒引当金の設定	150	150	180	180
減 価 償 却	300	—	300	600
合 計	450	150	480	780
税 率	×40％	×40％	×40％	×40％
繰 延 税 金 資 産	180	60	192	312

〈解答・解説〉

(1) **解消発生方式**

「解消」分について繰延税金資産を取り崩し，「発生」分について繰延税金資産を計上します。

解 消	（法人税等調整額）	60	（繰 延 税 金 資 産）	60
発 生	（繰 延 税 金 資 産）	192	（法人税等調整額）	192

(2) **洗替方式**

「期首」分の繰延税金資産についてその全額を取り崩し，「期末」分の繰延税金資産についてその全額を計上します。

解 消	（法人税等調整額）	180	（繰 延 税 金 資 産）	180
発 生	（繰 延 税 金 資 産）	312	（法人税等調整額）	312

(3) **差額補充方式**

「解消分（または期首分）」と「発生分（または期末分）」の差額について繰延税金資産を新たに計上します。

純増額	（繰 延 税 金 資 産）	132	（法人税等調整額）	132

発生192円－解消60円＝132円

または

期末312円－期首180円＝132円

MEMO

課税所得の算定と税効果会計

14 株式の発行

Theme

Check ここでは，株式会社における純資産の概要と株式会社が株式を発行するときの処理を学習します。

1 株式会社とは

1. 会社とは

会社とは，出資者（社員）から資金を受けて事業活動を営み，その利益を出資者に分配（配当）することを目的とする会社法上の団体をいいます。

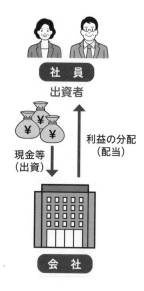

会社法において，会社は，大きく「持分会社」と「株式会社」に区別されます。

持分会社は，家族，友人等の近しい間柄で小規模な事業を展開するための会社として用意されたものであり，一方，株式会社は，多額の資金を必要とする大規模な事業を展開するための会社として用意されたものです。

> （注）上記の会社の区別は，現実とは乖離していることに注意してください。今日，一般的に会社といえば，ほぼ「株式会社」のことを指します。すなわち，本来，持分会社となるべき会社の多くが，現実には株式会社として存在します。なお，このような事実に鑑み，平成17年施行の会社法において，株式会社に関する規定は大きく改正されています。

2. 株式会社の特徴

上記のように，株式会社とは，「大規模な事業」を展開するための会社として用意されたものであり，大規模な事業を展開するためには多額の資金を必要とします。そのため会社法は，その資金調達の便宜を図るため，株式会社について以下に述べるような制度を設けています。

(1) 株式と株主の有限責任

株式会社は「株式」を発行することにより，元手たる事業資金の調達を行います。株式

は，均等に細分化された割合的単位の形式をとっており，かつ１株の金額を自由に決定することができるため，社会に散在する少額の資金を集めることを可能とします。すなわち，１株を100万円と定めて株式を募集する場合と，１株を５万円と定めて募集する場合とを比較したとき，１株を５万円と定めて募集した場合の方がその引受人の数は多くなるでしょう。また，100万円を出資したいという者に対しては，１株５万円の株式を20株引き受けてもらうことにより，その要望に応えることもできます。結果，株式会社はより多くの資金を調達することが可能となります。

　　また，株式を取得した者を「株主」といいます。株主は，取得した株式の数に応じて，株主総会での議決権や配当に関する権利を有しますが，その義務は株式に対する出資義務を負うのみで，その他の義務・責任は負担しません。すなわち，株主は，株式会社が獲得した利益の分配（配当）を受けることができるにも関わらず，株式会社の経営が悪化し，倒産した場合においては，株式会社の借入金等の債務について一切責任を負う必要がありません。この仕組みを「株主の有限責任」といい，出資者は余計な心配をすることなく株式の取得を検討することができるため，株式会社の資金調達を容易にします。

〈株主の有限責任〉

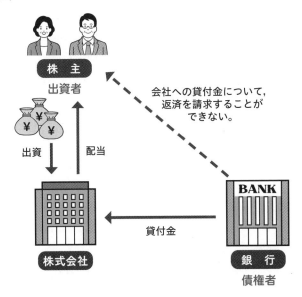

⑵　会社債権者の保護

　　「株主の有限責任」の制度により，株式会社の債権者（銀行，仕入先等）は，その債権回収の引き当てとして期待できるものは「会社の財産」のみです。そこで，会社法は，株式会社の財産の充実を図り，その債権者を保護するため，以下の規制を設けています。

①　「資本金」の公示等

　　株式会社は，株式の発行により調達した資金の全部または一部の金額を「資本金」として計上し，これを会社の登記簿に公示し，かつ毎期作成する財務諸表（貸借対照表）によってこれを開示することが義務づけられています。これらは，会社債権者またはこれから会社と取引しようとする者に対して会社の財産規模を明らかにし，その株式会社とどの程度の取引ができるのか，その目安を提供することを意図したものです。そのため，一旦計

上された「資本金」の額は，これを増加（増資）させることは容易にできますが，これを減少（減資）させるときには，会社債権者の同意を得るなど厳格な手続きを必要とします。

② 配当の制限と「準備金」の積み立て

株式会社において，配当は無制限にできるわけではありません。会社法上，配当の額は会社の「純資産」を基礎として算定することができますが，株式会社の場合，「純資産から資本金および準備金を控除した額（これを分配可能額といいます。詳細は1級の範囲）」を基礎として算定しなければなりません。

さらに一定の要件を満たすまで，配当に際して「準備金（資本金に準じるものとして会社法が定めるもの，詳細は後述します）」の積み立てが強制されます。これは配当できる財産の一部を配当せずに，これを準備金という名目で会社に残すことにより会社財産の充実を図り，もって，会社債権者の保護を意図したものです。

(3) 所有と経営の分離

株主は株式会社の所有者（オーナー）とされますが，株式は不特定多数の者に対して発行されるため，株主の数は必然的に多くなることが予定されています。多数の株主が存在する場合，株主全員で株式会社の経営を行うことには無理があります。そのため，株式会社では「株主総会」を開催し，その決議によって，別途，経営者（取締役，監査役等）を選任し，その経営を委ねることとなります（これを「所有と経営の分離」といいます）。そのため，株式会社では「株主総会」「取締役」「取締役会」「監査役」等，一定の「機関」の設置が義務づけられることとなります。

★supplement
株式会社の機関の種類

会社は機関設計の最低限の規律を守りながら，その会社の実態に合わせて必要な機関を選択し，組織を作る必要があります。株式会社に設置される主な機関には次のようなものがあります。

① 株 主 総 会：すべての株式会社で必ず設置すべき最高意思決定機関であり，取締役や監査役の選任および解任など株式会社の組織・運営・管理などに関する重要事項を決定する機関です。

株主総会には決算期ごとに開催される定時株主総会と必要に応じて開催される臨時株主総会があります。

② 取 締 役：株式会社の業務執行を行う機関をいいます。

③ 取 締 役 会：3人以上の取締役によって構成されます。代表取締役の選任や重要な業務について意思決定を行う機関です。

④ 監 査 役：取締役の職務執行や会社の会計を監査する機関をいいます。

この他に⑤監査役会，⑥委員会，⑦会計監査人，⑧会計参与があります。

上記③〜⑧の機関は，その会社が株式譲渡制限会社であるかどうか，また大会社であるかどうかなどにより，その設置が任意設置または強制設置とにわかれます。

(注) 株式譲渡制限会社とは，すべての株式の譲渡を制限している株式会社であり，大会社とは資本金5億円以上または負債総額200億円以上の株式会社をいいます。

❷ 純資産（資本）とは

純資産<ruby>純資産<rt>じゅんしさん</rt></ruby>は，資産と負債の差額です。純資産は基本的に株主の持分を表しており，資本（株主資本）ともいわれます。ただし，今日の貸借対照表では，その他有価証券評価差額金などの株主資本に属さない純資産の項目があるため，貸借対照表の「純資産の部」は「株主資本」とその他の項目に区別します。

1. 株主資本の分類

株主資本は，会計による分類のほか，会社法による規制を受けるため，以下のように分類されます。

(1) 会計上の分類

株主資本は，企業の適正な経営成績および財政状態を開示するという目的から，「元手（資本）」とその「果実（利益）」の区別を重視します。そのため，会計上，株主資本は，元手としての「資本金」および「資本剰余金」と，果実としての「利益剰余金」に区別されます。なお，資本剰余金とは，元手として株主から拠出された財産のうち，資本金に計上しなかった部分をいい，利益剰余金とは企業活動の成果として獲得した利益を源泉とするものをいいます。

(2) 会社法上の分類

株主資本は，株主の有限責任を前提とする株式会社の「配当」を規制する必要があるため，「資本金」のほか，「準備金」と「剰余金」に区別されます。会社法は，株式会社の「資本金」および「準備金」について，その配当を厳格に禁じており，「剰余金」の部分についてのみこれを認めています。

なお，会社法にいう準備金とは，資本金に準じるものとして会社法が定めたものをいい，当期純損失の計上等により株主資本に欠損が生じた場合に，これをてん補するための準備額をいいます。準備金は，株主からの出資の一部を積み立てた「資本準備金」と利益の一部を積み立てた「利益準備金」の2つで構成されます。また，剰余金とは，株主資本のうち「資本金」と「準備金」以外の部分をいいます。剰余金には，自己株式の処分差益（詳細は1級で学習）等の株主との取引にもとづく「その他資本剰余金」と，繰越利益剰余金等の利益にもとづく「その他利益剰余金」の2つで構成されます。

(3) 株主資本の分類

以上の結果，株主資本は以下のように分類され，貸借対照表に記載されることになります。

株主資本	株主からの払込を源泉とする株主資本	資 本 金		元 手
		資本剰余金	資本準備金	
			その他資本剰余金	
	会社が獲得した利益を源泉とする株主資本	利益剰余金	利益準備金	も う け
			その他利益剰余金	

(注) 今日，株式会社において「自己株式」の取得が認められています。株式会社が自己株式を有する場合，その帳簿価額は，株主資本のマイナス分として株主資本を構成します。しかし，検定試験において，自己株式に係る会計処理は1級での学習範囲とされているため，ここでは割愛します。

3 株式の発行

会社を設立するとき，株式会社は，株式を発行して資金調達を行います。また，設立後において，定款(注)で定めた授権株式数（発行可能株式総数）の範囲内で，新株式を発行して資金調達（増資）を行うことができます。

(注) 定款：会社の目的，名称，組織などを定めた会社の根本規則。

1. 資本金組入額

会社が株式を発行して調達した資金は，会社法の規定により，その払込金額を資本金（純資産）として計上します（原則）。ただし，払込金額の一部を資本金としないで資本準備金（純資産）として計上することができます（容認）。

〈資本金の計上額（組入額）〉

原 則	払込金額の全額（1株の払込金額×発行株式数）
容 認	払込金額の2分の1以上

2. 設立時の株式発行

会社の設立にあたり株式を発行した場合，上記，会社法の規定にもとづき資本金を計上します。また，株式の発行費用は創立費として，原則，費用処理し，損益計算書の「営業外費用」に表示します。

(1) 原　則

　会社の設立にあたり，株式500株を1株の払込金額6,000円で発行し，全株式の払い込みを受け，払込金額が普通預金に入金された。

　なお，株式発行のための諸費用28,000円を現金で支払った。

（普 通 預 金）	3,000,000	（資 本 金）*	3,000,000
（創 立 費）	28,000	（現 金）	28,000

　　* 　6,000円〈1株の払込金額〉×500株〈発行株式数〉＝3,000,000円〈資本金〉

(2) 容　認

　会社の設立にあたり，株式500株を1株の払込金額6,000円で発行し，全株式の払い込みを受け，払込金額が普通預金に入金された。払込金額のうち「会社法」で認められる最低額を資本金に組み入れることとした。

　なお，株式発行のための諸費用28,000円を現金で支払った。

（普 通 預 金）	3,000,000	（資 本 金）*1	1,500,000
		（資 本 準 備 金）*2	1,500,000
（創 立 費）	28,000	（現 金）	28,000

　　*1 　6,000円〈1株の払込金額〉×500株〈発行株式数〉×$\dfrac{1}{2}$＝1,500,000円

　　*2 　3,000,000円〈払込金額〉－1,500,000円〈資本金〉＝1,500,000円

　特に指示がない場合には，原則である「払込金額の全額」が資本金となることに注意します。

★supplement

株式会社の設立費用等（創立費と開業費）について

　株式会社は，その設立の登記をすることによって成立します。

　株式会社の設立までに要した「定款の作成費用」，「登録免許税（設立の登記に関する税金）」および「株式の発行費用」を設立費用といい，これらは創立費勘定で処理します。

　それに対して，会社設立後，営業を開始するまでに要した「広告宣伝費」「通信費」等の費用を開業準備費用といい，これらは開業費勘定で処理します。

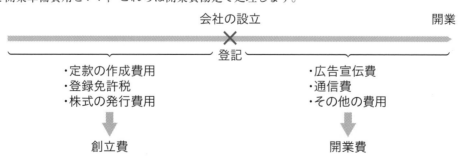

3. 増資時の株式発行

　会社設立後，取締役会等の決議により新株式を発行した場合も，設立時と同様に会社法の規定にもとづき資本金を計上します。また，株式の発行費用は株式交付費として，原則，費用処理し，損益計算書の「営業外費用」に表示します。

仕訳例 02

(1) 原則

　新株500株を1株の払込金額9,000円で発行して増資を行い，全株式について払い込みを受け，払込金額を当座預金に預け入れた。

　なお，株式発行のための諸費用40,000円を現金で支払った。

（当 座 預 金）	4,500,000	（資　　本　　金）＊	4,500,000
（株 式 交 付 費）	40,000	（現　　　　　金）	40,000

　　＊　9,000円〈1株の払込金額〉×500株〈発行株式数〉＝4,500,000円〈資本金〉

(2) 容認

　新株500株を1株の払込金額9,000円で発行して増資を行い，全株式について払い込みを受け，払込金額を当座預金に預け入れた。払込金額のうち「会社法」で認められる最低額を資本金に組み入れることにした。

　なお，株式発行のための諸費用40,000円を現金で支払った。

（当 座 預 金）	4,500,000	（資　　本　　金）＊1	2,250,000
		（資 本 準 備 金）＊2	2,250,000
（株 式 交 付 費）	40,000	（現　　　　　金）	40,000

　　＊1　9,000円〈1株の払込金額〉×500株〈発行株式数〉×$\frac{1}{2}$＝2,250,000円
　　＊2　4,500,000円〈払込金額〉－2,250,000円〈資本金〉＝2,250,000円

基本例題40

次の取引について仕訳しなさい。

〈指定勘定科目〉

現金　普通預金　当座預金　資本金　資本準備金　創立費　株式交付費

(1)　会社の設立にあたり，株式400株を1株の払込金額70,000円で発行し，全株式の払い込みを受け，払込金額が普通預金に入金された。

　　なお，株式発行のための諸費用100,000円を現金で支払った。

(2)　会社の設立にあたり，株式400株を1株の払込金額70,000円で発行し，全株式の払い込みを受け，払込金額が当座預金に入金された。なお，払込金額のうち「会社法」で認められる最低額を資本金に組み入れることとした。

(3)　未発行株式のうち600株を1株あたりの払込金額120,000円で発行して増資を行い，全株式の払い込みを受け，払込金額は当座預金とした。

　　なお，株式発行のための諸費用500,000円を現金で支払った。

(4)　未発行株式のうち600株を1株あたりの払込金額120,000円で発行して増資を行い，全株式の払い込みを受け，払込金額は普通預金とした。なお，払込金額のうち「会社法」で認められる最低額を資本金に組み入れることとした。

Theme 14

株式の発行

研究 | 授権株式制度

　株式会社は定款で定めた発行可能株式総数（授権株式数）の範囲内で自由に株式を発行し，資金調達を行うことができます。これを授権株式制度といいます。ただし，公開会社(注)の場合，株式の発行は取締役会が決定するため，株式の乱発による既存株主の利益（株式の所有割合に関する利益）を保護する必要があります。そのため，授権株式数を発行済株式総数の4倍を超えて増加することはできないという，いわゆる「4倍規制」が設けられています。また，その関係で会社の設立に際して発行する株式の総数は授権株式数の4分の1以上であることが要請されます。

　　(注)　公開会社とは，その発行する全部または一部の株式の内容として，譲渡による株式の取得について株式会社の承認を要する旨の定款の定めを設けていない株式会社をいいます。

4 株式申込証拠金

申込証拠金とは，新株を発行する場合に新株の引受人から申し込みの証拠として払い込まれた預り金をいいます。

一般的な新株発行の手順は，まず新株の発行条件を公告して株主を募集します。次に，新株を引き受けようと思う人は自分が引き受ける予定額の全部を申込証拠金として期日までに払い込み，株式の割り当てが済むまで会社側がこれを預かります。このとき，申込証拠金は株式の割り当てが済むまで別段預金に預け入れます。そして，割り当てが済めば当座預金または普通預金に預け替え，株式を割り当てられなかった人には申込証拠金を返却します。

申込証拠金を受け取ったときは，その払込金額について**株式申込証拠金（純資産）**と**別段預金（資産）**を計上します。その後，払込期日において株式申込証拠金を資本金・資本準備金に振り替えます。また，これと同時に別段預金を当座預金または普通預金に振り替えます。

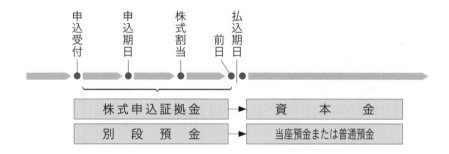

196

(1) 申込証拠金を受け取ったとき

北陸商事株式会社は，未発行株式のうち500株を1株の払込金額9,000円で募集して増資を行うこととなり，申込期日までに全株式が申し込まれ，払込金額の全額を申込証拠金として受け入れ，別段預金とした。

　　（別　段　預　金）　4,500,000　　　　（株式申込証拠金)＊　4,500,000

＊　9,000円〈払込金額〉×500株〈発行株式数〉＝4,500,000円〈株式申込証拠金〉
　「株式申込証拠金」は「新株式申込証拠金」とすることもあります。

(2) 払込期日になったとき

北陸商事株式会社は，申込証拠金4,500,000円をもって払込金に充当し払込期日に資本金に振り替え，同時に別段預金を当座預金に預け替えた。

　　（株式申込証拠金）　4,500,000　　　　（資　　本　　金)＊　4,500,000
　　（当　座　預　金）　4,500,000　　　　（別　段　預　金）　4,500,000

＊　9,000円〈払込金額〉×500株〈発行株式数〉＝4,500,000円〈資本金〉

（注）なお，株式を割り当てられなかった人に，申込証拠金を返却した分については，受け取ったときの貸借逆仕訳を行います。

基本例題41

解答・解説409ページ

次の取引について仕訳しなさい。

〈指定勘定科目〉

当座預金　別段預金　資本金　資本準備金　株式申込証拠金

(1) 山陽商事株式会社は，未発行株式のうち300株を1株あたりの払込金額200,000円で募集して増資を行うこととなり，申込期日までに全株式が申し込まれ，払込金額の全額を申込証拠金として受け入れ，別段預金とした。

(2) 同社は，上記の申込証拠金をもって払込金に充当し，払込期日に資本金および資本準備金に振り替え，同時に別段預金を当座預金に預け替えた。なお，払込金額のうち，「会社法」で認められる最低額を資本金に組み入れることとした。

15 Theme 剰余金の配当と処分

> **Check** 株式会社は,「剰余金」を財源として株主に対する配当,その他一定の処分を行うことができます。また,株主資本の内容に関して,株主総会の決議等を要件として「資本金」「準備金」「剰余金」という,その内訳を変更することもできます。その具体的な手続きを学習します。

1 利益剰余金の配当と処分とは

株式会社の「利益」は基本的に株主のものです。したがって,株式会社における利益の配当および処分は,原則として株主総会を開催し,その承認をもって確定させます。これを利益剰余金の配当と処分といいます。

利益剰余金の配当とは,株主に対する利益の分配として現金等を支出することをいい,会社財産の社外流出をともなうものをいいます。また,利益剰余金の処分とは,利益準備金,任意積立金などを積み立てることをいい,現金等の社外流出をともなわないものをいいます。

(1) **社外流出項目**(現金等の社外流出をともなうもの)
　　　株主配当金:株主に対する利益の分配。

(2) **社内留保項目**(剰余金の処分項目)
　　　利益準備金:会社法により,その積み立てが強制される利益の留保額。
　　　任意積立金:会社の将来の計画にしたがって積み立てる利益の留保額。なお,任意積立金には,以下のようなものがあります。

新築積立金	将来の建物や設備などの新築・増設・購入のために,定時株主総会の決議によって積み立てた利益の留保額。
配当平均積立金	毎期一定の配当水準を維持するために,定時株主総会の決議によって積み立てた利益の留保額。
欠損填補積立金	将来の損失の発生に備え,定時株主総会の決議によって積み立てた利益の留保額。
別途積立金	将来の不特定の資金需要に備え,定時株主総会の決議によって積み立てた利益の留保額。

　　(注) なお,準備金や積立金を積み立てるということは,現在保有している資産総額のうち一定額について拘束性をもたせる(維持する)ことをいい,実際に現金を銀行などに積み立てることを意味するものではないので注意してください。

❷ 会計処理

以下，配当及び処分の対象とする利益剰余金を「繰越利益剰余金」として，利益剰余金の配当と処分を解説します。

1. 決算（第1期）のとき：当期純利益の振り替え

当期純利益は，損益勘定で計算され，繰越利益剰余金（**純資産**）に振り替えられます。

決算において計算された当期純利益は，株主総会まで，いまだ処分の決まっていない利益剰余金として繰越利益剰余金勘定にプールされます。

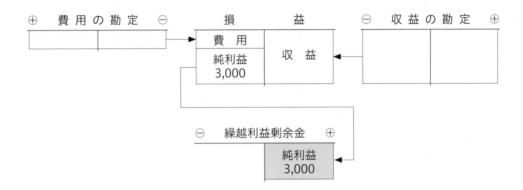

仕訳例 01

×2年3月31日，横浜商事株式会社は，第1期決算において当期純利益3,000円を計上した。

| （損　　　益） | 3,000 | （繰越利益剰余金） | 3,000 |

---

2. 株主総会のとき：利益剰余金の配当と処分

株主総会の決議によって処分が確定した金額は，以下の勘定科目を用いてその貸方に振り替えます。

(1) **社外流出**（現金等の社外流出をともなうもの）

　　株主への配当金：未払配当金（**負債**）

　　(注) 配当金は株主総会後，数日を経て支払われることが普通です。そのため，株主総会で確定した配当金の支払義務を未払配当金勘定をもって処理します。

(2) **社内留保**（繰越利益剰余金勘定から他の純資産の勘定に振り替えられるだけのもの）

　　利益準備金の積み立て：利益準備金（**純資産**）

　　任意積立金の積み立て：新築積立金や別途積立金など（**純資産**）

　　次回の剰余金処分までの繰越額：繰越利益剰余金にそのまま残しておきます

仕訳例 02

×2年6月28日，横浜商事株式会社の第1期の株主総会において，繰越利益剰余金3,000円が次のように配当及び処分され，残額は次回の剰余金の処分まで繰り越した。

利益準備金： 180円　　　　　別途積立金： 800円

株主配当金：1,800円

（繰越利益剰余金）	2,780	（利 益 準 備 金）	180
		（未 払 配 当 金）	1,800
		（別 途 積 立 金）	800

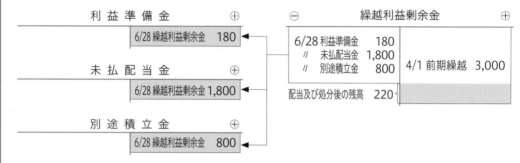

(注) なお，繰越利益剰余金勘定への転記については，相手科目が複数であったとしても「諸口」を使いません。

3. 株主配当金を支払ったとき

確定した配当金を支払ったときは，未払配当金勘定を減少させます。

仕訳例 03

×2年7月2日，株主配当金1,800円を小切手を振り出して支払った。

（未 払 配 当 金）	1,800	（当 座 預 金）	1,800

4. 決算（第2期）のとき：当期純利益の振替え

当期純利益を損益勘定から繰越利益剰余金勘定に振り替えます。

仕訳例 04

×3年3月31日，第2期決算の結果，当期純利益1,750円を計上した。

（損　　　　益）	1,750	（繰越利益剰余金）	1,750

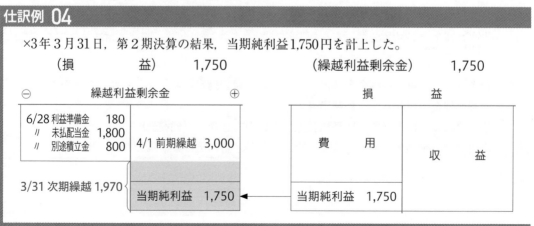

上記の仕訳が転記されると，繰越利益剰余金勘定の残高は当期純利益（1,750円）と前回の利益剰余金処分後の残高（220円）を合算した金額（1,970円）となります。この繰越利益剰余金勘定の残高が次期へ繰り越されますが，その後行われる株主総会で配当及び処分されることとなります。

★supplement

剰余金の配当と処分の流れ

　利益剰余金の配当及び処分は，取締役等が剰余金の配当及び処分案を作成してこれを株主総会に提出し，株主総会においてその承認または報告を受けることにより確定します。

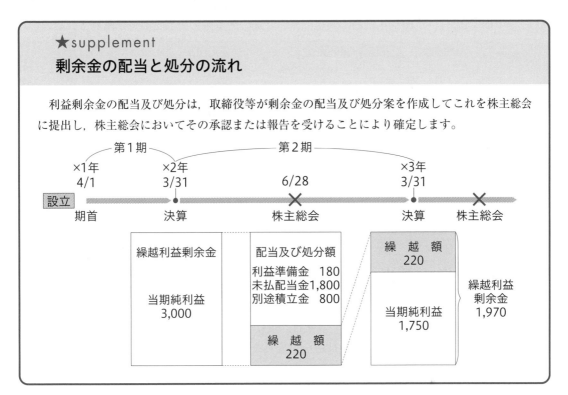

次の一連の取引について仕訳しなさい。

〈指定勘定科目〉

　当座預金　未払配当金　利益準備金　別途積立金　繰越利益剰余金　損益

(1)　×2年3月31日，第1期決算にあたり当期純利益5,000円を計上した。

(2)　×2年6月28日，定時株主総会の決議において次の剰余金の配当と処分が承認された。

繰越利益剰余金	5,000円
1．利益準備金	300円
2．配当金	3,000円
3．別途積立金	1,000円
繰越額	700円

(3)　×2年7月2日，配当金を当座預金から支払った。

(4)　×3年3月31日，第2期決算にあたり当期純利益6,500円を計上した。なお，繰越利益剰余金勘定の残高が700円ある。

---

❸ 利益剰余金の配当における利益準備金の積み立て

　株主に対する配当は会社財産の流出をともないます。株主の有限責任を特質とする株式会社においては，会社債権者（融資を受けている銀行，掛け取引をしている仕入先等）が会社財産から弁済を受ける期待を保護するため，会社財産の充実を図る必要があります。そこで，会社法は，株式会社が行う利益の配当に際して，以下の要領で，利益の金額を「利益準備金」として積み立て，その分の財産を会社に留保することを要請しています。

> ①　配当金の10分の1を積み立てます。
> ②　利益準備金の積み立ては，資本準備金の額と合わせて資本金の4分の1に達するまでとします。

　具体的には，利益準備金の積立額は次のように計算します。

$$① \quad 株主配当金 \times \frac{1}{10}$$
$$② \quad 資本金 \times \frac{1}{4} - (資本準備金 + 利益準備金)$$

いずれか
小さいほう

　（注）準備金の合計額が資本金の4分の1（これを基準資本金額といいます）に達すれば，剰余金の配当および処分においてそれ以上の準備金を積み立てる必要はありません。

×3年6月29日の定時株主総会において，繰越利益剰余金1,970円を次のとおり配当および処分することが承認された。

利益準備金：各自計算　　　　別途積立金：1,000円

株主配当金：　　800円

なお，資本金，資本準備金および利益準備金の勘定残高は，それぞれ10,000円，2,200円，180円であった。利益準備金は「会社法」で規定する金額を積み立てる。

（繰越利益剰余金）	1,880	（利 益 準 備 金）*	80
		（未 払 配 当 金）	800
		（別 途 積 立 金）	1,000

* ① 　800円 × $\dfrac{1}{10}$ ＝80円〈要積立額〉

② 　10,000円 × $\dfrac{1}{4}$ － （2,200円 ＋ 180円）＝120円〈積立可能額〉
　　　　<u>基準資本金額(積立限度額)</u>

③ 　①と②のいずれか小さいほう　∴　80円

基本例題43

解答・解説410ページ

次の取引について仕訳しなさい。

〈指定勘定科目〉

未払配当金　利益準備金　別途積立金　繰越利益剰余金

×3年6月29日の定時株主総会において，繰越利益剰余金2,000円を次のとおり配当および処分することが承認された。

利益準備金：各自計算　　　　別途積立金：　　350円

株主配当金：1,300円

なお，資本金，資本準備金および利益準備金の勘定残高は，それぞれ10,000円，2,200円，180円であった。利益準備金は「会社法」で規定する金額を積み立てる。

４ その他資本剰余金による配当

　株主に対する配当は，本来，利益剰余金から支払われるべきですが，会社法による配当規制の対象は，あくまで「資本金」と「準備金（資本準備金・利益準備金）」であり，「剰余金（その他資本剰余金・その他利益剰余金）」は，その対象となっていません。したがって，「その他利益剰余金」のみならず，「その他資本剰余金」を財源として配当を支払うことが認められています。また，その他資本剰余金による配当が行われた場合には，利益準備金と同様の基準により資本準備金を積み立てます。

(1) **決議時**

その他資本剰余金150円のうち100円を配当し，10円を資本準備金とすることが株主総会で決議された。

（その他資本剰余金）	110	（資 本 準 備 金）	10
		（未 払 配 当 金）	100

(2) **支払時**

株主配当金100円を小切手を振り出して支払った。

（未 払 配 当 金）	100	（当 座 預 金）	100

なお，会社法では，その他資本剰余金とその他利益剰余金をあわせて剰余金とよび，株主に対する配当および自己株式の取得（特定の株主に対する出資の払い戻し。詳細は1級で学習）を剰余金の配当とよんでいます。

5 当期純損失が計算された場合

1. 当期純損失の振り替え

株式会社の当期純損失は，損益勘定で計算され，繰越利益剰余金（**純資産**）の借方に振り替えられます。

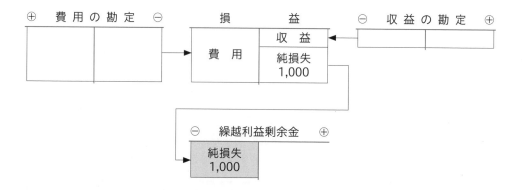

当期純損失を振り替えた際に，繰越利益剰余金勘定が借方残高（マイナス）になった場合は，株主総会で処理を決めることとなります。

×5年3月31日，決算の結果，当期純損失1,000円を計上した。

（繰越利益剰余金）	1,000	（損　　　　益）	1,000

2. 繰越利益剰余金勘定が借方残高のとき

　株主総会において，繰越利益剰余金の借方残高（マイナス）は任意積立金などを取り崩すことによって補てんすることができます。

　借方残高の補てんは会社の任意で行うことなので，繰越利益剰余金の借方残高（マイナス）の全額を補てんする必要はなく，補てんしなかった金額は次期に繰り越すこともできます。

6　株主資本の計数の変動

　株式会社は，配当政策その他経営上の必要がある場合において，株主総会の決議等，会社法が定める所定の手続きを経ることにより株主資本の計数を変動させることができます。

　株主資本の計数の変動とは，株主資本の中の科目を振り替えることにより「資本金」「準備金」および「剰余金」の内訳を変更することをいいます。なお，株主資本における「元手（資本）」と「果実（利益）」の違いを考慮する必要があるため，株主資本の計数の変動は，原則として，元手（資本金・資本準備金・その他資本剰余金）は元手の中で，果実（利益準備金・その他利益剰余金）は果実の中でその振り替えを考えることになります。

　　（注）なお，果実である「利益準備金およびその他利益剰余金」を元手である「資本金」に振り替える（利益の資本組入）等，一定の例外は存在します。ただし，その場合，簿記検定2級の試験では，どの科目をどの科目へ振り替えるのかは具体的に指示されると考えられるので，その指示に従って解答してください。

研究 「資本金」もしくは「準備金」を減少する場合

　株主資本の計数の変動において，「資本金」もしくは「準備金」を減少する場合，原則として，会社法に定める「債権者異議手続き」を行う必要があります。

　債権者異議手続きとは，株式会社が，減少させる資本金もしくは準備金の額その他所定の事項を官報に公告し，かつ債権者に対して個別の催告を行い，1か月以上の期間を定めて債権者に異議を述べる機会を与え，異議を申し出た債権者に対して，原則として，弁済，担保提供等を行うための手続きをいいます。

1.「資本金」を減少する場合

　株主の有限責任を前提とする株式会社において，会社財産の基礎をなす「資本金」を減少させることは，それを信頼して取引した会社債権者に対する背信行為となるため，会社法上，株主総会の決議（原則として特別決議）のほか，債権者異議手続きが必要とされています。

2.「準備金」を減少させて「剰余金」に振り替える場合

　株主の有限責任を前提とする株式会社において，本来，配当不能な「準備金」を減少させ，配当可能な「剰余金」に振り替える場合，配当による会社財産の流失を許すこととなり，会社債権者を害するおそれがあります。そのため，準備金を減少する場合にも，株主総会の決議（普通決議）のほか，債権者異議手続が必要とされています。ただし，そもそも準備金は，損失の計上による株主資本の欠損てん補を目的とするものなので，損失処理の範囲で準備金を剰余金に振り替える場合には，株主総会の決議のみで足り，債権者異議手続は不要とされています。

7 株主資本等変動計算書

1. 株主資本等変動計算書とは

　株主資本等変動計算書は，貸借対照表の純資産の部の一会計期間における変動額のうち，主として，株主に帰属する部分である株主資本の各項目の変動事由を報告するために作成する財務諸表です。その記載方法は，純資産の期首残高を基礎として，期中の変動額を加算または減算し，期末残高を記入します。

> **当期首残高**：前期末における貸借対照表の純資産の金額を記入します。
> **当期変動額**：期中における純資産の変動を「一定の項目」に区別して記入します。
> **当期末残高**：当期首残高に当期変動額の合計を加算または減算し，当期末における純資産の金額を記入します。

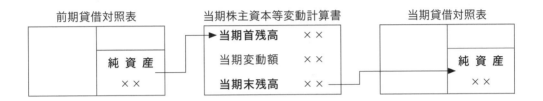

　株主資本等変動計算書の様式には純資産の各項目を「横に並べる形式」と「縦に並べる形式」がありますが，横に並べる形式で作成する場合は，次のとおりです。

| | 株主資本 | | | | | | | | | 評価・換算差額等 | 純資産合計 |
| | | 資本剰余金 | | | 利益剰余金 | | | | 株主資本合計 | その他有価証券評価差額金 | |
	資本金	資本準備金	その他資本剰余金	資本剰余金合計	利益準備金	○○積立金	繰越利益剰余金	利益剰余金合計			
当期首残高	××	××	××	××	××	××	××	××	××	××	××
当期変動額											
新株の発行	××								××		××
剰余金の配当等		××	△××	△××	××		△××	△××	△××		△××
当期純利益							××	××	××		××
株主資本以外の項目の当期変動額(純額)										××	××
当期変動額合計	××	××	△××	××	××		××	××	××	××	××
当期末残高	××	××	××	××	××	××	××	××	××	××	××

2. 当期変動額の記入

　期中における純資産の変動額は，株主資本等変動計算書において，「新株の発行」など，その変動原因を明らかにし，その変動額を該当する勘定科目の増減として記入します。なお，その金額が「減少」である場合には，金額の前に「△」を付します。

⑴　**増資**

　　「資本金」および「資本準備金」の当期増加額を「新株の発行」として記入します。

設例 15-1

　当期に新たに株式を発行し，30,000円の払込みを受け，当座預金とした。そのうち，20,000円を資本金に組み入れ，残額を資本準備金とした。この取引を株主資本等変動計算書に記入しなさい。

〈解答・解説〉

（当 座 預 金）　30,000　　（資　本　金）　20,000
　　　　　　　　　　　　　　　　　　　「新株の発行」⊕

　　　　　　　　　　　　　　　（資 本 準 備 金）　10,000
　　　　　　　　　　　　　　　　　　　「新株の発行」⊕

株 主 資 本 等 変 動 計 算 書

	株　主　資　本				評価・換算差額等	
	資本金	資本剰余金	利益剰余金		その他有価証券評価差額金	純資産合計
		資本準備金	利益準備金	繰越利益剰余金		
当期首残高	××	××	××	××	××	××
当期変動額						
新株の発行	20,000	10,000				30,000
剰余金の配当						
当期純利益						
株主資本以外の項目の当期変動額(純額)						
当期変動額合計	20,000	10,000				30,000
当期末残高	××	××	××	××	××	××

(2) 剰余金の配当・処分

処分の対象となった「繰越利益剰余金」の当期減少額と，その株主総会で積み立てが確定した「利益準備金」「別途積立金」等の当期増加額を「剰余金の配当」として記入します。

設例 15-2

当期に開催された定時株主総会で，次のように繰越利益剰余金の配当および処分を行った。この取引を株主資本等変動計算書に記入しなさい。

配　当　金　10,000円　　　利益準備金　1,000円

〈解答・解説〉

（繰越利益剰余金）　11,000　　（未 払 配 当 金）　10,000
　　　「剰余金の配当」⊖　　　　（利 益 準 備 金）　 1,000
　　　　　　　　　　　　　　　　　　「剰余金の配当」⊕

株 主 資 本 等 変 動 計 算 書

| | 株 主 資 本 | | | | 評価・換算差額等 | 純資産合計 |
| | | 資本剰余金 | 利益剰余金 | | | |
	資本金	資本準備金	利益準備金	繰越利益剰余金	その他有価証券評価差額金	
当期首残高	××	××	××	××	××	××
当期変動額						
新株の発行						
剰余金の配当			1,000	△11,000		△10,000
当期純利益						
株主資本以外の項目の当期変動額(純額)						
当期変動額合計			1,000	△11,000		△10,000
当期末残高	××	××	××	××	××	××

(3) **当期純利益**

「繰越利益剰余金」の当期増加額を「当期純利益」として記入します。なお，当期純損失が計上された場合には「繰越利益剰余金」の当期減少額を記入します。

設例 15-3

決算の結果，当期純利益12,500円が確定した。この取引を株主資本等変動計算書に記入しなさい。

〈解答・解説〉

(損 益)	12,500	(繰越利益剰余金)	12,500

「当期純利益」⊕

株 主 資 本 等 変 動 計 算 書

	株 主 資 本				評価・換算差額等	
		資本剰余金	利益剰余金			
	資本金	資本準備金	利益準備金	繰越利益剰余金	その他有価証券評価差額金	純資産合計
当期首残高	××	××	××	××	××	××
当期変動額						
新株の発行						
剰余金の配当						
当期純利益				12,500		12,500
株主資本以外の項目の当期変動額(純額)						
当期変動額合計				12,500		12,500
当期末残高	××	××	××	××	××	××

⑷ その他有価証券の時価評価

評価替えにともなう「その他有価証券評価差額金」の当期増加額（貸方差額の場合），または当期減少額（借方差額の場合）を「株主資本以外の項目の当期変動額（純額）」として記入します。

当期に取得したその他有価証券8,500円（取得原価）を全部純資産直入法により9,000円（時価）に評価替えした。この取引を株主資本等変動計算書に記入しなさい。なお，税効果会計は考慮しない。

〈解答・解説〉

（その他有価証券）　　　500　　　（その他有価証券評価差額金）　　　500
　　　　　　　　　　　　　　　　　「株主資本以外の項目の当期変動額（純額）」⊕

株 主 資 本 等 変 動 計 算 書

| | 株 主 資 本 | | | | | 評価・換算差額等 | |
| | | 資本剰余金 | 利益剰余金 | | | | 純資産合計 |
	資本金	資本準備金	利益準備金	繰越利益剰余金	その他有価証券評価差額金	
当期首残高	××	××	××	××	××	××
当期変動額						
新株の発行						
剰余金の配当						
当期純利益						
株主資本以外の項目の当期変動額(純額)					500	500
当期変動額合計					500	500
当期末残高	××	××	××	××	××	××

解答・解説411ページ

　当社の第18期（×8年4月1日より×9年3月31日）における次の[資料]にもとづき，以下の設問に答えなさい。金額は千円単位で解答すること。なお，仕訳の解答に際しては，以下の勘定科目を用いること。

〈指定勘定科目〉　当座預金　未払配当金　資本金　資本準備金

　　　　　　　　利益準備金　別途積立金　繰越利益剰余金　損益

[資　料]

1．第18期首における純資産（株主資本）の残高は次のとおりである。

　　資　本　金　¥30,000,000　資本準備金　¥5,000,000　利益準備金　¥1,500,000
　　別途積立金　¥1,200,000　　繰越利益剰余金　¥2,830,000

2．×8年6月28日に開催された株主総会で，次のように繰越利益剰余金の配当および処分を行った。

　　配　当　金　¥1,000,000　別途積立金　¥750,000　利益準備金　会社法の定める必要額

3．×8年11月1日に増資を行い，新たに株式200株を1株あたり¥60,000で発行し，払込金を当座預金とした。なお，払込金額のうち，資本金組入額は¥10,000,000とし，残額は資本準備金とした。

4．×9年3月31日，決算の結果，当期純利益¥1,120,000が確定した。

設問1　×8年6月28日の株主総会における剰余金の配当および処分についての仕訳を完成しなさい。

設問2　×8年11月1日の増資についての仕訳を完成しなさい。

設問3　×9年3月31日の当期純利益の計上についての仕訳を完成しなさい。

設問4　解答欄の株主資本等変動計算書を完成しなさい。なお，純資産のマイナスとなる場合には，金額の前に△印を付すこと。

設問1

借　方　科　目	金　　額	貸　方　科　目	金　　額

設問2

(単位：千円)

借　方　科　目	金　　額	貸　方　科　目	金　　額

設問3

(単位：千円)

借　方　科　目	金　　額	貸　方　科　目	金　　額

設問4

株 主 資 本 等 変 動 計 算 書
自×8年4月1日　至×9年3月31日
(単位：千円)

	株 主 資 本				
	資　本　金	資本剰余金	利 益 剰 余 金		
		資本準備金	利益準備金	別途積立金	繰越利益剰余金
当 期 首 残 高	30,000	5,000	1,500	1,200	2,830
当 期 変 動 額					
剰余金の配当等			(　　　　)	(　　　　)	(　　　　)
新 株 の 発 行	(　　　　)	(　　　　)			
当 期 純 利 益					(　　　　)
当期変動額合計	(　　　　)	(　　　　)	(　　　　)	(　　　　)	(　　　　)
当 期 末 残 高	(　　　　)	(　　　　)	(　　　　)	(　　　　)	(　　　　)

16 決算手続
Theme

Check ここでは決算の手続きのうち，精算表の作成，決算振替，勘定の締め切り，財務諸表（損益計算書・貸借対照表など）の作成および，月次決算について学習します。

1 決算とは

決算とは，会計期間ごとに勘定の記録を整理して，帳簿を締め切り，財務諸表（損益計算書・貸借対照表など）を作成する一連の手続きをいいます。

2 決算手続

「テーマ00　簿記一巡の手続き」で学習した内容ですが，重要な内容なので，再掲します。

(1) 決算整理前残高試算表の作成

営業手続までの仕訳が総勘定元帳へ正しく転記されているかを確認するとともに，各勘定の残高を把握するために，決算整理に先立ち試算表を作成します。この試算表を決算整理前残高試算表（前T/B）といいます。

| 取　引 | 仕　訳 → | 仕　訳　帳 | 転　記 → | 総勘定元帳 | → | 整理前T/B |

(2) 決算整理

決算整理とは，適正な期間損益計算および適正な財政状態を把握するための調整手続です。また，このために行う仕訳を決算整理仕訳といいます。

具体的には，①売上原価の算定，②固定資産の減価償却，③引当金の設定，④経過勘定項目の処理がこれに該当します。

(3) 決算整理後残高試算表の作成

決算整理仕訳が総勘定元帳へ正しく転記されているかを確認するとともに，各勘定の残高を把握するために，試算表を作成します。この試算表を決算整理後残高試算表（後T/B）といいます。

| 整理前T/B | 決算整理 → | 仕　訳　帳 | 転　記 → | 総勘定元帳 | → | 整理後T/B |

(4) 決算振替：費用・収益の勘定の締め切り

① 収益・費用の損益勘定への振り替え

当期純利益を算定するために，損益（集合勘定）を設けて，これに決算整理後の収益・費用の各勘定の残高を振り替えて集計します。

なお，損益勘定への転記にあたっては，諸口は用いず，相手勘定科目を個別に書きます。また，この振り替えにより，収益・費用の各勘定残高がゼロとなるため，その締め切りを行います。

② **当期純利益の純資産（資本）の勘定への振り替え**

　　損益勘定の貸方には収益が，借方には費用が集計されているので，その残高は当期純利益（または当期純損失）を表します。当期純利益は，純資産（資本）の正味増加額であるので，これを繰越利益剰余金勘定へ振り替えます。

　　この振り替えにより，損益勘定残高もゼロとなるため，その締め切りを行います。

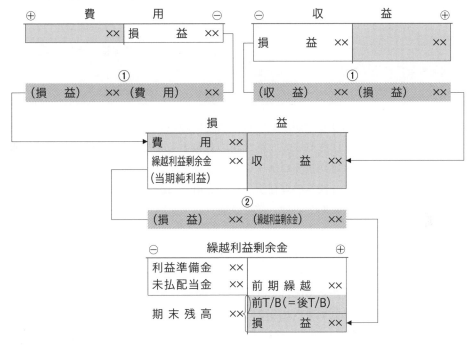

⑸　**締切記入：資産・負債・純資産（資本）の勘定の締め切り**

　　資産・負債・純資産（資本）については，期末残高を各勘定に直接，次期繰越と記入して締め切ります。これを締切記入といいます。

⑹　**繰越試算表の作成**

　　締切記入が正しく行われたかを確認するとともに，資産・負債・純資産（資本）の各勘定の期末残高を把握するために残高試算表を作成します。この残高試算表を繰越試算表（繰越T/B）といいます。

⑺　**損益計算書および貸借対照表の作成**

　　すべての帳簿の締切後，損益勘定をもとに損益計算書を作成し，繰越試算表をもとに貸借対照表を作成します。

❸ 決算問題対策

簿記検定2級の第3問では，以下のような「決算」に関する問題が多く出題されています。なお，「決算手続」の理解に不安があるのであれば「テーマ00 簿記一巡の手続き」の設例に戻って，「決算整理仕訳」に不安があるのであれば各論点のテーマに戻って，その内容を確認するようにしてください。

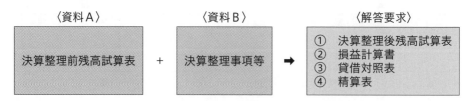

<資料A>　　　　　　　　　<資料B>　　　　　　　　　　<解答要求>

決算整理前残高試算表　＋　決算整理事項等　➡　① 決算整理後残高試算表
　　　　　　　　　　　　　　　　　　　　　　　　② 損益計算書
　　　　　　　　　　　　　　　　　　　　　　　　③ 貸借対照表
　　　　　　　　　　　　　　　　　　　　　　　　④ 精算表

出題の形式は4パターンありますが，いずれの問題においても解答で求められる金額の多くは「決算整理後の残高」です。したがって，第3問の対策としては，「決算整理仕訳」の理解および，その「集計作業」の正確性が重要なポイントになります。

なお，第3問は，一般的に「決算整理仕訳」を計算用紙に書き出して，これを「集計」して解答していきますが，その対策に関しては，統一試験（紙の試験）とCBT試験（ネット試験）とを区別して考えた方がよいでしょう。

1．統一試験（紙の試験）の場合

統一試験の場合，問題用紙が紙で配付されるため，問題用紙に示された「決算整理前残高試算表」に決算整理仕訳の内容を直接書き込むことにより，問題用紙の「決算整理前残高試算表」を「決算整理後残高試算表」に作り替え，解答することができます。したがって，この場合，「決算整理仕訳」は必ずしも計算用紙に書き出す必要はありません。必要な決算整理仕訳は頭の中で確認し，その結果を決算整理前残高試算表に（＋）××または（－）××と書き込んでしまえばいいわけです。

たとえば，建物に関する「減価償却費100／減価償却累計額100」という決算整理仕訳であれば，以下のようになります。

決算整理前残高試算表　　　　　決算整理仕訳　　　　決算整理前残高試算表　　　　決算整理仕訳

借方	勘定科目	貸方
1,000	建　　　物	
	減価償却累計額	200
××	合　　計	××

➡

借方	勘定科目	貸方	
1,000	建　　　物		
	減価償却累計額	200	**+100**
××	合　　計	××	

+100　　　　　　　　　　　　　　　　**+100**　　　**減 価 償 却 費**

2．ＣＢＴ試験（ネット試験）の場合

　ＣＢＴ試験の場合，問題用紙が紙で配付されないため，「決算整理前残高試算表」に決算整理仕訳の内容を書き込むことができません。したがって，この場合，基本的に必要な「決算整理仕訳」を計算用紙に書き出したうえで，別途，「集計作業」を行う必要があります。

　なお，決算整理仕訳のつど，必要な解答金額を算出し，これを解答欄に入力することにより「集計作業」を省略することはできます。たとえば，財務諸表を作成する問題で建物に関する「減価償却費100／減価償却累計額100」という決算整理仕訳であれば以下のように，減価償却費および減価償却累計額について決算整理後の残高を算出し，直接，解答欄に記入していきます。

<table>
<tr><th colspan="3">決算整理前残高試算表</th></tr>
<tr><th>借方</th><th>勘定科目</th><th>貸方</th></tr>
<tr><td>1,000</td><td>建　　　物</td><td></td></tr>
<tr><td></td><td>減価償却累計額</td><td>200</td></tr>
<tr><td>××</td><td>合　　　計</td><td>××</td></tr>
</table>

➡

<table>
<tr><th colspan="2">貸　借　対　照　表</th></tr>
<tr><td>建　　　　　物</td><td>（　　1,000）</td></tr>
<tr><td>減価償却累計額</td><td>（　　**300**）</td></tr>
</table>

<table>
<tr><th colspan="2">損　益　計　算　書</th></tr>
<tr><td>減 価 償 却 費</td><td>（　　**100**）</td></tr>
</table>

4 決算整理後残高試算表

1．決算整理後残高試算表とは

　決算整理の仕訳および転記が正しく行われたかどうかを確認するため，決算整理後において作成される残高試算表を決算整理後残高試算表といいます。

2．決算整理後残高試算表の作成

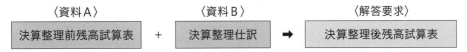

〈資料Ａ〉		〈資料Ｂ〉		〈解答要求〉
決算整理前残高試算表	＋	決算整理仕訳	➡	決算整理後残高試算表

　「決算整理前残高試算表」を基礎として「決算整理仕訳」を集計し，「決算整理後残高試算表」を作成します。なお，決算整理後残高試算表において「当期純利益」は明らかにされませんが，決算整理後残高試算表における収益項目と費用項目の差額を求めることにより，当期純利益を算出することができます。

当社の第2期（自×2年4月1日　至×3年3月31日）における(A)決算整理前残高試算表および(B)決算整理事項にもとづいて，解答欄に示した決算整理後残高試算表を作成しなさい。

(A)　決算整理前残高試算表

決算整理前残高試算表
×3年3月31日

借　方	勘定科目	貸　方
5,850	現 金 預 金	
2,000	受 取 手 形	
4,000	売 　掛 　金	
1,200	売買目的有価証券	
2,000	繰 越 商 品	
5,000	備 　　　品	
900	商 　標 　権	
1,500	その他有価証券	
	買 　掛 　金	2,760
	借 　入 　金	3,000
	貸 倒 引 当 金	40
	減価償却累計額	1,000
	資 　本 　金	10,000
	資 本 準 備 金	3,000
	利 益 準 備 金	180
	繰越利益剰余金	220
	売 　　　上	12,000
	受 取 利 息	300
8,000	仕 　　　入	
1,770	給 　　　料	
160	保 　険 　料	
120	支 払 利 息	
32,500		32,500

(B)　決算整理事項

(1) 受取手形と売掛金の期末残高に対し2％の貸倒引当金を設定する。なお，差額補充法による。

(2) 有価証券の内訳は次のとおりである。なお，その他有価証券の評価差額は全部純資産直入法による。

銘　柄	所有目的	帳簿価額	時　価
A 社株式	売買目的	1,200 円	900 円
B 社株式	その他	1,500 円	1,600 円
		2,700 円	2,500 円

(3) 商品の期末棚卸高は次のとおりである。

	数　量	単　価
帳簿棚卸高	4 個	@ 1,000 円
実地棚卸高	3 個	@ 900 円

売上原価は仕入勘定で算定する。なお，商品評価損は売上原価に算入し，棚卸減耗損は売上原価に算入しない。

(4) 備品の減価償却を行う。償却方法は定率法，償却率は年20％とする。

(5) 商標権は前期首に取得したもので，10年間にわたって定額法により月割償却している。

(6) 保険料は前期の8月1日から毎年1年分を前払いしている。なお，保険料の金額に変更はない。

(7) 税引前当期純利益に対して680円の法人税等を計上する。

〈解答欄〉

決算整理後残高試算表

借　　方	勘　定　科　目	貸　　方
	現　金　預　金	
	受　取　手　形	
	売　　掛　　金	
	売買目的有価証券	
	繰　越　商　品	
	前　払　保　険　料	
	備　　　　品	
	商　　標　　権	
	そ　の　他　有　価　証　券	
	買　　掛　　金	
	未　払　法　人　税　等	
	借　　入　　金	
	貸　倒　引　当　金	
	減　価　償　却　累　計　額	
	資　　本　　金	
	資　本　準　備　金	
	利　益　準　備　金	
	繰　越　利　益　剰　余　金	
	その他有価証券評価差額金	
	売　　　　上	
	受　取　利　息	
	仕　　　　入	
	給　　　　料	
	保　　険　　料	
	貸　倒　引　当　金　繰　入	
	棚　卸　減　耗　損	
	減　価　償　却　費	
	商　標　権　償　却	
	支　払　利　息	
	有　価　証　券　評　価　損　益	
	法人税, 住民税及び事業税	

〈解　答〉

決算整理後残高試算表

借　方	勘　定　科　目	貸　方
5,850	現　金　預　金	
2,000	受　取　手　形	
4,000	売　掛　金	
900	売買目的有価証券	
2,700	繰　越　商　品	
40	前　払　保　険　料	
5,000	備　　　品	
800	商　標　権	
1,600	その他有価証券	
	買　掛　金	2,760
	未　払　法　人　税　等	680
	借　入　金	3,000
	貸　倒　引　当　金	120
	減　価　償　却　累　計　額	1,800
	資　本　金	10,000
	資　本　準　備　金	3,000
	利　益　準　備　金	180
	繰　越　利　益　剰　余　金	220
	その他有価証券評価差額金	100
	売　　　上	12,000
	受　取　利　息	300
6,300	仕　　　入	
1,770	給　　　料	
120	保　険　料	
80	貸　倒　引　当　金　繰　入	
1,000	棚　卸　減　耗　損	
800	減　価　償　却　費	
100	商　標　権　償　却	
120	支　払　利　息	
300	有価証券評価損益	
680	法人税, 住民税及び事業税	
34,160		34,160

〈解　説〉

1．決算整理仕訳

(1) 貸倒引当金の設定

（貸倒引当金繰入）*	80	（貸　倒　引　当　金）	80

＊　(2,000円＋ 4,000円）× 2 ％＝120円〈貸倒見積額〉
　　　　受取手形　　売掛金

　　120円〈貸倒見積額〉－40円〈貸倒引当金の期末残高〉＝80円〈繰入額〉

(2) 有価証券の期末評価

① A社株式（売買目的有価証券）：時価法

（有価証券評価損益）*	300	（売買目的有価証券）	300

＊　A社株式：900円〈時価〉－1,200円〈帳簿価額〉＝△300円〈有価証券評価損〉

② B社株式（その他有価証券）：時価法（全部純資産直入法）

（その他有価証券）	100	（その他有価証券評価差額金）*	100

＊　B社株式：1,600円〈時価〉－1,500円〈帳簿価額〉＝100円〈評価差額金：貸方〉

(3) 売上原価の計算

（仕　　　　　入）	2,000	（繰　越　商　品）*1	2,000
（繰　越　商　品）*2	4,000	（仕　　　　　入）	4,000
（棚　卸　減　耗　損）*3	1,000	（繰　越　商　品）	1,300
（商　品　評　価　損）*4	300		
（仕　　　　　入）	300	（商　品　評　価　損）	300

原価@ 1,000 円

時価@　900 円

期末商品帳簿棚卸高*2

商品評価損*4
300 円

「商品」の
B/S 価額*5
2,700 円

棚　卸
減耗損*3
1,000 円

実地数量　帳簿数量
3 個　　　4 個

＊1　期首商品棚卸高：前T/B繰越商品の行より
＊2　@1,000円×４個＝4,000円
＊3　@1,000円×（４個－３個）＝1,000円
＊4　(@1,000円－@900円)×３個＝300円
＊5　@900円×３個＝2,700円

(4) 固定資産の減価償却

（減　価　償　却　費）*	800	（減価償却累計額）	800

＊　(5,000円 － 1,000円）×20%＝800円
　　　　取得原価　　減価償却累計額

(5) **商標権（無形固定資産）の償却**

| （商 標 権 償 却）* | 100 | （商　標　権） | 100 |

* $900円 \times \dfrac{12か月}{108か月} = 100円$

(6) **前払費用の計上**

| （前 払 保 険 料）* | 40 | （保　険　料） | 40 |

* $160円 \times \dfrac{4か月}{4か月 + 12か月} = 40円$

	借 方 科 目	金 額	貸 方 科 目	金 額
×2年4月1日 （当期首の再振替）	（保　険　料）	4か月分	（前 払 保 険 料）	4か月分
×2年8月1日 （当期の支払時）	（保　険　料）	12か月分	（現 金 預 金）	12か月分
×3年3月31日 （当期末の決算時）	（前 払 保 険 料）	4か月分	（保　険　料）	4か月分

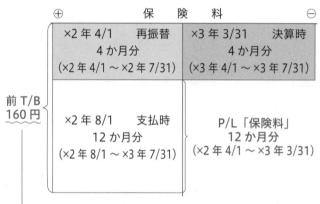

試算表欄の金額160円は1年分（12か月分）の保険料ではなく，当期首に行った再振替仕訳による4か月分を含んだ16か月分の保険料です。このことから，次期へ繰り越す4か月分の金額は上記の計算により40円となります。

(7) **法人税等の計上**

| （法人税，住民税及び事業税） | 680 | （未 払 法 人 税 等） | 680 |

2．決算整理仕訳の集計

決算整理仕訳を集計して，決算整理後の残高を明らかにします。

以下に，その集計過程を一覧表の形で示します。

勘定科目	決算整理前の残高	決算整理仕訳の集計	決算整理後の残高
現 金 預 金	5,850		5,850
受 取 手 形	2,000		2,000
売 掛 金	4,000		4,000
売買目的有価証券	1,200	△300	900
繰 越 商 品	2,000	△2,000 ＋4,000 △1,300	2,700
備 品	5,000		5,000
商 標 権	900	△100	800
その他有価証券	1,500	＋100	1,600
買 掛 金	(2,760)		(2,760)
借 入 金	(3,000)		(3,000)
貸 倒 引 当 金	(40)	＋80	(120)
減 価 償 却 累 計 額	(1,000)	＋800	(1,800)
資 本 金	(10,000)		(10,000)
資 本 準 備 金	(3,000)		(3,000)
利 益 準 備 金	(180)		(180)
繰 越 利 益 剰 余 金	(220)		(220)
売 上	(12,000)		(12,000)
受 取 利 息	(300)		(300)
仕 入	8,000	＋2,000 △4,000 ＋300	6,300
給 料	1,770		1,770
保 険 料	160	△40	120
支 払 利 息	120		120
貸 倒 引 当 金 繰 入	——	＋80	80
有価証券評価損益	——	△300（評価差損）	300
その他有価証券評価差額金	——	＋100（評価差益）	(100)
棚 卸 減 耗 損	——	＋1,000	1,000
商 品 評 価 損	——	＋300 △300	——
減 価 償 却 費	——	＋800	800
商 標 権 償 却	——	＋100	100
前 払 保 険 料	——	＋40	40
法人税, 住民税及び事業税	——	＋680	680
未 払 法 人 税 等	——	＋680	(680)

（注）（　　）内の金額は，貸方金額を表します。

決算整理仕訳のまとめ

簿記検定2級で出題されるおもな決算整理仕訳は次のとおりです。

1. 商品売買：三分法（テーマ02）

(1) 売上原価の算定

（仕 入）⊕	××		（繰 越 商 品）⊖	××
（繰 越 商 品）⊕	××		（仕 入）⊖	××

(2) 期末商品の評価

（棚 卸 減 耗 損）⊕	××		（繰 越 商 品）⊖	××
（商 品 評 価 損）⊕	××			

2. 現金過不足（テーマ03）

(1) 不足額の場合

（雑 損）⊕	××		（現 金）⊖	××

(2) 超過額の場合

（現 金）⊕	××		（雑 益）⊕	××

3. 有価証券（テーマ05）

(1) 売買目的有価証券：時価法（帳簿価額＜時価）

（売買目的有価証券）⊕	××		（有価証券評価損益）⊕	××

(2) その他有価証券：全部純資産直入法による時価法（取得原価＜時価）

（その他有価証券）⊕	××		（その他有価証券評価差額金）⊕	××

(3) 満期保有目的債券：償却原価法（取得価額＜債券金額）

（満期保有目的債券）⊕	××		（有 価 証 券 利 息）⊕	××

(4) 子会社株式・関連会社株式：原価法

仕 訳 な し

4. 有形固定資産（テーマ06）

(1) 間接法で記帳

（減 価 償 却 費）⊕	××		（減価償却累計額）⊕	××

(2) 直接法で記帳

（減 価 償 却 費）⊕	××		（有 形 固 定 資 産）⊖	××

5. 無形固定資産：記帳は直接法のみ（テーマ09）

（○ ○ 償 却）⊕	××		（無 形 固 定 資 産）⊖	××

6．引当金（テーマ10）

(1) 貸倒引当金（差額補充法）

（貸 倒 引 当 金 繰 入）	⊕	××	（貸 倒 引 当 金）	⊕	××

(2) 商品保証引当金（洗替法で処理した場合）

（商 品 保 証 引 当 金）	⊖	××	（商品保証引当金戻入）	⊕	××
（商 品 保 証 引 当 金 繰 入）	⊕	××	（商 品 保 証 引 当 金）	⊕	××

(3) 退職給付引当金

（退 職 給 付 費 用）	⊕	××	（退 職 給 付 引 当 金）	⊕	××

7．外貨建取引の換算替え（テーマ11）

(1) 売掛金の換算替え（円安の場合）

（売 掛 金）	⊕	××	（為 替 差 損 益）	⊕	××

(2) 売掛金の換算替え（円高の場合）

（為 替 差 損 益）	⊕	××	（売 掛 金）	⊖	××

(3) 買掛金の換算替え（円安の場合）

（為 替 差 損 益）	⊕	××	（買 掛 金）	⊕	××

(4) 買掛金の換算替え（円高の場合）

（買 掛 金）	⊖	××	（為 替 差 損 益）	⊕	××

8．法人税等の計上：中間納付額がある場合（テーマ12）

（法人税, 住民税及び事業税）	⊕	××	（仮 払 法 人 税 等）	⊖	××
			（未 払 法 人 税 等）	⊕	××

9．税効果会計（テーマ13）

(1) 将来減算一時差異の発生

（繰 延 税 金 資 産）	⊕	××	（法 人 税 等 調 整 額）	⊖	××

(2) 将来減算一時差異の解消

（法 人 税 等 調 整 額）	⊕	××	（繰 延 税 金 資 産）	⊖	××

10．経過勘定

(1) 前払費用の計上

（前 払 費 用）	⊕	××	（費 用）	⊖	××

(2) 未払費用の計上

（費 用）	⊕	××	（未 払 費 用）	⊕	××

(3) 前受収益の計上

（収 益）	⊖	××	（前 受 収 益）	⊕	××

(4) 未収収益の計上

（未 収 収 益）	⊕	××	（収 益）	⊕	××

5 損益勘定と繰越試算表

1．勘定の締め切りの手続き

(1) 決算振替：費用，収益の諸勘定の締め切り

　決算整理後における収益項目と費用項目の残高を「損益勘定」に集計し，損益勘定の差額をもって当期純損益を算定していくための手続きを「決算振替」といい，これに絡む一連の仕訳を「決算振替仕訳」といいます。

[決算振替仕訳]

　① 収益項目の振り替え

（収益の諸勘定）	××	（損　　　益）	××

　② 費用項目の振り替え

（損　　　益）	××	（費用の諸勘定）	××

　③ 当期純損益（当期純利益の場合）の振り替え

（損　　　益）	××	（繰越利益剰余金）	××

(2) 締切記入：資産，負債および純資産の諸勘定の締め切り

　勘定の借方合計と貸方合計を一致させるため，各勘定の期末残高を「次期繰越」と記入し，締め切ります。

　なお，次期繰越の記入について仕訳はありません。直接，勘定に記入します。また，一連の勘定の締め切り手続きが正しく行われたかどうかを確認するため，最後に次期繰越額を集計して繰越試算表を作成します。

　なお，「繰越試算表」は，日商簿記検定において出題区分外ですが，作成の手順はおさえておいてください。

2．損益勘定・繰越試算表の作成

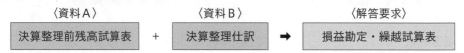

〈資料Ａ〉		〈資料Ｂ〉		〈解答要求〉
決算整理前残高試算表	＋	決算整理仕訳	➡	損益勘定・繰越試算表

① 決算整理前残高試算表を基礎として決算整理仕訳を集計し，「決算整理後の残高」を明らかにします。

② 収益項目および費用項目の決算整理後の残高を「損益勘定」の借方または貸方に記入し，当期純利益を算定します。なお，当期純損益は，最後に「損益勘定」から「繰越利益剰余金勘定」への振替仕訳が行われます。そのため，当期純利益の場合は，損益勘定の借方に「繰越利益剰余金」として記入します。

③ 資産項目，負債項目および純資産項目（繰越利益剰余金を除く）の決算整理後の残高を繰越試算表の借方または貸方に記入します。なお，「繰越利益剰余金勘定」は決算整理後の残高に当期純損益を加算または減算した金額を記入します。

設例 16-2

次に示す決算整理後残高試算表をもとに，必要な決算振替仕訳を行って，以下の損益勘定，繰越利益剰余金勘定および繰越試算表（勘定式）の記入を完成させなさい。

決算整理後残高試算表
×3年3月31日

借　　方	勘 定 科 目	貸　　方
5,850	現 金 預 金	
2,000	受 取 手 形	
4,000	売 　 掛 　 金	
900	売買目的有価証券	
2,700	繰 越 商 品	
40	前 払 保 険 料	
5,000	備 　 　 　 品	
800	商 　 標 　 権	
1,600	その他有価証券	
	買 　 掛 　 金	2,760
	未 払 法 人 税 等	680
	借 　 入 　 金	3,000
	貸 倒 引 当 金	120
	減価償却累計額	1,800
	資 　 本 　 金	10,000
	資 本 準 備 金	3,000
	利 益 準 備 金	180
	繰 越 利 益 剰 余 金	220
	その他有価証券評価差額金	100
	売 　 　 　 上	12,000
	受 取 利 息	300
6,300	仕 　 　 　 入	
1,770	給 　 　 　 料	
120	保 　 険 　 料	
80	貸倒引当金繰入	
800	減 価 償 却 費	
1,000	棚 卸 減 耗 損	
100	商 標 権 償 却	
120	支 払 利 息	
300	有価証券評価損益	
680	法人税，住民税及び事業税	
34,160		34,160

損　　益

3/31 仕　　　　入	（　　　　）	3/31 売　　　　上	（　　　　）
〃 給　　　料	（　　　　）	〃 受 取 利 息	（　　　　）
〃 保　険　料	（　　　　）		
〃 貸倒引当金繰入	（　　　　）		
〃 減 価 償 却 費	（　　　　）		
〃 棚 卸 減 耗 損	（　　　　）		
〃 商 標 権 償 却	（　　　　）		
〃 支 払 利 息	（　　　　）		
〃 有価証券評価損益	（　　　　）		
〃 法人税, 住民税及び事業税	（　　　　）		
〃 （　　　　　　）	（　　　　）		
	（　　　　）		（　　　　）

繰越利益剰余金

6/28 利 益 準 備 金	180	4/1 前 期 繰 越	（　　　　）
〃 未 払 配 当 金	1,800	3/31 （　　　　）	（　　　　）
3/31 （　　　　）	（　　　　）		
	（　　　　）		（　　　　）

繰　越　試　算　表
×3年3月31日

現 金 預 金	（　　　　）	買　掛　金	（　　　　）
受 取 手 形	（　　　　）	未 払 法 人 税 等	（　　　　）
売　掛　金	（　　　　）	借　入　金	（　　　　）
売買目的有価証券	（　　　　）	貸 倒 引 当 金	（　　　　）
繰 越 商 品	（　　　　）	減価償却累計額	（　　　　）
前 払 保 険 料	（　　　　）	資　本　金	（　　　　）
備　　　品	（　　　　）	資 本 準 備 金	（　　　　）
商　標　権	（　　　　）	利 益 準 備 金	（　　　　）
その他有価証券	（　　　　）	繰 越 利 益 剰 余 金	（　　　　）
		その他有価証券評価差額金	（　　　　）
	（　　　　）		（　　　　）

〈解答・解説〉

損　　　益

3/31	仕　　　入	（	6,300）	3/31 売　　　上	（	12,000）
〃	給　　　料	（	1,770）	〃 受 取 利 息	（	300）
〃	保 　険　 料	（	120）			
〃	貸倒引当金繰入	（	80）			
〃	減 価 償 却 費	（	800）			
〃	棚 卸 減 耗 損	（	1,000）			
〃	商 標 権 償 却	（	100）			
〃	支 払 利 息	（	120）			
〃	有価証券評価損益	（	300）			
〃	法人税, 住民税及び事業税	（	680）			
〃	（繰越利益剰余金）	（	1,030）			
		（	12,300）		（	12,300）

繰越利益剰余金

6/28	利 益 準 備 金		180	4/1 前 期 繰 越	（	2,200）
〃	未 払 配 当 金		1,800	3/31（損　　　益）	（	1,030）
3/31	（次 期 繰 越）	（	1,250）			
		（	3,230）		（	3,230）

繰　越　試　算　表
×3年3月31日

現 金 預 金	（	5,850）	買 　掛　 金	（ 2,760）
受 取 手 形	（	2,000）	未 払 法 人 税 等	（ 680）
売 　掛 　金	（	4,000）	借 　入 　金	（ 3,000）
売買目的有価証券	（	900）	貸 倒 引 当 金	（ 120）
繰 越 商 品	（	2,700）	減 価 償 却 累 計 額	（ 1,800）
前 払 保 険 料	（	40）	資 　本 　金	（ 10,000）
備 　　 品	（	5,000）	資 本 準 備 金	（ 3,000）
商 　標 　権	（	800）	利 益 準 備 金	（ 180）
その他有価証券	（	1,600）	繰 越 利 益 剰 余 金	（ 1,250）
			その他有価証券評価差額金	（ 100）
	（	22,890）		（ 22,890）

(1) 決算振替仕訳
① 収益の振り替え

(売	上)	12,000		(損	益)	12,300
(受 取 利 息)		300				

② 費用の振り替え

(損	益)	11,270		(仕	入)	6,300
				(給	料)	1,770
				(保 険 料)		120
				(貸倒引当金繰入)		80
				(減 価 償 却 費)		800
				(棚 卸 減 耗 損)		1,000
				(商 標 権 償 却)		100
				(支 払 利 息)		120
				(有価証券評価損益)		300
				(法人税, 住民税及び事業税)		680

③ 当期純損益の振り替え

(損	益)	1,030		(繰越利益剰余金)		1,030

(2) 損益勘定の記入

上記，決算振替仕訳の内容を記入します。なお，本問は「決算整理後残高試算表」が資料で与えられているため，その収益・費用項目をそのまま損益勘定に書き写せば解答となります。

(3) 繰越試算表の記入

資産，負債，純資産項目の決算整理後の残高が次期繰越額となります。本問は「決算整理後残高試算表」が資料で与えられているため，その資産，負債，純資産項目をそのまま繰越試算表に書き写せば解答となります（ただし，繰越利益剰余金勘定を除く，下記(4)参照）。

(4) 繰越利益剰余金勘定の記入

繰越利益剰余金勘定の記入については「テーマ15　剰余金の配当と処分」を参照してください。なお，決算整理後残高試算表の繰越利益剰余金 220 円は株主総会における剰余金処分後の残高を表していることに注意してください。

損	益
3/31費　用　等 11,270	3/31収　　　益 12,300
〃　繰越利益剰余金　1,030	

⊖	繰越利益剰余金	⊕	
剰余金処分 1,980	6/28利益準備金　　180 〃　未払配当金　1,800	4/1　前期繰越*1 2,200	剰余金処分 後の残高 ⇩ 前T/B（＝後T/B） 220
	3/31次期繰越*2 1,250	3/31損　　益　1,030	

＊1　(180円＋1,800円)＋220円＝2,200円（前期繰越）
　　　剰余金処分1,980円　剰余金処分後の残高

＊2　220円＋1,030円＝1,250円（次期繰越）
　　　剰余金処分後の残高　当期純利益

当社の第2期（自×2年4月1日　至×3年3月31日）における(A)決算整理前残高試算表および(B)決算整理事項にもとづいて，損益勘定，繰越利益剰余金勘定および繰越試算表を完成しなさい。

(A)　決算整理前残高試算表

決算整理前残高試算表
×3年3月31日

借　方	勘定科目	貸　方
5,850	現　金　預　金	
2,000	受　取　手　形	
4,000	売　　掛　　金	
1,200	売買目的有価証券	
2,000	繰　越　商　品	
5,000	備　　　　品	
900	商　　標　　権	
1,500	その他有価証券	
	買　　掛　　金	2,760
	借　　入　　金	3,000
	貸　倒　引　当　金	40
	減価償却累計額	1,000
	資　　本　　金	10,000
	資　本　準　備　金	3,000
	利　益　準　備　金	180
	繰越利益剰余金	220
	売　　　　上	12,000
	受　取　利　息	300
8,000	仕　　　　入	
1,770	給　　　　料	
160	保　　険　　料	
120	支　払　利　息	
32,500		32,500

(B)　決算整理事項

(1)　受取手形と売掛金（A社に対するものを除く）の期末残高に対し2％の貸倒引当金を差額補充法により設定する。なお，売掛金のうち1,000円はA社に対するものであり，個別評価により50％の貸倒れを見積る。

(2)　有価証券の内訳は次のとおりである。なお，その他有価証券の評価差額は全部純資産直入法による。

銘　柄	所有目的	取得原価	時　価
B社株式	売買目的	1,200円	1,450円
C社株式	長期利殖	1,500円	1,600円

(3)　商品の期末棚卸高は次のとおりである。

	数　量	単　価
帳簿棚卸高	4個	@1,000円
実地棚卸高	3個	@1,250円

売上原価は仕入勘定で算定する。なお，棚卸減耗損は売上原価に算入しない。

(4)　備品について200％定率法（耐用年数：5年）により減価償却を行う。

(5)　商標権は当期首に取得したもので，10年間にわたって定額法により月割償却する。

(6)　保険料は当期の7月1日に向こう1年分を前払いしたものである。

(7)　当期分の法人税等590円を計上する。なお，中間納付額はない。

損　　　　益

3/31	仕　　　　入	（　　　　）	3/31	売　　　　上	12,000
〃	給　　　料	1,770	〃	受　取　利　息	300
〃	保　険　料	（　　　　）	〃	有価証券評価損益	（　　　　）
〃	貸倒引当金繰入	（　　　　）			
〃	棚　卸　減　耗　損	（　　　　）			
〃	減　価　償　却　費	（　　　　）			
〃	商　標　権　償　却	（　　　　）			
〃	支　払　利　息	120			
〃	法人税, 住民税及び事業税	（　　　　）			
〃	（　　　　　　）	（　　　　）			
		（　　　　）			（　　　　）

繰越利益剰余金

6/28	利　益　準　備　金	180	4/1	前　期　繰　越	2,200
〃	未　払　配　当　金	1,800	3/31	（　　　　）	（　　　　）
3/31	（　　　　　　）	（　　　　）			
		（　　　　）			（　　　　）

繰　越　試　算　表

現　金　預　金	5,850	買　　掛　　金	2,760
受　取　手　形	（　　　　）	未　払　法　人　税　等	（　　　　）
売　　掛　　金	（　　　　）	借　　入　　金	3,000
売買目的有価証券	（　　　　）	貸　倒　引　当　金	（　　　　）
繰　越　商　品	（　　　　）	減　価　償　却　累　計　額	（　　　　）
前　払　保　険　料	（　　　　）	資　　本　　金	10,000
備　　　　品	5,000	資　本　準　備　金	3,000
商　　標　　権	（　　　　）	利　益　準　備　金	180
その他有価証券	（　　　　）	繰　越　利　益　剰　余　金	（　　　　）
		その他有価証券評価差額金	（　　　　）
	（　　　　）		（　　　　）

6 損益計算書と貸借対照表

1. 勘定科目と表示科目

　損益計算書および貸借対照表には，それぞれ表示区分が設けられます。どの勘定科目がどの表示区分に記載されるのかを確認しましょう。また，一定の勘定科目は表示科目に置き換えて記載します。特に，以下に示す勘定科目について注意する必要があります。

(1) 損益計算書

勘定科目	表　示　科　目
有価証券評価損益	借方残高：営業外費用の区分「有価証券評価損」
	貸方残高：営業外収益の区分「有価証券評価益」
為　替　差　損　益	借方残高：営業外費用の区分「為替差損」
	貸方残高：営業外収益の区分「為替差益」

(2) 貸借対照表

勘定科目	表　示　科　目
現　　　　　　金	流動資産の部「現金預金」
当座預金・普通預金	
定　期　預　金	1年内：流動資産の部「現金預金」
	1年超：固定資産の部「長期性預金」
売買目的有価証券	流動資産の部「有価証券」
満期保有目的債券	固定資産の部「投資有価証券」
その他有価証券	
子　会　社　株　式	固定資産の部「関係会社株式」
関　連　会　社　株　式	
前　払　保　険　料	1年内：流動資産の部「前払費用」
長　期　前　払　保　険　料	1年超：固定資産の部「長期前払費用」
リ　ー　ス　債　務	1年内：流動負債の部「リース債務」
	1年超：固定負債の部「長期リース債務」
借　　入　　金	1年内：流動負債の部「短期借入金」
	1年超：固定負債の部「長期借入金」

2．損益計算書・貸借対照表の作成

〈資料A〉　　　　　　　　〈資料B〉　　　　　　　　〈解答要求〉

| 決算整理前残高試算表 | ＋ | 決算整理仕訳 | ➡ | 損益計算書・貸借対照表 |

① 決算整理前残高試算表を基礎として決算整理仕訳を集計し，「決算整理後の残高」を明らかにします。

② 損益計算書の表示区分にしたがって，収益項目および費用項目の決算整理後の残高を損益計算書に記載します。その後，当期純利益を算定し，損益計算書を完成させます。

③ 貸借対照表の表示区分にしたがって，資産項目，負債項目および純資産項目（繰越利益剰余金を除く）の決算整理後の残高を貸借対照表に記載し，貸借対照表を完成させます。なお，「繰越利益剰余金」勘定は決算整理後の残高に当期純損益を加算または減算した金額を記載します。

次に示す決算整理後残高試算表をもとに，損益計算書と貸借対照表を完成しなさい。

なお，売上原価の算定は仕入勘定で行っている。また，商品評価損300円を売上原価に算入した。

決算整理後残高試算表
×3年3月31日

借 方	勘 定 科 目	貸 方
5,850	現 金 預 金	
2,000	受 取 手 形	
4,000	売 掛 金	
900	売買目的有価証券	
2,700	繰 越 商 品	
40	前 払 保 険 料	
5,000	備 品	
800	商 標 権	
1,600	その他有価証券	
	買 掛 金	2,760
	未 払 法 人 税 等	680
	借 入 金	3,000
	貸 倒 引 当 金	120
	減価償却累計額	1,800
	資 本 金	10,000
	資 本 準 備 金	3,000
	利 益 準 備 金	180
	繰 越 利 益 剰 余 金	220
	その他有価証券評価差額金	100
	売 上	12,000
	受 取 利 息	300
6,300	仕 入	
1,770	給 料	
120	保 険 料	
80	貸倒引当金繰入	
800	減 価 償 却 費	
1,000	棚 卸 減 耗 損	
100	商 標 権 償 却	
120	支 払 利 息	
300	有価証券評価損益	
680	法人税，住民税及び事業税	
34,160		34,160

〈解答欄〉

損 益 計 算 書

○○株式会社　　　　自×2年4月1日　至×3年3月31日　　　　（単位：円）

Ⅰ　売　　上　　高		（　　　　　　　）
Ⅱ　売　上　原　価		
1．期首商品棚卸高	2,000	
2．当期商品仕入高	8,000	
合　　　　計	10,000	
3．期末商品棚卸高	4,000	
差　　　引	6,000	
4．商品評価損	300	（　　　　　　　）
売上総利益		（　　　　　　　）
Ⅲ　販売費及び一般管理費		
1．（　　　　　　）	（　　　　　　）	
2．保　　険　　料	（　　　　　　）	
3．棚　卸　減　耗　損	（　　　　　　）	
4．貸倒引当金繰入	（　　　　　　）	
5．減　価　償　却　費	（　　　　　　）	
6．商　標　権　償　却	（　　　　　　）	（　　　　　　　）
営　業　利　益		（　　　　　　　）
Ⅳ　営　業　外　収　益		
1．（　　　　　　）	（　　　　　　）	（　　　　　　　）
Ⅴ　営　業　外　費　用		
1．（　　　　　　）	（　　　　　　）	
2．有価証券評価損	（　　　　　　）	（　　　　　　　）
税引前当期純利益		（　　　　　　　）
法人税，住民税及び事業税		（　　　　　　　）
当　期　純　利　益		（　　　　　　　）

貸 借 対 照 表

○○株式会社　　　　　　　　×3年3月31日　　　　　　　　　　　（単位：円）

資　産　の　部				負　債　の　部		
I　流　動　資　産				I　流　動　負　債		
1　現　金　預　金		（　　）		1　買　掛　金		（　　）
2　受　取　手　形	（　　）			2　未払法人税等		（　　）
3　売　掛　金	（　　）			流動負債合計		（　　）
計		（　　）		II　固　定　負　債		
（　　　　　　）	（　　）	（　　）	（　　）	1　長　期　借　入　金		（　　）
4　有　価　証　券		（　　）		固定負債合計		（　　）
5　商　　　品		（　　）		負　債　合　計		（　　）
6　前　払　費　用		（　　）		純　資　産　の　部		
流動資産合計		（　　）		I　株　主　資　本		
II　固　定　資　産				1　資　本　金		（　　）
1　備　　　品	（　　）			2　資　本　剰　余　金		
（　　　　　　）	（　　）	（　　）		資　本　準　備　金		（　　）
2　商　標　権		（　　）		3　利　益　剰　余　金		
3　投資有価証券		（　　）		利　益　準　備　金	（　　）	
固定資産合計		（　　）		繰越利益剰余金	（　　）	（　　）
				II　評価・換算差額等		
				1　その他有価証券評価差額金		（　　）
				純　資　産　合　計		（　　）
資　産　合　計		（　　）		負債及び純資産合計		（　　）

〈解答・解説〉

損 益 計 算 書

○○株式会社　　　自×2年4月1日　至×3年3月31日　　　（単位：円）

Ⅰ 売 上 高		（	12,000 ）
Ⅱ 売 上 原 価			
1. 期首商品棚卸高	2,000		
2. 当期商品仕入高	8,000		
合　　計	10,000		
3. 期末商品棚卸高	4,000		
差　　引	6,000		
4. 商品評価損	300	（	6,300 ）
売上総利益		（	5,700 ）
Ⅲ 販売費及び一般管理費			
1.（給　　　料）	（ 1,770 ）		
2. 保　険　料	（ 120 ）		
3. 棚 卸 減 耗 損	（ 1,000 ）		
4. 貸倒引当金繰入	（ 80 ）		
5. 減 価 償 却 費	（ 800 ）		
6. 商 標 権 償 却	（ 100 ）	（	3,870 ）
営 業 利 益		（	1,830 ）
Ⅳ 営 業 外 収 益			
1.（受 取 利 息）	（ 300 ）	（	300 ）
Ⅴ 営 業 外 費 用			
1.（支 払 利 息）	（ 120 ）		
2. 有価証券評価損	（ 300 ）	（	420 ）
税引前当期純利益		（	1,710 ）
法人税, 住民税及び事業税		（	680 ）
当 期 純 利 益		（	1,030 ）

Theme
16

決算手続

239

貸 借 対 照 表

○○株式会社	×3年3月31日				（単位：円）

資　産　の　部			負　債　の　部		
Ⅰ　流　動　資　産			Ⅰ　流　動　負　債		
1　現　金　預　金		（ 5,850）	1　買　掛　金		（ 2,760）
2　受　取　手　形	（ 2,000）		2　未払法人税等		（ 680）
3　売　掛　金	（ 4,000）		流動負債合計		（ 3,440）
計	（ 6,000）		Ⅱ　固　定　負　債		
（貸倒引当金）	（ 120）	（ 5,880）	1　長　期　借　入　金		（ 3,000）
4　有　価　証　券		（ 900）	固定負債合計		（ 3,000）
5　商　　　品		（ 2,700）	負　債　合　計		（ 6,440）
6　前　払　費　用		（ 40）	純　資　産　の　部		
流動資産合計		（15,370）	Ⅰ　株　主　資　本		
Ⅱ　固　定　資　産			1　資　本　金		（10,000）
1　備　　　品	（ 5,000）		2　資　本　剰　余　金		
（減価償却累計額）	（ 1,800）	（ 3,200）	資　本　準　備　金		（ 3,000）
2　商　標　権		（ 800）	3　利　益　剰　余　金		
3　投資有価証券		（ 1,600）	利　益　準　備　金	（ 180）	
固定資産合計		（ 5,600）	繰越利益剰余金	（ 1,250）	（ 1,430）
			Ⅱ　評価・換算差額等		
			1　その他有価証券評価差額金		（ 100）
			純　資　産　合　計		（14,530）
資　産　合　計		（20,970）	負債及び純資産合計		（20,970）

(1) 損益計算書の作成

　本問は「決算整理後残高試算表」が資料で与えられているため，その収益・費用項目を損益計算書に書き写せば解答となります。

　ただし，区分表示を行うため，以下の点に注意してください。

① 売上原価の区分

　報告式の損益計算書では，売上原価の計算過程を示す必要があります。また，本問では商品評価損を売上原価に算入させているため，決算整理後残高試算表の仕入6,300円は，商品評価損300円を含んだ売上原価の金額を表していることに注意してください。

② 販売費及び一般管理費

　営業活動に関する費用を記載する区分です。本問において，給料をこの区分に記載します。

③ 営業外収益

　営業活動以外の収益を記載する区分です。本問において，受取利息をこの区分に

記載します。

④　**営業外費用**

　営業活動以外の費用を記載する区分です。本問において，支払利息をこの区分に記載します。

　なお，臨時的な費用は特別損失に，臨時的な収益は特別利益に記載します。

(2)　**貸借対照表の作成**

　本問は「決算整理後残高試算表」が資料で与えられているため，その資産，負債，純資産項目を貸借対照表に書き写します。ただし，以下の点に注意してください。

①　区分表示が行われます。本問では問題となりませんが，資産・負債の流動と固定を区別する正常営業循環基準と一年基準の内容はよく確認してください。

②　売買目的有価証券は「有価証券」として流動資産に表示し，その他有価証券は「投資有価証券」として固定資産に表示します。

③　貸倒引当金と減価償却累計額は資産の控除項目として記載します。

④　繰越利益剰余金は，当期純利益を含んだ次期繰越額を記載します。

　（注）繰越利益剰余金：後T/B 220円＋当期純利益1,030円＝1,250円

ここが
POINT

〈表示上の注意事項〉

1．損益計算書の記入

(1)　給料・営業債権に係る貸倒引当金繰入・減価償却費・研究開発費など
　　　……**Ⅲ．販売費及び一般管理費**に表示

(2)　利息関係の勘定・有価証券関係の勘定
　　　受取利息・有価証券利息・有価証券売却益など
　　　……**Ⅳ．営業外収益**に表示
　　　支払利息・有価証券評価損など
　　　……**Ⅴ．営業外費用**に表示

(3)　固定資産売却損・固定資産除却損・火災損失・災害損失など
　　　……**Ⅶ．特別損失**に表示

2．貸借対照表の記入

(1)　貸倒引当金・減価償却累計額……**資産からマイナスする形**で表示

(2)　貸付金，借入金（一年基準）
　　　返済期限が決算日の翌日から起算して1年以内
　　　……短期貸付金，短期借入金（**流動**項目）
　　　返済期限が決算日の翌日から起算して1年超
　　　……長期貸付金，長期借入金（**固定**項目）

(3)　前払費用（一年基準）
　　　決算日の翌日から起算して1年以内に費用化
　　　……前払費用（**Ⅰ．流動資産**に表示）
　　　決算日の翌日から起算して1年を超えて費用化
　　　……長期前払費用（**Ⅱ．固定資産**に表示）

解答・解説418ページ

当社の(A)決算整理前の残高試算表と(B)決算整理事項にもとづいて，損益計算書と貸借対照表を完成しなさい。

ただし，会計期間は×2年4月1日から×3年3月31日までの1年である。

(A) 残高試算表

決算整理前残高試算表
×3年3月31日

借　方	勘定科目	貸　方
5,850	現 金 預 金	
2,000	受 取 手 形	
4,000	売 掛 金	
1,200	売買目的有価証券	
2,000	繰 越 商 品	
5,000	備 品	
900	商 標 権	
1,500	その他有価証券	
	買 掛 金	2,760
	借 入 金	3,000
	貸 倒 引 当 金	40
	減価償却累計額	1,000
	資 本 金	10,000
	資 本 準 備 金	3,000
	利 益 準 備 金	180
	繰 越 利 益 剰 余 金	220
	売 上	12,000
	受 取 利 息	300
8,000	仕 入	
1,770	給 料	
160	保 険 料	
120	支 払 利 息	
32,500		32,500

(B) 決算整理事項

(1) 受取手形と売掛金の期末残高に対して5%の貸倒引当金を差額補充法により設定する。

(2) 有価証券の内訳は次のとおりである。なお，その他有価証券の評価差額に関しては税効果会計（税率：30%）を適用のうえ，純資産に計上する（全部純資産直入法）。

銘 柄	所有目的	取得原価	時 価
A 社株式	売買目的	1,200 円	1,000 円
B 社株式	長期利殖	1,500 円	1,600 円

(3) 商品の期末棚卸高は次のとおりである。

	数 量	単 価
帳簿棚卸高	4 個	@ 1,000 円
実地棚卸高	4 個	@ 950 円

売上原価の計算は仕入勘定で算定する。なお，商品評価損は売上原価に算入する。

(4) 備品について200%定率法（耐用年数：8年）により減価償却を行う。なお，備品のうち1,000円は当期首に取得し，使用を開始したものである。

(5) 商標権は当期の12月1日に取得したもので，10年間にわたって定額法により月割償却する。

(6) 保険料は当期の7月1日に向こう2年分を前払いしたものである。

(7) 借入金は×2年7月1日に借り入れたもので，借入期間は3年間である。

(8) 当期分の法人税等1,060円を計上する。なお，中間納付額はない。

損 益 計 算 書

〇〇株式会社　　　自×2年4月1日　至×3年3月31日　　　（単位：円）

Ⅰ 売　　上　　高		12,000	
Ⅱ 売　上　原　価			
1．期首商品棚卸高	(　　　　　)		
2．当期商品仕入高	(　　　　　)		
合　　　計	(　　　　　)		
3．期末商品棚卸高	(　　　　　)		
差　　　引	(　　　　　)		
4．(　　　　　　　)	(　　　　　)	(　　　　　)	
売上総利益		(　　　　　)	
Ⅲ　販売費及び一般管理費			
1．給　　　　　料	1,770		
2．保　　険　　料	(　　　　　)		
3．貸倒引当金繰入	(　　　　　)		
4．減 価 償 却 費	(　　　　　)		
5．商 標 権 償 却	(　　　　　)	(　　　　　)	
営 業 利 益		(　　　　　)	
Ⅳ 営 業 外 収 益			
1．受　取　利　息	300	300	
Ⅴ 営 業 外 費 用			
1．支　払　利　息	120		
2．有価証券評価損	(　　　　　)	(　　　　　)	
税引前当期純利益		(　　　　　)	
法人税, 住民税及び事業税		(　　　　　)	
当 期 純 利 益		(　　　　　)	

243

貸借対照表

○○株式会社　　　　　　　　×3年3月31日　　　　　　　　（単位：円）

資 産 の 部				負 債 の 部		
Ⅰ　流 動 資 産				Ⅰ　流 動 負 債		
1　現 金 預 金		5,850		1　買 掛 金		2,760
2　受 取 手 形	（　　　）			2　未払法人税等		（　　　）
3　売 掛 金	（　　　）			流動負債合計		（　　　）
計	（　　　）			Ⅱ　固 定 負 債		
（　　　　） （　　　）		（　　　）		1　長 期 借 入 金		（　　　）
4　有 価 証 券		（　　　）		2　繰 延 税 金 負 債		（　　　）
5　商　　　品		（　　　）		固定負債合計		（　　　）
6　前 払 費 用		（　　　）		負 債 合 計		（　　　）
流動資産合計		（　　　）		純 資 産 の 部		
Ⅱ　固 定 資 産				Ⅰ　株 主 資 本		
1　備　　　品	（　　　）			1　資 本 金		10,000
減価償却累計額	（　　　）	（　　　）		2　資 本 剰 余 金		
2　商 標 権		（　　　）		資 本 準 備 金		3,000
3　投資有価証券		（　　　）		3　利 益 剰 余 金		
4　長期前払費用		（　　　）		利 益 準 備 金　180		
固定資産合計		（　　　）		繰越利益剰余金　（　　　）		（　　　）
				Ⅱ　評価・換算差額等		
				1　その他有価証券評価差額金		（　　　）
				純 資 産 合 計		（　　　）
資 産 合 計		（　　　）		負債及び純資産合計		（　　　）

244

7 精算表とは

(1) 精算表とは

決算整理前残高試算表を基礎として決算整理仕訳を行うことにより当期純利益を明らかにするための計算用紙を精算表といいます。

(2) 精算表の作成

精算表の作成は，試算表欄（決算整理前残高試算表）の金額に修正記入欄の金額を加算または減算して，修正後の金額（決算整理後の残高）を損益計算書欄または貸借対照表欄に書き移していきます。どの欄に書き移すかは，その勘定科目が資産・負債・純資産・収益・費用（5要素）の何に属するかによって決まります。

精　算　表

勘 定 科 目	残 高 試 算 表		修 正 記 入		損 益 計 算 書		貸 借 対 照 表	
	借　方	貸　方	借　方	貸　方	借　方	貸　方	借　方	貸　方
資　　　　産	100		10				110	
資　　　　産	100			20			80	
負債・純資産		100	30					70
負債・純資産		100		40				140
収　　　　益		100	50			50		
収　　　　益		100		60		160		
費　　　　用	100		70		170			
費　　　　用	100			80	20			
	××	××						
当 期 純 利 益					××			××
			××	××	××	××	××	××

245

なお，［設例16－1］の資料にもとづいて精算表を作成すると，以下のようになります。

精　算　表 （単位：円）

勘定科目	残高試算表 借方	残高試算表 貸方	修正記入 借方	修正記入 貸方	損益計算書 借方	損益計算書 貸方	貸借対照表 借方	貸借対照表 貸方
現 金 預 金	5,850						5,850	
受 取 手 形	2,000						2,000	
売 掛 金	4,000						4,000	
売買目的有価証券	1,200			300			900	
繰 越 商 品	2,000		4,000	2,000			2,700	
				1,300				
備 品	5,000						5,000	
商 標 権	900			100			800	
その他有価証券	1,500		100				1,600	
買 掛 金		2,760						2,760
借 入 金		3,000						3,000
貸 倒 引 当 金		40		80				120
減価償却累計額		1,000		800				1,800
資 本 金		10,000						10,000
資 本 準 備 金		3,000						3,000
利 益 準 備 金		180						180
繰越利益剰余金		220						220
売 上		12,000				12,000		
受 取 利 息		300				300		
仕 入	8,000		2,000	4,000	6,300			
			300					
給 料	1,770				1,770			
保 険 料	160			40	120			
支 払 利 息	120				120			
	32,500	32,500						
貸倒引当金繰入			80		80			
有価証券評価損益			300		300			
その他有価証券評価差額金				100				100
棚 卸 減 耗 損			1,000		1,000			
商 品 評 価 損			300	300				
減 価 償 却 費			800		800			
商 標 権 償 却			100		100			
前 払 保 険 料			40				40	
法人税, 住民税及び事業税			680		680			
未 払 法 人 税 等				680				680
当 期 純 利 益					1,030			1,030
			9,700	9,700	12,300	12,300	22,890	22,890

246

8 月次損益の算定と決算整理仕訳

これまで簿記の学習では，企業の業績を「年（会計期間）」単位で把握してきました。しかし，多くの企業の経営者は，企業の業績を「月」単位で把握します。この「月」単位の業績を「月次損益」といい，これを重視する場合，「期末」の決算整理を「毎月末」の月次決算で行うことがあります。ただし，手間が掛かるため，簡便的な方法として，以下のような取り扱いをすることができます。

1．減価償却

期末の決算整理で減価償却を行う場合，当期1年分の減価償却費は期末の「月」のみが負担することになります。そのため，月次損益を重視する場合，固定資産の減価償却は，期首に所有する固定資産を前提に当期分の減価償却費を見積り，これを各月に配分し，毎月末の月次決算で減価償却費を計上します。

仕訳例 01

期首において，所有する備品について，当期分の減価償却費が240,000円と見積られた。当月分の減価償却費を月割計上する。

| （減 価 償 却 費）* | 20,000 | （備品減価償却累計額） | 20,000 |

  ＊　240,000円÷12か月＝20,000円

なお，簿記検定2級では新たに固定資産を取得した場合やこれまで使用してきた固定資産を売却したときは，その固定資産にかかる減価償却費を期末の決算整理において調整する場合があります。

仕訳例 02

決算となり，備品について減価償却費を計算したところ，当期に備品を新たに取得したため，当期分の減価償却費が248,000円と計算された。なお，期首から前月末までに減価償却費220,000円（11か月分）を月次決算で月割計上している。

| （減 価 償 却 費）* | 28,000 | （備品減価償却累計額） | 28,000 |

  ＊　期末において計上する減価償却費：248,000円－220,000円＝28,000円

2．引当金

　期末の決算整理で引当金を設定する場合，その繰入額は期末の「月」のみが負担することになります。そのため，月次損益を重視する場合，とくに金額が大きくなる退職給付引当金など，一部の引当金については，期首において当期の負担に属する繰入額を見積り，これを各月に配分します。

仕訳例 03

　期首において，当期分の退職給付費用が240,000円と見積られた。当月分の退職給付費用を月割計上する。

（退職給付費用）＊	20,000	（退職給付引当金）	20,000

　　＊　240,000円÷12か月＝20,000円

　なお，簿記検定2級では期首に見積った引当金の金額と期末において設定すべき引当金の金額との差額は，期末の決算整理において調整する場合があります。

仕訳例 04

　決算となり，期末において計上すべき退職給付費用を計算したところ，235,000円と計算された。なお，期首から前月末までに退職給付費用220,000円（11か月分）を月次決算で月割計上している。

（退職給付費用）＊	15,000	（退職給付引当金）	15,000

　　＊　期末において計上する退職給付費用：235,000円－220,000円＝15,000円

---

3. 経過勘定

　期末の決算整理で経過勘定項目を計上した場合，決算の月における費用・収益がその金額について過大または過小になります。また，翌期首に再振替仕訳が行われると期首の月における費用・収益の金額が同様に過大または過小となり，月次損益の算定上，好ましくありません。そこで，毎月ごとに支払いをしている給料，水道光熱費，家賃などの費用・収益に関する経過勘定項目の再振替仕訳を期首ではなく，期末に行うことがあります。すなわち，前期末の経過勘定の取り崩しと，当期末における経過勘定の計上のタイミングを合わせることにより，経過勘定項目の計上にともなう費用・収益の金額に与える影響を減殺します。

仕訳例 05

4月1日：期首において前期末に計上した未払給料が50,000円ある。

仕　訳　な　し

4月25日：従業員に給料300,000円を現金で支給した。

（給　　　　料）　300,000　　　　　　（現　　　　金）　300,000

※　4月において負担する給料：300,000円
　　期首に再振替仕訳を行った場合，4月における給料の負担額は250,000円（300,000円−50,000円）となってしまい，他の月よりも再振替仕訳の分だけ低い負担額となってしまいます。そのため，月次損益を重視する場合，期首に再振替仕訳を行いません。

仕訳例 06

3月25日：従業員に給料300,000円を現金で支給した。

（給　　　　料）　300,000　　　　　　（現　　　　金）　300,000

3月31日：決算に際して未払給料53,000円を計上する，同時に前期末の未払給料50,000円を取り崩す。

（給　　　　料）　53,000　　　　　　（未　払　給　料）　53,000
（未　払　給　料）　50,000　　　　　　（給　　　　料）　50,000

※　3月において負担する給料：303,000円（300,000円＋53,000円−50,000円）
　　期首に再振替仕訳を行った場合，3月における給料の負担額は353,000円（300,000円＋53,000円）となり，他の月よりも未払給料の分だけ高い負担額となってしまいます。そこで，月次損益を重視する場合，期末における経過勘定の計上と期首の再振替仕訳のタイミングを合わせます。

1年分をまとめて支払う費用・収益に関する経過勘定項目については，月次損益を重視する場合，以下のように取り扱うことがあります。

(1) 支払時に前払費用・前受収益を計上する。

1年分を「前払いする費用・収益」については，支払時に「前払費用」・「前受収益」を計上し，毎月の月次決算でこれを取り崩すことにより月次損益の適正を図ります。

■仕訳例

10月1日：向こう1年分として家賃1,200,000円を現金で支払った。

　　　（前 払 家 賃）　　1,200,000　　　（現　　　　金）　　1,200,000

10月31日：当月分の家賃を計上する。

　　　（支 払 家 賃）　　100,000*　　　（前 払 家 賃）　　100,000

　　＊　1,200,000円÷12か月＝100,000円

(2) 毎月末に未払費用・未収収益を計上する。

1年分を「後払いする費用・収益」については，毎月の月次決算において当月分の費用・収益を「未払費用」・「未収収益」を相手科目として未払・未収計上し，支払時において未払費用・未収収益を取り崩すことにより月次損益の適正を図ります。

■仕訳例

10月1日：建物を賃借した。家賃は過去1年分として1,200,000円を後払いする契約である。

　　　　　　　　　　　　仕　訳　な　し

10月31日：当月分の家賃を計上する。

　　　（支 払 家 賃）　　100,000　　　（未 払 家 賃）　　100,000

9月30日：過去1年分として，家賃1,200,000円を現金で支払った。

　　　（未 払 家 賃）　　1,200,000　　　（現　　　　金）　　1,200,000

基本例題47

解答・解説424ページ

以下の資料にもとづき，精算表の一部を作成しなさい。なお，決算日は×5年3月31日である。

1．建物について，定額法，耐用年数25年，残存価額ゼロにより減価償却を行う。減価償却費については建物の期首残高を基礎として，毎月4,000円を4月から2月までの11か月間に見積計上している。

2．退職給付引当金180,000円を設定する。なお，退職給付費用については，期首の見積計算により，毎月2,000円を4月から2月までの11か月間に見積計上している。

3．前払費用は×4年12月1日に1年分の保険料12,000円を前払いした際に計上したものであり，×5年2月まで毎月1,000円を費用計上している。決算月も同様の処理を行う。

4．未払費用は前期末の決算において計上された給料の未払額である。また，当期の給料の未払額55,000円について，未払給料を計上する。

精　算　表

（単位：円）

勘定科目	残高試算表		修正記入		損益計算書		貸借対照表	
	借　方	貸　方	借　方	貸　方	借　方	貸　方	借　方	貸　方
前　払　費　用	9,000							
建　　　　物	1,200,000							
建物減価償却累計額		284,000						
未　払　費　用		50,000						
退職給付引当金		178,000						
給　　　　料	360,000							
保　　険　　料	3,000							
退職給付費用	22,000							
減価償却費	44,000							

17 収益の認識基準

Theme

Check ここでは，サービス業に関する会計処理とともに，収益の計上に関する包括的な会計基準である「収益認識に関する会計基準」について，簿記検定２級の学習に必要な範囲でその内容を解説します。

1 サービス業（役務収益と役務原価の計上）

1. 役務収益と役務原価

商品の販売ではなく，純粋に役務（サービス）の提供を主たる営業とする企業においては，「売上」に相当する金額を役務収益（**収益**）として，また，「売上原価」に相当する金額を役務原価（**費用**）として処理します。

2. 役務収益の計上

サービスの提供にともなう売上収益は，サービスの提供が終了したときに役務収益（**収益**）として計上します。また，サービスの提供が終了していない段階での対価の受取額は前受金（**負債**）または，契約負債（**負債**）として処理します。

> （注）契約負債とは，財またはサービスを顧客に移転する企業の義務に対して，企業が顧客から対価を受け取ったもの，または，対価を受け取る期限が到来しているものをいいます。
> 契約負債の計上が問題となる典型例は，商品の販売にともなって付与されるポイント取引ですが，簿記検定２級での出題可能性は低いと考えられます。
> したがって，簿記検定２級の学習において，「契約負債＝前受金」と考えてよいです。

3. 役務原価の計上

サービスの提供に係る売上原価に相当する費用は，役務原価（**費用**）として計上します。なお，役務収益の計上時点と役務原価の計上時点にタイムラグがある場合，役務原価は，いったん仕掛品（**資産**）として計上します。その後，役務収益との直接的または期間的な対応関係をもって役務原価（**費用**）に振り替えます。

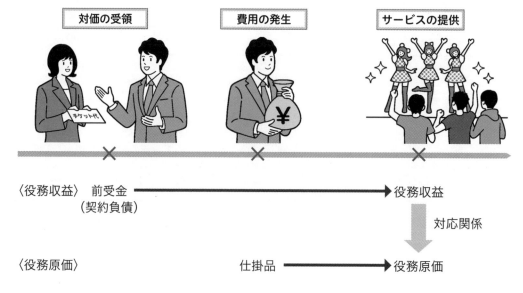

仕訳例 01

① **前受金の計上**

　イベントの企画を行うＡＢＣ企画は，来月に東京ホールにて音楽祭の開催を企画した。そのチケット100枚を＠5,000円ですべて販売し，代金は現金で受け取った。

　（現　　　　金）　500,000　　　　　（前　受　金）＊　500,000

　　＊　＠5,000円×100枚＝500,000円

② **仕掛品の計上**

　上記ＡＢＣ企画は，音楽祭のために必要な諸経費350,000円を現金で支払った。

　（仕　　掛　　品）　350,000　　　　　（現　　　　金）　350,000

③ **役務収益・役務原価の計上**

　予定していた音楽祭を開催した。

　（前　受　金）　500,000　　　　　（役　務　収　益）　500,000
　（役　務　原　価）　350,000　　　　　（仕　　掛　　品）　350,000

　（注）前受金は契約負債でもよいです。

基本例題48

解答・解説425ページ

　次の取引を仕訳しなさい。

〈指定勘定科目〉

　現金　当座預金　仕掛品　前受金　役務収益　役務原価

⑴　イベントの企画を行うＫＸ企画は，音楽祭の開催を企画した。そのチケット5,000枚を＠10,000円で売り出したところ，チケット4,000枚について申込みがあり，その代金が当座預金に入金された。

⑵　上記ＫＸ企画は，音楽祭のために必要な舞台装置の設置等をＺ会社に委託し，代金5,300,000円を小切手を振り出して支払った。また，出演を依頼した歌手10人に対し，出演料6,500,000円を現金で前払いした。

⑶　予定していた音楽祭を開催した。なお，当日券として残りのチケット1,000枚を現金で販売した。

4. 役務収益・役務原価の計上と対価の関係

(1) 「役務収益の計上」と「対価の受領」の関係

　「役務収益の計上」と「対価の受領」の関係を整理すると以下のようになります。

　なお，②のケースにおいては，前受金または契約負債のうち役務を提供した分について，役務収益を計上します。役務を提供していない分は前受金または契約負債としてそのまま残します。

	役 務 提 供 前	【役務収益の計上】	役 務 提 供 後
ケース①		役務の提供＝対価の受領 (現金預金)　××× 　　(役務収益)　×××	
ケース②	対価の受領 ➡ (現金預金)　××× 　　(前 受 金)　×××	役務の提供 (前 受 金)　××× 　　(役務収益)　×××	
ケース③		役務の提供 ➡ (売 掛 金)　××× 　　(役務収益)　×××	対価の受領 (現金預金)　××× 　　(売 掛 金)　×××

(注) 前受金は契約負債でもよいです。

(2) 「役務原価の計上」と「対価の支払い」の関係

　「役務原価の計上」と「対価の支払い」の関係を整理すると以下のようになります。

　なお，②のケースにおいては，仕掛品のうち役務収益に対応する金額を役務原価に計上します。役務収益に対応しない金額は仕掛品としてそのまま残します。

	役 務 提 供 前	【役務原価の計上】	役 務 提 供 後
ケース①		役務の提供＝対価の支払い (役務原価)　××× 　　(現金預金)　×××	
ケース②	対価の支払い ➡ (仕 掛 品)　××× 　　(現金預金)　×××	役務の提供 (役務原価)　××× 　　(仕 掛 品)　×××	
ケース③		役務の提供 ➡ (役務原価)　××× 　　(買 掛 金)　×××	対価の支払い (買 掛 金)　××× 　　(現金預金)　×××

2 収益認識の基本原則

　売上等の収益は，これまで「実現主義」の考え方により計上されてきました。実現主義とは，商品等の販売または役務の給付によって，その収益の計上に対する確実性およびその金額に対する客観性が認められたときに収益の計上を許す考え方をいいます。しかし，実現主義の考え方は解釈の幅を広く認めるため，近年における急激な通信技術の進展，それにともなうサービス産業の拡大，企業取引の国際化などにより，売上情報に関する企業間の比較可能性および国際的な会計基準との整合性が問われることとなりました。そこで，これを補完すべく売上等の収益の計上に関して「収益認識に関する会計基準」が定められました。

1. 適用範囲

広く,「顧客との契約から生じる収益」について適用されます。なお,簿記検定2級の学習においては,商品売買における「売上」の計上,およびサービス業における「役務収益」の計上について適用されると考えてよいです。

(注1)「顧客」とは,対価と交換に企業の通常の営業活動により生じたアウトプットである財またはサービスを得るために当該企業と契約した当事者をいいます。

(注2)「契約」とは法的な強制力のある権利および義務を生じさせる複数の当事者間における取り決めをいいます。

2. 5つのステップ

収益認識に関する会計基準では,「約束した財またはサービスの顧客への移転」を,「その財またはサービスと交換に企業が権利を得ると見込む対価の額で描写するように収益を認識する」ことが要請されています。

具体的には,以下の5つのステップを踏むことにより収益の計上を考えます。

① **契約の識別**

契約内容を精査し,その契約が「顧客との契約」にあたるかどうかを判定します。なお,簿記検定2級の学習における商品売買および役務提供取引は,原則として「顧客との契約」にあたると考えてよいです。

② **履行義務の識別**

識別した契約に含まれる「履行義務」を明らかにします。履行義務とは,顧客との契約において一定の財またはサービスを顧客に移転する約束をいいます。商品の売主であれば商品の引き渡しが,サービスの売主であればサービスの提供が,それぞれ履行義務となります。

③ **取引価格の算定**

識別した契約の「取引価格」を明らかにします。取引価格とは,財またはサービスの顧客への移転と交換に企業が権利を得ると見込む対価の額をいいます。基本的には販売価額となりますが,将来,返品・割戻し等が予定され,その対価が変動する場合(変動対価)や,第三者のために回収する金額(消費税など)が含まれている場合には,その金額を控除した金額となります。

④ **取引価格の配分**

複数の履行義務について1つの取引価格が定められた場合は,それぞれの履行義務を別個に販売した場合の価格(独立販売価格)にもとづき,取引価格を各履行義務に配分します。

⑤ **収益の認識(履行義務の充足)**

履行義務が「一時点」で充足されるのか,「一定期間」で充足されるのかを区別し,それぞれの態様に応じて,「取引価格」もしくは「配分された取引価格」を収益として認識します。

　以下の条件にもとづき，(1)当期首，(2)決算時，(3)次期の決算時の仕訳を三分法により示しなさい。なお，契約内容は，その期日または期間において，すべて履行されたものとする。

（条　件）

1．当期首に，当社はA社（顧客）と商品Xの販売と2年間の保守サービスを提供する1つの契約を締結した。

2．当社は契約締結後，ただちに商品XをA社に引き渡し，当期首から翌期末まで保守サービスを行う。

3．A社は商品Xの引き渡しと引き換えに現金12,000円を支払う。

4．当社における商品Xの販売価格は10,000円，1年あたりの保守サービスの販売価格は1,000円である。

〈解答・解説〉

　以下の5ステップを踏むことにより収益を認識します。

1．当期の仕訳

(1)　当期首（契約締結にともなう商品Xの引き渡しと対価の受け取り）

　　履行義務を充足した商品Xの販売について「売上」を計上します。2年間にわたる保守サービスについては，履行義務を充足していないため，「契約負債」を計上します。なお，「契約負債」は「前受金」等のより具体的な勘定科目をもって処理することもできます。

（現　　　　金）	12,000	（売　　　　上）	10,000
		（契　約　負　債）	2,000

(2) 決算時（保守サービスにかかる売上の計上）

期間の経過にともない履行義務を充足した当期分の保守サービスについて「契約負債」を取り崩し，「売上」または「役務収益」を計上します。

（契　約　負　債）	1,000	（売　　　　　上）	1,000

2．次期の仕訳

(3) 決算時（保守サービスにかかる売上の計上）

保守サービスの期間満了にともない，履行義務を充足した次期分の保守サービスについて「契約負債」を取り崩し，「売上」または「役務収益」を計上します。

（契　約　負　債）	1,000	（売　　　　　上）	1,000

3 契約資産と債権

いわゆる「掛け取引」にかかる売上の計上に際して，「契約資産」と「顧客との契約から生じた債権（＝売掛金）」の区別が問題となります。

(注1)「契約資産」とは，企業が顧客に移転した財またはサービスと交換に受け取る対価に対する企業の権利（ただし，債権を除く）をいいます。

(注2)「債権」とは，企業が顧客に移転した財またはサービスと交換に受け取る対価に対する企業の権利のうち無条件のもの（すなわち，対価に対する法的な請求権）をいいます。

⑴ 顧客との契約から生じた債権（＝売掛金）の計上

これまでどおり，「掛けで販売した」等，対価の受け取りについて期限の到来以外の条件が存在しない場合（＝無条件），その売上の計上に際して「顧客との契約から生じた債権（＝売掛金)」を計上します。

⑵ 契約資産の計上

1つの契約の中に複数の履行義務が存在し，すべての履行義務の充足が対価を受け取るための条件とされているような契約において，その一部の履行義務を充足したに過ぎない場合（＝無条件ではない），売上の計上に際して「契約資産 (資産)」を計上します。

　以下の条件にもとづき，(1)契約締結時，(2)当月末の仕訳を三分法により示しなさい。なお，契約内容は，その期日において，すべて履行されたものとする。

（条　件）

1．当社はA社（顧客）との間で商品Xおよび商品Yを以下の条件で売り渡す契約を締結した。

2．販売価格　商品X：10,000円　商品Y：15,000円

3．当社は契約締結後，ただちに商品Xを引き渡し，当月末に商品Yを引き渡す。

4．A社は当月末に，商品Yの引き渡しを条件として現金25,000円を支払う。

5．なお，商品Xと商品Yの引き渡しは独立した履行義務であり，それぞれA社に引き渡された時点で履行義務は充足されるものとする。

〈解答・解説〉

(1)　契約締結時（契約の締結および商品Xの引き渡し）

　商品Xについて売上を計上します。ただし，対価の受け取りについて商品Yの引き渡しが条件となっているため，「売掛金」ではなく，「契約資産」を計上します。

（契　約　資　産）	10,000	（売　　　　　上）	10,000

(2)　当月末（商品Yの引き渡しおよび代金の回収）

　商品Yにかかる「売上」の計上，および商品Xにかかる「契約資産」の回収を仕訳します。

（現　　　　　金）	25,000	（契　約　資　産）	10,000
		（売　　　　　上）	15,000

★supplement

一定期間にわたり1個の履行義務を充足する場合

　たとえば，ソフトウェアの制作会社がその開発および制作に数年を要するソフトウェアの制作を受注し，その履行義務の充足にかかる進捗度を毎期合理的に見積ることができる場合には，当該進捗度にもとづき，その数年にわたり「役務収益」を計上します。なお，進捗度は，原則として予想される原価の総額（見積原価総額）に対する発生原価の割合にもとづき算出します。

　また，役務収益の計上にともない，その制作費用は「役務原価」に計上します。

1．進捗度を見積ることができる場合

　期末において，履行義務の充足にかかる進捗度を算出し，当該進捗度にもとづき役務収益を計上します。また，役務収益に直接対応する費用は役務原価に計上します。

■**設 例**

(1) 当社はA社より顧客管理用のソフトウェアの制作を受注した。その契約価額は100,000円，見積りによる原価総額は60,000円，開発期間は2年と見積られた。

(2) 当期におけるA社ソフトウェアの制作費用は45,000円であり，これを現金で支払った。

(3) 期末においてA社ソフトウェアにかかる役務収益を計上する。なお，履行義務の充足にかかる進捗度は75％と見積られた。また，この制作費用45,000円を仕掛品から役務原価に振り替える。

〈解答・解説〉

(1) 契約締結時

契約締結時において，履行義務の充足がないため，役務収益，役務原価の計上はできません。

仕 訳 な し

(2) 制作費用の支払い

| （仕 掛 品） | 45,000 | （現 金） | 45,000 |

(3) 期末（役務収益および役務原価の計上）

履行義務の充足にかかる進捗度が75％（当期発生原価45,000円÷見積原価総額60,000円）と見積られたため，当該進捗度にもとづき役務収益を計上します。なお，この時点においてソフトウェアの完成・引き渡しという履行義務は完全には充足されていないため，その対価は無条件ではありません。そのため，その相手科目として「契約資産」を計上します。

また，制作費用について仕掛品から役務原価へ振り替えます。

| （契 約 資 産） | 75,000 | （役 務 収 益） | 75,000* |
| （役 務 原 価） | 45,000 | （仕 掛 品） | 45,000 |

* 売上の計上額：100,000円×75％＝75,000円

2．進捗度を見積ることができない場合

進捗度を合理的に見積ることができない場合には，原則として，その役務提供の完了をもって役務収益・役務原価を計上します。

4 売上割戻

契約により定められた一定額以上の売上に対して行われる商品代金の返戻額（いわゆるリベート）を売上割戻といいます。売上割戻に関しては，これまで売上取引の修正と考えて会計処理を行ってきましたが，「収益認識に関する会計基準」が適用されることにより，商品の販売時において，予想される割戻しの額は「返金負債（**負債**）」として計上し，残額を「売上」に計上します。今後，予想される割戻しの額は，原則として，売上を計上できません。

当社はA社（顧客）に対して商品Zを販売しており，その契約条件および販売実績は以下の資料のとおりである。よって，(1) 4月の取引（①売上の計上および②月末），(2) 5月の取引（①売上の計上および②月末）について必要な仕訳を示しなさい。なお，商品売買の記帳は三分法による。

（資　料）

1．契約条件
　　・商品Z1個あたりの販売価格：800円
　　・1か月あたりの販売個数が1,000個に達した場合，毎月末において1個あたり50円の金額を割り戻し，売掛金と相殺する。
　　・A社に対する商品Zの販売個数は1か月あたり1,500個と見積られた。
2．4月におけるA社に対する商品Zの販売個数は1,200個であった。
3．5月におけるA社に対する商品Zの販売個数は900個であった。

〈解答・解説〉

(1)　4月の取引

① 　売上の計上（4月1日〜4月30日）

割戻しが予想される金額について，「返金負債」を計上し，残額を「売上」に計上します。

（売　掛　金）*3	960,000	（売　　　　上）*2	900,000
		（返　金　負　債）*1	60,000

＊1　@50円×1,200個＝60,000円（予想される割戻額）
＊2　（@800円－@50円）×1,200個＝900,000円
＊3　@800円×1,200個＝960,000円

② 　月末（割戻しの条件を満たした場合）

割戻しの実施にともない，「返金負債」を取り崩し，「売掛金」の減少の仕訳をします。

（返　金　負　債）*	60,000	（売　掛　金）	60,000

＊　割戻額：@50円×1,200個＝60,000円

(2)　5月の取引

① 　売上の計上（5月1日〜5月31日）

割戻しが予想される金額について，「返金負債」を計上し，残額を「売上」に計上します。なお，5月の販売実績は900個ですが，販売時における販売予測はあくまで1,500個であり，将来の売上割戻が予測されていることに注目してください。

（売 掛 金）*3	720,000	（売 上）*2	675,000
		（返 金 負 債）*1	45,000

* 1　@50円×900個＝45,000円（予想される割戻額）
* 2　（@800円－@50円）×900個＝675,000円
* 3　@800円×900個＝720,000円

② 月末（割戻しの条件を満たさなかった場合）

　5月における販売個数が900個であるため，割戻しは実施されません。そこで，計上した「返金負債」の金額を「売上」に計上します。

（返 金 負 債）*	45,000	（売 上）	45,000

*　@50円×900個＝45,000円

研究　発生主義会計

1．損益会計の目的

　損益会計の目的は，損益計算書において適正な期間損益を明らかにすることです。また，その期間損益は貨幣性の資産（現金・預金，金銭債権）に裏付けされた損益でなければなりません。

　この目的を達成するため，会計基準（企業会計原則）は，損益会計における収益・費用の計上について以下のように定めています。

2．収益・費用の計上原則

　収益・費用の計上原則とは，収益・費用を「いくら計上すべきなのか（測定）」，「いつ計上すべきなのか（認識）」を決定するための基本的な考え方のことです。

> 「企業会計原則　損益計算書原則　一A」
>
> 　すべての費用及び収益は，その支出及び収入に基づいて計上し，その発生した期間に正しく割当てられるように処理しなければならない。ただし，未実現収益は，原則として，当期の損益計算に計上してはならない。
>
> 　前払費用及び前受収益は，これを当期の損益計算から除去し，未払費用及び未収収益は，当期の損益計算に計上しなければならない。

(1) 収益・費用の測定原則（いくら計上するか？）⇐ 収支主義の原則

　収益・費用は，「収入」および「支出」にもとづいて計上します。これを収支主義の原則といいます。

　ただし，収支主義の原則は，あくまでも計上する金額を決定するための原則で，いつ計上するのかということとは，直接の関係はありません。したがって，①ここでいう収入・支出には，過去の収入・支出および将来の収入・支出が含まれます。逆にいえば，②当期の収入・支出が，かならずしも当期の収益・費用になるとは限りません。

〈例〉当期に商品10,000円を掛けで販売し，翌期に回収予定である。

　① 当期の売上高10,000円を，将来の収入予定額10,000円にもとづき計上する。

② 翌期に10,000円の収入があるが，翌期に売上は計上されない。

(2) 収益・費用の認識原則（いつ計上するか？）⇐ 発生主義の原則

収益・費用は，発生の事実にもとづいて計上します。これを発生主義の原則といいます。なお，ここでいう「発生」とは，企業活動の進行によって経済価値が増減することをいい，価値が増加すれば収益が発生したと考え，価値が減少すれば費用が発生したと考えます。

(3) 収益の認識原則 ⇐ 実現主義の原則および収益認識に関する会計基準

制度会計上，収益は，実現の事実にもとづいて計上します。すなわち，収益の認識は，発生主義ではなく，実現主義に修正されています。なお，ここでいう「実現の事実」とは，収益に「確実性」が認められ，金額に「客観性」が認められることをいい，一般的には，企業外部の第三者に財貨または用役の提供が行われ，その対価としての貨幣性の資産（現金・預金および売掛金・受取手形などの金銭債権）を取得することにより，収益が実現したと考えます。実現の条件を満たさない収益を「未実現収益」といい，原則として未実現収益を計上することは認められていません。

また，売上等の「顧客との契約から生じる収益」に関しては2021年4月1日以降，「収益認識に関する会計基準」が実現主義に優先して適用されます。

3．費用収益対応の原則

適正な期間利益を算定するためには，各会計期間において，企業活動の成果である収益と収益を獲得するために費やされた費用との適切な対応関係を図る必要があります。

したがって，発生主義の原則により認識された費用（期間発生費用）であっても，当期の収益に対応しない費用の金額は，当期の費用として計上すべきではありません。

そこで，当期の収益に対応しない費用の金額は，これを「資産」として認識し，次期以降の期間に繰り延べます。

4．発生主義会計

現行制度上，収益は「実現主義の原則」および「収益認識に関する会計基準」により期間実現収益を認識し，費用は「発生主義の原則」により期間発生費用を認識します。そして，「費用収益対応の原則」により期間実現収益に対応する期間対応費用を計上し，損益計算を行う会計システムを発生主義会計といいます。

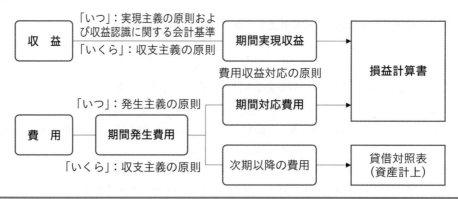

MEMO

18 本支店会計
Theme

Check ここでは，本支店会計の基本となる本支店間取引がどのように仕訳されるかを学習します。

1 本支店会計とは

　企業の規模が大きくなり販売地域が広がると，各地に支店を設けるようになります。その結果，本支店間あるいは支店相互間の取引が必然的に生じることから，これらの取引を処理する会計制度が必要になります。さらには，本店独自の業績や支店独自の業績を把握するとともに，これらを合算して会社全体の経営成績や財政状態を明らかにすることも必要になります。これにこたえる会計制度が本支店会計です。

　本支店会計では，支店独自の業績を把握するため，本店だけでなく支店にも独立した帳簿組織（仕訳帳や総勘定元帳など）を備えて取引を記帳することとなります。

> （注）上記，本文で述べた本支店会計を支店独立会計制度といいます。それに対して、支店に帳簿（仕訳帳および総勘定元帳）を与えず、支店の取引をすべて本店に報告させ、本店の帳簿に支店の取引をも記帳する本支店会計を本店集中会計制度といいます。
> なお、過去における簿記検定2級の本支店会計は支店独立会計制度を前提に出題されています。

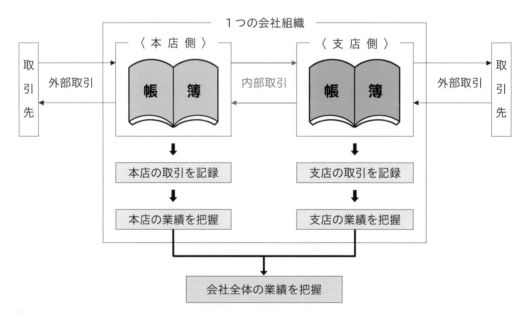

2 本支店間取引（内部取引）

1. 支店勘定と本店勘定

　本支店会計においては，本支店間で生じる取引（本支店間取引）は企業内部における貸借関係，つまり債権・債務の関係とみなされ，本店側では支店勘定を，また支店側では本店勘定を設けて処理します。支店勘定と本店勘定は，それぞれ独立した会計単位を構成する本店と支店の帳簿を結びつける役割を果たしているため，照合勘定といわれます。

この照合勘定は，本支店間の貸借関係を処理するためのものなので，その残高は貸借逆で必ず一致します。支店勘定は通常，借方残高となり支店に対する債権（貸し）を示しますが，その本質は投資額を意味します。また，本店勘定は通常，貸方残高となり本店に対する債務（借り）を示しますが，その本質は支店の純資産額を表すため支店の資本に相当します。

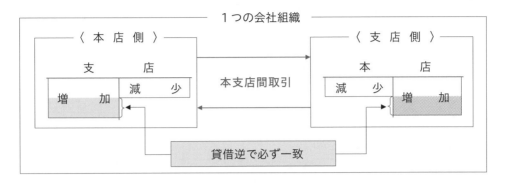

本支店間の送金取引では，本店側と支店側でそれぞれ次のように仕訳されます。

仕訳例 01

本店は支店に現金1,000円を送付し，支店はこれを受け取った。

本 店 側 の 仕 訳	支 店 側 の 仕 訳
（支　店） 1,000 （現　金）1,000	（現　金） 1,000 （本　店）1,000

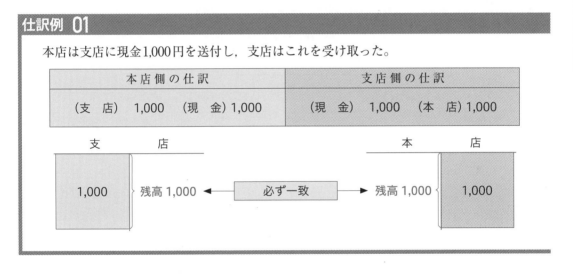

2. いろいろな取引

本支店間の取引には送金取引以外にも，債権・債務の決済取引などいろいろな取引が本店側と支店側で仕訳されますが，それぞれの仕訳を考える前に，まず1つの会社組織として他の会社とどのような外部取引をしたか考えるとよいです。

(1) 費用の立替払い

支店は本店の営業費200円を現金で支払い，本店はこの連絡を受けた。

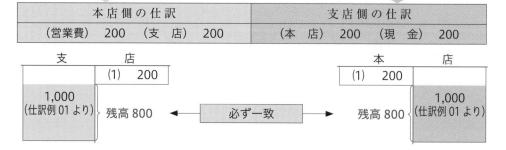

1つの会社組織としての仕訳

| （営業費） 200 | （現　金） 200 |

本 店 側 の 仕 訳	支 店 側 の 仕 訳
（営業費） 200 　（支　店） 200	（本　店） 200 　（現　金） 200

支　　店
	(1)　200
1,000 （仕訳例01より）	

残高 800　◀ ——— 必ず一致 ——— ▶　残高 800

本　　店
(1)　200	
	1,000 （仕訳例01より）

(2) 債務の支払い

支店は本店の買掛金300円を現金で立替払いし，本店はこの連絡を受けた。

1つの会社組織としての仕訳

| （買掛金） 300 | （現　金） 300 |

本 店 側 の 仕 訳	支 店 側 の 仕 訳
（買掛金） 300 　（支　店） 300	（本　店） 300 　（現　金） 300

支　　店
	(1)　200 (2)　300
1,000	

残高 500　◀ ——— 必ず一致 ——— ▶　残高 500

本　　店
(1)　200 (2)　300	
	1,000

(3) 債権の回収

本店は支店の売掛金400円を現金で回収し，支店はこの連絡を受けた。

1つの会社組織としての仕訳

| （現　金） 400 | （売掛金） 400 |

本 店 側 の 仕 訳	支 店 側 の 仕 訳
（現　金） 400 　（支　店）400	（本　店） 400 　（売掛金） 400

支　　店
	(1)　200 (2)　300 (3)　400
1,000	

残高 100　◀ ——— 必ず一致 ——— ▶　残高 100

本　　店
(1)　200 (2)　300 (3)　400	
	1,000

次の取引を本店および支店の立場から仕訳しなさい。また，支店勘定，本店勘定への転記も行いなさい（相手科目は省略してよい）。

〈指定勘定科目〉　現金　売掛金　買掛金　営業費　本店　支店

(1)　本店は支店へ現金2,000円を送金した。支店はこれを受け取った。

(2)　本店は支店の取引先に，支店の営業費6,000円を現金で支払った。支店はこの連絡を受けた。

(3)　支店は本店の仕入先へ，買掛金8,000円を現金で立替払いした。本店はこの連絡を受けた。

(4)　支店は本店の得意先より売掛金3,000円を現金で回収し，本店はこの連絡を受けた。

本　店　側	
支　　　店	

支　店　側	
本　　　店	

Theme
18

本支店会計

★supplement

本支店間における商品の振り替え

本支店間における内部取引として，商品をその「原価」で振り替える場合，原則として，「仕入」の増減でそれぞれ処理します。

■**仕訳例**　本店は原価100,000円の商品を支店に振り替えた。

本店側の仕訳		支店側の仕訳	
（支　　　店）100,000　（仕　　　入）100,000		（仕　　　入）100,000　（本　　　店）100,000	

ただし，企業外部との商品売買取引と区別するため，以下の勘定科目を用いて処理することもあります。

発送側 ──→ 「支店売上」(本店側)，「本店売上」(支店側)
受入側 ──→ 「本店仕入」(支店側)，「支店仕入」(本店側)

これらの勘定も，残高が本店側と支店側において貸借逆で必ず一致するため，照合勘定とよばれます。

■**仕訳例**　本店は原価100,000円の商品を支店に振り替えた。

本店側の仕訳		支店側の仕訳	
（支　　　店）100,000　（支店売上）100,000		（本店仕入）100,000　（本　　　店）100,000	

267

3 支店間取引（支店が複数あるとき）

1. 支店分散計算制度

　それぞれの支店が本店を経ずに直接処理する方法であり，各支店には本店勘定と他支店勘定が設けられます。各支店では支店間の取引が明確となり，支店独自の管理に役立ちますが，本店が支店間の取引を把握できないので，本店の経営管理が不十分になります。

仕訳例 03

　大宮支店は，横浜支店に対して現金1,000円を送付した。本店および各支店の仕訳を示しなさい。

（横浜支店）1,000　（現　　　金）1,000　　　（現　　　金）1,000　（大宮支店）1,000

2. 本店集中計算制度

　支店間の取引を本店と各支店の取引とみなして処理する方法であり，各支店では本店勘定のみが設けられ，本店では各支店の勘定が設けられます。本店は支店間のすべての取引を把握できるため，本店が支店を管理するうえから望ましい方法です。

仕訳例 04

　大宮支店は，横浜支店に対して現金1,000円を送付した。本店および各支店の仕訳を示しなさい。

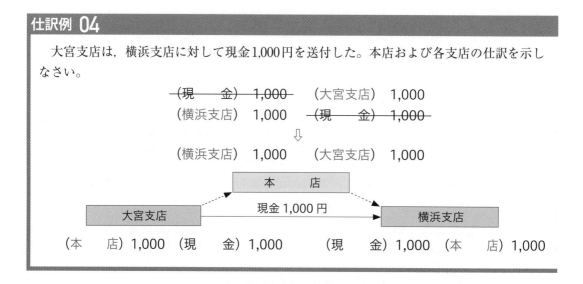

（本　　　店）1,000　（現　　　金）1,000　　　（現　　　金）1,000　（本　　　店）1,000

4 決算手続

支店が独立した会計帳簿をもっているときは，会計年度末に本店および各支店ともそれぞれ決算を行い，おのおのの業績を把握します。

しかし，法律上は1つの会社組織であり，経営成績と財政状態に関する外部への報告は1つの会社として行わなければなりません。そこで，本店は本店と支店の独立した帳簿をもとに，1つの会社としての合併財務諸表（合併損益計算書と合併貸借対照表）を作成することになります。

以下，合併財務諸表の作成までの流れを示すと次のようになります。

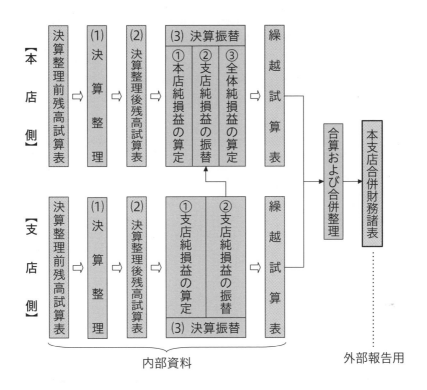

本支店会計における決算の注意点は，決算振替と合算および合併整理であり，これを順に説明していきます。

当社は本店のほかに支店を有し，支店独立会計制度を採用している。以下の資料にもとづいて，本店および支店の決算整理後残高試算表を作成しなさい。

（資料1）決算整理前残高試算表

決算整理前残高試算表

借　方	本店側	支店側	貸　方	本店側	支店側
現 金 預 金	180,000	38,000	買　掛　金	176,000	35,500
売　掛　金	128,000	90,000	貸 倒 引 当 金	4,000	1,500
繰 越 商 品	80,000	35,000	本　　　店	——	116,000
支　　　店	116,000	——	資　本　金	200,000	——
仕　　　入	500,000	550,000	繰越利益剰余金	64,000	——
営　業　費	160,000	100,000	売　　　上	720,000	660,000
	1,164,000	813,000		1,164,000	813,000

（資料2）決算整理事項

1．期末商品棚卸高は次のとおりである。

　　本店：90,000 円

　　支店：66,000 円

2．売掛金の期末残高に対して，5％の貸倒引当金を差額補充法により設定する。

〈解答欄〉

決算整理後残高試算表

借　方	本店側	支店側	貸　方	本店側	支店側
現 金 預 金			買　掛　金		
売　掛　金			貸 倒 引 当 金		
繰 越 商 品			本　　　店	——	
支　　　店		——	資　本　金		——
仕　　　入			繰越利益剰余金		——
営　業　費			売　　　上		
貸倒引当金繰入					

〈解答・解説〉

決算整理後残高試算表

借　　方	本店側	支店側	貸　　方	本店側	支店側
現 金 預 金	180,000	38,000	買 掛 金	176,000	35,500
売 掛 金	128,000	90,000	貸 倒 引 当 金	6,400	4,500
繰 越 商 品	90,000	66,000	本　　　店	——	116,000
支　　　店	116,000	——	資 本 金	200,000	——
仕　　　入	490,000	519,000	繰越利益剰余金	64,000	——
営 業 費	160,000	100,000	売　　　上	720,000	660,000
貸倒引当金繰入	2,400	3,000			
	1,166,400	816,000		1,166,400	816,000

本　　店　　側	支　　店　　側

(1) 決算整理

① 売上原価の計算

(仕　　　入)	80,000	(繰 越 商 品)	80,000
(繰 越 商 品)	90,000	(仕　　　入)	90,000

② 貸倒引当金の設定（差額補充法）

(貸倒引当金繰入)*	2,400	(貸倒引当金)	2,400

＊　128,000円× 5 ％－4,000円＝2,400円

(2) 決算整理後残高試算表

決算整理後残高試算表

現 金 預 金	180,000	買 掛 金	176,000
売 掛 金	128,000	貸 倒 引 当 金	6,400
繰 越 商 品	90,000	資 本 金	200,000
支　　　店	116,000	繰越利益剰余金	64,000
仕　　　入	490,000	売　　　上	720,000
営 業 費	160,000		
貸倒引当金繰入	2,400		
	1,166,400		1,166,400

(1) 決算整理

① 売上原価の計算

(仕　　　入)	35,000	(繰 越 商 品)	35,000
(繰 越 商 品)	66,000	(仕　　　入)	66,000

② 貸倒引当金の設定（差額補充法）

(貸倒引当金繰入)*	3,000	(貸倒引当金)	3,000

＊　90,000円× 5 ％－1,500円＝3,000円

(2) 決算整理後残高試算表

決算整理後残高試算表

現 金 預 金	38,000	買 掛 金	35,500
売 掛 金	90,000	貸 倒 引 当 金	4,500
繰 越 商 品	66,000	本　　　店	116,000
仕　　　入	519,000	売　　　上	660,000
営 業 費	100,000		
貸倒引当金繰入	3,000		
	816,000		816,000

5 決算振替（純損益の振り替え）

　収益・費用の諸勘定を締め切り，純損益を算定するための手続きを決算振替といいます。本支店会計の場合，決算整理後の収益および費用をそれぞれの帳簿に設けた損益勘定に振り替えることにより，本店・支店独自の純損益を明らかにするとともに，その後，本店において会社全体の純損益を算定します。

設例 18-2

　決算整理後における本店側の諸収益は720,000円，諸費用は652,400円であり，支店側における諸収益は660,000円，諸費用は622,000円であった。決算振替仕訳を行いなさい。

〈解答・解説〉

(1) 諸収益，諸費用の振り替え

本店側の仕訳				支店側の仕訳			
（諸 収 益）720,000	（損　　益）720,000			（諸 収 益）660,000	（損　　益）660,000		
（損　　益）652,400	（諸 費 用）652,400			（損　　益）622,000	（諸 費 用）622,000		

　※　本店純損益：720,000円−652,400円＝67,600円　　※　支店純損益：660,000円−622,000円＝38,000円

(2) 支店純損益の振り替え

　支店の帳簿で計算された支店の純損益を損益勘定から本店勘定に振り替えます。

　また，本店は，支店の純損益を支店勘定に記入するとともに，本店の損益勘定に計上します。

本店側の仕訳		支店側の仕訳	
（支　　店）38,000	（損　　益）38,000	（損　　益）38,000	（本　　店）38,000

(本店側)	損		益
諸　費　用	652,400	諸　収　益	720,000
本店純利益	67,600		
支店純利益	38,000	支　　店（支店純利益）	38,000

(支店側)	損		益
諸　費　用	622,000	諸　収　益	660,000
本　　店（支店純利益）	38,000		

(本店側)	支		店
前 期 繰 越	××	期 中 減 少	××
期 中 増 加	××		
損　　益（支店純利益）	38,000	次 期 繰 越	××

(支店側)	本		店
期 中 減 少	××	前 期 繰 越	××
		期 中 増 加	××
次 期 繰 越	××	損　　益（支店純利益）	38,000

一致

支店の純損益を，「本店」勘定・「支店」勘定を経由して本店の「損益」勘定に振り替える

次の決算整理後残高試算表をもとに本店および支店の損益勘定の記入を完成させなさい。

決算整理後残高試算表

借　方	本店側	支店側	貸　方	本店側	支店側
現　金　預　金	180,000	38,000	買　　掛　　金	176,000	35,500
売　　掛　　金	128,000	90,000	貸　倒　引　当　金	6,400	4,500
繰　越　商　品	90,000	66,000	本　　　　　店	――	116,000
支　　　　　店	116,000	――	資　　本　　金	200,000	――
仕　　　　　入	490,000	519,000	繰越利益剰余金	64,000	――
営　　業　　費	160,000	100,000	売　　　　　上	720,000	660,000
貸倒引当金繰入	2,400	3,000			
	1,166,400	816,000		1,166,400	816,000

〈解答欄〉

〈本店側〉　　　　　　　　　損　　　　　益

仕　　　　　入	（　　　　）	売　　　　　上	（　　　　）
営　　業　　費	（　　　　）	支　　　　　店	（　　　　）
貸倒引当金繰入	（　　　　）		
繰越利益剰余金	（　　　　）		
	（　　　　）		（　　　　）

〈支店側〉　　　　　　　　　損　　　　　益

仕　　　　　入	（　　　　）	売　　　　　上	（　　　　）
営　　業　　費	（　　　　）		
貸倒引当金繰入	（　　　　）		
本　　　　　店	（　　　　）		
	（　　　　）		（　　　　）

〈解答・解説〉

〈本店側〉	損	益	
仕　　　　　入　（　490,000　）	売　　　　　上　（　720,000　）
営　業　費　（　160,000　）	支　　　　　店　（　38,000　）
貸倒引当金繰入　（　2,400　）	
繰越利益剰余金　（　105,600　）	
（　758,000　）	（　758,000　）

*　本店の損益勘定で計算された会社全体の当期純利益105,600円が，後述する［設例18－4］の外部公表用の本支店合併損益計算書の当期純利益と一致することを確認してください。

〈支店側〉	損	益	
仕　　　　　入　（　519,000　）	売　　　　　上　（　660,000　）
営　業　費　（　100,000　）	
貸倒引当金繰入　（　3,000　）	
本　　　　　店　（　38,000　）	
（　660,000　）	（　660,000　）

本　店　側	支　店　側

本店側

(1)　**決算振替**

①　**収益・費用の振り替え**

（売　　上）720,000　（損　　益）720,000

（損　　益）652,400　（仕　　入）490,000
　　　　　　　　　　（営　業　費）160,000
　　　　　　　　　　（貸倒引当金繰入）2,400

②　**支店純利益の振り替え**

（支　　店）38,000　（損　　益）38,000

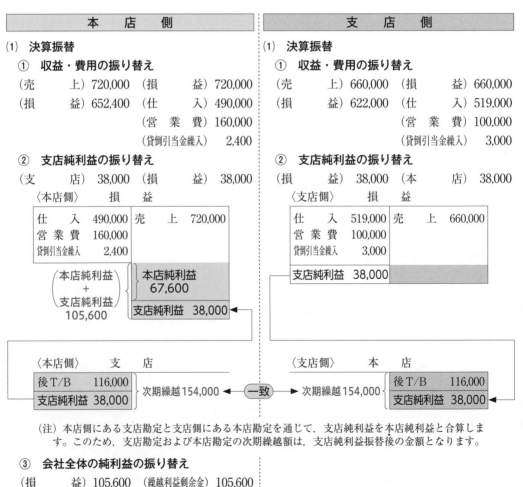

③　**会社全体の純利益の振り替え**

（損　　益）105,600　（繰越利益剰余金）105,600

支店側

(1)　**決算振替**

①　**収益・費用の振り替え**

（売　　上）660,000　（損　　益）660,000

（損　　益）622,000　（仕　　入）519,000
　　　　　　　　　　（営　業　費）100,000
　　　　　　　　　　（貸倒引当金繰入）3,000

②　**支店純利益の振り替え**

（損　　益）38,000　（本　　店）38,000

(注)　本店側にある支店勘定と支店側にある本店勘定を通じて，支店純利益を本店純利益と合算します。このため，支店勘定および本店勘定の次期繰越額は，支店純利益振替後の金額となります。

6 本支店合併財務諸表（合併F/S）の作成

1. 本支店合併財務諸表（合併F/S）の作成手順

　本店と支店は，法律上は1つの会社組織であり，一定期間における経営成績および一定時点における財政状態に関する外部への報告は，1つの会社として行わなければなりません。そこで，本店と支店の独立した帳簿をもとに，本店では本支店合併の損益計算書（合併P/L）および貸借対照表（合併B/S）を作成します。

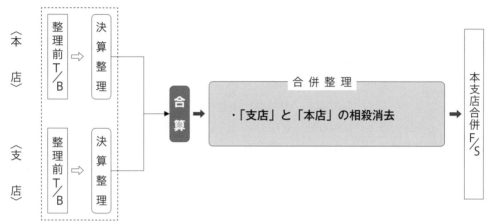

　（注）本支店合併財務諸表作成上の合併整理は，帳簿外の本支店会計用の精算表（合併精算表）で行います。

2. 合併整理

⑴ 合　算

　決算整理後の本店と支店の損益計算書および貸借対照表の同一項目を合算します。

⑵ 支店勘定と本店勘定の相殺消去

　本店の支店勘定と支店の本店勘定とは，会社内部の債権・債務を示すものなので，対外的には意味がありません。したがって，支店勘定と本店勘定は合併精算表上相殺消去し，本支店合併貸借対照表に表示しません。

　（注）この仕訳は，合併精算表上の仕訳であり，仕訳帳および総勘定元帳には記録されません。

275

当社は本店のほかに支店を有し，支店独立会計制度を採用している。以下の資料にもとづいて，本支店の合併損益計算書および合併貸借対照表を作成しなさい。

（資料）決算整理後残高試算表

決算整理後残高試算表

借　方	本店側	支店側	貸　方	本店側	支店側
現 金 預 金	180,000	38,000	買 掛 金	176,000	35,500
売 掛 金	128,000	90,000	貸倒引当金	6,400	4,500
繰 越 商 品	90,000	66,000	本　　店	——	116,000
支　　店	116,000	——	資 本 金	200,000	——
仕　　入	490,000	519,000	繰越利益剰余金	64,000	——
営 業 費	160,000	100,000	売　　上	720,000	660,000
貸倒引当金繰入	2,400	3,000			
	1,166,400	816,000		1,166,400	816,000

〈解答欄〉

本支店合併損益計算書

費　用	金　額	収　益	金　額
売 上 原 価	(　　　　)	売 上 高	(　　　　)
営 業 費	(　　　　)		
貸倒引当金繰入	(　　　　)		
当 期 純 利 益	(　　　　)		
	(　　　　)		(　　　　)

本支店合併貸借対照表

資　産	金　額	負債・純資産	金　額
現 金 預 金	(　　　　)	買 掛 金	(　　　　)
売 掛 金	(　　　　)	資 本 金	(　　　　)
貸 倒 引 当 金	(△　　　)	繰越利益剰余金	(　　　　)
商　　品	(　　　　)		
	(　　　　)		(　　　　)

〈解答・解説〉

本支店合併損益計算書

費　　用	金　　額	収　　益	金　　額
売 上 原 価	（ 1,009,000 ）	売 　上 　高	（ 1,380,000 ）
営 業 費	（ 260,000 ）		
貸倒引当金繰入	（ 5,400 ）		
当 期 純 利 益	（ 105,600 ）		
	（ 1,380,000 ）		（ 1,380,000 ）

本支店合併貸借対照表

資　　産	金　　額	負債・純資産	金　　額
現 金 預 金	（ 218,000 ）	買 掛 金	（ 211,500 ）
売 掛 金	（ 218,000 ）	資 本 金	（ 200,000 ）
貸 倒 引 当 金	（△ 10,900 ）	繰越利益剰余金	（ 169,600 ）
商 品	（ 156,000 ）		
	（ 581,100 ）		（ 581,100 ）

1．解答手順

　決算整理後残高試算表が与えられているため，本店と支店の同一項目（勘定残高）を合算し，支店と本店の照合勘定は合併財務諸表には記載しないことに注意しながら，合併損益計算書と合併貸借対照表を作成します。

2．合併整理仕訳

（本　　　　　店） 116,000	（支　　　　　店） 116,000

3．繰越利益剰余金の算定

　決算整理後残高試算表の金額に当期純利益を加算して求めます。

　　繰越利益剰余金 = 64,000円〈決算整理後残高試算表〉+ 105,600円〈当期純利益〉
　　　　　　　　　 = 169,600円

解答・解説425ページ

次の（資料1）決算整理前残高試算表，（資料2）当月における本支店間取引等および（資料3）期末修正事項にもとづいて，以下に示した略式の本支店合併財務諸表を作成しなさい。なお，会計期間は1年，決算日は3月31日である。

（資料1）決算整理前残高試算表

残 高 試 算 表

借 方	本 店	支 店	貸 方	本 店	支 店
現 金 預 金	394,300	（各自推定）	買 掛 金	343,800	196,300
売 掛 金	253,000	297,000	貸 倒 引 当 金	4,200	4,000
繰 越 商 品	（各自推定）	148,000	減価償却累計額	50,000	24,000
備 品	250,000	120,000	本 店	——	（各自推定）
支 店	（各自推定）	——	資 本 金	800,000	——
仕 入	1,780,000	1,081,000	繰越利益剰余金	61,000	——
営 業 費	338,500	282,000	売 上	2,427,000	1,560,000
	3,686,000	（各自推定）		3,686,000	（各自推定）

（資料2）当月における本支店間取引等

前月末における本店における支店勘定の残高は327,400円である。また，当月における本支店間の取引は以下のとおりであり，適正に処理されている。

1．支店から本店への送金56,700円。

2．本店が支店に発送した商品69,000円。

3．支店で回収した本店の売掛金23,000円。

4．本店で支払った支店の買掛金43,200円。

5．本店で立て替えた支店の営業費24,600円。

（資料3）期末修正事項

1．期末商品棚卸高は次のとおりである。売上原価は仕入勘定で算定する。

　　本店：110,000円　　　　支店：159,000円

2．売上債権の期末残高に対し，本支店ともに2％の貸倒れを見積る（差額補充法）。

3．備品減価償却費　　　本店：40,000円　　　　支店：19,200円

4．営業費の前払い　　　本店：　2,000円　　　　支店：　1,000円

合併損益計算書
自×年 4 月 1 日　至×年 3 月 31 日　　　　　（単位：円）

費　　用	金　額	収　　益	金　額
売 上 原 価	（　　　　）	売　上　高	（　　　　）
貸倒引当金繰入	（　　　　）		
減 価 償 却 費	（　　　　）		
営　業　費	（　　　　）		
当 期 純 利 益	（　　　　）		
	（　　　　）		（　　　　）

合併貸借対照表
×年 3 月 31 日　　　　　（単位：円）

資　　産	金　額	負債・純資産	金　額
現 金 預 金	（　　　　）	買　掛　金	（　　　　）
売　掛　金	（　　　　）	貸 倒 引 当 金	（　　　　）
商　　品	（　　　　）	減価償却累計額	（　　　　）
前 払 費 用	（　　　　）	資　本　金	（　　　　）
備　　品	（　　　　）	繰越利益剰余金	（　　　　）
	（　　　　）		（　　　　）

19
Theme

合併と事業譲渡

Check ここでは，企業再編に係る特殊な会計処理（企業結合）のうち，合併と事業譲渡を学習します。

　ある企業（またはその企業を構成する事業）と他の企業（またはその他の企業を構成する事業）とが，一つの報告単位に統合されることを企業結合といい，合併や事業譲渡などが問題となります。

　（注）企業結合には上記のほかに株式交換，株式移転および会社の分割，共同支配企業の形成，子会社株式の取得などがありますが１級の学習範囲です。

1 合併とは

1. 合併とは

　合併とは，２つ以上の会社が１つの会社に合体することをいいます。

　合併は，市場における過当競争の回避，経営組織の合理化，市場占有率の拡大などを目的として行われ，その形態には①吸収合併と②新設合併の２つがあります。

　吸収合併とは，ある会社が他の会社を吸収する合併形態をいいます。このとき，存続する会社を存続会社（合併会社），消滅する会社を消滅会社（被合併会社）といいます。

　新設合併とは，すべての会社を消滅させ，新会社を設立する合併形態をいいます。

　（1）　**吸収合併**

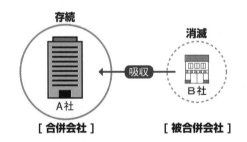

　（2）　**新設合併**

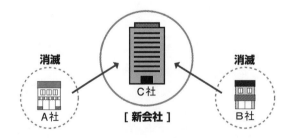

2. 吸収合併

吸収合併は，合併会社が被合併会社の資産および負債をすべて引き継ぎ，その対価として被合併会社の株主に対して合併会社の株式等を交付します。合併会社の株式が交付された場合，被合併会社の株主は新たに合併会社の株主となります。

A社を合併会社，B社を消滅会社とし，合併の対価としてA社の株式が交付されたときに，合併の前後における会社と株主の関係は次のようになります。

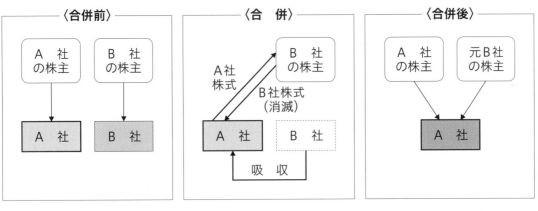

吸収合併による場合，A社はB社の資産および負債を引き継ぐため，これらを引き受ける仕訳を行います。このとき引き受ける資産および負債の価額は，時価などを基準とした公正な価値となります。また，合併の対価としてA社の株式が交付された場合，その発行価額（時価等）にもとづき資本金等を計上します。

（諸　資　産）	⊕	×× 時価	（諸　負　債）	⊕	×× 時価
			（資　本　金）	⊕	××

3. のれんの計上

合併により受け入れた資産と負債の差額（時価純資産）と新たに交付される株式の価額（時価等）とを比較して，時価純資産の額が少ないときは，その差額をのれん**（資産）**として計上します。なお，時価純資産の額が多いときは，その差額を負ののれん発生益**（収益）**として計上します。負ののれん発生益は損益計算書の「特別利益」の区分に表示します。

被合併会社の修正貸借対照表

	（諸　資　産）⊕	×× 時価		（諸　負　債）⊕	×× 時価
	（の　れ　ん）⊕	××		（資　本　金）⊕	××

仕訳例 01

A社は下記に示すB社を吸収合併した。A社はB社の株主に対して新株を交付した。合併直前のB社の資産・負債の公正な価値は諸資産225,000円，諸負債は150,000円である。

なお，A社株式の時価は80,000円であり，発行した株式については全額を資本金とする。

（諸　資　産）	225,000	（諸　負　債）	150,000
（の　れ　ん）*	5,000	（資　本　金）	80,000

* （225,000円 − 150,000円）− 80,000円 = △5,000円

（注）諸資産・諸負債は具体的な勘定科目を使いますが，簿記検定2級の出題傾向にしたがって，ここでは「諸資産」「諸負債」としています。

---

4. 資本金等の計上

合併により新たに交付される株式の価額（時価等）をもって資本金を計上しますが，その一部を資本金としないこともできます。この場合，その残額を資本準備金**（純資産）**またはその他資本剰余金**（純資産）**として計上します。

被合併会社の修正貸借対照表

A社は下記に示すB社を吸収合併した。A社はB社の株主に対して新株を交付した。合併直前のB社の資産・負債の公正な価値は諸資産225,000円，諸負債は150,000円である。

なお，A社株式の時価は80,000円であり，発行した株式について50,000円を資本金に組み入れ，残額を資本準備金とする。

(諸　資　産)	225,000	(諸　負　債)	150,000
(の　れ　ん)*1	5,000	(資　本　金)	50,000
		(資本準備金)*2	30,000

＊1　(225,000円 − 150,000円) − 80,000円 = △5,000円
＊2　80,000円 − 50,000円 = 30,000円

基本例題51

解答・解説427ページ

次の取引を仕訳しなさい。

〈指定勘定科目〉　現金預金　売掛金　土地　のれん　支払手形　借入金　資本金
　　　　　　　　　資本準備金　その他資本剰余金　仕入

A社はB社を吸収合併し，新株500株（合併時点の時価は1株あたり160円）を交付した。なお，合併にあたって，1株につき100円は資本金に組み入れ，20,000円は資本準備金として計上し，残額はその他資本剰余金とした。合併に際してB社の諸資産・諸負債を，時価にもとづいて評価したところ，B社の土地の時価については35,000円であった。

なお，A社は商品売買取引について三分法により記帳している。

貸借対照表
B　社　　　　　　　　　　×年3月31日

資　産	金　額	負債・純資産	金　額
現　金　預　金	100,000	支　払　手　形	80,000
売　　掛　　金	50,000	借　　入　　金	70,000
商　　　　　品	40,000	資　　本　　金	30,000
土　　　　　地	20,000	資　本　剰　余　金	10,000
		利　益　剰　余　金	20,000
	210,000		210,000

2 事業譲渡とは

1. 事業譲渡とは

　事業譲渡とは，ある企業が他の企業を構成する事業の全部または一部を現金などで有償により
譲り受けることをいい，買収などと表されることもあります。

　なお，事業を譲り受ける会社を譲受企業（取得企業），事業を譲渡する会社を譲渡企業といい，
ここでは譲受企業について学習します。

　A社（譲受企業）が，B社の甲事業部について事業譲渡を受けたとき，その前後の関係は次の
ようになります。

　なお，事業譲渡の対価が現金である場合，会社と株主の関係に変更はありません。

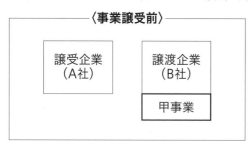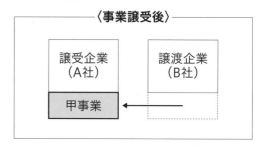

2. 会計処理

　事業を譲り受ける企業は，事業を譲渡する企業から譲り受けた資産と負債を時価などを基準と
した公正な価値で受け入れ，その差額（時価純資産）に対する対価を現金等で支払います。

　事業を譲渡する会社の技術力が優れているなどの理由により，時価純資産より多額の対価を支
払ったとき，その差額はのれん**（資産）** として計上します。なお，時価純資産より少額の対価を
支払ったとき，その差額は負ののれん発生益 **（収益）** として計上します。

（諸　資　産）⊕	×× 時価	（諸　負　債）⊕	×× 時価
（の　れ　ん）⊕	××	（現 金 預 金）⊖	××

A社は期首に事業拡大のためB社の甲事業部を現金50,000円で譲り受けた。なお，B社・甲事業部を取得した際の資産および負債は，受取手形55,000円，商品30,000円，買掛金45,000円である。A社は商品取引について三分法を用いている。

（受 取 手 形）	55,000	（買 掛 金）	45,000
（仕 入）	30,000	（現 金）	50,000
（の れ ん）*	10,000		

*　50,000円 −（55,000円 + 30,000円 − 45,000円）＝ 10,000円

（注）商品の記帳については「仕入」のほかに「商品」「繰越商品」とすることもあるので検定試験では問題の指示に従ってください。

3 のれんの償却

　合併または事業譲渡の取引により，のれん（無形固定資産）を計上したときは，取得後20年以内の期間で償却を行います。

　償却は，原則として，残存価額をゼロとする定額法により計算し，直接法で記帳します。

　A社は決算にあたり，先のB社の甲事業部の買収の際に発生したのれん10,000円を定額法，償却期間20年により償却することとした。

（の れ ん 償 却）*	500	（の れ ん）	500

*　$10,000円 \times \dfrac{12か月}{240か月} = 500円$

20 連結会計Ⅰ（資本連結Ⅰ）
Theme

Check ここでは，連結財務諸表の概略について学習します。特に，連結財務諸表の作成方法および支配獲得日の連結についてしっかり確認してください。

■1 連結財務諸表

1. 連結財務諸表とは

連結財務諸表（連結F/S）とは，親会社と子会社の関係（支配従属関係）にある2つ以上の企業からなる企業集団（企業グループ）を単一の組織体とみなして，親会社が個別財務諸表（個別F/S）のほかに作成する企業グループの財務諸表です。

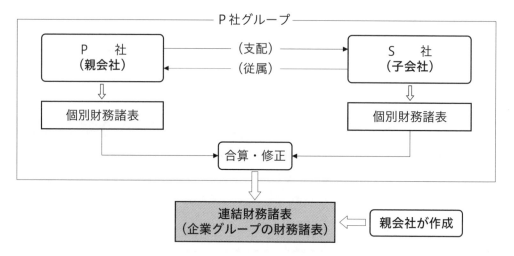

(注) 以降親会社はペアレント・カンパニー（Parent Company）なので「P社」，子会社はサブシディアリー・カンパニー（Subsidiary Company）なので「S社」と表記します。

2. 親会社と子会社

(1) 親会社

親会社とは，「他の企業の意思決定機関を支配している企業」をいいます。他の企業の意思決定機関を支配しているとは，他の企業の議決権（株式等）の過半数（50％超）を所有している企業，その他一定の要件を満たす企業をいいます。

(2) 子会社

子会社とは「他の企業に意思決定機関を支配されている企業」をいいます。

(注) 親会社および子会社または子会社が，他の企業の意思決定機関を支配している場合における当該他の企業も子会社とみなされます。

3. 連結財務諸表の作成目的

企業間に親会社と子会社のような支配従属関係が認められる場合，親会社は子会社を利用した会計処理の操作が可能となるため，親会社および子会社がそれぞれ作成する個別財務諸表の信頼

性は著しく低下します。そこで，親会社と子会社を1つの組織体とみなした連結財務諸表を作成することにより個別財務諸表を補完し，財務諸表に対する信頼性の回復を図ることを目的として連結財務諸表が作成されます。

4. 連結の範囲

親会社は，原則として，すべての子会社を連結して，連結財務諸表を作成します。

5. 連結決算日

連結上の決算日は親会社の決算日となります。なお，親会社の決算日と子会社の決算日が異なる場合，子会社は連結決算のために今一度決算を行う必要があります。ただし，連結決算日と子会社の決算日の差異が3か月を超えない場合，その必要はありません。子会社の正規の決算を基礎として連結決算を行うことができます。

6. みなし取得日

株式取得日が子会社の決算日以外の日である場合，その取得日の前後いずれかの決算日に株式取得が行われたものとみなして連結決算を行うことができます。この場合，その決算日をみなし取得日といいます。

2 連結財務諸表の作成方法

1. 個別財務諸表と連結財務諸表

親会社および子会社においてそれぞれ作成される個別財務諸表は，会計帳簿にもとづいて作成されます。

それに対して連結用の会計帳簿なるものは存在しません。そのため，連結財務諸表は，親会社および子会社が毎期作成する個別財務諸表を基礎として作成されます（基準性の原則）。

具体的には，連結精算表（連結W/S）上で親会社および子会社の個別財務諸表を合算したうえで連結修正仕訳を行うことにより連結財務諸表を作成します。

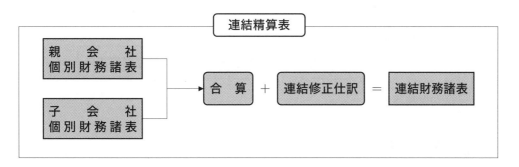

連結精算表にはさまざまな様式がありますが，その一例をあげれば次のとおりです。

連 結 精 算 表

科　　　　　目	個別貸借対照表			連結修正仕訳		連　　　　結 貸借対照表
	P　社	S　社	合　計	借　方	貸　方	
諸　　資　　産	××	××	××			××
S　社　株　式	××		××		××	
資　産　合　計	××	××	××		××	××
諸　　負　　債	(××)	(××)	(××)			(××)
資　　本　　金	(××)	(××)	(××)	××		(××)
資　本　剰　余　金	(××)	(××)	(××)	××		(××)
利　益　剰　余　金	(××)	(××)	(××)	××		(××)
負債・純資産合計	(××)	(××)	(××)	××		(××)

(注)（　　）は貸方金額を示します。また，個別貸借対照表の「合計」欄は省略されることがあります。

2. 連結修正仕訳

(1) 連結修正仕訳とは

　個別会計上実際に行った会計処理（個別会計上の仕訳）と，連結会計上必要な会計処理（連結会計上あるべき仕訳）とが異なる場合，その差異を連結精算表で修正します。この仕訳を連結修正仕訳といいます。

　なお，連結修正仕訳は，個別財務諸表の修正を目的としているため，個別財務諸表上の「表示科目」をもって考える必要があります。また，連結修正仕訳は，連結精算表上のみで行われるため，親会社および子会社の会計帳簿にはいっさい影響を与えない点に注意してください。

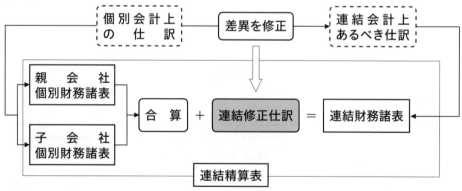

(2) 連結修正仕訳の分類

　連結修正仕訳は以下のように分類されます。

① 連結会計の基本構造に係る分類

(a) 開始仕訳（前期以前の差異を修正するための仕訳）

(b) 期中仕訳（当期に発生した差異を修正するための仕訳）

② **仕訳対象に係る分類**

(a) 資本連結（親会社の投資と子会社の資本の相殺消去など）
(b) 成果連結
 ・連結会社相互間の内部取引高の相殺消去仕訳
 ・連結会社相互間の債権と債務の相殺消去仕訳
 ・未実現損益の消去仕訳

3 連結財務諸表の構成

　簿記検定2級では，①連結貸借対照表（連結B/S），②連結損益計算書（連結P/L），③連結株主資本等変動計算書（連結S/S）の3つを学習します。なお，③連結株主資本等変動計算書はテーマ23で学習します。

（注）S/S = Statements of Shareholders' Equity

　以下に，連結財務諸表のひな形を示しますが，次の2点に注意してください。

1．貸借対照表

　純資産の部，株主資本の表示について，個別貸借対照表では「資本剰余金」と「利益剰余金」について，その内訳を表示しますが，連結貸借対照表ではその内訳を表示しません。

<table>
<tr><td colspan="4" align="center">個別貸借対照表</td><td colspan="3" align="center">連結貸借対照表</td></tr>
<tr><td colspan="4" align="center">純資産の部</td><td colspan="3" align="center">純資産の部</td></tr>
<tr><td>I</td><td>資　本　金</td><td></td><td>1,000</td><td>I　資　本　金</td><td></td><td>1,000</td></tr>
<tr><td>II</td><td>資本剰余金</td><td></td><td></td><td>II　資本剰余金</td><td></td><td>350</td></tr>
<tr><td></td><td>資本準備金</td><td>200</td><td></td><td>III　利益剰余金</td><td></td><td>400</td></tr>
<tr><td></td><td>その他資本剰余金</td><td>150</td><td>350</td><td>合　　計</td><td></td><td>1,750</td></tr>
<tr><td>III</td><td>利益剰余金</td><td></td><td></td><td></td><td></td><td></td></tr>
<tr><td></td><td>利益準備金</td><td>50</td><td></td><td></td><td></td><td></td></tr>
<tr><td></td><td>繰越利益剰余金</td><td>350</td><td>400</td><td></td><td></td><td></td></tr>
<tr><td></td><td>合　　計</td><td></td><td>1,750</td><td></td><td></td><td></td></tr>
</table>

2．損益計算書

　売上原価の表示について，個別損益計算書ではその内訳を表示しますが，連結損益計算書ではその内訳を表示しません。

<table>
<tr><td colspan="3" align="center">個別損益計算書</td><td colspan="2" align="center">連結損益計算書</td></tr>
<tr><td>II</td><td>売　上　原　価</td><td></td><td>II　売　上　原　価</td><td>800</td></tr>
<tr><td></td><td>期首商品棚卸高</td><td>300</td><td></td><td></td></tr>
<tr><td></td><td>当期商品仕入高</td><td>1,000</td><td></td><td></td></tr>
<tr><td></td><td>合　　計</td><td>1,300</td><td></td><td></td></tr>
<tr><td></td><td>期末商品棚卸高</td><td>500　　800</td><td></td><td></td></tr>
</table>

4 連結財務諸表のひな型

1. 連結貸借対照表（連結B/S）

連結貸借対照表は，企業集団の財政状態を報告するものであり，その様式を報告式で示すと次のとおりです。

<pre>
                    連 結 貸 借 対 照 表
                        ×年×月×日
                        資 産 の 部
  Ⅰ 流 動 資 産   ×××
  Ⅱ 固 定 資 産
    1. 有 形 固 定 資 産   ×××
    2. 無 形 固 定 資 産
       ·····················   ×××
         の   れ   ん (注1) ×××   ×××
    3. 投資その他の資産   ×××   ×××
       資 産 合 計   ×××
                        負 債 の 部
  Ⅰ 流 動 負 債   ×××
  Ⅱ 固 定 負 債 (注2)   ×××
       負 債 合 計   ×××
                        純 資 産 の 部
  Ⅰ 株 主 資 本
    1. 資   本   金   ×××
    2. 資 本 剰 余 金 (注3)   ×××
    3. 利 益 剰 余 金 (注3)   ×××   ×××
  Ⅱ その他の包括利益累計額 (注4)   ×××
  Ⅲ 非 支 配 株 主 持 分 (注5)   ×××
       純 資 産 合 計   ×××
       負債及び純資産合計   ×××
</pre>

(注1)「のれん」は「無形固定資産」の区分に表示します。

(注2) 個別会計上の「退職給付引当金」は「退職給付に係る負債」として表示します。

(注3)「資本剰余金」および「利益剰余金」は，一括して記載し，その内訳は表示しません。

(注4) 個別会計上の「評価・換算差額等」の区分は，「その他の包括利益累計額」の区分となります。

(注5)「非支配株主持分」は，連結会計特有の科目であり，純資産の部に区分して表示します。
　　　なお，各科目の詳細については後述します。

2. 連結損益計算書（連結P/L）

連結損益計算書は，企業集団の経営成績を報告するものであり，その様式は次のとおりです。

連 結 損 益 計 算 書

自×年×月×日　至×年×月×日

Ⅰ　売　　上　　高		×××
Ⅱ　**売　上　原　価**（注1）		×××
売　上　総　利　益		×××
Ⅲ　販売費及び一般管理費		
：		
の　れ　ん　償　却（注2）	×××	×××
営　業　利　益		×××
Ⅳ　営　業　外　収　益		
：		
	×××	×××
Ⅴ　営　業　外　費　用		
：		
	×××	×××
経　常　利　益		×××
Ⅵ　特　別　利　益		
：		
負ののれん発生益（注2）	×××	×××
Ⅶ　特　別　損　失		×××
税金等調整前当期純利益（注3）		×××
法人税，住民税及び事業税		×××
当　期　純　利　益		×××
非支配株主に帰属する当期純利益 （注4）		×××
親会社株主に帰属する当期純利益		×××

（注1）売上原価については，内訳を表示しないで，一括して表示します。

（注2）「資産の部」に計上された「のれん」の当期償却額は，「販売費及び一般管理費」の区分に表示し，「負ののれん発生益」は，「特別利益」の区分に表示します。

（注3）個別会計上の「税引前当期純利益」は「税金等調整前当期純利益」として表示します。

（注4）「当期純利益」から「非支配株主に帰属する当期純利益」を控除して「親会社株主に帰属する当期純利益」を表示します。

5 支配獲得日の連結（連結貸借対照表の作成）

　ここから，具体的に連結財務諸表の作成方法について学習します。

　ある会社が他の会社の支配を獲得し，支配従属関係（親会社と子会社の関係）が成立した日から連結財務諸表は作成されます。

　支配従属関係が成立した日（支配獲得日）には，連結財務諸表のうち，連結貸借対照表のみを作成します。その作成手順は次に示すとおりです。

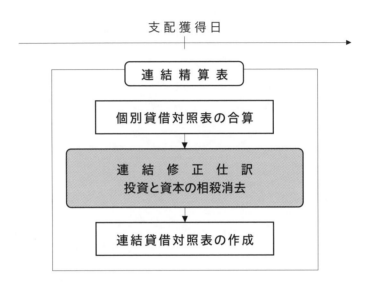

6 投資と資本の相殺消去

1. 投資と資本の相殺消去の基礎

　連結貸借対照表は，親会社と子会社の個別貸借対照表を合算することにより作成します。しかし，単純に合算しただけでは，企業グループ内部における資金取引（出資）の結果として生じた親会社の投資（子会社株式）と子会社の資本（純資産）が重複してしまいます。そこで連結貸借対照表を作成するにあたり，親会社の投資（子会社株式）と子会社の資本（純資産）を相殺消去しなければなりません。

　なお，簿記検定2級の連結会計の学習においては，「資本＝純資産」と考えてよいです。

（注）親会社＝P社，子会社＝S社（以下同じ）

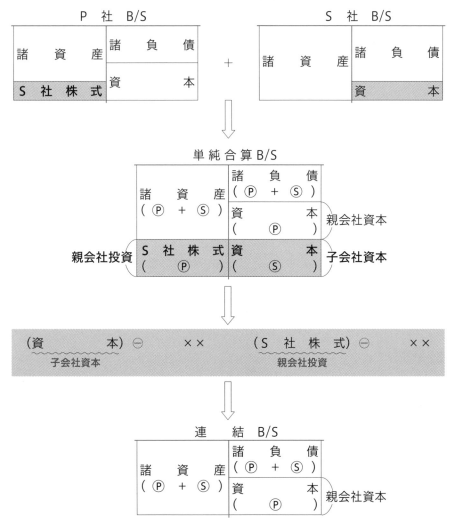

　P社は×1年3月31日に，S社の発行済議決権株式の100％を200,000円で取得し，支配を獲得した。×1年3月31日におけるP社およびS社の貸借対照表は次のとおりである。よって，×1年3月31日における連結貸借対照表を作成しなさい。

（資　料）

貸 借 対 照 表
×1年3月31日　　　　　　　　　　　　（単位：円）

資　　　産	P　社	S　社	負債・純資産	P　社	S　社
諸　資　産	500,000	400,000	諸　負　債	300,000	200,000
S　社　株　式	200,000	——	資　本　金	200,000	100,000
			資本剰余金	100,000	50,000
			利益剰余金	100,000	50,000
	700,000	400,000		700,000	400,000

〈解答欄〉

連 結 貸 借 対 照 表
×1年3月31日　　　　　　　　　　　　（単位：円）

資　　　産	金　額	負債・純資産	金　額
諸　資　産		諸　負　債	
		資　本　金	
		資本剰余金	
		利益剰余金	

〈解答・解説〉

連 結 貸 借 対 照 表
×1年3月31日　　　　　　　　　　　　（単位：円）

資　　　産	金　額	負債・純資産	金　額
諸　資　産	900,000	諸　負　債	500,000
		資　本　金	200,000
		資本剰余金	100,000
		利益剰余金	100,000
	900,000		900,000

1．個別貸借対照表

P社：B/S

諸 資 産	500,000	諸 負 債	300,000
S 社株式	200,000	資 本 金	200,000
		資本剰余金	100,000
		利益剰余金	100,000

S社：B/S

諸 資 産	400,000	諸 負 債	200,000
		資 本 金	100,000
		資本剰余金	50,000
		利益剰余金	50,000

2．単純合算貸借対照表

単 純 合 算 B/S

		諸 負 債	500,000
諸 資 産	900,000	資 本 金	200,000
		資本剰余金	100,000
		利益剰余金	100,000
S 社株式	200,000	資 本 金	100,000
		資本剰余金	50,000
		利益剰余金	50,000

3．連結修正仕訳

「投資（S社株式）」と「資本（S社の資本金，資本剰余金および利益剰余金)」を相殺消去します。

（資 本 金）	100,000	（S 社 株 式）	200,000
（資 本 剰 余 金）	50,000		
（利 益 剰 余 金）	50,000		

4．連結貸借対照表

連結：B/S

諸 資 産	900,000	諸 負 債	500,000
		資 本 金	200,000
		資本剰余金	100,000
		利益剰余金	100,000

5．連結修正仕訳の集計

　個別財務諸表を合算し，連結修正仕訳を集計して連結貸借対照表の金額を算出します。連結貸借対照表の資産合計，負債・純資産合計は，それぞれの縦の合計で算出します。

　なお，計算過程を一覧表の形で示すと以下のようになります。

（単位：円）

科　　　目	個別財務諸表		連結修正仕訳の集計	連　結 財務諸表
	P　社	S　社		
貸借対照表				連結貸借対照表
諸　　資　　産	500,000	400,000		900,000
S　社　株　式	200,000	――	△200,000	――
資　産　合　計	700,000	400,000	――	900,000
諸　　負　　債	(300,000)	(200,000)		(500,000)
資　　本　　金	(200,000)	(100,000)	△100,000	(200,000)
資　本　剰　余　金	(100,000)	(50,000)	△50,000	(100,000)
利　益　剰　余　金	(100,000)	(50,000)	△50,000	(100,000)
負債・純資産合計	(700,000)	(400,000)	――	(900,000)

（注）（　　）内の金額は，貸方金額を表します。

2．投資消去差額の処理（のれんの計上）

　前述した［設例20－1］では，親会社の投資（P社の所有するS社株式）200,000円と子会社の資本（S社資本の合計）200,000円が一致していましたが，必ずしも親会社の投資と子会社の資本が同額になるとは限らないため，投資と資本の相殺消去にあたって差額が生じることがあります。この差額を投資消去差額といいます。

　投資消去差額は，借方に生じた場合には「のれん（**資産**）」として連結貸借対照表の「無形固定資産」の区分に表示し，貸方に生じた場合には「負ののれん発生益（**収益**）」として連結損益計算書の「特別利益」の区分に表示します。ただし，支配獲得日の連結では，連結貸借対照表のみを作成することを前提としているので「負ののれん発生益」は，連結貸借対照表の「利益剰余金」に加算します。

　　［設例20－1］において，(1)P社がS社株式の100％を220,000円で取得した場合，
(2)P社がS社株式100％を180,000円で取得した場合の連結修正仕訳を示しなさい。

〈解　答〉

(1)投資220,000円 ＞ 資本200,000円の場合	(2)投資180,000円 ＜ 資本200,000円の場合
（資　本　金）100,000（S 社 株 式）220,000	（資　本　金）100,000（S 社 株 式）180,000
（資本剰余金）　50,000	（資本剰余金）　50,000（負ののれん発生益）　20,000
（利益剰余金）　50,000	（利益剰余金）　50,000　利益剰余金
（の　れ　ん）　20,000	
無形固定資産	

3. 部分所有の連結（非支配株主持分の計上）

　　親会社が他の会社等の議決権（株式等）を部分的に所有している場合（50％超，100％未満），
その他，一定の事実により支配が認められる場合には，当該他の会社は連結子会社として連結の
範囲に含めなければなりません。このような場合を部分所有の連結といいます。部分所有の連結
では，子会社に親会社以外の外部株主（以下，非支配株主という）が存在します。

　　部分所有の連結では，投資と資本の相殺消去にあたって，子会社の資本を持分割合に応じて親
会社の持分と非支配株主の持分に按分し，親会社の持分は親会社の投資（子会社株式）と相殺消
去し，非支配株主の持分は「非支配株主持分」として処理し，連結貸借対照表上，純資産の部に
計上します。

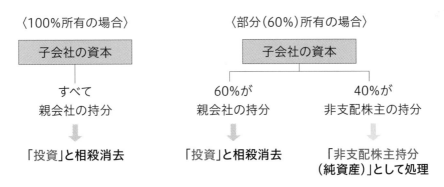

　　「非支配株主持分」とは？
　　部分所有の連結において，親会社の投資（子会社株式）と相殺消去できない
「子会社の資本」を表している。

［設例 20 − 1］においてP社がS社株式の60％を130,000円で取得した場合の連結修正仕訳を示しなさい。

〈解答・解説〉

S 社 資 本		Ⓟ60%	非40%
資 本 金	100,000	60,000	40,000
資本剰余金	50,000	30,000	20,000
利益剰余金	50,000	30,000	20,000
合 計	200,000	**120,000**	**80,000**
		⇧	⇧
		①「投資」と相殺消去	②「非支配株主持分」

① 投資と資本（P社持分）の相殺消去	② 非支配株主持分の振り替え
(資 本 金) 60,000 (S 社 株 式) 130,000	(資 本 金) 40,000 (非支配株主持分) 80,000
(資本剰余金) 30,000	(資本剰余金) 20,000　　　　純資産
(利益剰余金) 30,000	(利益剰余金) 20,000
(の れ ん) 10,000	
無形固定資産	

③ まとめ（①＋②）

(資 本 金)	100,000	(S 社 株 式)	130,000
(資 本 剰 余 金)	50,000	(非支配株主持分)[*2]	80,000
(利 益 剰 余 金)	50,000	純資産	
(の れ ん)[*1]	10,000		
無形固定資産			

* 1　$\underline{(100,000円 + 50,000円 + 50,000円)} \times 60\% = 120,000円〈P社持分〉$
　　　200,000円〈S社資本合計〉

　　　$120,000円〈P社持分〉 - 130,000円〈S社株式〉 = △10,000円〈のれん〉$

* 2　$\underline{(100,000円 + 50,000円 + 50,000円)} \times 40\% = 80,000円〈非支配株主持分〉$
　　　200,000円〈S社資本合計〉

P社は×1年3月31日に，S社の発行済議決権株式の60%を140,000円で取得し，支配を獲得した。×1年3月31日におけるP社およびS社の貸借対照表は次のとおりである。よって，支配獲得日における(1)必要な連結修正仕訳を示し，(2)連結貸借対照表を完成させなさい。

（資　料）

貸　借　対　照　表
×1年3月31日　　　　　　　　　　　　　（単位：円）

資　　産	P　社	S　社	負債・純資産	P　社	S　社
諸　資　産	560,000	430,000	諸　負　債	300,000	205,000
S　社　株　式	140,000	——	資　本　金	200,000	125,000
			利　益　剰　余　金	200,000	100,000
	700,000	430,000		700,000	430,000

〈解答欄〉

(1)　連結修正仕訳

	借　方　科　目	金　額	貸　方　科　目	金　額
投資と資本の相殺消去	資　本　金 利　益　剰　余　金 の　れ　ん		S　社　株　式 非支配株主持分	

(2)　連結貸借対照表

連結貸借対照表
×1年3月31日　　　　　　　　　　　　　（単位：円）

資　　産	金　額	負債・純資産	金　額
諸　資　産		諸　負　債	
の　れ　ん		資　本　金	
		利　益　剰　余　金	
		非支配株主持分	

〈解　答〉

(1)　連結修正仕訳

	借 方 科 目	金 額	貸 方 科 目	金 額
投資と資本の相殺消去	資　本　金	125,000	S 社 株 式	140,000
	利 益 剰 余 金	100,000	非支配株主持分	90,000
	の　れ　ん	5,000		

(2)　連結貸借対照表

連 結 貸 借 対 照 表
×1年3月31日　　　　（単位：円）

資　　　　　産	金　　額	負債・純資産	金　　額
諸　資　産	990,000	諸　負　債	505,000
の　れ　ん	5,000	資　本　金	200,000
		利 益 剰 余 金	200,000
		非支配株主持分	90,000
	995,000		995,000

〈解　説〉

1．連結修正仕訳：投資と資本の相殺消去

S 社 資 本		Ⓟ60%	㊙40%
資　本　金	125,000	75,000	50,000
利 益 剰 余 金	100,000	60,000	40,000
合　　計	225,000	**135,000**	**90,000**

⇧　　　　　　　⇧
投資と相殺消去　「非支配株主持分」

（資　本　金）	125,000	（S 社 株 式）	140,000
（利 益 剰 余 金）	100,000	（非支配株主持分）*2	90,000
（の　れ　ん）*1	5,000		

* 1　（125,000円＋100,000円）×60％＝135,000円〈P社持分〉
　　　225,000円〈S社資本合計〉
　　　135,000円〈P社持分〉－140,000円〈S社株式〉＝△5,000円〈のれん〉
* 2　（125,000円＋100,000円）×40％＝90,000円〈非支配株主持分〉
　　　225,000円〈S社資本合計〉

2．連結修正仕訳の集計

　　個別財務諸表を合算し，連結修正仕訳を集計して連結貸借対照表の金額を算出します。連結貸借対照表の資産合計，負債・純資産合計は，それぞれの縦の合計で算出します。

　　なお，計算過程を一覧表の形で示すと以下のようになります。

（単位：円）

科　　目	個別財務諸表		連結修正仕訳の集計	連　　結 財 務 諸 表
	Ｐ　社	Ｓ　社		
貸借対照表				**連結貸借対照表**
諸　　資　　産	560,000	430,000		990,000
Ｓ　社　株　式	140,000	――	△140,000	――
の　　れ　　ん	――	――	＋5,000	5,000
資　産　合　計	700,000	430,000	――	995,000
諸　　負　　債	(300,000)	(205,000)		(505,000)
資　　本　　金	(200,000)	(125,000)	△125,000	(200,000)
利　益　剰　余　金	(200,000)	(100,000)	△100,000	(200,000)
非 支 配 株 主 持 分	――	――	＋90,000	(90,000)
負債・純資産合計	(700,000)	(430,000)	――	(995,000)

（注）（　　）内の金額は，貸方金額を表します。

★supplement

投資と資本の相殺消去：完全子会社を設立した場合

　親会社が子会社の発行済議決権株式の100％を所有している場合，一般的にその子会社を「完全子会社」といいます。

　親会社が「完全子会社」を「設立」した場合，親会社の投資額（子会社株式の評価額）と子会社の資本の額（資本金および資本剰余金）は必ず一致します。そのため，投資と資本の相殺消去における投資消去差額が生じる余地はなく，「のれん」が計上されることはありません。また，完全子会社であるため，「非支配株主持分」が計上されることもありません。

　たとえば，親会社が現金500,000円を出資して子会社（完全子会社）を設立し，子会社において会社法規定の最低額を資本金に組み入れた場合，個別会計上の仕訳および連結会計上の仕訳（投資と資本の相殺消去）は以下のようになります。

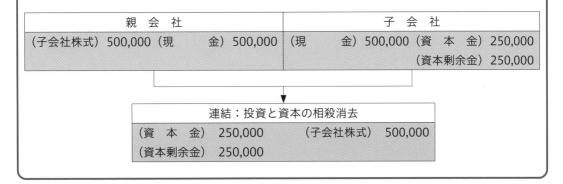

親　会　社		子　会　社	
（子会社株式）500,000（現　　　　金）500,000		（現　　　金）500,000（資　本　金）250,000	
			（資本剰余金）250,000

連結：投資と資本の相殺消去
（資　本　金）　250,000	（子会社株式）　500,000
（資本剰余金）　250,000	

21 連結会計Ⅱ（資本連結Ⅱ）

Check ここでは，支配獲得後の連結について学習します。開始仕訳および期中仕訳の基礎についてしっかりと理解してください。

1 支配獲得後の連結

1. 連結財務諸表の作成

　支配獲得日には，連結財務諸表のうち連結貸借対照表のみを作成しましたが，支配獲得後の連結会計期間においては，連結財務諸表（連結貸借対照表，連結損益計算書，連結株主資本等変動計算書）を作成します。なお，学習の便宜上，まずは「連結貸借対照表」と「連結損益計算書」の作成を中心に解説します。

2. 連結貸借対照表と連結損益計算書の関係

　連結損益計算書で計算された「親会社株主に帰属する当期純利益」は，利益剰余金の増加額として，連結貸借対照表の「利益剰余金」の一部を構成することに注意してください。

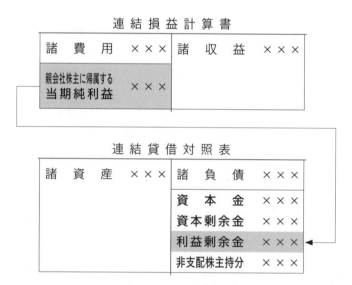

2 支配獲得後1期目の連結

　支配獲得後1期目（1年目の連結決算）において必要な会計処理は以下のとおりです。特に支配獲得後の連結修正仕訳は「開始仕訳」と「期中仕訳」に区別して考えることになるため，その違いに注意してください。

　なお，このテーマで学習する連結修正仕訳は，後述する連結財務諸表の作成をとおして学習する必要があります。そのため，まず，連結修正仕訳は覚えるくらいの気持ちで学習を済ませ，［設例21－2］に進んでください。そして，この設例をじっくり時間をかけて検討し，そのうえで連結修正仕訳の意味を確認していくのが効果的な学習方法となります。

> 1．個別財務諸表の合算
> 2．開始仕訳（支配獲得日における連結修正仕訳）
> 3．期中仕訳
> 　⑴　のれんの償却
> 　⑵　子会社当期純利益の非支配株主持分への振り替え
> 　⑶　子会社配当金の修正
> 4．連結財務諸表の作成

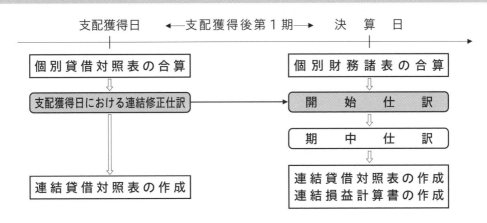

1．個別財務諸表の合算

　連結精算表において親会社および子会社の個別財務諸表（P/L・B/S）を合算します。

2．開始仕訳（支配獲得日における連結修正仕訳）

　連結修正仕訳は連結精算表のみで行われ，個別会計上の会計帳簿にいっさい影響を与えません。したがって，前期以前における連結修正仕訳は，当期における個別会計上の会計帳簿およびその結果にもとづいて作成される個別財務諸表にはまったく反映されていません。そこで，支配獲得日に行った連結修正仕訳（投資と資本の相殺消去）を，当期の連結精算表で再び行う必要があります。これを開始仕訳といいます。

⑴ **投資と資本の相殺消去**

　　支配獲得日において行った投資と資本の相殺消去をそのまま繰り返します。なお，消去する子会社の資本は支配獲得日における「資本金」「資本剰余金」「利益剰余金」の金額であることに注意してください。

（資　本　金）⊖	×××	（S　社　株　式）⊖	×××
（資 本 剰 余 金）⊖	×××	（非支配株主持分）⊕	×××
（利 益 剰 余 金）⊖	×××		
（の　れ　ん）⊕	×××		

3. 期中仕訳

　当期1年間，子会社が活動することによって生じた新たな個別会計上と連結会計上の差異を修正・消去する仕訳を期中仕訳といいます。ここでは，資本連結についての期中仕訳を解説します。

⑴ **のれんの償却**

　　投資と資本の相殺消去によって生じたのれんは，原則として計上後20年以内に定額法その他，合理的な方法により償却しなければなりません。「のれん償却」は，連結損益計算書の「販売費及び一般管理費」の区分に表示します。なお，支配獲得日が期末である場合，のれんの償却は翌期から行います。

（の れ ん 償 却）⊕	××	（の　れ　ん）⊖	××
販売費及び一般管理費			

⑵ **子会社の当期純利益の非支配株主持分への振り替え**

　　子会社が，当期純利益を計上すると，それは結果として，子会社の資本（利益剰余金）を増やすことになります。そのため，部分所有の場合，子会社の当期純利益（利益剰余金の増加高）は，株式の持分比率に応じて親会社に帰属する部分と非支配株主に帰属する部分とに按分し，このうち，親会社に帰属する部分は，そのまま，連結上の利益（利益剰余金）としますが，非支配株主に帰属する部分は，連結上の利益（利益剰余金）から控除し，非支配株主持分を増額させます。

親　会　社　持　分	非 支 配 株 主 持 分
子会社当期純利益（利益剰余金の増加高）のうち，親会社に帰属する部分（親会社持分）は，そのまま，企業集団が獲得した利益（利益剰余金）として計上されます。これは，個別損益計算書の合算により計上されるので，連結修正仕訳は不要です。	子会社当期純利益（利益剰余金の増加高）のうち，非支配株主に帰属する部分は，連結損益計算書上「非支配株主に帰属する当期純利益」を計上し，当期純利益から控除するとともに，非支配株主持分を増加させます。

子会社が当期純利益を計上した場合，その連結修正仕訳は，次のとおりです。
この仕訳によって，連結上の利益が減額され，非支配株主持分が増額されます。

仕訳例 01

P社はS社の発行済議決権株式の60％を所有している。当期の損益計算書において，P社は48,000円，S社は24,000円の当期純利益を計上した。

$\begin{pmatrix}非支配株主に帰属する\\当 期 純 利 益\end{pmatrix}$ *	9,600	（非支配株主持分）	9,600

＊ 24,000円〈子会社当期純利益〉×40％＝9,600円

（注）なお，親会社の当期純利益に関する連結修正仕訳はありません。

(3) 子会社配当金の修正

子会社が配当を行うと，子会社の資本が減少します。そこで，連結上必要な修正を行わなければなりません。

子会社が利益剰余金による配当を行った場合には，以下の修正が必要になります。

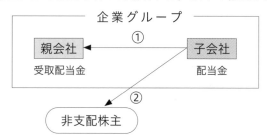

① 子会社の親会社に対する配当

子会社の配当のうち親会社に対して支払われた配当金は内部取引に該当するため，連結上，これを消去する必要があります。そこで，子会社が配当の際に減額した「利益剰余金」を元に戻し，親会社が計上した「受取配当金」を消去します。

> （受取配当金）　　×××　　（利益剰余金）　　×××

② 子会社の非支配株主に対する配当

子会社の配当のうち非支配株主に対して支払われた配当金は内部取引には該当しません。しかし，連結上，配当により減少した子会社の「利益剰余金」について「非支配株主持分」を減額する必要があります。そこで，子会社が配当の際に減額した「利益剰余金」を元に戻し，「非支配株主持分」を減額します。

> （非支配株主持分）　　×××　　（利益剰余金）　　×××

③ まとめ（①＋②）

結果として，子会社の配当による利益剰余金の減額は，その全額が消去されることになります。

> （受取配当金）⊖　　×××　　（利益剰余金）⊕　　×××
> （非支配株主持分）⊖　　×××

仕訳例 02

P社はS社の発行済議決権株式の60％を所有している。当期にP社は40,000円，S社は20,000円の利益剰余金の配当を行っている。

（受取配当金）*2　　12,000　　（利益剰余金）*1　　20,000
（非支配株主持分）*3　　8,000

＊1　S社配当金
＊2　20,000円×60％＝12,000円〈P社受取配当金〉
＊3　20,000円×40％＝　8,000円〈非支配株主負担額〉
（注）なお，親会社の配当に関する連結修正仕訳はありません。

ここが
POINT

「非支配株主持分」とは，部分所有の連結において，親会社の投資（子会社株式）と相殺消去できない子会社の資本（純資産）を連結貸借対照表に記載するための科目である。

したがって，支配獲得後，子会社が「利益」を獲得し，その資本が増加したのであれば，連結上，非支配株主の持分に応じて非支配株主持分の増額処理が必要となる。また，子会社が「配当」を行い，その資本が減少したのであれば，同様に非支配株主持分の減額処理が必要となる。

4. まとめ

開始仕訳	投資と資本の相殺消去	（資 本 金）×× （資本剰余金）×× （利益剰余金）×× （の れ ん）××	（S 社 株 式）×× （非支配株主持分）××
期中仕訳	のれんの償却	（のれん償却）××	（の れ ん）××
	当期純利益の振り替え	非支配株主に帰属する 当期純利益 ××	（非支配株主持分）××
	配当金の修正	（受取配当金）×× （非支配株主持分）××	（利益剰余金）××

設例 21-1

　P社は×1年3月31日にS社の発行済議決権株式の60％を140,000円で取得し，支配を獲得した。以下の資料にもとづき，連結第1年度（×1年4月1日～×2年3月31日）の連結決算において必要な連結修正仕訳を示しなさい。なお，のれんは計上年度の翌年から10年の均等償却を行う。

（資　料）

1．S社の資本の変動

	×1年3月31日	×2年3月31日
資 本 金	125,000円	125,000円
利 益 剰 余 金	100,000	104,000
合　　計	225,000円	229,000円

2．当期において，S社は20,000円の配当を行っている。

3．S社の損益計算書において，当期純利益24,000円が計上されている。

〈解答欄〉

連結修正仕訳		借 方 科 目	金 額	貸 方 科 目	金 額
開始仕訳	投資と資本の相殺消去	資 本 金 利 益 剰 余 金 の れ ん		S 社 株 式 非支配株主持分	
期中仕訳	のれんの償却	の れ ん 償 却		の れ ん	
	子会社純利益の振り替え	非支配株主に帰属する 当 期 純 利 益		非支配株主持分	
	子会社配当金の修正	受 取 配 当 金 非支配株主持分		利 益 剰 余 金	

307

〈解 答〉

連結修正仕訳		借 方 科 目	金 額	貸 方 科 目	金 額
開始仕訳	投資と資本の相殺消去	資 本 金 利 益 剰 余 金 の れ ん	125,000 100,000 5,000	S 社 株 式 非支配株主持分	140,000 90,000
期中仕訳	のれんの償却	のれん償却	500	の れ ん	500
	子会社純利益の振り替え	非支配株主に帰属する 当 期 純 利 益	9,600	非支配株主持分	9,600
	子会社配当金の 修 正	受 取 配 当 金 非支配株主持分	12,000 8,000	利 益 剰 余 金	20,000

〈解 説〉

1. S社資本の増減の整理（P社の持分：60％, S社株式の取得原価140,000円）

　　資料にもとづいて, S社の資本の増減をタイムテーブルにすると以下のとおりです。

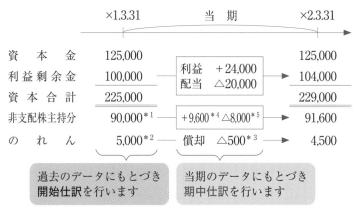

＊1　非支配株主持分：資本合計225,000円×非支配株主の持分40％＝90,000円
＊2　のれん：資本合計225,000円×60％－S社株式140,000円＝△5,000円（借方差額）
＊3　のれん償却額：5,000円÷10年＝500円
＊4　当期純利益の非支配株主持分への振り替え：24,000円×40％＝9,600円
＊5　非支配株主に対する配当の修正：20,000円×40％＝8,000円

2. 開始仕訳

　　支配獲得日における「投資と資本の相殺消去」が開始仕訳の内容となります。

（資　本　金）	125,000	（S 社 株 式）	140,000
（利益剰余金）	100,000	（非支配株主持分）＊1	90,000
（の　れ　ん）＊2	5,000		

＊1　S社の資本合計225,000円×非支配株主の持分40％＝90,000円
＊2　S社の資本合計225,000円×P社の持分60％－S社株式140,000円＝△5,000円

308

3．期中仕訳

（1）のれんの償却

当期より 10 年間で均等償却します。

（の れ ん 償 却）*	500	（の　れ　ん）	500

* のれん5,000円÷10年＝500円

（2）子会社当期純利益の振り替え

（非支配株主に帰属する 当 期 純 利 益）*	9,600	（非支配株主持分）	9,600

* S社当期純利益24,000円×非支配株主の持分40％＝9,600円

（3）子会社配当金の修正

（受 取 配 当 金）*1	12,000	（利 益 剰 余 金）	20,000
（非支配株主持分）*2	8,000		

*1 親会社に対する配当の修正：子会社配当金20,000円×60％＝12,000円
*2 非支配株主に対する配当の修正：子会社配当金20,000円×40％＝8,000円

★supplement
子会社当期純利益の振り替えと子会社配当金の修正：完全子会社の場合

親会社が子会社の発行済議決権株式の100％を所有している場合（完全子会社の場合），先の
［仕訳例01］「子会社の当期純利益の非支配株主持分への振り替え」と［仕訳例02］「子会社配当
金の修正」は以下のようになります。

(1) 子会社の当期純利益の非支配株主持分への振り替え（［仕訳例01］改題）

P社はS社の発行済議決権株式の100％を所有している。当期の損益計算書において，P社
は48,000円，S社は24,000円の当期純利益を計上した。

仕 訳 な し*

* 完全子会社の場合，非支配株主が存在しないため，子会社が計上した当期純利益は，その全額が
「親会社株主に帰属する当期純利益」となります。したがって，「仕訳なし」となります。
なお，連結上，子会社が計上した当期純利益は「合算」の手続きにより企業グループの利益とし
て組み込まれることに注意してください。

(2) 子会社配当金の修正（［仕訳例02］改題）

P社はS社の発行済議決権株式の100％を所有している。当期にP社は40,000円，S社は
20,000円の利益剰余金の配当を行っている。

（受 取 配 当 金）*	20,000	（利 益 剰 余 金）	20,000

* 完全子会社の場合，非支配株主が存在しないため，配当は，その全額が親会社に支払われること
になります。したがって，子会社の配当にともなう利益剰余金の減少額は，親会社が計上した「受
取配当金」と相殺消去します。

　P社は×1年3月31日にS社の発行済議決権株式の60%を140,000円で取得し，支配を獲得した。（資料1）S社の資本の変動および（資料2）当期（×1年4月1日から×2年3月31日まで）におけるP社およびS社の個別財務諸表は次のとおりである。よって，連結第1期の(1)連結貸借対照表と(2)連結損益計算書を完成させなさい。なお，のれんは，計上年度の翌年から10年の均等償却を行う。

（資料1）S社の資本の変動

	×1年3月31日	×2年3月31日
資　本　金	125,000円	125,000円
利　益　剰　余　金	100,000	104,000
合　　計	225,000円	229,000円

　（注）S社は当期において，20,000円の配当を行っている。

（資料2）個別財務諸表

貸　借　対　照　表
×2年3月31日
(単位：円)

資　　産	P　社	S　社	負債・純資産	P　社	S　社
諸　資　産	610,000	445,000	諸　負　債	342,000	216,000
S　社　株　式	140,000	——	資　本　金	200,000	125,000
			利　益　剰　余　金	208,000	104,000
	750,000	445,000		750,000	445,000

損　益　計　算　書
自×1年4月1日　至×2年3月31日
(単位：円)

借　方　科　目	P　社	S　社	貸　方　科　目	P　社	S　社
諸　費　用	352,000	176,000	諸　収　益	388,000	200,000
当　期　純　利　益	48,000	24,000	受　取　配　当　金	12,000	——
	400,000	200,000		400,000	200,000

〈解答欄〉

⑴　**連結貸借対照表**

連 結 貸 借 対 照 表
×2年 3 月31日　　　　　　（単位：円）

資　　産	金　　額	負債・純資産	金　　額
諸　資　産		諸　負　債	
の　れ　ん		資　本　金	
		利 益 剰 余 金	
		非支配株主持分	

⑵　**連結損益計算書**

連 結 損 益 計 算 書
自×1年 4 月 1 日　至×2年 3 月31日（単位：円）

科　　目	金　　額
諸　　収　　益	
諸　　費　　用	△
の れ ん 償 却	△
当 期 純 利 益	
非支配株主に帰属する 当 期 純 利 益	△
親会社株主に帰属する 当 期 純 利 益	

311

〈解答・解説〉

(1) **連結貸借対照表**

連 結 貸 借 対 照 表

×2年 3 月31日　　　　　　（単位：円）

資　　　　産	金　　　額	負債・純資産	金　　　額
諸　資　産	1,055,000	諸　負　債	558,000
の　れ　ん	4,500	資　本　金	200,000
		利 益 剰 余 金	209,900
		非支配株主持分	91,600
	1,059,500		1,059,500

(2) **連結損益計算書**

連 結 損 益 計 算 書

自×1年 4 月 1 日　至×2年 3 月31日（単位：円）

科　　　　　目	金　　　額
諸　　収　　益	588,000
諸　　費　　用	△　528,000
の れ ん 償 却	△　　　500
当 期 純 利 益	59,500
非 支 配 株 主 に 帰 属 す る 当 期 純 利 益	△　　9,600
親 会 社 株 主 に 帰 属 す る 当 期 純 利 益	49,900

1．連結修正仕訳

　　連結修正仕訳は［設例21－1］と同じになります。

①　**開始仕訳**

投 資 と 資 本 の 相 殺 消 去	（資　本　金）	125,000	（S 社 株 式）	140,000
	（利 益 剰 余 金）	100,000	（非支配株主持分）	90,000
	（の　れ　ん）	5,000		

②　**期中仕訳**

のれんの償却	（のれん償却）	500	（の　れ　ん）	500
当 期 純 利 益 の 振 り 替 え	（非支配株主に帰属する 当 期 純 利 益）	9,600	（非支配株主持分）	9,600
配当金の修正	（受 取 配 当 金）	12,000	（利 益 剰 余 金）	20,000
	（非支配株主持分）	8,000		

2．連結修正仕訳の集計

個別財務諸表を合算し，連結修正仕訳を集計して連結貸借対照表および連結損益計算書の金額を算出します。

計算過程を一覧表の形で示すと以下のようになります。

なお，連結貸借対照表の「利益剰余金」は連結貸借対照表の資産合計と利益剰余金を除く負債・純資産合計の差額で算出します。また，「親会社株主に帰属する当期純利益」は連結損益計算書における収益と費用の差額で算出します。

（単位：円）

科　　目	個別財務諸表		連結修正仕訳の集計	連結財務諸表
	P　社	S　社		
貸借対照表				**連結貸借対照表**
諸　資　産	610,000	445,000		1,055,000
S　社　株　式	140,000	──	△140,000	
の　れ　ん	──	──	＋5,000 △500	4,500
資　産　合　計	750,000	445,000	──	1,059,500
諸　負　債	(342,000)	(216,000)		(558,000)
資　本　金	(200,000)	(125,000)	△125,000	(200,000)
利　益　剰　余　金	(208,000)	(104,000)	──	(差引：209,900)
非支配株主持分	──	──	＋90,000 ＋9,600 △8,000	(91,600)
負債・純資産合計	(750,000)	(445,000)		(1,059,500)
損益計算書				**連結損益計算書**
諸　収　益	(388,000)	(200,000)		(588,000)
受　取　配　当　金	(12,000)	──	△12,000	
諸　費　用	352,000	176,000		528,000
の　れ　ん　償　却	──	──	＋500	500
非支配株主に帰属する当期純利益	──	──	＋9,600	9,600
親会社株主に帰属する当期純利益	──	──	──	(差引：49,900)

（注）（　　）内の金額は，貸方金額を表します。

3．各数値の算定

(1)　連結損益計算書「親会社株主に帰属する当期純利益」

連結上の収益：588,000円

連結上の費用：528,000円＋500円＋9,600円＝538,100円

親会社株主に帰属する当期純利益：588,000円－538,100円＝49,900円

(2)　連結貸借対照表「利益剰余金」

連結上の資産合計：1,059,500円

利益剰余金を除く負債・純資産合計：558,000円＋200,000円＋91,600円＝849,600円

利益剰余金：1,059,500円－849,600円＝209,900円

【参考】

連結貸借対照表の利益剰余金は，連結修正仕訳の損益計算書項目をすべて利益剰余金に置き換えて集計することにより，直接算出することもできます。

利益剰余金：P社208,000円＋S社104,000円＋20,000円*1−122,100円*2
　　　　　　＝209,900円

*1　加算項目：期中仕訳20,000円
*2　減算項目：開始仕訳100,000円＋損益計算書項目（12,000円＋500円＋9,600円）＝122,100円

3 支配獲得後2期目の連結

2年目の連結決算は，1年目の連結決算と同様に，連結2年目における個別財務諸表を合算した後，連結修正仕訳（開始仕訳および期中仕訳）を行うことにより連結財務諸表を作成します。

なお，連結2年目における「開始仕訳」の内容は，前期末までの連結修正仕訳を累積したものとなります。

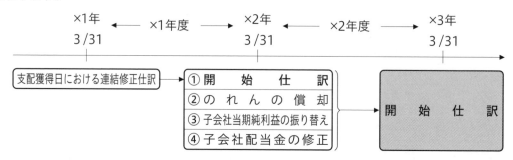

また，過年度の損益計算書項目は，当期の利益剰余金として引き継がれているため，過年度における期中仕訳の「損益計算書項目」は「利益剰余金」に置き換えて開始仕訳を行います（後述のsupplement「P／L項目と利益剰余金の関係」を参照）。

(1) 過年度の「のれんの償却」

(2) 過年度の「子会社当期純利益の非支配株主持分への振り替え」

（利益剰余金）⊖　××　　　　（非支配株主持分）⊕　××
　非支配株主に帰属する当期純利益

(3) 過年度の「子会社配当金の修正」

① 親会社に対する配当：「仕訳なし」となります。

② 非支配株主に対する配当

(4) 子会社増加剰余金の振り替え

「当期純利益」は利益剰余金の増加要因，「配当金」は利益剰余金の減少要因です。

また，上記(2)「子会社当期純利益の非支配株主持分への振り替え」と(3)「子会社配当金の修正」において仕訳される項目は「利益剰余金」と「非支配株主持分」のみです。そのため，過年度におけるこの2つの仕訳を開始仕訳として行うとき，これを「子会社増加剰余金の振り替え」として，まとめて処理します。

　子会社増加剰余金とは，「支配獲得日における利益剰余金」と「前期末における利益剰余金」の差額をいい，子会社増加剰余金のうち非支配株主の持分に対応する金額を「利益剰余金」から「非支配株主持分」へ振り替えます。

① **支配獲得日の利益剰余金＜前期末の利益剰余金**

（利益剰余金）⊖ ××	（非支配株主持分）⊕ ××

② **支配獲得日の利益剰余金＞前期末の利益剰余金**

（非支配株主持分）⊖ ××	（利益剰余金）⊕ ××

設例 21-3

　P社は×1年3月31日にS社の発行済議決権株式の60％を140,000円で取得し，支配を獲得した。以下の資料にもとづき，連結第2年度（×2年4月1日～×3年3月31日）の連結決算において必要な連結修正仕訳を示しなさい。なお，のれんは計上年度の翌年から10年の均等償却を行う。

（資　料）

1. S社の資本の変動

	×1年3月31日	×2年3月31日	×3年3月31日
資　本　金	125,000円	125,000円	125,000円
利 益 剰 余 金	100,000	104,000	120,000
合　　計	225,000円	229,000円	245,000円

2. 当期において，S社は20,000円の配当を行っている。

3. S社の損益計算書において，当期純利益36,000円が計上されている。

〈解答欄〉

連結修正仕訳		借 方 科 目	金 額	貸 方 科 目	金 額
開始仕訳	投資と資本の相殺消去	資　本　金 利 益 剰 余 金 の　れ　ん		S 社 株 式 非支配株主持分	
期中仕訳	のれんの償却	のれん償却		の　れ　ん	
	子会社純利益の振り替え	非支配株主に帰属する当期純利益		非支配株主持分	
	子会社配当金の修正	受取配当金 非支配株主持分		利 益 剰 余 金	

〈解　答〉

連結修正仕訳		借 方 科 目	金　額	貸 方 科 目	金　額
開始 仕訳	投資と資本の 相 殺 消 去	資　　本　　金 利 益 剰 余 金 の　　れ　　ん	125,000 102,100 4,500	S　社　株　式 非支配株主持分	140,000 91,600
期中 仕訳	のれんの償却	の れ ん 償 却	500	の　　れ　　ん	500
	子会社純利益 の 振 り 替 え	非支配株主に帰属する 当 期 純 利 益	14,400	非支配株主持分	14,400
	子会社配当金 の　　修　　正	受 取 配 当 金 非支配株主持分	12,000 8,000	利 益 剰 余 金	20,000

〈解　説〉

1．S社資本の増減の整理（P社の持分60％，S社株式の取得原価140,000円）

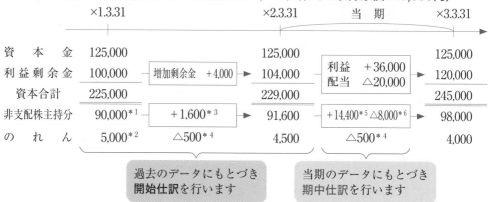

* 1　非支配株主持分：資本合計225,000円×非支配株主の持分40％＝90,000円
* 2　のれん：資本合計225,000円×60％－S社株式140,000円＝△5,000円（借方差額）
* 3　子会社増加剰余金の振り替え：増加剰余金4,000円×40％＝1,600円
* 4　のれん償却額：5,000円÷10年＝500円
* 5　当期純利益の非支配株主持分への振り替え：36,000円×40％＝14,400円
* 6　非支配株主に対する配当の修正：20,000円×40％＝8,000円

2．開始仕訳

　　支配獲得日における「投資と資本の相殺消去」および連結第1年度における「期中仕訳」が開始仕訳の内容となります。

(1)　投資と資本の相殺消去

（資　　本　　金）	125,000	（S　社　株　式）	140,000
（利 益 剰 余 金）	100,000	（非支配株主持分）*1	90,000
（の　　れ　　ん）*2	5,000		

* 1　S社の資本合計225,000円×非支配株主の持分40％＝90,000円
* 2　S社の資本合計225,000円×P社の持分60％－S社株式140,000円＝△5,000円

(2) 連結第１年度における期中仕訳

① 連結第１年度におけるのれんの償却

| （利 益 剰 余 金）＊ | 500 | （の れ ん） | 500 |

＊ のれん5,000円÷10年＝500円

② 子会社増加剰余金の振り替え

支配獲得日の利益剰余金と前期末の利益剰余金に着目し，その差額を子会社増加剰余金として認識します。そのうち非支配株主の持分に相当する金額を「利益剰余金」から「非支配株主持分」へ振り替えます。

| （利 益 剰 余 金）＊ | 1,600 | （非支配株主持分） | 1,600 |

＊ 増加剰余金：前期末利益剰余金104,000円－支配獲得日の利益剰余金100,000円＝4,000円
増加剰余金の振替額：4,000円×40％＝1,600円

(3) 開始仕訳（要約仕訳）

（資 本 金）	125,000	（Ｓ 社 株 式）	140,000
（利 益 剰 余 金）＊³	102,100	（非支配株主持分）＊²	91,600
（の れ ん）＊¹	4,500		

＊1 5,000円－500円＝4,500円
＊2 90,000円＋1,600円＝91,600円
＊3 100,000円＋500円＋1,600円＝102,100円

3．期中仕訳

(1) のれんの償却

10年間で均等償却します。

| （の れ ん 償 却）＊ | 500 | （の れ ん） | 500 |

＊ のれん5,000円÷10年＝500円

(2) 子会社当期純利益の振り替え

| （非支配株主に帰属する 当 期 純 利 益）＊ | 14,400 | （非支配株主持分） | 14,400 |

＊ S社当期純利益36,000円×非支配株主の持分40％＝14,400円

(3) 子会社配当金の修正

| （受 取 配 当 金）＊¹ | 12,000 | （利 益 剰 余 金） | 20,000 |
| （非支配株主持分）＊² | 8,000 | | |

＊1 親会社に対する配当の修正：子会社配当金20,000円×60％＝12,000円
＊2 非支配株主に対する配当の修正：子会社配当金20,000円×40％＝8,000円

　P社は×1年3月31日にS社の発行済議決権株式の60%を140,000円で取得し，支配を獲得した。S社の資本の変動および当期（×2年4月1日から×3年3月31日まで）におけるP社およびS社の損益計算書および貸借対照表は次のとおりである。よって，連結第2期の(1)連結貸借対照表と(2)連結損益計算書を完成させなさい。なお，のれんは，計上年度の翌年から10年の均等償却を行う。

（資　料）

1．S社の資本の変動

	×1年3月31日	×2年3月31日	×3年3月31日
資　本　金	125,000円	125,000円	125,000円
利 益 剰 余 金	100,000	104,000	120,000
合　　計	225,000円	229,000円	245,000円

　（注）S社は当期において20,000円の配当を行っている。

2．当期の損益計算書および貸借対照表

貸 借 対 照 表
×3年3月31日　　　　　　　　（単位：円）

資　　産	P　社	S　社	負債・純資産	P　社	S　社
諸　資　産	700,000	525,000	諸　負　債	412,000	280,000
S 社 株 式	140,000	——	資　本　金	200,000	125,000
			利 益 剰 余 金	228,000	120,000
	840,000	525,000		840,000	525,000

損 益 計 算 書
自×2年4月1日　至×3年3月31日　　　　　（単位：円）

借 方 科 目	P　社	S　社	貸 方 科 目	P　社	S　社
諸　費　用	440,000	264,000	諸　収　益	488,000	300,000
当 期 純 利 益	60,000	36,000	受 取 配 当 金	12,000	——
	500,000	300,000		500,000	300,000

〈解答欄〉

(1)　**連結貸借対照表**

連 結 貸 借 対 照 表
×3年3月31日　　　　　（単位：円）

資　　産	金　　額	負債・純資産	金　　額
諸　資　産		諸　負　債	
の　れ　ん		資　本　金	
		利 益 剰 余 金	
		非支配株主持分	

(2) **連結損益計算書**

連 結 損 益 計 算 書
自×2年 4 月 1 日　至×3年 3 月31日（単位：円）

科　　　目	金　　　額
諸　　　収　　　益	
諸　　　費　　　用	△
の　れ　ん　償　却	△
当　期　純　利　益	
非支配株主に帰属する 当　期　純　利　益	△
親会社株主に帰属する 当　期　純　利　益	

〈解答・解説〉

(1) **連結貸借対照表**

連 結 貸 借 対 照 表
×3年 3 月31日　　　　　　　　　　（単位：円）

資　　　産	金　　　額	負債・純資産	金　　　額
諸　資　産	1,225,000	諸　　負　　債	692,000
の　れ　ん	4,000	資　　本　　金	200,000
		利　益　剰　余　金	239,000
		非支配株主持分	98,000
	1,229,000		1,229,000

(2) **連結損益計算書**

連 結 損 益 計 算 書
自×2年 4 月 1 日　至×3年 3 月31日（単位：円）

科　　　目	金　　　額
諸　　　収　　　益	788,000
諸　　　費　　　用	△　704,000
の　れ　ん　償　却	△　　　500
当　期　純　利　益	83,500
非支配株主に帰属する 当　期　純　利　益	△　14,400
親会社株主に帰属する 当　期　純　利　益	69,100

1．連結修正仕訳

連結修正仕訳は［設例21-3］と同じになります。

① 開始仕訳（要約仕訳）

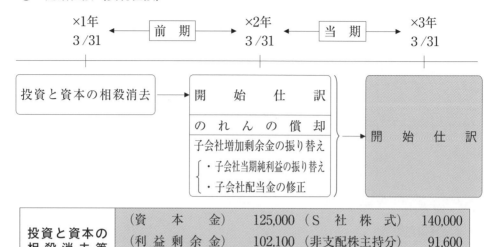

投資と資本の相殺消去等	（資　本　金）	125,000	（S　社　株　式）	140,000
	（利　益　剰　余　金）	102,100	（非支配株主持分）	91,600
	（の　れ　ん）	4,500		

② 期中仕訳

のれんの償却	（の れ ん 償 却）	500	（の　れ　ん）	500
当 期 純 利 益の 振 り 替 え	（非支配株主に帰属する当 期 純 利 益）	14,400	（非支配株主持分）	14,400
配当金の修正	（受 取 配 当 金）	12,000	（利 益 剰 余 金）	20,000
	（非支配株主持分）	8,000		

2．連結修正仕訳の集計

個別財務諸表を合算し，連結修正仕訳を集計して連結貸借対照表および連結損益計算書の金額を算出します。

なお，連結貸借対照表の「利益剰余金」は連結貸借対照表の資産合計と利益剰余金を除く負債・純資産合計の差額で算出します。また，「親会社株主に帰属する当期純利益」は連結損益計算書における収益と費用の差額で算出します。

計算過程を一覧表の形で示すと以下のようになります。

科　　目	個別財務諸表		連結修正仕訳の集計	連結財務諸表
	P　社	S　社		
貸借対照表				**連結貸借対照表**
諸　　資　　産	700,000	525,000		1,225,000
S　社　株　式	140,000	——	△140,000	
の　　れ　　ん	——	——	＋4,500　△500	4,000
資　産　合　計	840,000	525,000	——	1,229,000
諸　　負　　債	(　412,000)	(　280,000)		(　692,000)
資　　本　　金	(　200,000)	(　125,000)	△125,000	(　200,000)
利　益　剰　余　金	(　228,000)	(　120,000)	——	(差引：239,000)
非　支　配　株　主　持　分	——	——	＋91,600　＋14,400　△8,000	(　98,000)
負債・純資産合計	(　840,000)	(　525,000)	——	(1,229,000)
損益計算書				**連結損益計算書**
諸　　収　　益	(　488,000)	(　300,000)		(　788,000)
受　取　配　当　金	(　12,000)	——	△12,000	
諸　　費　　用	440,000	264,000		704,000
の　れ　ん　償　却	——	——	＋500	500
非支配株主に帰属する当期純利益			＋14,400	14,400
親会社株主に帰属する当期純利益	——	——	——	(差引：69,100)

（注）（　　）内の金額は，貸方金額を表します。

３．各数値の算定

（1）　連結損益計算書「親会社株主に帰属する当期純利益」

連結上の収益：788,000円

連結上の費用：704,000円＋500円＋14,400円＝718,900円

親会社株主に帰属する当期純利益：788,000円－718,900円＝69,100円

（2）　連結貸借対照表「利益剰余金」

連結上の資産合計：1,229,000円

利益剰余金を除く負債・純資産合計：692,000円＋200,000円＋98,000円
＝990,000円

利益剰余金：1,229,000円－990,000円＝239,000円

【参考】

　　連結貸借対照表の利益剰余金は，連結修正仕訳の損益計算書項目をすべて利益剰余金に置き換えて集計することにより，直接算出することもできます。

利益剰余金：P社228,000円＋S社120,000円＋20,000円[*1]－129,000円[*2]
＝239,000円

＊1　加算項目：期中仕訳20,000円

＊2　減算項目：開始仕訳102,100円＋損益計算書項目（12,000円＋500円＋14,400円）＝129,000円

「P/L項目」と「利益剰余金」の関係

　今一度，簿記検定3級で学習した「勘定の締切手続き」を思い出してください。

　期末において，費用・収益の諸勘定の残高は，「決算振替」の手続きにより「損益」勘定に振り替えられ，その残高をもって「当期純損益」が認識されます。そして，その当期純損益は「繰越利益剰余金（資本）」に振り替えられ，翌期に引き継がれることになります。

　すなわち，費用・収益の金額は，会計期間ごとに当期純損益として精算されるため，その残高が翌期に繰り越されることは絶対にありません。そのため，「前期以前」に計上した費用・収益の項目を「当期」において修正する必要がある場合，その費用・収益の項目はすべて「繰越利益剰余金」に置き換えて考えます。

　では，以上をもとに，以下の取引について必要な修正仕訳を考えてみましょう。

1．「当期」に商品100円を掛けで販売したが，この取引金額を1,000円で計上していたことが判明した。

（売　　　　　上）	900	（売　掛　金）	900

　この場合，当期に計上した「売上」なので，差額900円（1,000円 − 100円）について「売上」を修正することが可能です。

2．「前期」に商品100円を掛けで販売したが，この取引金額を1,000円で計上していたことが「当期」において判明した。

（繰越利益剰余金）	900	（売　掛　金）	900
⌣前期の売上の修正			

　この場合，前期に計上した「売上」なので，差額900円（1,000円 − 100円）について当期の「売上」を修正することはできません。前期の売上は前期末において当期純損益として精算され，繰越利益剰余金に引き継がれています。そこで，売上に置き換えて，「繰越利益剰余金」の減少を処理します。

4 支配獲得後３期目以降の連結

３年目以降の連結決算における必要な会計処理は，２年目の連結決算と同じになります。なお，連結３年目以降における「開始仕訳」の内容も，前期末までの連結修正仕訳を累積したものとなります。

設例 21-5

P社は，×1年３月31日にＳ社の発行済議決権株式の60％を140,000円で取得し，支配を獲得した。以下の資料にもとづき，連結第３期（×3年４月１日から×4年３月31日まで）の連結決算において必要な連結修正仕訳を示しなさい。なお，のれんは，計上年度の翌年から10年の均等償却を行う。

（資　料）

１．Ｓ社の資本の変動

	×1年３月31日	×3年３月31日	×4年３月31日
資　本　金	125,000円	125,000円	125,000円
利 益 剰 余 金	100,000	120,000	130,000
合　　計	225,000円	245,000円	255,000円

２．当期において，Ｓ社は20,000円の配当を行っている。

３．Ｓ社の損益計算書において，当期純利益30,000円が計上されている。

〈解答欄〉

連結修正仕訳		借 方 科 目	金 額	貸 方 科 目	金 額
開始仕訳	投資と資本の相 殺 消 去	資 本 金 利 益 剰 余 金 の れ ん		Ｓ 社 株 式 非支配株主持分	
期中仕訳	のれんの償却	の れ ん 償 却		の れ ん	
	子会社純利益の 振 り 替 え	非支配株主に帰属する当 期 純 利 益		非支配株主持分	
	子会社配当金の 修 正	受 取 配 当 金 非支配株主持分		利 益 剰 余 金	

〈解　答〉

連結修正仕訳		借方科目	金額	貸方科目	金額
開始仕訳	投資と資本の相殺消去	資　本　金 利 益 剰 余 金 の　れ　ん	125,000 109,000 4,000	S 社 株 式 非支配株主持分	140,000 98,000
期中仕訳	のれんの償却	のれん償却	500	の　れ　ん	500
	子会社純利益の振り替え	非支配株主に帰属する 当 期 純 利 益	12,000	非支配株主持分	12,000
	子会社配当金の　　修　　正	受 取 配 当 金 非支配株主持分	12,000 8,000	利 益 剰 余 金	20,000

〈解　説〉

1．S社資本の増減の整理（P社の持分60％，S社株式の取得原価140,000円）

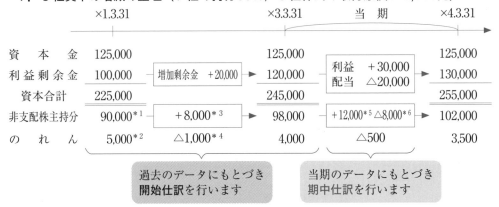

*1　非支配株主持分：資本合計225,000円×非支配株主の持分40％＝90,000円
*2　のれん：資本合計225,000円×60％－S社株式140,000円＝△5,000円（借方差額）
*3　子会社増加剰余金の振り替え：増加剰余金20,000円×40％＝8,000円
*4　過年度ののれん償却額：5,000円÷10年×2年分＝1,000円
*5　当期純利益の非支配株主持分への振り替え：30,000円×40％＝12,000円
*6　非支配株主に対する配当の修正：20,000円×40％＝8,000円

2．開始仕訳

支配獲得日における「投資と資本の相殺消去」および過年度における「期中仕訳」
が開始仕訳の内容となります。

(1)　投資と資本の相殺消去

（資　本　金）	125,000	（S 社 株 式）	140,000
（利 益 剰 余 金）	100,000	（非支配株主持分）*1	90,000
（の　れ　ん）*2	5,000		

*1　S社の資本合計225,000円×非支配株主の持分40％＝90,000円
*2　S社の資本合計225,000円×P社の持分60％－S社株式140,000円＝△5,000円

⑵　**過年度におけるのれんの償却**

| （利 益 剰 余 金）* | 1,000 | （の　れ　ん） | 1,000 |

＊　のれん5,000円÷10年×2年＝1,000円

⑶　**過年度子会社増加剰余金の振り替え**

　　支配獲得日の利益剰余金と前期末の利益剰余金に着目し，その差額を子会社増加剰余金として認識します。そのうち非支配株主の持分に相当する金額を「利益剰余金」から「非支配株主持分」へ振り替えます。

| （利 益 剰 余 金）* | 8,000 | （非支配株主持分） | 8,000 |

＊　増加剰余金：前期末利益剰余金120,000円－支配獲得日の利益剰余金100,000円＝20,000円
　　増加剰余金の振替額：20,000円×40％＝8,000円

⑷　**開始仕訳（要約仕訳）**

（資　　本　　金）	125,000	（S　社　株　式）	140,000
（利 益 剰 余 金）*3	109,000	（非支配株主持分）*2	98,000
（の　　れ　　ん）*1	4,000		

＊1　5,000円－1,000円＝4,000円
＊2　90,000円＋8,000円＝98,000円
＊3　100,000円＋1,000円＋8,000円＝109,000円

3．期中仕訳

⑴　**のれんの償却**

　　10年間で均等償却します。

| （の れ ん 償 却）* | 500 | （の　れ　ん） | 500 |

＊　のれん5,000円÷10年＝500円

⑵　**子会社当期純利益の振り替え**

| (非支配株主に帰属する)
(当 期 純 利 益)* | 12,000 | （非支配株主持分） | 12,000 |

＊　S社当期純利益30,000円×非支配株主の持分40％＝12,000円

⑶　**子会社配当金の修正**

| （受 取 配 当 金）*1 | 12,000 | （利 益 剰 余 金） | 20,000 |
| （非支配株主持分）*2 | 8,000 | | |

＊1　親会社に対する配当の修正：子会社配当金20,000円×60％＝12,000円
＊2　非支配株主に対する配当の修正：子会社配当金20,000円×40％＝8,000円

5 連結精算表

　以下，［設例21－2（連結第1期の決算）］を前提に連結精算表の作成方法を解説します。なお，P社は×1年3月31日にS社の発行済議決権株式の60％を140,000円で取得しており，連結第1年度（×1年4月1日～×2年3月31日）におけるP社およびS社の個別財務諸表および必要な連結修正仕訳は以下のとおりです。

(1) 個別財務諸表

貸　借　対　照　表
×2年3月31日　　　　　　　　　（単位：円）

資　　　　　産	P　　社	S　　社	負債・純資産	P　　　社	S　　　社
諸　資　産	610,000	445,000	諸　　負　　債	342,000	216,000
S　社　株　式	140,000	——	資　　本　　金	200,000	125,000
			利　益　剰　余　金	208,000	104,000
	750,000	445,000		750,000	445,000

損　益　計　算　書
自×1年4月1日　至×2年3月31日　　　　（単位：円）

借　方　科　目	P　　社	S　　社	貸　方　科　目	P　　社	S　　社
諸　　費　　用	352,000	176,000	諸　　収　　益	388,000	200,000
当　期　純　利　益	48,000	24,000	受　取　配　当　金	12,000	——
	400,000	200,000		400,000	200,000

(2) 連結修正仕訳

連結修正仕訳		借　方　科　目	金　額	貸　方　科　目	金　額
開始仕訳	投資と資本の相殺消去	資　本　金 利　益　剰　余　金 の　れ　ん	125,000 100,000 5,000	S　社　株　式 非支配株主持分	140,000 90,000
期中仕訳	のれんの償却	のれん償却	500	の　　れ　　ん	500
	子会社純利益の振り替え	非支配株主に帰属する当期純利益	9,600	非支配株主持分	9,600
	子会社配当金の　　修　　正	受　取　配　当　金 非支配株主持分	12,000 8,000	利　益　剰　余　金	20,000

〈解答の手順〉

(1) 連結修正仕訳の記入

P社およびS社の個別財務諸表を転記のうえ，「修正消去欄」に連結修正仕訳を記入します。

連 結 精 算 表　　　　　　　　（単位：円）

科　　目	個別財務諸表		修正消去		連結財務諸表
	P　社	S　社	借　方	貸　方	
貸借対照表					**連結貸借対照表**
諸　　資　　産	610,000	445,000			
S　社　株　式	140,000	――		140,000	
の　　れ　　ん	――	――	5,000	500	
資　産　合　計	750,000	445,000			
諸　　負　　債	(342,000)	(216,000)			( )
資　　本　　金	(200,000)	(125,000)	125,000		( )
利　益　剰　余　金	(208,000)	(104,000)	100,000	20,000	( )
非支配株主持分	――	――	8,000	90,000	( )
				9,600	
負債・純資産合計	(750,000)	(445,000)			( )
損益計算書					**連結損益計算書**
諸　　収　　益	(388,000)	(200,000)			( )
受　取　配　当　金	(12,000)	――	12,000		
諸　　費　　用	352,000	176,000			
の　れ　ん　償　却	――	――	500		
当　期　純　利　益	(48,000)	(24,000)			( )
非支配株主に帰属する当期純利益			9,600		
親会社株主に帰属する当期純利益					( )

(2) **連結損益計算書の完成**

① 損益計算書の「修正消去」欄における借方，貸方の金額をそれぞれ合計し，「当期純利益」および「親会社株主に帰属する当期純利益」の行に記入します。

② 「個別損益計算書」の金額を合算し，「修正消去」欄の金額を加減して「連結損益計算書」欄を完成させます。

③ 「親会社株主に帰属する当期純利益」の行に記入された「修正消去」欄の金額を貸借対照表の「利益剰余金」の「修正消去」欄に移記します。

連 結 精 算 表　　　　　　　　　　　（単位：円）

科　　　目	個別財務諸表		修正消去		連結財務諸表
	P　社	S　社	借　方	貸　方	
貸借対照表					**連結貸借対照表**
諸　　資　　産	610,000	445,000			
S　社　株　式	140,000	——		140,000	
の　　れ　　ん	——	——	5,000	500	
資　産　合　計	750,000	445,000			
諸　　負　　債	(342,000)	(216,000)			
資　　本　　金	(200,000)	(125,000)	125,000		
利　益　剰　余　金	(208,000)	(104,000)	100,000	20,000	
			▶③ 22,100	▶③ 0	
非 支 配 株 主 持 分	——	——	8,000	90,000	
				9,600	
負債・純資産合計	(750,000)	(445,000)			
損益計算書					**連結損益計算書**
諸　　収　　益	(388,000)	(200,000)			②(588,000)
受 取 配 当 金	(12,000)	——	12,000		
諸　　費　　用	352,000	176,000			② 528,000
の れ ん 償 却	——	——	500		② 500
当 期 純 利 益	(48,000)	(24,000)	① 12,500	① 0	②(59,500)
非支配株主に帰属する当期純利益			9,600		② 9,600
親会社株主に帰属する当期純利益			① 22,100	① 0	②(49,900)

(3) 連結貸借対照表の完成

① 貸借対照表の「修正消去」欄における借方，貸方の金額をそれぞれ合計し，「資産合計」および「負債・純資産合計」の行に記入します。

② 「個別貸借対照表」の金額を合算し，「修正消去」欄の金額を加減して「連結貸借対照表」欄を完成させます。

連 結 精 算 表 （単位：円）

科 目	個別財務諸表		修正消去		連結財務諸表
	P 社	S 社	借 方	貸 方	
貸借対照表					**連結貸借対照表**
諸 資 産	610,000	445,000			② 1,055,000
S 社 株 式	140,000	——		140,000	
の れ ん	——	——	5,000	500	② 4,500
資 産 合 計	750,000	445,000	① 5,000	①140,500	② 1,059,500
諸 負 債	(342,000)	(216,000)			②(558,000)
資 本 金	(200,000)	(125,000)	125,000		②(200,000)
利 益 剰 余 金	(208,000)	(104,000)	100,000	20,000	②(209,900)
			22,100	0	
非 支 配 株 主 持 分	——	——	8,000	90,000	②(91,600)
				9,600	
負債・純資産合計	(750,000)	(445,000)	①255,100	①119,600	②(1,059,500)
損益計算書					**連結損益計算書**
諸 収 益	(388,000)	(200,000)			(588,000)
受 取 配 当 金	(12,000)	——	12,000		
諸 費 用	352,000	176,000			528,000
の れ ん 償 却	——	——	500		500
当 期 純 利 益	(48,000)	(24,000)	12,500	0	(59,500)
非支配株主に帰属する当期純利益			9,600		9,600
親会社株主に帰属する当期純利益			22,100	0	(49,900)

22 連結会計Ⅲ（成果連結）
Theme

> **Check** ここでは，内部取引高と債権・債務の相殺消去，未実現損益の消去等の成果連結について学習します。特に，商品売買に関する内部取引高と売上債権・仕入債務の相殺消去と，未実現利益の消去が重要です。

１ 成果連結と連結修正仕訳

1. 連結修正仕訳の考え方

　個別会計上実際に行った仕訳（個別会計上の仕訳）と連結会計上必要な会計処理（連結会計上あるべき仕訳）が異なる場合，それを修正する仕訳が「連結修正」仕訳です。

　成果連結（内部取引高と債権・債務の相殺消去，および未実現損益の消去）における連結修正仕訳は次のように考えます。なお，今一度，「テーマ20　連結会計Ⅰ ２ 2. 連結修正仕訳」を確認してください。

> ① 「個別会計上の仕訳」を確認する
> ② 「連結会計上あるべき仕訳」を考える
> ③ 連結修正仕訳：②−①

設例 22-1

　P社はS社の発行済議決権株式の80％を所有し，S社を支配している。当期にP社はS社に現金10,000円を貸し付けた（貸付期間：6か月）。よって，連結修正仕訳を示しなさい。なお，利息は考慮しなくてよい。

〈解答・解説〉

　個別上行われた取引と連結上あるべき取引を図示すると以下のとおりです。

　個別上⇨P社にとって貸付取引，S社にとって借入取引

　連結上⇨取引なし（現金の保管場所が変更されただけ）

330

① 個別会計上の仕訳

　ⓐ　親会社（P社）

（短 期 貸 付 金）	10,000	（現 金 預 金）	10,000

　ⓑ　子会社（S社）

（現 金 預 金）	10,000	（短 期 借 入 金）	10,000

② 連結上あるべき仕訳

仕 訳 な し

③ 連結修正仕訳（②－①）

（短 期 借 入 金）	10,000	（短 期 貸 付 金）	10,000

2 内部取引高と債権・債務の相殺消去

1. 内部取引高と債権・債務の相殺消去とは

　連結会社相互間における商品の売買その他の取引高に係る項目は，連結グループ内部の取引高なので，連結決算上，相殺消去します。また，連結会社相互間の債権と債務の期末残高は，連結グループ内部の取引にもとづくものなので，連結決算上，相殺消去します。

　相殺消去の対象となる内部取引高や債権・債務については，次の点に留意してください。

① 　相殺消去の対象となる債権または債務には，前払費用，未収収益，前受収益および未払費用で連結会社相互間の取引に関するものを含むものとします。

② 　連結会社が振り出した約束手形を他の連結会社が銀行割引した場合には，連結貸借対照表上これを借入金に振り替えます。

③ 　引当金のうち，連結会社を対象として引き当てられたことが明らかなものは，これを調整します。

	(1)内部取引高の相殺消去		(2)債権・債務の相殺消去	
商品売買取引	売 上 高 ◀▶ 仕 入 高 （売上原価）		仕入債務 売上債権	買 掛 金 ◀▶ 売 掛 金 支 払 手 形 ◀▶ 受 取 手 形 （貸倒引当金も調整します）
その他の取引	受 取 利 息 ◀▶ 支 払 利 息		経過勘定項目	未 払 費 用 ◀▶ 未 収 収 益 前 受 収 益 ◀▶ 前 払 費 用
			資金取引	借 入 金 ◀▶ 貸 付 金 （貸倒引当金も調整します）

　P社は当期首にS社の発行済議決権株式の80%を取得し，支配を獲得した。当期の両社間における取引高と，当期末現在の両社間における債権・債務の各残高は次のとおりである。よって，連結修正仕訳を示しなさい。

（資　料）

P　　　社		S　　　社	
売　上　高（貸方科目）	200,000円	仕　入　高（借方科目）	200,000円
受　取　利　息（貸方科目）	6,000円	支　払　利　息（借方科目）	6,000円
受　取　手　形（借方科目）	50,000円	支　払　手　形（貸方科目）	50,000円
売　掛　金（借方科目）	80,000円	買　掛　金（貸方科目）	80,000円
短　期　貸　付　金（借方科目）	100,000円	短　期　借　入　金（貸方科目）	100,000円
未　収　収　益（借方科目）	1,500円	未　払　費　用（貸方科目）	1,500円

〈解答・解説〉

(1)　**内部取引高の相殺消去**

（売　上　高）	200,000	（売　上　原　価）	200,000
P社売上高		S社仕入高	
（受　取　利　息）	6,000	（支　払　利　息）	6,000

(2)　**債権・債務の相殺消去**

（支　払　手　形）	50,000	（受　取　手　形）	50,000
（買　掛　金）	80,000	（売　掛　金）	80,000
（短　期　借　入　金）	100,000	（短　期　貸　付　金）	100,000
（未　払　費　用）	1,500	（未　収　収　益）	1,500

2. 割引手形および裏書手形の修正

(1) 割引手形の修正

連結会社相互間において，一方の会社が振り出した手形を他方の会社が連結グループ外部の銀行で割り引いた場合には，連結上，手形の振り出しによる資金の借入れと考え，その割り引いた手形金額を連結貸借対照表上，「借入金（通常は短期借入金）」として処理します。

設例 22-3

S社は当期にP社（S社株式の80％を所有し，S社を支配している）に対して約束手形100,000円を振り出した。P社は受け取った約束手形100,000円を連結外部の銀行で割り引いた。よって，連結修正仕訳を示しなさい。なお，手形売却損は考慮しない。

〈解答・解説〉

個別上，手形の割引きとして処理していますが，連結上は「手形借入金」の性格を有します。したがって，未決済の場合には「支払手形」を「短期借入金」に振り替える必要があります。

個別上行われた取引と連結上あるべき取引を図示すると以下のとおりです。

個別上⇨手形の割引きで処理

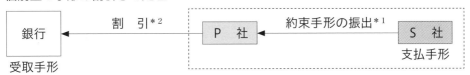

連結上⇨手形借入金と考える

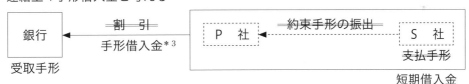

① 個別会計上の仕訳

ⓐ 親会社（P社）

（受 取 手 形）	100,000	（× × ×）	100,000	…＊1
（現 金 預 金）	100,000	（受 取 手 形）	100,000	…＊2

ⓑ 子会社（S社）

（× × ×）	100,000	（支 払 手 形）	100,000	…＊1

② 連結上あるべき仕訳

（現 金 預 金）	100,000	（短 期 借 入 金）	100,000	…＊3

③ 連結修正仕訳（②－①）

（支 払 手 形）	100,000	（短 期 借 入 金）	100,000

(2) **裏書手形の修正**

連結会社相互間における，掛代金決済のため振り出された約束手形を企業グループ外部の仕入先に対する買掛金を支払うため裏書譲渡した場合には，個別上も，連結上も，手形の振り出しによる買掛金の決済取引となるため，連結修正仕訳は必要ありません。

設例 22-4

S社は当期にP社（S社株式の80％を所有し，S社を支配している）に対して約束手形100,000円を振り出した。P社は受け取った約束手形100,000円をX社に対する買掛金を支払うため裏書譲渡した。よって，連結修正仕訳を示しなさい。

〈解答・解説〉

個別上も，連結上も，「X社に対する買掛金を支払うため，約束手形を振り出した」という取引となります。よって「仕訳なし」です。

個別上行われた取引と連結上あるべき取引を図示すると以下のとおりです。

個別上⇨手形の裏書きで処理

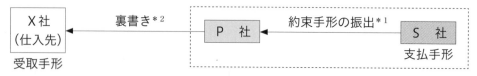

連結上⇨約束手形の振出と考える

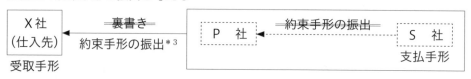

① 個別会計上の仕訳

ⓐ 親会社（P社）

| （受 取 手 形） | 100,000 | （× × ×） | 100,000 | …＊1 |

| （買掛金－X社） | 100,000 | （受 取 手 形） | 100,000 | …＊2 |

ⓑ 子会社（S社）

| （× × ×） | 100,000 | （支 払 手 形） | 100,000 | …＊1 |

② 連結上あるべき仕訳

| （買掛金－X社） | 100,000 | （支 払 手 形） | 100,000 | …＊3 |

③ 連結修正仕訳（②－①）

仕 訳 な し

3. 貸倒引当金の調整

　内部取引から生じた連結会社相互間の債権と債務の期末残高を相殺消去した場合には，相殺消去した債権に対して設定されている貸倒引当金を調整します。

　また，調整した貸倒引当金が「子会社」のものである場合，これにあわせて非支配株主持分の調整が必要となります。

(1) 親会社の貸倒引当金を調整する場合

設例 22-5

　P社は，S社の発行済議決権株式の80％を所有し，支配している。よって，次の取引について必要な連結修正仕訳を示しなさい。

（取　引）

　当期末におけるP社の貸借対照表の売掛金のうち10,000円はS社に対するものであり，P社はこの売掛金に対して2％の貸倒引当金を設定している。

〈解答・解説〉

　個別上行われた取引と連結上あるべき取引を図示すると以下のとおりです。

　個別上⇨P社のS社に対する売掛金について貸倒引当金を設定している

　連結上⇨P社のS社に対する売掛金は相殺消去されるので，貸倒引当金の設定は不要となる

(1) 売掛金と買掛金の相殺消去

（買　掛　金）	10,000	（売　掛　金）	10,000

(2) 貸倒引当金の調整

① 個別会計上の仕訳（親会社P社）

（貸倒引当金繰入）＊	200	（貸　倒　引　当　金）	200

　　＊　10,000円〈売掛金〉×2％＝200円〈貸倒引当金設定額〉

② 連結上あるべき仕訳

仕 訳 な し

③ 連結修正仕訳（②－①）

　設定対象である売掛金自体が相殺消去されてしまうため，貸倒引当金も調整します。

（貸 倒 引 当 金）	200	（貸倒引当金繰入）	200

⑵　**子会社の貸倒引当金を調整する場合**

設例 22-6

　P社は，S社の発行済議決権株式の80％を所有し，支配している。よって，次の取引について必要な連結修正仕訳を示しなさい。

（取　引）

　当期末におけるS社の貸借対照表の売掛金のうち10,000円はP社に対するものであり，S社はこの売掛金に対して2％の貸倒引当金を設定している。

〈解答・解説〉

　個別上行われた取引と連結上あるべき取引を図示すると以下のとおりです。

　個別上⇨S社のP社に対する売掛金について貸倒引当金を設定している

　連結上⇨S社のP社に対する売掛金は相殺消去されるので，貸倒引当金の設定は不要となる

⑴　**売掛金と買掛金の相殺消去**

（買 　 掛 　 金）	10,000	（売 　 掛 　 金）	10,000

(2) 貸倒引当金の調整

① 個別会計上の仕訳（子会社 S 社）

（貸倒引当金繰入）*	200	（貸 倒 引 当 金）	200

* 10,000円〈売掛金〉× 2 ％ ＝ 200円〈貸倒引当金設定額〉

② 連結上あるべき仕訳

仕 訳 な し

③ 連結修正仕訳（②－①）

（貸 倒 引 当 金）	200	（貸倒引当金繰入）	200

(3) 非支配株主持分の調整

　子会社の貸倒引当金を調整した場合，消去した「貸倒引当金」にかかる「貸倒引当金繰入」が取り消されるため，その分，子会社の当期純利益が増加し，結果として子会社の資本は増加します。

　連結上の「非支配株主持分」とは，部分所有のケースにおいて親会社の投資と相殺できない「子会社の資本」を表す科目です。したがって，連結上，支配獲得後において子会社の資本が増加したときは，その増加分に対応する「非支配株主持分」を増額させる必要があります。そこで，「非支配株主に帰属する当期純利益」を相手科目として，「非支配株主持分」を増額します。

（非支配株主に帰属する 当 期 純 利 益）*	40	（非支配株主持分）	40

* 200円〈貸倒引当金の調整額〉×20％ ＝40円

❸ 期末棚卸資産に含まれる未実現利益の消去

1. 未実現利益の消去

　連結会社間で棚卸資産（商品，製品，原材料などをいいます。以下，商品を前提に説明します。）の売買が行われた場合，個別会計上，販売した会社の売上に対する利益が計上されています。しかし，連結上は，その商品を連結外部の第三者に販売して初めて，個別会計上計上した利益が実現したと考えます。

　したがって，連結会社間の取引によって取得した商品が売れ残り，期末に保有している場合，その商品に含まれている利益はまだ実現していない利益となります。このような利益のことを未実現利益といいます。

　この未実現利益は，連結上，全額を消去しなければなりません。

(1)　未実現利益の調整が不要な場合

　　P社が仕入原価4,000円の商品をS社に5,000円で販売し，その後，S社が外部に7,000円で販売した。

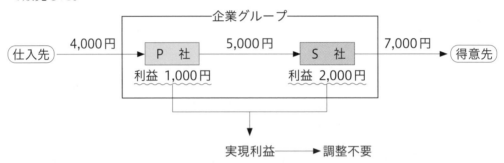

　　企業グループ全体で考えると，仕入原価4,000円の商品を外部に7,000円で販売したので，連結上の利益は3,000円となり，個別上の利益合計3,000円（P社利益1,000円＋S社利益2,000円）と一致します。

　　すなわち，親会社が利益を付して子会社に商品を販売しても，子会社がその商品をすべて外部に販売していれば，その利益はすべて実現して未実現利益は生じないので，調整の必要はありません。

(2)　未実現利益の調整が必要な場合

　　P社が仕入原価4,000円の商品をS社に5,000円で販売したが，S社は決算日現在，この商品を保有している。

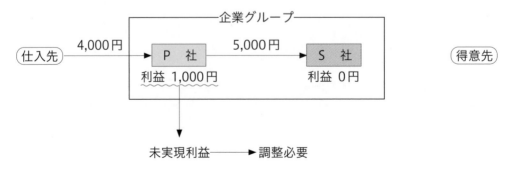

企業グループ全体で考えると，仕入原価4,000円の商品を決算日現在，保有しているから，連結上の利益は0円です。それに対して，個別上の利益合計は1,000円（P社利益）となり，S社の期末商品に含まれている未実現利益1,000円だけ一致しません。そこで，この未実現利益1,000円は企業グループ全体の損益を算定するにあたり，利益合計から控除する必要があります。

すなわち，親会社が利益を付して子会社に商品を送付して，子会社がその商品を決算日に保有している場合，その利益は未実現利益となるので，その調整が必要となります。

2. 未実現利益の負担関係

未実現利益を消去した場合には，未実現利益の消去により減少した利益をだれが負担すべきかが問題となります。未実現利益の負担関係は，親会社が売手側の場合（ダウン・ストリーム）と子会社が売手側の場合（アップ・ストリーム）とで次のように区別されます。

(1) ダウン・ストリーム：全額消去・親会社負担

親会社（P社）から子会社（S社）へ商品などを販売することを「ダウン・ストリーム」といいます。この場合，親会社の負担で未実現利益の全額を消去します。

(2) アップ・ストリーム：全額消去・持分按分負担

子会社から親会社へ商品などを販売することを「アップ・ストリーム」といいます。この場合，子会社の負担で未実現利益の全額を消去します。ただし，部分所有の場合，すなわち子会社に非支配株主が存在するときは，消去した未実現利益に対する非支配株主の持分割合について「非支配株主持分」を減額調整します。

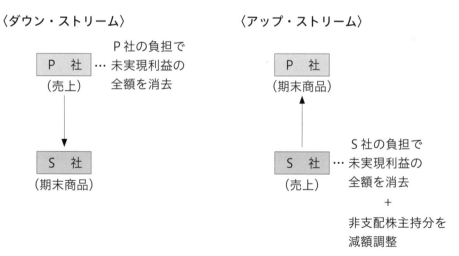

3. 期末棚卸資産に含まれる未実現利益の消去

連結会社相互間の取引によって取得した棚卸資産（商品など）を買手側が所有している場合には，期末棚卸高に含まれる未実現利益を消去します。

(1) ダウン・ストリームの場合

S社は，当期末にP社（S社株式の80%を所有）から仕入れた商品5,000円を所有している。なお，この商品のP社の仕入原価は4,000円である。よって，連結修正仕訳を示しなさい。

〈解答・解説〉

① 個別会計上の仕訳（S社の仕訳）

（商　　　　　品）	5,000	（売　上　原　価）	5,000
繰越商品		仕入	

② 連結会計上あるべき仕訳

（商　　　　　品）	4,000	（売　上　原　価）	4,000
繰越商品		仕入	

③ 連結修正仕訳（②−①）

（売　上　原　価）*	1,000	（商　　　　　品）	1,000

＊ 5,000円−4,000円＝1,000円〈期末商品に含まれる未実現利益〉

　個別会計上は，買手側であるS社は，P社からの仕入原価5,000円で期末商品を評価し，売上原価の計算を行っていますが，連結会計上は，P社の仕入原価4,000円で期末商品を評価し，売上原価を計算すべきなので，差額の1,000円を調整することにより，期末商品に含まれる未実現利益を消去することができます。

(2) アップ・ストリームの場合

　P社（S社株式の80%を所有）は，当期末にS社から仕入れた商品5,000円を所有している。なお，この商品のS社の仕入原価は4,000円である。よって，連結修正仕訳を示しなさい。

〈解答・解説〉

(1) 未実現利益の消去

① 個別会計上の仕訳（P社の仕訳）

（商　　　　　品）	5,000	（売　上　原　価）	5,000
繰越商品		仕入	

② 連結会計上あるべき仕訳

（商　　　　品）	4,000	（売　上　原　価）	4,000
繰越商品		仕入	

③ 連結修正仕訳（②－①）

（売　上　原　価）*	1,000	（商　　　　品）	1,000

* 5,000円－4,000円＝1,000円〈期末商品に含まれる未実現利益〉

　　個別会計上は，買手側であるＰ社は，Ｓ社からの仕入原価5,000円で期末商品を評価し，売上原価の計算を行っていますが，連結会計上は，Ｓ社の仕入原価4,000円で期末商品を評価し，売上原価を計算すべきなので，差額の1,000円を調整し，期末商品に含まれる未実現利益を全額消去します。

⑵　非支配株主持分の調整

　　子会社の負担で未実現利益を消去することにより，子会社の当期純利益が減少し，結果として子会社の資本は減少します。したがって，部分所有の場合，すなわち，子会社に非支配株主が存在する場合においては，消去した未実現利益に対応する「非支配株主持分」の金額を減額させるため，「非支配株主に帰属する当期純利益」を相手科目として「非支配株主持分」を減額します。

（非支配株主持分）*	200	(非支配株主に帰属する) 当 期 純 利 益	200

* 1,000円〈未実現利益〉× 20％＝200円

⁂ 4 期首棚卸資産に含まれる未実現利益の消去（翌期の処理）

　前期末に「期末棚卸資産」に含まれる未実現利益を消去した場合には，当期において「期首棚卸資産」に含まれる未実現利益として，その消去が必要となります。

　期首棚卸資産に含まれる未実現利益の消去は，次のように考えて連結修正仕訳を行います。

1. ダウン・ストリームの場合

　［設例22－7］について翌期の仕訳を示すと次のようになります。

⑴　開始仕訳

　　連結会計上，前期の期末商品（5,000円）について未実現利益1,000円を消去すると，その処理は当期の「利益剰余金」に影響を与えます。そこで，前期に行った未実現利益消去の仕訳を「開始仕訳」として行う必要があります。

　　このとき，損益計算書項目である「売上原価」は，それが引き継がれる「利益剰余金」に置き換えます。

（利 益 剰 余 金）	1,000	（商　　　　品）	1,000
売上原価			

(2) 当期分の調整：実現仕訳

前期の期末商品（＝当期の期首商品）は，原則として，当期にすべて販売されたとみなされます。販売されれば未実現利益は実現利益となります。そこで，実現仕訳を行います。上記，「利益剰余金」をもとの「売上原価」に置き換えて，「逆仕訳」を行います。すなわち，「売上原価」を減額することにより，未実現利益の実現を損益計算書に反映させます。

（商　　品）	1,000	（売 上 原 価）	1,000

(3) 連結修正仕訳（(1)＋(2)）

上記(1)開始仕訳と(2)当期分の調整（実現仕訳）をまとめたものが連結修正仕訳となります。

（利 益 剰 余 金）	1,000	（売 上 原 価）	1,000

2. アップ・ストリームの場合

アップ・ストリームの場合，未実現利益が実現利益となることにより，子会社の資本は増加します。子会社に非支配株主が存在する場合，すなわち部分所有の場合において，実現した利益に対応する「非支配株主持分」の金額を増額させる必要があるため，「当期分の調整（実現仕訳）」において「非支配株主持分の増額調整」を行うことになります。

［設例22－8］について，翌期の仕訳を示すと次のようになります。

(1) 開始仕訳

（利 益 剰 余 金） 売上原価	1,000	（商　　品）	1,000
（非支配株主持分）＊	200	（利 益 剰 余 金） 非支配株主に帰属する当期純利益	200

＊　1,000円〈未実現利益〉×20％〈非支配株主持分〉＝200円

(2) 当期分の調整：実現仕訳

実現した利益の全額をＳ社に帰属させたうえで，非支配株主に帰属する分につき「非支配株主持分」を増額します。

（商　　品）	1,000	（売 上 原 価）	1,000
（非支配株主に帰属する 当 期 純 利 益）	200	（非支配株主持分）＊	200

＊　1,000円〈未実現利益〉×20％〈非支配株主持分〉＝200円

(3) 連結修正仕訳（(1)＋(2)）

(1)「開始仕訳」および(2)「当期分の調整（実現仕訳）」の仕訳を合算し，「商品」を相殺します。

（利 益 剰 余 金）	800	（売 上 原 価）	1,000
（非支配株主に帰属する 当 期 純 利 益）	200		

次の資料により，連結第1期（×1年4月1日から×2年3月31日まで）における(1)連結修正仕訳を示し，(2)連結精算表を完成させ，(3)連結財務諸表を完成させなさい。

（資料1）

貸 借 対 照 表
×2年3月31日　　　　　　　　　　　　　　　（単位：円）

資　　　　　産	P　社	S　社	負債・純資産	P　社	S　社
売　掛　金	100,000	50,000	買　掛　金	60,000	30,000
貸倒引当金	△2,000	△1,000	その他負債	282,000	161,000
商　　　品	80,000	40,000	資　本　金	200,000	125,000
土　　　地	200,000	125,000	利益剰余金	208,000	104,000
S　社　株　式	140,000	—			
その他資産	232,000	206,000			
	750,000	420,000		750,000	420,000

損 益 計 算 書
自×1年4月1日　至×2年3月31日　　　　　　（単位：円）

借方科目	P　社	S　社	貸方科目	P　社	S　社
売　上　原　価	225,000	112,500	売　上　高	300,000	150,000
貸倒引当金繰入	1,500	800	受取配当金	12,000	—
その他費用	117,500	58,700	その他収益	80,000	46,000
当期純利益	48,000	24,000			
	392,000	196,000		392,000	196,000

（資料2）

(1) P社は×1年3月31日にS社の発行済議決権株式の60％を140,000円で取得し，支配を獲得した。×1年3月31日におけるS社の貸借対照表に計上された純資産項目は，資本金125,000円，利益剰余金100,000円であった。なお，のれんは計上年度の翌年から10年の均等償却を行う。

(2) 当期において，P社は40,000円，S社は20,000円の配当をそれぞれ行っている。

(3) P社は当期よりS社に対して掛けで商品を販売している。当期のP社の売上高のうちS社に対するものは70,000円である。また，S社の当期末商品のうち18,000円はP社から仕入れたものである。なお，P社の原価率は毎期75％で一定している。

(4) P社の売掛金のうち30,000円はS社に対するものである。また，P社，S社ともに売掛金の期末残高に対して毎期2％の貸倒引当金を設定している。

〈解答欄〉

1．連結修正仕訳

（1）　資本連結

連結修正仕訳		借　方　科　目	金　額	貸　方　科　目	金　額
開始仕訳	投資と資本の相　殺　消　去	資　　本　　金 利　益　剰　余　金 の　　れ　　ん		S　社　株　式 非支配株主持分	
期中仕訳	のれんの償却	の　れ　ん　償　却		の　　れ　　ん	
	子会社純利益の　振　り　替　え	非支配株主に帰属する 当　期　純　利　益		非支配株主持分	
	子会社配当金の　　　修　　　正	受　取　配　当　金 非支配株主持分		利　益　剰　余　金	

（2）　成果連結

連結修正仕訳	借　方　科　目	金　額	貸　方　科　目	金　額
売上高と売上原価の　相　殺　消　去	売　　上　　高		売　　上　　原　　価	
未実現利益の消去（期　末　商　品）	売　　上　　原　　価		商　　　　　品	
売掛金と買掛金の　相　殺　消　去	買　　掛　　金		売　　掛　　金	
貸倒引当金の調整	貸　倒　引　当　金		貸倒引当金繰入	

344

2．連結精算表

「修正消去」欄は，自由に記入してよい。

連 結 精 算 表 （単位：円）

科　　目	個別財務諸表		修正消去		連結財務諸表
	P　社	S　社	借　方	貸　方	
貸借対照表					**連結貸借対照表**
売　　掛　　金	100,000	50,000			
貸 倒 引 当 金	(2,000)	(1,000)			(　　　　)
商　　　　　品	80,000	40,000			
土　　　　　地	200,000	125,000			
S　社　株　式	140,000	──			
の　　れ　　ん	──				
そ の 他 資 産	232,000	206,000			
資　産　合　計	750,000	420,000			
買　　掛　　金	(60,000)	(30,000)			(　　　　)
そ の 他 負 債	(282,000)	(161,000)			(　　　　)
資　　本　　金	(200,000)	(125,000)			(　　　　)
利 益 剰 余 金	(208,000)	(104,000)			(　　　　)
非 支 配 株 主 持 分	──	──			(　　　　)
負債・純資産合計	(750,000)	(420,000)			(　　　　)
損益計算書					**連結損益計算書**
売　　上　　高	(300,000)	(150,000)			(　　　　)
売　上　原　価	225,000	112,500			
貸倒引当金繰入	1,500	800			
の れ ん 償 却	──	──			
受 取 配 当 金	(12,000)	──			
そ の 他 収 益	(80,000)	(46,000)			(　　　　)
そ の 他 費 用	117,500	58,700			
当 期 純 利 益	(48,000)	(24,000)			(　　　　)
非支配株主に帰属する当期純利益					
親会社株主に帰属する当期純利益					(　　　　)

3．連結財務諸表

連 結 貸 借 対 照 表
×2年3月31日　　　　　　（単位：円）

資　　　産	金　　額	負債・純資産	金　　額
売　掛　金		買　掛　金	
貸倒引当金	△	その他負債	
商　　品		資　本　金	
土　　地		利益剰余金	
の　れ　ん		非支配株主持分	
その他資産			

連 結 損 益 計 算 書
自×1年4月1日　至×2年3月31日（単位：円）

科　　目	金　　額
売　上　高	
売　上　原　価	△
貸倒引当金繰入	△
の　れ　ん　償　却	△
そ　の　他　収　益	
そ　の　他　費　用	△
当　期　純　利　益	
非支配株主に帰属する 当　期　純　利　益	△
親会社株主に帰属する 当　期　純　利　益	

〈解　答〉

1．連結修正仕訳

(1)　資本連結

連結修正仕訳		借 方 科 目	金 額	貸 方 科 目	金 額
開始仕訳	投資と資本の相 殺 消 去	資　　本　　金 利 益 剰 余 金 の　　れ　　ん	125,000 100,000 5,000	S 社 株 式 非支配株主持分	140,000 90,000
期中仕訳	のれんの償却	の れ ん 償 却	500	の　　れ　　ん	500
	子 会 社 純 利 益の 振 り 替 え	非支配株主に帰属する 当 期 純 利 益	9,600	非支配株主持分	9,600
	子 会 社 配 当 金の　　修　　正	受 取 配 当 金 非支配株主持分	12,000 8,000	利 益 剰 余 金	20,000

(2)　成果連結

連結修正仕訳	借 方 科 目	金 額	貸 方 科 目	金 額
売上高と売上原価の 相 殺 消 去	売　　　上　　　高	70,000	売 上 原 価	70,000
未実現利益の消去（期 末 商 品）	売 上 原 価	4,500	商　　　　　品	4,500
売掛金と買掛金の 相 殺 消 去	買　　掛　　金	30,000	売　　掛　　金	30,000
貸倒引当金の調整	貸 倒 引 当 金	600	貸倒引当金繰入	600

Theme
22

連結会計Ⅲ（成果連結）

2．連結精算表

連 結 精 算 表

（単位：円）

科　　目	個別財務諸表		修正消去		連結財務諸表
	P　社	S　社	借　方	貸　方	
貸借対照表					**連結貸借対照表**
売　　掛　　金	100,000	50,000		30,000	120,000
貸　倒　引　当　金	(2,000)	(1,000)	600		(2,400)
商　　　　　品	80,000	40,000		4,500	115,500
土　　　　　地	200,000	125,000			325,000
S　社　株　式	140,000	──		140,000	
の　　れ　　ん	──	──	5,000	500	4,500
そ　の　他　資　産	232,000	206,000			438,000
資　産　合　計	750,000	420,000	5,600	175,000	1,000,600
買　　掛　　金	(60,000)	(30,000)	30,000		(60,000)
そ　の　他　負　債	(282,000)	(161,000)			(443,000)
資　　本　　金	(200,000)	(125,000)	125,000		(200,000)
利　益　剰　余　金	(208,000)	(104,000)	100,000	20,000	(206,000)
			96,600	70,600	
非　支　配　株　主　持　分	──		8,000	90,000	(91,600)
				9,600	
負債・純資産合計	(750,000)	(420,000)	359,600	190,200	(1,000,600)
損益計算書					**連結損益計算書**
売　　上　　高	(300,000)	(150,000)	70,000		(380,000)
売　　上　　原　　価	225,000	112,500	4,500	70,000	272,000
貸倒引当金繰入	1,500	800		600	1,700
の　れ　ん　償　却	──	──	500		500
受　取　配　当　金	(12,000)	──	12,000		
そ　の　他　収　益	(80,000)	(46,000)			(126,000)
そ　の　他　費　用	117,500	58,700			176,200
当　期　純　利　益	(48,000)	(24,000)	87,000	70,600	(55,600)
非支配株主に帰属する当期純利益			9,600		9,600
親会社株主に帰属する当期純利益			96,600	70,600	(46,000)

3．連結財務諸表

連 結 貸 借 対 照 表

×2年3月31日　　　　（単位：円）

資　　産	金　額	負債・純資産	金　額
売　掛　金	120,000	買　掛　金	60,000
貸 倒 引 当 金	△　2,400	そ の 他 負 債	443,000
商　　品	115,500	資　本　金	200,000
土　　地	325,000	利 益 剰 余 金	206,000
の れ ん	4,500	非支配株主持分	91,600
そ の 他 資 産	438,000		
	1,000,600		1,000,600

連 結 損 益 計 算 書

自×1年4月1日　至×2年3月31日（単位：円）

科　　目	金　額
売　　上　　高	380,000
売　上　原　価	△　272,000
貸 倒 引 当 金 繰 入	△　1,700
の れ ん 償 却	△　500
そ の 他 収 益	126,000
そ の 他 費 用	△　176,200
当 期 純 利 益	55,600
非支配株主に帰属する当期純利益	△　9,600
親会社株主に帰属する当期純利益	46,000

〈解　説〉

1．連結修正仕訳

⑴　資本連結

①　S社資本の増減の整理（P社の持分：60％，S社株式の取得原価140,000円）

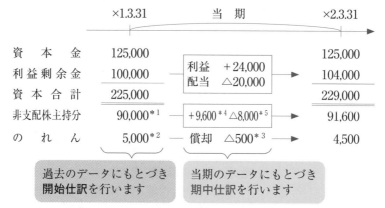

＊1　非支配株主持分：資本合計225,000円×非支配株主の持分40％＝90,000円
＊2　のれん：資本合計225,000円×60％－S社株式140,000円＝△5,000円（借方差額）
＊3　のれん償却額：5,000円÷10年＝500円
＊4　当期純利益の非支配株主持分への振り替え：24,000円×40％＝9,600円
＊5　非支配株主に対する配当の修正：20,000円×40％＝8,000円

② 開始仕訳（×1年3月31日＝前期における投資と資本の相殺消去）

（資 本 金）B/S	125,000	（S 社 株 式）B/S	140,000
（利 益 剰 余 金）B/S	100,000	（非支配株主持分）＊2 B/S	90,000
（の れ ん）＊1 B/S	5,000		

＊1　(125,000円＋100,000円)×60％＝135,000円
　　　225,000円〈S社資本合計〉

　　　135,000円－140,000円＝△5,000円

＊2　(125,000円＋100,000円)×40％＝90,000円
　　　225,000円〈S社資本合計〉

③ 期中仕訳（×1年4月1日から×2年3月31日まで）

ⓐ　のれんの償却

＊　5,000円÷10年＝500円

ⓑ 子会社（S社）当期純利益の非支配株主持分への振り替え

(非支配株主に帰属する 当期純利益) * P/L	9,600	(非支配株主持分) B/S	9,600

＊　24,000円〈S社当期純利益〉× 40％ = 9,600円

ⓒ 子会社（S社）配当金の修正

(受取配当金) *1 P/L	12,000	(利益剰余金) B/S	20,000
(非支配株主持分) *2 B/S	8,000		

＊1　20,000円〈S社配当金〉× 60％ = 12,000円
＊2　20,000円〈S社配当金〉× 40％ =　8,000円

(2) 成果連結

① 売上高と売上原価の相殺消去

(売　上　高) P/L	70,000	(売　上　原　価) P/L	70,000

② 期末商品に含まれる未実現利益の消去（ダウン・ストリーム）

(売　上　原　価) * P/L	4,500	(商　　　　品) B/S	4,500

＊　1 − 0.75〈P社原価率〉= 0.25〈P社利益率〉
　　18,000円〈S社期末商品のP社仕入分〉× 0.25 = 4,500円〈未実現利益〉

③ 売掛金と買掛金の相殺消去

(買　　掛　　金) B/S	30,000	(売　　掛　　金) B/S	30,000

④ 貸倒引当金の調整（親会社の貸倒引当金の修正）

(貸　倒　引　当　金) * B/S	600	(貸倒引当金繰入) P/L	600

＊　30,000円〈P社のS社に対する売掛金〉× 2 ％ = 600円

2．連結精算表の完成

(1) 連結修正仕訳を「修正消去」欄に記入します。

(2) 連結損益計算書を完成させます。

　　その後，「親会社株主に帰属する当期純利益」の行に記入された「修正消去」欄の金額を貸借対照表の「利益剰余金」の「修正消去」欄に移記します。

(3) 連結貸借対照表を完成させます。

科　　目	個別財務諸表		修正消去		連結財務諸表
	P　社	S　社	借　方	貸　方	
貸借対照表					**連結貸借対照表**
売　　掛　　金	100,000	50,000		30,000	120,000
貸 倒 引 当 金	（ 2,000）	（ 1,000）	600		（ 2,400）
商　　　　　品	80,000	40,000		4,500	115,500
土　　　　　地	200,000	125,000			325,000
の　　れ　　ん	――	――	5,000	500	4,500
S　社　株　式	140,000	――		140,000	
そ の 他 資 産	232,000	206,000			438,000
資　産　合　計	750,000	420,000	5,600	175,000	1,000,600
買　　掛　　金	（ 60,000）	（ 30,000）	30,000		（ 60,000）
そ の 他 負 債	(282,000)	(161,000)			（ 443,000）
資　　本　　金	(200,000)	(125,000)	125,000		（ 200,000）
利 益 剰 余 金	(208,000)	(104,000)	100,000	20,000	（ 206,000）
			▶ 96,600	▶ 70,600	
非 支 配 株 主 持 分	――	――	8,000	90,000	（ 91,600）
				9,600	
負債・純資産合計	(750,000)	(420,000)	359,600	190,200	(1,000,600)
損益計算書					**連結損益計算書**
売　　上　　高	(300,000)	(150,000)	70,000		（ 380,000）
売　上　原　価	225,000	112,500	4,500	70,000	272,000
貸 倒 引 当 金 繰 入	1,500	800		600	1,700
の　れ　ん　償　却	――	――	500		500
受 取 配 当 金	（ 12,000）	――	12,000		
そ の 他 収 益	（ 80,000）	（ 46,000）			（ 126,000）
そ の 他 費 用	117,500	58,700			176,200
当 期 純 利 益	（ 48,000）	（ 24,000）	87,000	70,600	（ 55,600）
非支配株主に帰属する当期純利益			9,600		9,600
親会社株主に帰属する当期純利益			└ 96,600	└ 70,600	（ 46,000）

352

5 土地など（非償却有形固定資産）の売買に関する未実現損益の消去

連結会社相互間において土地など（非償却有形固定資産）を売買した場合には，売り手側の売却損益は，その資産を連結グループ外部へ売却するまでは，連結会計上，未実現損益であるので，これを消去します。なお，アップ・ストリームのケースで，かつ部分所有の場合においては，未実現損益の消去とともに「非支配株主持分の調整」を行います。

土地の売買に関する未実現損益を消去するための連結修正仕訳は，次のとおりです。

(1) ダウン・ストリームの場合：全額消去・親会社負担

親会社が計上した「土地売却損益」を消去し，子会社が計上した「土地」の取得原価を調整します。

売却益を計上している場合	売却損を計上している場合
（土地売却益）×× （土　　　地）××	（土　　　地）×× （土地売却損）××

(2) アップ・ストリームの場合：全額消去・持分按分負担

子会社が計上した「土地売却損益」を消去し，親会社が計上した「土地」の取得原価を調整します。

同時に消去した土地売却損益に対する非支配株主の持分割合について，「非支配株主に帰属する当期純利益」を相手科目として「非支配株主持分」を調整します。

売却益を計上している場合	売却損を計上している場合
（土地売却益）×× （土　　　地）××	（土　　　地）×× （土地売却損）××
（非支配株主持分）×× （非支配株主に帰属する当期純利益）××	（非支配株主に帰属する当期純利益）×× （非支配株主持分）××

連結会計Ⅲ（成果連結）

P社は，S社の発行済議決権株式の80％を所有し，支配している。よって，次の取引について必要な連結修正仕訳を示しなさい。

① P社は，当期にS社に対して土地5,000円（原価4,000円）を現金で売却し，S社はこの土地を当期末に所有している。

② S社は，当期にP社に対して土地5,000円（原価4,000円）を現金で売却し，P社はこの土地を当期末に所有している。

〈解答・解説〉

① ダウン・ストリームの場合

| （土 地 売 却 益)* | 1,000 | （土　　　　地） | 1,000 |

＊　5,000円〈売却価額〉－4,000円〈原価〉＝1,000円〈売却益＝未実現利益〉

② アップ・ストリームの場合

| （土 地 売 却 益） | 1,000 | （土　　　　地） | 1,000 |
| （非支配株主持分)* | 200 | （非支配株主に帰属する当 期 純 利 益） | 200 |

＊　1,000円〈未実現利益〉×20％〈非支配株主持分〉＝200円

★supplement
翌年度の連結修正仕訳

当期に連結会社相互間において土地など（非償却有形固定資産）を売却し，その未実現損益を消去した場合には，翌期の連結財務諸表を作成するにあたって開始仕訳を行う必要があります。前記の［設例22-10］によった場合には，翌期の開始仕訳は，次のようになります。

① ダウン・ストリームの場合		② アップ・ストリームの場合	
（利益剰余金) 1,000 （土　　　　地) 1,000 土地売却益		（利益剰余金) 1,000 （土　　　　地) 1,000 土地売却益	
		（非支配株主持分) 200 （利益剰余金) 200 非支配株主に帰属する 当期純利益	

MEMO

23 連結会計Ⅳ（連結株主資本等変動計算書を作成する場合）
Theme

Check ここでは「連結株主資本等変動計算書」について学習します。連結会計の総まとめとして，これまで学習した資本連結，成果連結の内容を確認してください。

1 連結株主資本等変動計算書とは

連結株主資本等変動計算書は，連結貸借対照表の純資産の一会計期間における変動額のうち，主として株主に帰属する部分である株主資本の各項目の変動事由を報告するものであり，前期末における連結貸借対照表の純資産と当期末における連結貸借対照表の純資産を結びつける役割を担うものです。

なお，連結株主資本等変動計算書に記載される各項目のうち，主な項目だけを横にならべる様式で記載すると次のようになります（横の合計は省略します）。

連結株主資本等変動計算書
自×年×月×日　至×年×月×日　　　　　　（単位：円）

	株　　主　　資　　本			非　支　配 株　主　持　分
	資　本　金	資本剰余金	利益剰余金	
当 期 首 残 高 (注3)	×××	×××	×××	×××
当 期 変 動 額				
剰 余 金 の 配 当			△×××	
親会社株主に帰属する 当 期 純 利 益			×××(注1)	
株主資本以外の項目 の当期変動額(純額)				×××(注2)
当 期 変 動 額 合 計			×××	×××
当 期 末 残 高 (注3)	×××	×××	×××	×××

（注1）連結損益計算書において計算された金額を記載します。

（注2）非支配株主持分の当期増減額は純額をもって記載します。

（注3）「当期首残高」「当期末残高」は，「期首残高」「期末残高」として記載されることもあります。

2 連結財務諸表の関係

連結株主資本等変動計算書を作成する場合，連結貸借対照表および連結損益計算書との関係は以下のようになります。

⑴ 前期末における連結貸借対照表の純資産の金額を当期の連結株主資本等変動計算書の「当期首残高」として記載します。

⑵ 連結損益計算書で計算された「親会社株主に帰属する当期純利益」は，利益剰余金の増加額であるため，連結株主資本等変動計算書において利益剰余金に加算します。

⑶ 連結株主資本等変動計算書で計算された純資産の部の各項目の「当期末残高」を，連結貸借対照表の純資産の部に記載します。

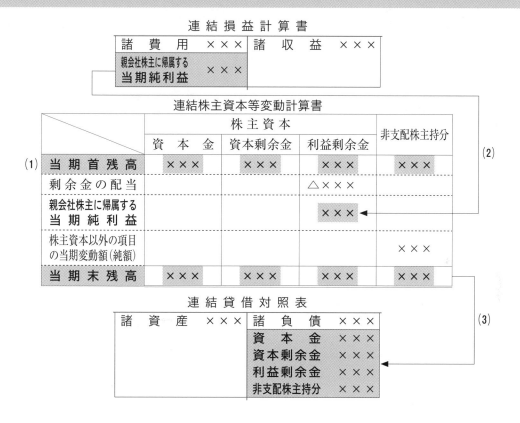

3 連結修正仕訳

連結修正仕訳は，連結財務諸表上の科目をもって考える必要があるため，連結株主資本等変動計算書を作成する場合，これまで学習してきた連結修正仕訳は以下のように置き換えます。

1. 資本連結

⑴ 開始仕訳

開始仕訳における「資本項目」は株主資本等変動計算書の「当期首残高」の修正として問題となるため，資本の科目の後に当期首残高の文字を付して「○○当期首残高」とします。

① 投資と資本の相殺消去

(資　本　金 当 期 首 残 高) ⊖	××	(S 社 株 式) ⊖	××
(資 本 剰 余 金 当 期 首 残 高) ⊖	××	(非支配株主持分 当 期 首 残 高) ⊕	××
(利 益 剰 余 金 当 期 首 残 高) ⊖	××		
(の　　れ　　ん) ⊕	××		

② 過年度における「のれん」の償却

(利 益 剰 余 金 当 期 首 残 高) ⊖	××	(の　れ　ん) ⊖	××

③ 過年度における子会社増加剰余金の振り替え

(利 益 剰 余 金 当 期 首 残 高) ⊖	××	(非支配株主持分 当 期 首 残 高) ⊕	××

(2) 期中仕訳

　期中仕訳における「資本項目」は，その当期変動額として問題となるため，「剰余金の配当」等，連結株主資本等変動計算書における「当期変動額」の項目をもって仕訳します。

① 子会社当期純利益の非支配株主持分への振り替え

(非支配株主に帰属する 当 期 純 利 益) ⊕	××	(非支配株主持分 当 期 変 動 額) ⊕	××

② 子会社配当金の修正

(受 取 配 当 金) ⊖	××	(利 益 剰 余 金 剰 余 金 の 配 当) ⊖(注)	××
(非支配株主持分 当 期 変 動 額) ⊖	××		

(注) 株主資本等変動計算書における「利益剰余金・剰余金の配当」は「利益剰余金」の減少分を処理する項目です。

2. 成果連結

(1) 開始仕訳

　過年度の「損益計算書項目」は利益剰余金の期首残高の修正として問題となるため，「利益剰余金当期首残高」に置き換えます。また，同様に過年度における「非支配株主持分」の修正は，その期首残高の修正として問題となるため「非支配株主持分当期首残高」に置き換えます。

(2) 期中仕訳

　当期における非支配株主持分の修正はその当期変動額の修正として問題となるため，「非支配株主持分当期変動額」に置き換えます。

4 連結精算表

連結精算表は，「連結貸借対照表」「連結損益計算書」および「連結株主資本等変動計算書」の
3つのパートに区別されます。その作成は，まず，(1)「修正消去」欄にて連結修正仕訳を記入し
ます。ついで，(2)損益計算書，(3)株主資本等変動計算書，(4)貸借対照表の順番で完成させます。

	科　目	個別財務諸表		(1)修正消去		連結財務諸表
		P　社	S　社	借　方	貸　方	
(4)	**貸借対照表**					**連結貸借対照表**
	諸　資　産	××	××			××
	S　社　株　式	××	──		××	──
	の　れ　ん	──	──	××	××	××
	資　産　合　計	××	××	××	××	××
	諸　　負　　債	(　　××)	(　　××)			(　　××)
	資　　本　　金	(　　××)	(　　××)	××	××	(　　××)
	利　益　剰　余　金	(　　××)	(　　××)	××	××	(　　××)
	非　支　配　株　主　持　分	──	──		××	(　　××)
	負債・純資産合計	(　　××)	(　　××)			(　　××)
(2)	**損益計算書**					**連結損益計算書**
	諸　　収　　益	(　　××)	(　　××)			(　　××)
	受　取　配　当　金	(　　××)	──	××		──
	諸　　費　　用	××	××		××	××
	の　れ　ん　償　却	──	──	××		××
	当　期　純　利　益	(　　××)	(　　××)	××	××	(　　××)
	非支配株主に帰属する当期純利益			××		××
	親会社株主に帰属する当期純利益			××	××	(　　××)
(3)	**株主資本等変動計算書**					**連結株主資本等変動計算書**
	資本金当期首残高	(　　××)	(　　××)	××		(　　××)
	資本金当期末残高	(　　××)	(　　××)	××	××	(　　××)
	利益剰余金当期首残高	(　　××)	(　　××)	××		(　　××)
	剰　余　金　の　配　当	××	××		××	××
	親会社株主に帰属する当期純利益	(　　××)	(　　××)	××	××	(　　××)
	利益剰余金当期末残高	(　　××)	(　　××)	××	××	(　　××)
	非支配株主持分当期首残高				××	(　　××)
	非支配株主持分当期変動額			××	××	(　　××)
	非支配株主持分当期末残高			××	××	(　　××)

⑴ 連結修正仕訳の記入

「修正消去」欄に連結修正仕訳を記入します。

⑵ 「連結損益計算書」の完成

① 損益計算書の「修正消去」欄における借方，貸方の金額をそれぞれ合計し，「当期純利益」および「親会社株主に帰属する当期純利益」の行に記入します。

② 「個別損益計算書」の金額を合算し，「修正消去」欄の金額を加減して，「連結損益計算書」欄を完成させます。

③ 「親会社株主に帰属する当期純利益」の金額を「株主資本等変動計算書」の「利益剰余金（親会社株主に帰属する当期純利益）」に移記します。

科　目	個別財務諸表		修正消去		連結財務諸表
	P　社	S　社	借　方	貸　方	
損益計算書					連結損益計算書
諸　　収　　益	(　　××)	(　　××)	××		②　(××)
受　取　配　当　金	(　　××)	──	××		②　──
諸　　費　　用	××	××		××	②　×××
の　れ　ん　償　却	──	──	××		②　××
当　期　純　利　益	(　　××)	(　　××)	①××	①××	②　(××)
非支配株主に帰属する当期純利益			××		②　××
親会社株主に帰属する当期純利益			──①××	──①××	②　(××)
株主資本等変動計算書			③	③	連結株主資本等変動計算書
⋮					
親会社株主に帰属する当期純利益	(　　××)	(　　××)	××	××	

⑶ 「連結株主資本等変動計算書」の完成

① 株主資本等変動計算書の「修正消去」欄における借方，貸方の金額をそれぞれ合計し，各純資産の「当期末残高」の行に記入します。

② 「個別株主資本等変動計算書」の金額を合算し，「修正消去」欄の金額を加減して，「連結株主資本等変動計算書」欄を完成させます。

③ 各純資産の「当期末残高」を「貸借対照表」に移記します。

科　　目	個別財務諸表		修正消去		連結財務諸表
	P　社	S　社	借　方	貸　方	
貸借対照表					**連結貸借対照表**
⋮					
資　本　金	（　　××)	（　　××)	➡　××	➡　××	
利　益　剰　余　金	（　　××)	（　　××)	➡　××	➡　××	
非　支　配　株　主　持　分	──	──	➡　××	➡　××	
負債・純資産合計	（　　××)	（　　××)			
			③	③	
株主資本等変動計算書					**連結株主資本等変動計算書**
資本金当期首残高	（　　××)	（　　××)	××		②　（××)
資本金当期末残高	（　　××)	（　　××)	─①××	─①××	②　（××)
利益剰余金当期首残高	（　　××)	（　　××)	××		②　（××)
剰　余　金　の　配　当	××	××		××	②　（××)
親会社株主に帰属する当期純利益	（　　××)	（　　××)	××	××	②　（××)
利益剰余金当期末残高	（　　××)	（　　××)	─①××	─①××	②　（××)
非支配株主持分当期首残高				××	②　（××)
非支配株主持分当期変動額			××	××	②　（××)
非支配株主持分当期末残高			─①××	─①××	②　（××)

⑷　「連結貸借対照表」の完成

①　貸借対照表の「修正消去」欄における借方，貸方の金額をそれぞれ合計し，「資産合計」および「負債・純資産合計」の行に記入します。

②　「個別貸借対照表」の金額を合算し，「修正消去」欄の金額を加減して，「連結貸借対照表」欄を完成させます。

科　　目	個別財務諸表		修正消去		連結財務諸表
	P　社	S　社	借　方	貸　方	
貸借対照表					**連結貸借対照表**
諸　　資　　産	××	××			②　××
S　社　株　式	××	──		××	②　──
の　　れ　　ん	──	──	××	××	②　××
資　産　合　計	××	××	①　××	①　××	②　××
諸　　負　　債	（　　××)	（　　××)			②　（××)
資　　本　　金	（　　××)	（　　××)	××	××	②　（××)
利　益　剰　余　金	（　　××)	（　　××)	××	××	②　（××)
非　支　配　株　主　持　分	──	──	××	××	②　（××)
負債・純資産合計	（　　××)	（　　××)	①　××	①　××	②　（××)

　次の資料により，当期（×1年４月１日から×2年３月31日まで）における(1)連結修正仕訳を示し，(2)連結精算表を完成させ，(3)連結財務諸表を完成させなさい。

（資料１）

貸 借 対 照 表
×2年３月31日　　　　　　　　　　（単位：円）

資　　　産	P　社	S　社	負債・純資産	P　社	S　社
売　掛　金	100,000	50,000	買　掛　金	60,000	30,000
貸 倒 引 当 金	△2,000	△1,000	そ の 他 負 債	282,000	161,000
商　　　品	80,000	40,000	資　本　金	200,000	125,000
土　　　地	200,000	125,000	利 益 剰 余 金	208,000	104,000
S　社　株　式	140,000	―			
そ の 他 資 産	232,000	206,000			
	750,000	420,000		750,000	420,000

損 益 計 算 書
自×1年４月１日　至×2年３月31日　　　　　（単位：円）

借 方 科 目	P　社	S　社	貸 方 科 目	P　社	S　社
売 上 原 価	225,000	112,500	売　上　高	300,000	150,000
貸倒引当金繰入	1,500	800	受 取 配 当 金	12,000	―
そ の 他 費 用	117,500	58,700	そ の 他 収 益	80,000	46,000
当 期 純 利 益	48,000	24,000			
	392,000	196,000		392,000	196,000

株主資本等変動計算書
自×1年４月１日　至×2年３月31日　　　　　（単位：円）

	株　主　資　本			
	資　本　金		利 益 剰 余 金	
	P　社	S　社	P　社	S　社
当 期 首 残 高	200,000	125,000	200,000	100,000
剰 余 金 の 配 当			△ 40,000	△ 20,000
当 期 純 利 益			48,000	24,000
当 期 末 残 高	200,000	125,000	208,000	104,000

（資料２）

(1) P社は×1年３月31日にS社の発行済議決権株式の60％を140,000円で取得し，支配を獲得した。なお，のれんは，計上の翌年から10年の均等償却を行う。

(2) P社は当期よりS社に対して掛けで商品を販売している。当期のP社の売上高のうちS社に対するものは70,000円である。また，S社の当期末商品のうち18,000円はP社から仕入れたものである。なお，P社の原価率は毎期75％で一定している。

(3) P社の売掛金のうち30,000円はS社に対するものである。また，P社，S社ともに売掛金の期末残高に対して毎期２％の貸倒引当金を設定している。

〈解答欄〉

1．連結修正仕訳

(1) 資本連結

連結修正仕訳		借 方 科 目	金 額	貸 方 科 目	金 額
開始仕訳	投資と資本の相 殺 消 去	資 本 金 当 期 首 残 高 利 益 剰 余 金 当 期 首 残 高 の れ ん		S 社 株 式 非支配株主持分 当 期 首 残 高	
期中仕訳	のれんの償却	の れ ん 償 却		の れ ん	
	子会社純利益の 振 り 替 え	非支配株主に帰属する 当 期 純 利 益		非支配株主持分 当 期 変 動 額	
	子会社配当金の 修 正	受 取 配 当 金 非支配株主持分 当 期 変 動 額		利 益 剰 余 金 剰 余 金 の 配 当	

(2) 成果連結

連結修正仕訳	借 方 科 目	金 額	貸 方 科 目	金 額
売上高と売上原価の 相 殺 消 去	売 上 高		売 上 原 価	
未実現利益の消去（期 末 商 品）	売 上 原 価		商 品	
売掛金と買掛金の 相 殺 消 去	買 掛 金		売 掛 金	
貸倒引当金の調整	貸 倒 引 当 金		貸倒引当金繰入	

2．連結精算表

「修正消去」欄は，自由に記入してよい。

連　結　精　算　表　　　　　　　　（単位：円）

科　　目	個別財務諸表		修正消去		連結財務諸表
	P　社	S　社	借　方	貸　方	
貸借対照表					**連結貸借対照表**
売　　掛　　金	100,000	50,000			
貸 倒 引 当 金	(2,000)	(1,000)			(　　　　)
商　　　　　品	80,000	40,000			
土　　　　　地	200,000	125,000			
S　社　株　式	140,000	—			
の　　れ　　ん	—	—			
そ の 他 資 産	232,000	206,000			
資　産　合　計	750,000	420,000			
買　　掛　　金	(60,000)	(30,000)			(　　　　)
そ の 他 負 債	(282,000)	(161,000)			(　　　　)
資　　本　　金	(200,000)	(125,000)			(　　　　)
利 益 剰 余 金	(208,000)	(104,000)			(　　　　)
非 支 配 株 主 持 分	—	—			(　　　　)
負債・純資産合計	(750,000)	(420,000)			(　　　　)
損益計算書					**連結損益計算書**
売　　上　　高	(300,000)	(150,000)			(　　　　)
売　上　原　価	225,000	112,500			
貸 倒 引 当 金 繰 入	1,500	800			
の れ ん 償 却	—	—			
受 取 配 当 金	(12,000)	—			
そ の 他 収 益	(80,000)	(46,000)			(　　　　)
そ の 他 費 用	117,500	58,700			
当 期 純 利 益	(48,000)	(24,000)			(　　　　)
非支配株主に帰属する当期純利益					
親会社株主に帰属する当期純利益					(　　　　)
株主資本等変動計算書					**連結株主資本等変動計算書**
資本金当期首残高	(200,000)	(125,000)			(　　　　)
資本金当期末残高	(200,000)	(125,000)			(　　　　)
利益剰余金当期首残高	(200,000)	(100,000)			(　　　　)
剰 余 金 の 配 当	40,000	20,000			
親会社株主に帰属する当期純利益	(48,000)	(24,000)			
利益剰余金当期末残高	(208,000)	(104,000)			(　　　　)
非支配株主持分当期首残高					(　　　　)
非支配株主持分当期変動額					(　　　　)
非支配株主持分当期末残高					(　　　　)

3. 連結財務諸表

連結貸借対照表
×2年3月31日　　　　　　（単位：円）

資　　　産	金　　額	負債・純資産	金　　額
売　掛　金		買　掛　金	
貸倒引当金	△	その他負債	
商　　　品		資　本　金	
土　　　地		利益剰余金	
の　れ　ん		非支配株主持分	
その他資産			

連結損益計算書
自×1年4月1日　至×2年3月31日（単位：円）

科　　目	金　　額
売　上　高	
売　上　原　価	△
貸倒引当金繰入	△
の　れ　ん　償　却	△
そ　の　他　収　益	
そ　の　他　費　用	△
当　期　純　利　益	
非支配株主に帰属する 当　期　純　利　益	△
親会社株主に帰属する 当　期　純　利　益	

連結株主資本等変動計算書
自×1年4月1日　至×2年3月31日　　　　（単位：円）

	株　主　資　本		非支配株主持分
	資　本　金	利益剰余金	
当期首残高			
剰余金の配当		△	
親会社株主に帰属する 当期純利益			
株主資本以外の項目 の当期変動額（純額）			
当期末残高			

〈解　答〉

1．連結修正仕訳

(1)　資本連結

連結修正仕訳		借　方　科　目	金　額	貸　方　科　目	金　額
開始仕訳	投資と資本の相殺消去	資　本　金 当 期 首 残 高	125,000	Ｓ　社　株　式	140,000
		利 益 剰 余 金 当 期 首 残 高	100,000	非支配株主持分 当 期 首 残 高	90,000
		の　　れ　　ん	5,000		
期中仕訳	のれんの償却	の れ ん 償 却	500	の　　れ　　ん	500
	子会社純利益の振り替え	非支配株主に帰属する 当 期 純 利 益	9,600	非支配株主持分 当 期 変 動 額	9,600
	子会社配当金の　　修　　正	受 取 配 当 金	12,000	利 益 剰 余 金 剰 余 金 の 配 当	20,000
		非支配株主持分 当 期 変 動 額	8,000		

(2)　成果連結

連結修正仕訳	借　方　科　目	金　額	貸　方　科　目	金　額
売上高と売上原価の相殺消去	売　　上　　高	70,000	売　上　原　価	70,000
未実現利益の消去（期　末　商　品）	売　上　原　価	4,500	商　　　　品	4,500
売掛金と買掛金の相殺消去	買　　掛　　金	30,000	売　　掛　　金	30,000
貸倒引当金の調整	貸 倒 引 当 金	600	貸倒引当金繰入	600

２．連結精算表

連 結 精 算 表 （単位：円）

科　　　目	個別財務諸表		修正消去		連結財務諸表
	P　社	S　社	借　方	貸　方	
貸借対照表					**連結貸借対照表**
売　　掛　　金	100,000	50,000		30,000	120,000
貸 倒 引 当 金	(2,000)	(1,000)	600		(2,400)
商　　　　　品	80,000	40,000		4,500	115,500
土　　　　　地	200,000	125,000			325,000
Ｓ　社　株　式	140,000	—		140,000	
の　れ　ん	—	—	5,000	500	4,500
そ の 他 資 産	232,000	206,000			438,000
資　産　合　計	750,000	420,000	5,600	175,000	1,000,600
買　　掛　　金	(60,000)	(30,000)	30,000		(60,000)
そ の 他 負 債	(282,000)	(161,000)			(443,000)
資　　本　　金	(200,000)	(125,000)	125,000		(200,000)
利 益 剰 余 金	(208,000)	(104,000)	196,600	90,600	(206,000)
非 支 配 株 主 持 分	—	—	8,000	99,600	(91,600)
負債・純資産合計	(750,000)	(420,000)	359,600	190,200	(1,000,600)
損益計算書					**連結損益計算書**
売　　上　　高	(300,000)	(150,000)	70,000		(380,000)
売　上　原　価	225,000	112,500	4,500	70,000	272,000
貸倒引当金繰入	1,500	800		600	1,700
の れ ん 償 却	—	—	500		500
受 取 配 当 金	(12,000)	—	12,000		
そ の 他 収 益	(80,000)	(46,000)			(126,000)
そ の 他 費 用	117,500	58,700			176,200
当 期 純 利 益	(48,000)	(24,000)	87,000	70,600	(55,600)
非支配株主に帰属する当期純利益			9,600		9,600
親会社株主に帰属する当期純利益			96,600	70,600	(46,000)
株主資本等変動計算書					**連結株主資本等変動計算書**
資本金当期首残高	(200,000)	(125,000)	125,000		(200,000)
資本金当期末残高	(200,000)	(125,000)	125,000		(200,000)
利益剰余金当期首残高	(200,000)	(100,000)	100,000		(200,000)
剰 余 金 の 配 当	40,000	20,000		20,000	40,000
親会社株主に帰属する当期純利益	(48,000)	(24,000)	96,600	70,600	(46,000)
利益剰余金当期末残高	(208,000)	(104,000)	196,600	90,600	(206,000)
非支配株主持分当期首残高				90,000	(90,000)
非支配株主持分当期変動額			8,000	9,600	(1,600)
非支配株主持分当期末残高			8,000	99,600	(91,600)

3．連結財務諸表

連 結 貸 借 対 照 表
×2年3月31日　　　　　（単位：円）

資　　　産	金　　　額	負債・純資産	金　　　額
売　掛　金	120,000	買　掛　金	60,000
貸倒引当金	△　2,400	そ の 他 負 債	443,000
商　　　品	115,500	資　本　金	200,000
土　　　地	325,000	利 益 剰 余 金	206,000
の　れ　ん	4,500	非支配株主持分	91,600
そ の 他 資 産	438,000		
	1,000,600		1,000,600

連 結 損 益 計 算 書
自×1年4月1日　至×2年3月31日（単位：円）

科　　　目	金　　　額
売　　上　　高	380,000
売　上　原　価	△　272,000
貸 倒 引 当 金 繰 入	△　1,700
の　れ　ん　償　却	△　500
そ　の　他　収　益	126,000
そ　の　他　費　用	△　176,200
当　期　純　利　益	55,600
非支配株主に帰属する当期純利益	△　9,600
親会社株主に帰属する当期純利益	46,000

連結株主資本等変動計算書
自×1年4月1日　至×2年3月31日　　　　（単位：円）

	株　主　資　本		非支配株主持分
	資　本　金	利 益 剰 余 金	
当 期 首 残 高	200,000	200,000	90,000
剰 余 金 の 配 当		△　40,000	
親会社株主に帰属する当期純利益		46,000	
株主資本以外の項目の当期変動額（純額）			1,600
当 期 末 残 高	200,000	206,000	91,600

〈解　説〉

1．連結修正仕訳

⑴　資本連結

①　S社資本の増減の整理（P社の持分：60%，S社株式の取得原価140,000円）

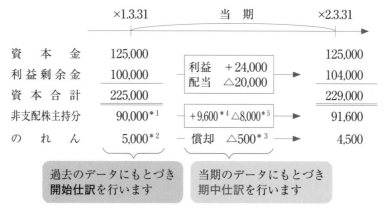

* 1　非支配株主持分：資本合計225,000円×非支配株主の持分40%＝90,000円
* 2　のれん：資本合計225,000円×60%－S社株式140,000円＝△5,000円（借方差額）
* 3　のれん償却額：5,000円÷10年＝500円
* 4　当期純利益の非支配株主持分への振り替え：24,000円×40%＝9,600円
* 5　非支配株主に対する配当の修正：20,000円×40%＝8,000円

②　開始仕訳（×1年3月31日＝前期における投資と資本の相殺消去）

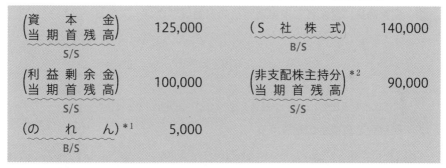

* 1　(125,000円＋100,000円)×60%＝135,000円
　　　225,000円〈S社資本合計〉

　　135,000円－140,000円＝△5,000円

* 2　(125,000円＋100,000円)×40%＝90,000円
　　　225,000円〈S社資本合計〉

③　期中仕訳（×1年4月1日から×2年3月31日まで）

ⓐ　のれんの償却

（のれん償却）*	500	（の　れ　ん）	500
P/L		B/S	

* 　5,000円÷10年＝500円

ⓑ 子会社（S社）当期純利益の非支配株主持分への振り替え

（非支配株主に帰属する 当 期 純 利 益）*	9,600	（非支配株主持分 当 期 変 動 額）	9,600
P/L		S/S	

＊　24,000円〈S社当期純利益〉× 40％ ＝ 9,600円

ⓒ 子会社（S社）配当金の修正

（受 取 配 当 金）*1	12,000	（利 益 剰 余 金 剰 余 金 の 配 当）	20,000
P/L		S/S	
（非支配株主持分 当 期 変 動 額）*2	8,000		
S/S			

＊1　20,000円〈S社配当金〉× 60％ ＝ 12,000円
＊2　20,000円〈S社配当金〉× 40％ ＝ 　8,000円

(2) 成果連結

① 売上高と売上原価の相殺消去

（売 　 上 　 高）	70,000	（売 　 上 　 原 　 価）	70,000
P/L		P/L	

② 期末商品に含まれる未実現利益の消去（ダウン・ストリーム）

（売 　 上 　 原 　 価）*	4,500	（商 　 　 　 品）	4,500
P/L		B/S	

＊　1 − 0.75〈P社原価率〉＝ 0.25〈P社利益率〉
　　18,000円〈S社期末商品のP社仕入分〉× 0.25 ＝ 4,500円〈未実現利益〉

③ 売掛金と買掛金の相殺消去

（買 　 　 掛 　 　 金）	30,000	（売 　 　 掛 　 　 金）	30,000
B/S		B/S	

④ 貸倒引当金の調整（親会社の貸倒引当金の修正）

（貸 倒 引 当 金）*	600	（貸 倒 引 当 金 繰 入）	600
B/S		P/L	

＊　30,000円〈P社のS社に対する売掛金〉× 2 ％ ＝ 600円

2．連結精算表の完成

(1) 連結修正仕訳を「修正消去」欄に記入します。

(2) 連結損益計算書を完成させます。

　　その後，「親会社株主に帰属する当期純利益」を株主資本等変動計算書の「利益剰余金（親会社株主に帰属する当期純利益）」に移記します。

(3) 連結株主資本等変動計算書を完成させます。

　　その後，各純資産の科目の「当期末残高」を貸借対照表に移記します。

(4) 連結貸借対照表を完成させます。

科　　目	個別財務諸表		修正消去		連結財務諸表
	P　社	S　社	借　方	貸　方	
貸借対照表					**連結貸借対照表**
売　　掛　　金	100,000	50,000		30,000	120,000
貸 倒 引 当 金	(2,000)	(1,000)	600		(2,400)
商　　　　品	80,000	40,000		4,500	115,500
土　　　　地	200,000	125,000			325,000
S　社　株　式	140,000	—		140,000	
の　れ　ん	—	—	5,000	500	4,500
そ の 他 資 産	232,000	206,000			438,000
資　産　合　計	750,000	420,000	5,600	175,000	1,000,600
買　　掛　　金	(60,000)	(30,000)	30,000		(60,000)
そ の 他 負 債	(282,000)	(161,000)			(443,000)
資　　本　　金	(200,000)	(125,000)	125,000		(200,000)
利 益 剰 余 金	(208,000)	(104,000)	196,600	90,600	(206,000)
非支配株主持分	—	—	8,000	99,600	(91,600)
負債・純資産合計	(750,000)	(420,000)	359,600	190,200	(1,000,600)
損益計算書					**連結損益計算書**
売　　上　　高	(300,000)	(150,000)	70,000		(380,000)
売　上　原　価	225,000	112,500	4,500	70,000	272,000
貸 倒 引 当 金 繰 入	1,500	800		600	1,700
の　れ　ん　償　却	—	—	500		500
受　取　配　当　金	(12,000)	—	12,000		
そ の 他 収 益	(80,000)	(46,000)			(126,000)
そ の 他 費 用	117,500	58,700			176,200
当 期 純 利 益	(48,000)	(24,000)	87,000	70,600	(55,600)
非支配株主に帰属する当期純利益			9,600		9,600
親会社株主に帰属する当期純利益			96,600	70,600	(46,000)
株主資本等変動計算書					**連結株主資本等変動計算書**
資本金当期首残高	(200,000)	(125,000)	125,000		(200,000)
資本金当期末残高	(200,000)	(125,000)	125,000		(200,000)
利益剰余金当期首残高	(200,000)	(100,000)	100,000		(200,000)
剰 余 金 の 配 当	40,000	20,000		20,000	40,000
親会社株主に帰属する当期純利益	(48,000)	(24,000)	96,600	70,600	(46,000)
利益剰余金当期末残高	(208,000)	(104,000)	196,600	90,600	(206,000)
非支配株主持分当期首残高				90,000	(90,000)
非支配株主持分当期変動額			8,000	9,600	(1,600)
非支配株主持分当期末残高			8,000	99,600	(91,600)

合格テキスト

日商簿記 2 級

商業簿記

参　考

24 製造業会計
Theme

Check ここでは，製造業における決算処理を学習します。

製造業の会計処理は，原価計算の手続きを必要とするため，本来，工業簿記の学習内容です。したがって，工業簿記の学習が終了した後，このテーマを学習してください。ここでは，製造業に特有の決算処理を含む総合問題を解説します。以下の点に留意が必要です。

1 残高試算表

(1) 原価計算期間と月次決算

製造業では，暦上の一月を原価計算期間として設定し，製造原価を明らかにします。しかし，製造業においても，月次のタイミングで毎月の収益・費用を月次損益に振り替える，いわゆる「決算振替」を行っているとは限らないことに注意します。

すなわち，年次決算の問題で期末の「試算表」が資料として示されたとき，月次の決算振替を行っていれば，その金額は「月次ベース」の金額となりますが，月次の決算振替を行っていなければ，その金額は「年次ベース」の金額となることに注意します。

2 決算整理をするにあたって

(1) 勘定連絡図

商業簿記の問題として，製造業の決算問題を解答するにあたり，製造原価を算定するための勘定連絡の内容は，その問題に沿うものであれば，各自が自由に決めてよいです。すなわち，商業簿記の問題として出題される場合には，財務諸表上の最終数値を求めればよいのであって，その計算過程である勘定連絡の内容は問われていないからです。

(2) 製造原価と販売費及び一般管理費の区別

製造業の場合，原価計算を行う必要があるため，一定の費用の項目について，製造原価と販売費及び一般管理費にその金額を振り分ける必要があります。たとえば「減価償却費」であれば，工場の建物，備品および機械装置に関する減価償却費は「製造原価」として処理しますが，本社の建物，備品に関する減価償却費は「一般管理費」として処理されます。

(3) 原価差異の処理

原価計算の手続きでは，さまざまな場面において見積もりにもとづく予定価額による計算が行われるため，その結果，原価差異が発生します。簿記検定2級の学習範囲において，この原価差異は最終的に「売上原価」に賦課されます。なお，原価差異には借方差異（不利差異）と貸方差異（有利差異）の違いがあります。借方差異の場合には売上原価に「加算」しますが，貸方差異の場合には売上原価から「減算」します。

$$見積もりによる予定原価 - 実際原価 = \begin{cases} (+) \text{ の原価差異:貸方差異(有利差異)} \\ (-) \text{ の原価差異:借方差異(不利差異)} \end{cases}$$

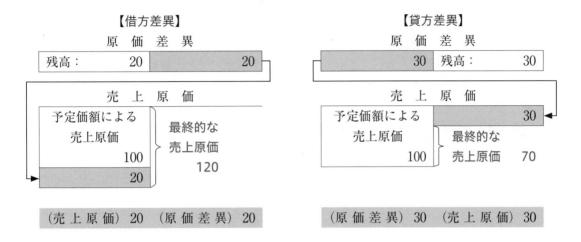

3 財務諸表

(1) 損益計算書

商企業の損益計算書と工企業の損益計算書は,売上原価の表示方法に違いがあります。

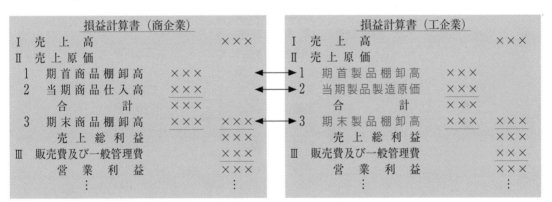

(2) 貸借対照表

製造業の場合,製造原価の算定のため用いられる勘定連絡のうち,「製品」「材料」「仕掛品」は資産の性質を有するため,その期末残高があるときは,その残高を貸借対照表に記載します。

設例 24-1

つくば製作所（決算日は3月末）における次の［**資料Ⅰ**］残高試算表，［**資料Ⅱ**］3月の取引，および［**資料Ⅲ**］決算整理事項等にもとづいて，解答欄に示した損益計算書と貸借対照表を完成しなさい。なお，同社は原価計算期間ごとに製造原価およびその原価差異を把握しているが，月次における決算振替は行っていない。また，法人税等は考慮しない。

［**資料Ⅰ**］×9年2月末現在の残高試算表

残 高 試 算 表

×9年2月28日　　　　　（単位：円）

借　　方	勘 定 科 目	貸　　方
1,198,100	現 金 預 金	
890,000	売 　掛 　金	
	貸 倒 引 当 金	12,500
125,000	材 　　　料	
236,000	仕 　掛 　品	
360,000	製 　　　品	
3,630,000	建 　　　物	
	建物減価償却累計額	576,000
2,250,000	機 　械 　装 　置	
	機械装置減価償却累計額	775,000
1,000,000	土 　　　地	
	買 　掛 　金	705,000
	退職給付引当金	720,000
	資 　本 　金	5,500,000
	利 益 準 備 金	450,000
	繰越利益剰余金	259,000
	売 　　　上	7,895,100
5,783,800	売 上 原 価	
12,000	製造間接費配賦差異	
1,242,700	販売費・一般管理費	
22,000	減 価 償 却 費	
143,000	退 職 給 付 費 用	
16,892,600		16,892,600

[資料Ⅱ] 3月の取引

1．製品の販売および販売代金の回収

   掛売上高：823,000 円

   現金預金による売掛金の回収高：858,000 円

2．材料の仕入と仕入代金の支払い

   掛けによる材料仕入高：528,000 円

   現金預金による買掛金の支払高：633,000 円

3．直接材料費：353,000 円

   材料は，すべて直接材料として消費した。

   月末帳簿棚卸高：300,000 円　月末実地棚卸高：294,000 円

   なお，棚卸減耗は正常なものである。

4．直接労務費：155,000 円

   全額を現金により支給している。なお，月初・月末の未払賃金はない。

5．製造間接費

   製造間接費は，予定配賦している。

 ⑴　予定配賦額：242,000 円

 ⑵　間接労務費 135,000 円および間接経費 51,000 円を現金で支払った。なお，月初・
    月末の未払い・前払いはない。

6．当月の完成品原価：720,000 円

7．当月の売上原価：600,000 円

8．現金預金による販売費・一般管理費の支払い：117,000 円

[資料Ⅲ] 決算整理事項等

1．固定資産の減価償却については，期首に年間発生額を見積り，以下の月割り額を毎
   月末に間接経費として計上している。決算月も同様の処理を行う。

     建　　物　10,000 円/月　（製造活動用：8,000 円　販売・一般管理活動用：2,000 円）
     機械装置　23,000 円/月　（すべて製造活動用）

2．退職給付引当金は，年度見積額の 12 分の 1 を毎月末に間接労務費として計上して
   おり，決算月も同様の処理を行う。製造活動に携わる従業員に関するものが 25,000
   円/月，それ以外の従業員に関するものが 13,000 円/月である。

3．製造間接費配賦差異を計上する。なお，当月の製造間接費実際発生額は上記の資料
   より各自算出すること。

4．期末製品棚卸高は次のとおりである。

     期末帳簿棚卸高：480,000 円　期末実地棚卸高：458,000 円

   なお，棚卸減耗は正常なものであり，販売費及び一般管理費に計上する。

5．売上債権の期末残高に対して 2 ％を貸倒れとして見積り，差額補充法により貸倒引
   当金を設定する。

損 益 計 算 書

自×8年4月1日　至×9年3月31日　　　　　（単位：円）

Ⅰ 売　　　上　　　高			（　　　　）	
Ⅱ 売　上　原　価				
1．売　上　原　価	（　　　　　　）			
2．製造間接費配賦差異	（　　　　　　）		（　　　　　　）	
売 上 総 利 益			（　　　　　　）	
Ⅲ　販売費及び一般管理費				
1．販売費・一般管理費	（　　　　　）			
2．棚　卸　減　耗　損	（　　　　　）			
3．減　価　償　却　費	（　　　　　）			
4．退　職　給　付　費　用	（　　　　　）			
5．貸　倒　引　当　金　繰　入	（　　　　　）		（　　　　　　）	
当　期　純　利　益			（　　　　　　）	

貸 借 対 照 表

×9年3月31日　　　　　（単位：円）

資　産　の　部			負　債　の　部		
Ⅰ　流　動　資　産			Ⅰ　流　動　負　債		
1　現　金　預　金		（　　　　）	1　買　掛　金		（　　　　）
2　売　掛　金	（　　　　）		流動負債合計		（　　　　）
貸倒引当金	（△　　　　）（　　　　）		Ⅱ　固　定　負　債		
3　製　　　品		（　　　　）	1　退職給付引当金		（　　　　）
4　材　　　料		（　　　　）	固定負債合計		（　　　　）
5　仕　掛　品		（　　　　）	負　債　合　計		（　　　　）
流動資産合計		（　　　　）	純　資　産　の　部		
Ⅱ　固　定　資　産			Ⅰ　株　主　資　本		
1　建　　　物	（　　　　）		1　資　本　金		（　　　　）
減価償却累計額	（△　　　　）（　　　　）		2　利　益　剰　余　金		
2　機　械　装　置	（　　　　）		(1)利益準備金	（　　　　）	
減価償却累計額	（△　　　　）（　　　　）		(2)繰越利益剰余金	（　　　　）（　　　　）	
3　土　　　地	（　　　　）		株主資本合計		（　　　　）
固定資産合計		（　　　　）	純資産合計		（　　　　）
資　産　合　計		（　　　　）	負債及び純資産合計		（　　　　）

378

〈解 答〉

損 益 計 算 書
自×8年4月1日 至×9年3月31日 （単位：円）

Ⅰ 売 上 高		(	8,718,100)
Ⅱ 売 上 原 価			
1．売 上 原 価	(6,383,800)		
2．製造間接費配賦差異	(18,000)	(	6,401,800)
売 上 総 利 益		(	2,316,300)
Ⅲ 販売費及び一般管理費			
1．販売費・一般管理費	(1,359,700)		
2．棚 卸 減 耗 損	(22,000)		
3．減 価 償 却 費	(24,000)		
4．退 職 給 付 費 用	(156,000)		
5．貸 倒 引 当 金 繰 入	(4,600)	(	1,566,300)
当 期 純 利 益		(	750,000)

貸 借 対 照 表
×9年3月31日 （単位：円）

資 産 の 部			負 債 の 部		
Ⅰ 流 動 資 産			Ⅰ 流 動 負 債		
1 現 金 預 金		(965,100)	1 買 掛 金		(600,000)
2 売 掛 金	(855,000)		流動負債合計		(600,000)
貸倒引当金	(△ 17,100)	(837,900)	Ⅱ 固 定 負 債		
3 製 品		(458,000)	1 退職給付引当金		(758,000)
4 材 料		(294,000)	固定負債合計		(758,000)
5 仕 掛 品		(266,000)	負 債 合 計		(1,358,000)
流動資産合計		(2,821,000)	純 資 産 の 部		
Ⅱ 固 定 資 産			Ⅰ 株 主 資 本		
1 建 物	(3,630,000)		1 資 本 金		(5,500,000)
減価償却累計額	(△586,000)	(3,044,000)	2 利 益 剰 余 金		
2 機 械 装 置	(2,250,000)		(1)利益準備金	(450,000)	
減価償却累計額	(△798,000)	(1,452,000)	(2)繰越利益剰余金	(1,009,000)	(1,459,000)
3 土 地	(1,000,000)		株主資本合計		(6,959,000)
固定資産合計		(5,496,000)	純 資 産 合 計		(6,959,000)
資 産 合 計		(8,317,000)	負債及び純資産合計		(8,317,000)

〈解　説〉

I　2月末現在の残高試算表について

　本問は，月次の段階で決算振替を行っていないため，2月末時点の残高試算表における費用・収益項目は年度ベースの金額（×8年4月1日〜×9年2月末）であることに注意します。

II　3月の取引の仕訳

　製造原価の算定に関する3月の取引および決算整理は，以下の勘定連絡を前提に必要な仕訳を解説します。なお，経費に関しては，直接，製造間接費に計上するものとします。

1．製品の販売および販売代金の回収
　(1)　掛けによる売上の計上

（売　掛　金）	823,000	（売　　　　上）	823,000

　(2)　売掛金の回収

（現　金　預　金）	858,000	（売　掛　金）	858,000

2．材料の仕入と仕入代金の支払い
　(1)　掛けによる材料の購入

（材　　　　料）	528,000	（買　掛　金）	528,000

　(2)　買掛金の支払い

（買　掛　金）	633,000	（現　金　預　金）	633,000

3．直接材料費
　(1)　材料の消費
　　　直接材料の消費分は直接材料費として仕掛品に振り替えます。

（仕　掛　品）	353,000	（材　　　　料）	353,000

(2) 材料の棚卸減耗

材料にかかる棚卸減耗は製造間接費に振り替えます。

(製 造 間 接 費)*	6,000	(材 料)	6,000

* 帳簿棚卸高300,000円 − 実地棚卸高294,000円 = 6,000円

4．直接労務費（賃金の支払いおよび消費）

直接労務費は賃金から仕掛品へ振り替えます。月初・月末の未払いがないことから「当月支払＝当月消費」となります。

(賃 金)	155,000	(現 金 預 金)	155,000
(仕 掛 品)	155,000	(賃 金)	155,000

5．製造間接費

(1) 予定配賦

予定配賦額を仕掛品に振り替えます。

(仕 掛 品)	242,000	(製 造 間 接 費)	242,000

(2) 間接労務費と間接経費の計上

資料に示された間接労務費と間接経費について処理します。なお，間接労務費および間接経費について月初・月末の未払い・前払いがないことから「当月支払＝当月消費」となります。

① 間接労務費

(賃 金)	135,000	(現 金 預 金)	135,000
(製 造 間 接 費)	135,000	(賃 金)	135,000

② 間接経費

(製 造 間 接 費)	51,000	(現 金 預 金)	51,000

6．完成品原価の振り替え

当月における完成品原価を仕掛品から製品へ振り替えます。

(製 品)	720,000	(仕 掛 品)	720,000

なお，この振替後の仕掛品勘定の残高が3月の月末仕掛品原価（＝期末仕掛品原価）となります。

月末仕掛品原価：月初 236,000 円 ＋ 直材 353,000 円 ＋ 直労 155,000 円
　　　　　　　　 ＋ 製間 242,000 円 − 完成 720,000 円 ＝ 266,000 円

7．売上原価の振り替え

当月に販売した製品の原価を製品から売上原価へ振り替えます。

（売 上 原 価）	600,000	（製　　　　品）	600,000

8．販売費・一般管理費の支払い

（販売費・一般管理費）	117,000	（現 金 預 金）	117,000

9．（参考）決算整理前残高試算表

以上より，決算整理前残高試算表を作成すると次のようになります。

決算整理前残高試算表

現 金 預 金	965,100	買 掛 金	600,000
売 掛 金	855,000	退職給付引当金	720,000
材 料	294,000	貸 倒 引 当 金	12,500
仕 掛 品	266,000	建物減価償却累計額	576,000
製 品	480,000	機械装置減価償却累計額	775,000
建 物	3,630,000	資 本 金	5,500,000
機 械 装 置	2,250,000	利 益 準 備 金	450,000
土 地	1,000,000	繰越利益剰余金	259,000
売 上 原 価	6,383,800	売 上	8,718,100
製造間接費配賦差異	12,000	製 造 間 接 費	50,000
販売費・一般管理費	1,359,700		
減 価 償 却 費	22,000		
退 職 給 付 費 用	143,000		
	17,660,600		17,660,600

III　決算整理事項

1．減価償却

期首に見積った月割額を計上します。なお，製造活動用の固定資産にかかる減価償却費は間接経費として「製造間接費」に計上し，販売・一般管理活動用にかかる固定資産の減価償却費は「販売費及び一般管理費」として処理します。

⑴　建物

（製 造 間 接 費）	8,000	（建物減価償却累計額）	10,000
（減 価 償 却 費）	2,000		

⑵　機械装置

（製 造 間 接 費）	23,000	（機械装置減価償却累計額）	23,000

2．退職給付引当金

　　期首に見積った月割額を計上します。なお，製造活動に関するものは間接労務費として「製造間接費」に計上し，その他の従業員に関するものは「販売費及び一般管理費」として処理します。

（製　造　間　接　費）	25,000	（退職給付引当金）	38,000
（退職給付費用）	13,000		

3．製造間接費配賦差異の計上および売上原価への振り替え

　　上記の処理を終えると製造間接費の実際発生額が確定します。そこで，製造間接費配賦差異を算定し，売上原価に振り替えます。

(1)　製造間接費配賦差異の計上

（製造間接費配賦差異）＊	6,000	（製　造　間　接　費）	6,000

＊　予定配賦額：242,000円
　　実際発生額：材料の棚卸減耗6,000円＋間接労務費135,000円＋間接経費51,000円＋建物減価償却費8,000円＋機械装置減価償却費23,000円＋退職給付引当金25,000円
　　　　　　　　＝248,000円
　　製造間接費配賦差異：予定配賦額242,000円－実際発生額248,000円＝△6,000円（不利差異）

(2)　売上原価への振り替え

（売　上　原　価）	18,000	（製造間接費配賦差異）＊	18,000

＊　T／B 12,000円＋3月分6,000円＝18,000円

4．製品の棚卸減耗

（棚　卸　減　耗　損）＊	22,000	（製　　　　　　品）	22,000

＊　帳簿棚卸高480,000円－実地棚卸高458,000円＝22,000円

5．貸倒引当金

（貸倒引当金繰入）＊	4,600	（貸　倒　引　当　金）	4,600

＊　見積額：売掛金855,000円×2％＝17,100円
　　繰入額：17,100円－12,500円＝4,600円

Ⅳ 製造原価の計算における勘定連絡

本問における勘定連絡の記入は以下のとおりです。

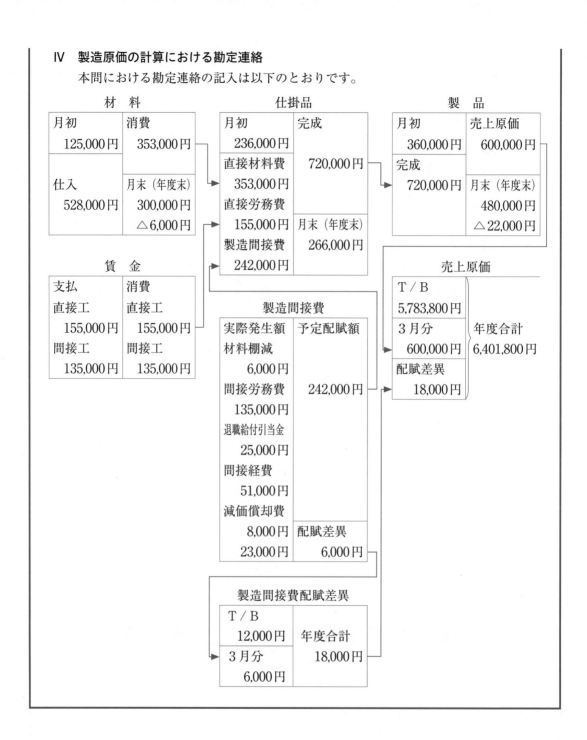

材　料

月初	消費
125,000円	353,000円
仕入	月末（年度末）
528,000円	300,000円
	△6,000円

仕掛品

月初	完成
236,000円	
直接材料費	720,000円
353,000円	
直接労務費	
155,000円	月末（年度末）
製造間接費	266,000円
242,000円	

製　品

月初	売上原価
360,000円	600,000円
完成	
720,000円	月末（年度末）
	480,000円
	△22,000円

賃　金

支払	消費
直接工	直接工
155,000円	155,000円
間接工	間接工
135,000円	135,000円

製造間接費

実際発生額	予定配賦額
材料棚減	
6,000円	
間接労務費	242,000円
135,000円	
退職給付引当金	
25,000円	
間接経費	
51,000円	
減価償却費	
8,000円	配賦差異
23,000円	6,000円

売上原価

T/B	
5,783,800円	
3月分	年度合計
600,000円	6,401,800円
配賦差異	
18,000円	

製造間接費配賦差異

T/B	
12,000円	年度合計
3月分	18,000円
6,000円	

日商簿記**2**級

商業

簿記

基 本 例 題
解 答・解 説

基本例題01

(1) 仕入勘定

仕　　入

②	買　掛　金	(178,500)	④	繰 越 商 品	(3,000)
④	繰 越 商 品	(4,500)		損　　　益	(180,000)
		(183,000)			(183,000)

(2) 精算表

（単位：円）

精　算　表

勘定科目	残高試算表 借 方	残高試算表 貸 方	修正記入 借 方	修正記入 貸 方	損益計算書 借 方	損益計算書 貸 方	貸借対照表 借 方	貸借対照表 貸 方
繰 越 商 品	4,500		3,000	4,500			3,000	
売　　　上		200,000				200,000		
仕　　　入	178,500		4,500	3,000	180,000			

■ 解説

① 開始記入の手続きにより，期首商品棚卸高4,500円を繰越商品勘定の借方に「前期繰越」として記入します。

	仕　訳　な　し		

② 仕入時

（仕　　　入）	178,500	（買　掛　金）	178,500

③ 販売時

（売　掛　金）	200,000	（売　　　上）	200,000

〈決算整理前の勘定記入〉

	仕　　入					売　　上	
②		前T/B	178,500			③	
	178,500		（当期仕入高）	前T/B	200,000		200,000

	繰 越 商 品		
①	4,500	前T/B	4,500
		（期首商品）	

④　決算整理

売上原価を仕入勘定で算定します。

| (仕　　　　　　入) | 4,500 | (繰 越 商 品) | 4,500 |
| (繰 越 商 品) | 3,000 | (仕　　　　　　入) | 3,000 |

〈勘定記入〉

基本例題02

(1)　商品勘定

	商		品	
①　前 期 繰 越　(4,500)		③　売 上 原 価　(180,000)		
②　買　掛　金　(178,500)		④　次 期 繰 越　(3,000)		
(183,000)		(183,000)		
前 期 繰 越　(3,000)				

(2)　精算表

精　算　表　　　　　　　　　　(単位：円)

勘 定 科 目	残高試算表		修 正 記 入		損益計算書		貸借対照表	
	借　方	貸　方	借　方	貸　方	借　方	貸　方	借　方	貸　方
商　　　　品	3,000						3,000	
売　　　　上		200,000				200,000		
売 上 原 価	180,000				180,000			

① 開始記入の手続きにより，期首商品棚卸高4,500円を商品勘定の借方に「前期繰越」として記入します。

仕 訳 な し			

② 仕入時

（商　　　品）	178,500	（買　掛　金）	178,500

③ 販売時

（売　掛　金）	200,000	（売　　　上）	200,000
（売 上 原 価）	180,000	（商　　　品）	180,000

〈勘定記入〉

④ 決算整理

売上高，売上原価および期末商品の金額がすべて明らかなので，決算整理仕訳は不要です。

仕 訳 な し			

基本例題03

1．三分法で記帳している場合

（1）仕入返品

（買　掛　金）	15,000	（仕　　　入）	15,000

（2）仕入割戻し

（買　掛　金）	50,000	（仕　　　入）	50,000

（3）売上返品

（売　　　上）	16,000	（売　掛　金）	16,000

2．売上原価対立法で記帳している場合

(1) 仕入返品

（買　　掛　　金）	15,000	（商　　　　　品）	15,000

(2) 仕入割戻し

（買　　掛　　金）	50,000	（商　　　　　品）	50,000

(3) 売上返品

売価について「売上」を取り消すとともに，原価について「売上原価」を取り消します。

（売　　　　　上）	16,000	（売　　掛　　金）	16,000
（商　　　　　品）	12,000	（売　上　原　価）	12,000

基本例題04

1．三分法で記帳している場合

精　算　表　　　　　　　　（単位：円）

勘定科目	残高試算表 借方	残高試算表 貸方	修正記入 借方	修正記入 貸方	損益計算書 借方	損益計算書 貸方	貸借対照表 借方	貸借対照表 貸方
繰越商品	4,500		3,000	4,500			2,660	
				340				
売　　上		200,000				200,000		
仕　　入	178,500		4,500	3,000	180,000			
棚卸減耗損			200		200			
商品評価損			140		140			

2．売上原価対立法で記帳している場合

精　算　表　　　　　　　　（単位：円）

勘定科目	残高試算表 借方	残高試算表 貸方	修正記入 借方	修正記入 貸方	損益計算書 借方	損益計算書 貸方	貸借対照表 借方	貸借対照表 貸方
商　　品	3,000			340			2,660	
売　　上		200,000				200,000		
売上原価	180,000				180,000			
棚卸減耗損			200		200			
商品評価損			140		140			

1．期末商品棚卸高の算定

② ＠100円×30個＝3,000円
③ ＠100円×（30個－28個）＝200円
④ （＠100円－＠95円）×28個＝140円
※ ＠95円×28個＝2,660円

2．決算整理仕訳

(1) 三分法で記帳している場合

①売上原価の算定，ならびに②棚卸減耗損および商品評価損の計上について決算整理仕訳が必要となります。

① 売上原価の算定

（仕　　　　　入）	4,500	（繰　越　商　品）	4,500
（繰　越　商　品）	3,000	（仕　　　　　入）	3,000

② 棚卸減耗損，商品評価損の計上

（棚 卸 減 耗 損）	200	（繰　越　商　品）	340
（商 品 評 価 損）	140		

(2) 売上原価対立法で記帳している場合

②棚卸減耗損および商品評価損の計上について決算整理仕訳が必要となります。なお，売上原価対立法で記帳している場合，売上原価を期中において認識しているため，①売上原価の算定のための決算整理仕訳は不要です。

① 売上原価の算定

仕 訳 な し

② 棚卸減耗損，商品評価損の計上

（棚 卸 減 耗 損）	200	（商　　　　　品）	340
（商 品 評 価 損）	140		

基本例題05

① 未処理事項

（現	金）	30,000	（売	掛	金）	30,000	

② 現金過不足

（雑	損）	1,000	（現	金）	1,000		

解説

　未処理事項処理後の現金勘定の残高と現金の実際有高を比較し，現金過不足を把握します。なお，現金の実際有高は，「通貨および通貨代表証券」に該当するものをピックアップします。

現　　金	
	166,000
未処理　30,000	

196,000

実　　　際	
他店振出小切手	50,000
紙幣・硬貨	115,000
郵便為替証書	30,000
	195,000

不足額　1,000→雑損

基本例題06

精　算　表　　　　　　　　　　　（単位：円）

勘 定 科 目	残高試算表		修 正 記 入		損益計算書		貸借対照表	
	借 方	貸 方	借 方	貸 方	借 方	貸 方	借 方	貸 方
当 座 預 金	7,850		450	400			8,000	
			200	100				
売 掛 金	9,000		100	450			8,650	
支 払 手 形		4,000	400					3,600
買 掛 金		6,000		200				6,200

解説

　不一致原因は，当社側のものと銀行側のものとに区別します。銀行側の不一致原因については「仕訳なし」となります。

(1) 時間外預入：銀行側の不一致原因

仕　訳　な　し

(2) 未取付小切手：銀行側の不一致原因

仕　訳　な　し

(3) 未取立小切手：銀行側の不一致原因

仕　訳　な　し

(4) 連絡未通知

(当 座 預 金)	450	(売　　掛　　金)	450
(支 払 手 形)	400	(当 座 預 金)	400

(5) 誤記入

(売　　掛　　金)	100	(当 座 預 金)	100

(6) 未渡小切手（仕入債務の支払いに対するもの）

(当 座 預 金)	200	(買　　掛　　金)	200

基本例題07

(1) クレジットカードによる商品の販売

(クレジット売掛金)	1,140,000	(売　　　　　上)	1,200,000
(支 払 手 数 料)＊	60,000		

　　＊　1,200,000円×5％＝60,000円

(2) 販売代金の回収

(当 座 預 金)	1,140,000	(クレジット売掛金)	1,140,000

基本例題08

(1) 手形の裏書譲渡（裏書人の処理）

(仕　　　　　入)	3,000	(受 取 手 形)	3,000

(2) 手形の裏書譲渡（被裏書人の処理）

(受 取 手 形)	2,000	(売　　　　　上)	2,000

(3) 手形の裏書譲渡（裏書人の処理）

(買　　掛　　金)	2,300	(受 取 手 形)	2,300

(4) 手形の裏書譲渡（被裏書人の処理）

(受 取 手 形)	2,500	(売　　掛　　金)	2,500

(5) 自己振出の約束手形の回収

(支 払 手 形)	3,600	(売　　掛　　金)	3,600

基本例題 **09**

(1) 手形の割引き①

（普 通 預 金）	2,970	（受 取 手 形）	3,000
（手 形 売 却 損）	30		

(2) 手形の割引き②

（当 座 預 金）	7,880	（受 取 手 形）	8,000
（手 形 売 却 損）	120		

基本例題 **10**

(1) 裏書譲渡された手形の不渡り

（不 渡 手 形）	2,300	（受 取 手 形）	2,000
		（現　　　　金）	300

(2) 不渡手形の回収

（現　　　　金）	2,350	（不 渡 手 形）	2,300
		（受 取 利 息）	50

基本例題 **11**

－大阪商店－

(1) 掛けによる商品の販売

（売 　掛 　金）	150,000	（売 　　　　上）	150,000

(2) 電子記録債権の発生

（電 子 記 録 債 権）	100,000	（売 　掛 　金）	100,000

(3) 電子記録債権の譲り渡し

（買 　掛 　金）	100,000	（電 子 記 録 債 権）	100,000

(4) 電子記録債権の決済：取引に関与していないため，「仕訳なし」

－福岡商店－

(1) 掛けによる商品の仕入

（仕 　　　　入）	150,000	（買 　掛 　金）	150,000

(2) 電子記録債務の発生

（買 　掛 　金）	100,000	（電 子 記 録 債 務）	100,000

(3) 電子記録債権の譲渡：取引に関与していないため，「仕訳なし」

(4) 電子記録債務の支払い

（電 子 記 録 債 務）	100,000	（当 座 預 金）	100,000

－京都商店－

(1) 取引に関与していないため，「仕訳なし」

(2) 取引に関与していないため，「仕訳なし」

(3) 電子記録債権の譲り受け

| （電子記録債権） | 100,000 | （売　掛　金） | 100,000 |

(4) 電子記録債権の回収

| （当 座 預 金） | 100,000 | （電子記録債権） | 100,000 |

基本例題12

(1) 債券の売却と端数利息の受け取り

（現　　　　金)*2	19,700	（売買目的有価証券）	19,000
		（有価証券売却益)*1	200
		（有 価 証 券 利 息）	500

*1　売却価額：@96円×$\dfrac{20,000円}{100円}$（200口）＝19,200円

　　帳簿価額：@95円×$\dfrac{20,000円}{100円}$（200口）＝19,000円

　　売却損益：　　　　　　　　　　　　　　　　200円（売却益）

*2　19,200円＋500円＝19,700円

(2) 債券の購入と端数利息の支払い

| （売買目的有価証券） | 19,200 | （当 座 預 金） | 19,700 |
| （有 価 証 券 利 息） | 500 | | |

基本例題13

精　算　表　（単位：円）

| 勘 定 科 目 | 残 高 試 算 表 | | 修 正 記 入 | | 損 益 計 算 書 | | 貸 借 対 照 表 | |
	借　方	貸　方	借　方	貸　方	借　方	貸　方	借　方	貸　方
売買目的有価証券	2,700		100				2,800	
有価証券評価損益				100		100		

解説

　有価証券の期末評価は，原則として銘柄ごとに行う必要がありますが，本問のような問題では帳簿価額と時価の合計額に着目し，まとめて解答することができます。

| （売買目的有価証券） | 100 | （有価証券評価損益)* | 100 |

*　$\underset{\text{時価}}{\underline{2,800円}}－\underset{\text{帳簿価額}}{\underline{2,700円}}＝100円$（評価益）

基本例題 14

精　算　表　　　　　　　　　　　　（単位：円）

勘定科目	残高試算表		修正記入		損益計算書		貸借対照表	
	借　方	貸　方	借　方	貸　方	借　方	貸　方	借　方	貸　方
満期保有目的債券	9,700		60				9,760	
有価証券利息		200		60		260		

解説

　本問は償却原価法の処理を確認する問題です。なお，「クーポン利息」について未収利息の計上が問題となることがありますが，本問では「クーポン利息は適正に処理されている」との指示があるため，考慮する必要はありません。

（満期保有目的債券）	60	（有 価 証 券 利 息）*	60

$$* \quad @97円 \times \frac{10,000円}{100円}（100口）=9,700円　（取得価額）$$

$$\underset{\substack{\text{額面総額} \quad \text{取得価額}}}{(10,000円-9,700円)} \times \frac{12か月}{60か月}=60円　（当期償却額）$$

基本例題 15

損　益　計　算　書

自×1年4月1日　至×2年3月31日　　　　（単位：円）

Ⅳ　営　業　外　収　益

　　1．（有価証券利息）　　　　　　　　　（　　　400）

Ⅴ　営　業　外　費　用

　　1．（有価証券評価損）　　　　　　　　（　　6,000）

貸　借　対　照　表

×2年3月31日　　　　　　（単位：円）

資　産　の　部	負　債　の　部
Ⅰ　流　動　資　産	：
（有 価 証 券）（ 60,000）	純　資　産　の　部
Ⅱ　固　定　資　産	：
（投 資 有 価 証 券）（202,400）	Ⅱ　評価・換算差額等
（関 係 会 社 株 式）（100,000）	（その他有価証券評価差額金）（　8,000）

(1) 売買目的有価証券（A社株式）

① 期末評価：時価法

| （有価証券評価損）* | 6,000 | （売買目的有価証券） | 6,000 |

* 60,000円－66,000円＝△6,000円（評価損）
  <u>時価</u>　　<u>取得原価</u>

② 科目の置き換え（組替仕訳）

| （有　価　証　券） | 60,000 | （売買目的有価証券）* | 60,000 |

* 66,000円－6,000円＝60,000円
  <u>取得原価</u>　　<u>(1)①</u>

(2) その他有価証券（B社株式）

① 期末評価：時価法（全部純資産直入法）

| （その他有価証券）* | 8,000 | （その他有価証券評価差額金） | 8,000 |

* 104,000円－96,000円＝8,000円（評価益）
  <u>時価</u>　　<u>取得原価</u>

② 科目の置き換え（組替仕訳）

| （投　資　有　価　証　券） | 104,000 | （その他有価証券）* | 104,000 |

* 96,000円＋8,000円＝104,000円
  <u>取得原価</u>　　<u>(2)①</u>

(3) 子会社株式（C社株式）

① 期末評価：原価法

| 仕　訳　な　し |

② 科目の置き換え（組替仕訳）

| （関　係　会　社　株　式） | 100,000 | （子　会　社　株　式） | 100,000 |

(4) 満期保有目的債券（D社社債）

① 期末評価：償却原価法

| （満期保有目的債券）* | 400 | （有　価　証　券　利　息） | 400 |

* 100,000円－98,000円＝2,000円（金利調整差額）
  <u>額面総額</u>　<u>取得価額</u>

  $2,000円 \times \dfrac{12か月〈×1年4/1～×2年3/31〉}{60か月〈×1年4/1～×6年3/31〉} = 400円$

② 科目の置き換え（組替仕訳）

（投 資 有 価 証 券）	98,400	（満期保有目的債券）＊	98,400

＊ 98,000円＋400円＝98,400円
　取得価額　⑷①

基本例題16

（減 価 償 却 費）＊	15,000	（減価償却累計額）	15,000

＊ $500,000円 \times 0.9 \div 25年 \times \dfrac{10か月}{12か月} = 15,000円$

基本例題17

精　算　表　　　　　　　　（単位：円）

勘 定 科 目	残高試算表		修 正 記 入		損益計算書		貸借対照表	
	借　方	貸　方	借　方	貸　方	借　方	貸　方	借　方	貸　方
建　　　　物	60,000						60,000	
備　　　　品	4,000						4,000	
車　　　　両	10,000						10,000	
建物減価償却累計額		4,000		1,800				5,800
備品減価償却累計額		1,000		750				1,750
車両減価償却累計額		900		600				1,500
減 価 償 却 費			3,150		3,150			

解説

（減 価 償 却 費）	3,150	（建物減価償却累計額）＊¹	1,800
		（備品減価償却累計額）＊²	750
		（車両減価償却累計額）＊³	600

＊1　(60,000円×0.9)÷30年＝1,800円
＊2　償却率：1÷8年＝0.125
　　　　　　0.125×200%＝0.25
　　　(4,000円－1,000円)×0.25＝750円
＊3　$10,000円 \times \dfrac{3,000km}{50,000km} = 600円$

基本例題 **18**

(1) 仕訳

① 備品の取得

(備 品)	5,000	(未 払 金)	5,000

② 減価償却（1年目）

(減 価 償 却 費)*1	1,000	(減価償却累計額)	1,000

③ 減価償却（2年目）

(減 価 償 却 費)*2	800	(減価償却累計額)	800

④ 売却（期首売却）

(減価償却累計額)	1,800	(備 品)	5,000
(未 収 入 金)	3,000		
(固定資産売却損)*3	200		

*1 1年目の減価償却費：(5,000円－0円)×20％＝1,000円
*2 2年目の減価償却費：(5,000円－1,000円)×20％＝800円
*3 固定資産売却損：3,000円－{5,000円－(1,000円＋800円)}＝△200円
　　　　　　　　　　売却価額　　　　売却時点の帳簿価額

(2) 勘定記入

減 価 償 却 費

② 減価償却累計額	(	1,000)	② 損 益	(	1,000)
③ 減価償却累計額	(	800)	③ 損 益	(	800)

減価償却累計額

② 次 期 繰 越	(	1,000)	② 減 価 償 却 費	(	1,000)
③ 次 期 繰 越	(	1,800)	前 期 繰 越	(	1,000)
			③ 減 価 償 却 費	(	800)
	(	1,800)		(	1,800)
④ 備 品	(	1,800)	前 期 繰 越	(	1,800)

基本例題 19

(1) 固定資産の売却（期中）

（減価償却累計額）	1,800	（備　　　品）	5,000
（減 価 償 却 費）*1	320	（固定資産売却益）*2	120
（未 収 入 金）	3,000		

＊1　当期の減価償却費：$(5,000円 - 1,800円) \times 20\% \times \dfrac{6か月}{12か月} = 320円$

＊2　$3,000円 - (5,000円 - 1,800円 - 320円) = 120円$（売却益）
　　　売却価額　　　　売却時点の帳簿価額

(2) 固定資産の売却（期末）

（減価償却累計額）	1,800	（備　　　品）	5,000
（減 価 償 却 費）*1	640	（固定資産売却益）*2	440
（現　　　金）	3,000		

＊1　当期の減価償却費：$(5,000円 - 1,800円) \times 20\% = 640円$

＊2　$3,000円 - (5,000円 - 1,800円 - 640円) = 440円$（売却益）
　　　売却価額　　　　　帳簿価額

基本例題 20

(1) 建設仮勘定の計上

（建 設 仮 勘 定）	200,000	（当 座 預 金）	200,000

(2) 建設仮勘定の取り崩し

（建　　　　物）	700,000	（建 設 仮 勘 定）	200,000
		（当 座 預 金）	500,000

基本例題 21

（建　　　　物）	850	（当 座 預 金）	1,200
（修 繕 費）	350		

基本例題 22

(1) 固定資産の除却

（減価償却累計額）	5,000	（機 械 装 置）	8,000
（貯 蔵 品）	400		
（固定資産除却損）	2,600		

(2) 固定資産の廃棄

(減価償却累計額)	3,000	(機 械 装 置)	4,000
(固定資産廃棄損)	1,000		

基本例題23

(車 両 運 搬 具)	11,000	(車 両 運 搬 具)	6,000
(減価償却累計額)	4,500	(現 金)	9,800
(固定資産売却損)*	300		

* $\underset{\text{下取価格}}{1,200円} - \underset{\text{帳簿価額}}{(6,000円-4,500円)} = △300円$（売却損）

基本例題24

(1) 火災の発生：火災未決算の計上

(減価償却累計額)	180,000	(建 物)	550,000
(未 決 算)*	370,000		

* 550,000円－180,000円＝370,000円

(2) 保険金額の確定

① 保険金確定額＞未決算計上額：保険差益の計上

(未 収 入 金)	400,000	(未 決 算)	370,000
		(保 険 差 益)	30,000

② 保険金確定額＜未決算計上額：火災損失の計上

(未 収 入 金)	300,000	(未 決 算)	370,000
(火 災 損 失)	70,000		

基本例題25

(1)	(当 座 預 金)	500,000	(国庫補助金受贈益)	500,000
(2)	(備 品)	800,000	(未 払 金)	800,000
	(固定資産圧縮損)	500,000	(備 品)	500,000
(3)	(減 価 償 却 費)	60,000	(減価償却累計額)	60,000

■ 解説

(1)　国庫補助金の受け取り

　　国庫補助金の受取額を「国庫補助金受贈益」として収益計上します。

(2)　備品の取得および圧縮記帳

　　800,000円を備品として計上し，圧縮記帳を行います。直接減額方式による圧縮記帳は，国庫補助金相当額500,000円を「固定資産圧縮損」として費用計上し，備品の取得原価を減額します。

　　圧縮記帳後の備品の帳簿価額：800,000円－500,000円＝300,000円

(3)　決算（減価償却）

　　直接減額方式により圧縮記帳を行った場合，圧縮後の備品の帳簿価額を取得原価とみなして減価償却を行います。

　　減価償却費：300,000円÷5年＝60,000円

基本例題26

(1)	（リ ー ス 資 産）	210,000	（リ ー ス 債 務）	210,000
(2)	（リ ー ス 債 務）	42,000	（当 座 預 金）	50,000
	（支 払 利 息）	8,000		
(3)	（減 価 償 却 費）	42,000	（減価償却累計額）	42,000

■ 解説

(1)　リース取引開始時

　　リース物件とこれにかかる債務を「リース資産」および「リース債務」として計上します。利子抜き法の場合，「リース資産」および「リース債務」は「見積現金購入価額」をもって計上します。

(2)　リース料支払時

　　経過期間に対応する利息の金額を定額法により計算し，「支払利息」を計上します。支払ったリース料から，支払利息を差し引き，残額を「リース債務」の減額として処理します。

　　支払利息：(50,000円×5回－210,000円)÷5年＝8,000円

　　リース債務：50,000円－8,000円＝42,000円

(3)　決算時

　　「リース資産」について減価償却費を計上します。なお，耐用年数は「リース期間」，残存価額は「ゼロ」とします。

　　減価償却費：210,000円÷5年＝42,000円

基本例題27

(1) （リ ー ス 資 産）	250,000	（リ ー ス 債 務）	250,000
(2) （リ ー ス 債 務）	50,000	（当 座 預 金）	50,000
(3) （減 価 償 却 費）	50,000	（減価償却累計額）	50,000

■ 解説

(1) リース取引開始時

　　リース物件とこれにかかる債務を「リース資産」および「リース債務」として計上します。利子込み法の場合，「リース資産」および「リース債務」は「リース料総額」をもって計上します。

　　リース料の総額：50,000円×5年＝250,000円

(2) リース料支払時

　　支払ったリース料について「リース債務」を減額します。なお，利子込み法の場合「支払利息」の計上はありません。

　　リース債務：支払リース料50,000円

(3) 決算時

　　「リース資産」について，耐用年数は「リース期間」，残存価額は「ゼロ」として減価償却費を計上します。

　　減価償却費：250,000円÷5年＝50,000円

基本例題28

(1)	仕 訳 な し			
(2) （支 払 リ ー ス 料）	10,000	（未 払 リ ー ス 料）	10,000
(3) （未 払 リ ー ス 料）	10,000	（支 払 リ ー ス 料）	10,000
(4) （支 払 リ ー ス 料）	30,000	（当 座 預 金）	30,000

■ 解説

(1) リース取引開始時

　　オペレーティング・リースなので，「リース資産」および「リース債務」の計上は行いません。よって，「仕訳なし」となります。

(2) 決算時

　　本問におけるリース料の支払いが後払いなので，当期の経過期間4か月分（×1年12月1日～×2年3月31日）について「未払リース料」を計上します。

　　未払リース料：$30,000円 \times \dfrac{4か月}{12か月} = 10,000円$

(3) 翌期首

　　前期末に計上した「未払リース料」について再振替仕訳を行います。

(4) リース料支払時

　　支払ったリース料について「支払リース料」を計上します。

基本例題29

精　算　表　　　　　　　　　　　（単位：円）

勘定科目	残高試算表		修正記入		損益計算書		貸借対照表	
	借　方	貸　方	借　方	貸　方	借　方	貸　方	借　方	貸　方
特　許　権	320,000			40,000			280,000	
ソフトウェア	600,000			150,000			450,000	
特許権償却			40,000		40,000			
ソフトウェア償却			150,000		150,000			

解説

1．特許権の償却

当期首に取得しているため，残高試算表の計上額320,000円を8年で償却します。

（特 許 権 償 却)*　　　40,000　　（特　　許　　権）　　　40,000

＊　320,000円〈帳簿価額＝取得原価〉÷8年＝40,000円

∴　B/S 特許権：320,000円－40,000円＝280,000円

2．ソフトウェアの償却

前期首に取得しているため，前期末に1年分の償却が行われています。したがって，残高試算表の計上額600,000円は残り償却期間の4年（5年－1年）で償却します。

（ソフトウェア償却)*　　150,000　　（ソフトウェア）　　150,000

＊　600,000円〈帳簿価額〉÷4年＝150,000円

∴　B/S ソフトウェア：600,000円－150,000円＝450,000円

基本例題30

精　算　表　　　　　　　　　　　（単位：円）

勘定科目	残高試算表		修正記入		損益計算書		貸借対照表	
	借　方	貸　方	借　方	貸　方	借　方	貸　方	借　方	貸　方
受 取 手 形	4,000						4,000	
売 　掛 　金	9,000						9,000	
貸 倒 引 当 金		80		1,720				1,800
貸倒引当金繰入			1,720		1,720			

解説

⑴　貸倒引当金の設定

（貸 倒 引 当 金 繰 入)*　　1,720　　（貸 倒 引 当 金）　　1,720

＊　貸側見積高
　A　　社：3,000円×50％＝1,500円
　A社以外：（4,000円＋9,000円－3,000円）×3％＝300円
　繰 入 額：（1,500円＋300円）－80円＝1,720円

基本例題31

(1) 前期発生債権の貸倒れ

| （貸 倒 引 当 金） | 15,000 | （売　　掛　　金） | 15,000 |

(2) 当期発生債権の貸倒れ

| （貸 倒 損 失） | 30,000 | （売　　掛　　金） | 30,000 |

(3) 一部当期発生，一部前期発生

| （貸 倒 引 当 金） | 8,000 | （売　　掛　　金） | 13,000 |
| （貸 倒 損 失） | 5,000 | | |

基本例題32

(1) 修繕引当金の設定

| （修繕引当金繰入） | 700 | （修 繕 引 当 金） | 700 |

(2) 修繕引当金の取り崩しと資本的支出，収益的支出

（建　　　　　物）	2,000	（未　　払　　金）	3,000
（修 繕 引 当 金）	700		
（修　繕　費）	300		

基本例題33

(1) 賞与引当金，役員賞与引当金および退職給付引当金の設定

（賞与引当金繰入）	850,000	（賞 与 引 当 金）	850,000
（役員賞与引当金繰入）	500,000	（役員賞与引当金）	500,000
（退 職 給 付 費 用）	165,000	（退職給付引当金）	165,000

(2) 賞与引当金の取り崩し

| （賞 与 引 当 金） | 850,000 | （現　　　　　金） | 1,250,000 |
| （賞　　　　与） | 400,000 | | |

(3) 役員賞与引当金の取り崩し

| （役員賞与引当金） | 500,000 | （現　　　　　金） | 500,000 |

(4) 退職給付引当金の取り崩し

| （退職給付引当金） | 300,000 | （現　　　　　金） | 300,000 |

基本例題34

(1)	(仕 入)	105,000	(買 掛 金)	105,000
(2)	(為 替 差 損 益)	3,000	(買 掛 金)	3,000
(3)	(買 掛 金)	108,000	(現 金)	110,000
	(為 替 差 損 益)	2,000		

■解説

(1) 仕入時

(仕 入)	105,000	(買 掛 金)*	105,000

＊　105円/ドル〈HR〉×1,000ドル＝105,000円

(2) 決算時

「買掛金」を決算日の為替相場に換算替えします。

(為 替 差 損 益)*	3,000	(買 掛 金)	3,000

＊　換算替え：108円/ドル〈CR〉×1,000ドル＝108,000円
　　為替差損益：108,000円－105,000円＝3,000円（買掛金の増加＝為替差損）
　　　　　　　　または，(108円/ドル〈CR〉－105円/ドル〈HR〉)×1,000ドル＝3,000円

(3) 買掛金支払時

(買 掛 金)*1	108,000	(現 金)*2	110,000
(為 替 差 損 益)*3	2,000		

＊1　108円〈前期CR〉×1,000ドル＝108,000円
＊2　110円/ドル〈HR〉×1,000ドル＝110,000円
＊3　貸借差額（借方差額＝為替差損）
　　　または，(110円/ドル〈HR〉－108円/ドル〈前期CR〉)×1,000ドル＝2,000円

基本例題35

(1)	(売 掛 金)	105,000	(売 上)	105,000
(2)	(売 掛 金)	3,000	(為 替 差 損 益)	3,000
(3)	(現 金)	110,000	(売 掛 金)	108,000
			(為 替 差 損 益)	2,000

解説

(1) 販売時

(売 掛 金)*	105,000	(売 上)	105,000

* 105円/ドル〈HR〉×1,000ドル＝105,000円

(2) 決算時

「売掛金」を決算日の為替相場で換算替えします。

(売 掛 金)	3,000	(為 替 差 損 益)*	3,000

* 換算替え：108円/ドル〈CR〉×1,000ドル＝108,000円
  為替差損益：108,000円－105,000円＝3,000円（売掛金の増加＝為替差益）
  または，(108円/ドル〈CR〉－105円/ドル〈HR〉)×1,000ドル＝3,000円

(3) 売掛金の回収時

(現 金)*²	110,000	(売 掛 金)*¹	108,000
		(為 替 差 損 益)*³	2,000

* 1 108円〈前期CR〉×1,000ドル＝108,000円
* 2 110円/ドル〈HR〉×1,000ドル＝110,000円
* 3 貸借差額（貸方差額＝為替差益）
  または，(110円/ドル〈HR〉－108円/ドル〈前期CR〉)×1,000ドル＝2,000円

基本例題36

(1) (仕 入)	108,000	(買 掛 金)	108,000
(2)	仕 訳 な し		
(3) (買 掛 金)	108,000	(現 金)	108,000

解説

(1) 商品の仕入および為替予約

外貨建取引（仕入）および外貨建金銭債務（買掛金）を先物為替相場で換算します。

(仕 入)*	108,000	(買 掛 金)*	108,000

* 108円/ドル〈FR〉×1,000ドル＝108,000円

(2) 決算

為替予約を付しているため，「買掛金」の換算替えを行いません。

仕 訳 な し

(3) 買掛金の支払い

為替予約により「現金」が先物為替相場で換算されます。よって，為替差損益は発生しません。

(買 掛 金)	108,000	(現 金)*	108,000

* 108円/ドル〈FR〉×1,000ドル＝108,000円

基本例題 37

(1)	(売　掛　金)	105,000	(売　　　上)	105,000
(2)	(売　掛　金)	3,000	(為 替 差 損 益)	3,000
(3)			仕 訳 な し	
(4)	(現　　　金)	108,000	(売　掛　金)	108,000

■解説

(1) 商品の販売

(売　掛　金)＊	105,000	(売　　　上)	105,000

＊　105円/ドル〈HR〉×1,000ドル＝105,000円

(2) 為替予約

外貨建金銭債権（売掛金）を先物為替相場で換算替えします。

(売　掛　金)＊	3,000	(為 替 差 損 益)	3,000

＊　換算替え：108円/ドル〈FR〉×1,000ドル＝108,000円
　　為替差損益：108,000円－105,000円＝3,000円（売掛金の増加＝為替差益）
　　または，(108円/ドル－105円/ドル)×1,000ドル＝3,000円

(3) 決算

為替予約を付しているため，「売掛金」の換算替えを行いません。

仕 訳 な し

(4) 売掛金の回収

為替予約により「現金」が先物為替相場で換算されます。よって，為替差損益は発生しません。

(現　　　金)＊	108,000	(売　掛　金)	108,000

＊　108円/ドル〈FR〉×1,000ドル＝108,000円

基本例題38

(1) 決算：法人税等の計上（中間納付なし）

(法人税, 住民税及び事業税)*	8,000	(未 払 法 人 税 等)	8,000

   * 20,000円×40％＝8,000円

(2) 確定申告：未払法人税等の納付

(未 払 法 人 税 等)	8,000	(当 座 預 金)	8,000

(3) 中間申告：仮払法人税等の計上

(仮 払 法 人 税 等)	4,000	(当 座 預 金)	4,000

(4) 決算：法人税等の計上（中間納付あり）

(法人税, 住民税及び事業税)*	7,500	(仮 払 法 人 税 等)	4,000
		(未 払 法 人 税 等)	3,500

   * 18,750円×40％＝7,500円

(5) 確定申告：未払法人税等の納付

(未 払 法 人 税 等)	3,500	(当 座 預 金)	3,500

基本例題39

(1) 商品の仕入れ：仮払消費税の計上

(仕　　　　　入)	50,000	(現　　　　　金)	55,000
(仮 払 消 費 税)*	5,000		

   * 税込価額55,000円×$\dfrac{10\%}{100\%＋10\%}$＝5,000円（仮払消費税）

(2) 商品の販売：仮受消費税の計上

(現　　　　　金)	99,000	(売　　　　　上)	90,000
		(仮 受 消 費 税)*	9,000

   * 税込価額99,000円×$\dfrac{10\%}{100\%＋10\%}$＝9,000円（仮受消費税）

(3) 決算：未払消費税の計上

(仮 受 消 費 税)	9,000	(仮 払 消 費 税)	5,000
		(未 払 消 費 税)	4,000

(4) 確定申告：未払消費税の納付

(未 払 消 費 税)	4,000	(現　　　　　金)	4,000

基本例題**40**

(1)　株式の発行：設立時（資本金組入額は原則処理）

| （普 通 預 金） | 28,000,000 | （資　　本　　金)* | 28,000,000 |
| （創　　立　　費） | 100,000 | （現　　　　　金） | 100,000 |

＊　1株の払込金額70,000円×発行株式数400株＝28,000,000円（資本金）

(2)　株式の発行：設立時（資本金組入額は容認処理）

| （当 座 預 金） | 28,000,000 | （資　　本　　金)* | 14,000,000 |
| | | （資 本 準 備 金） | 14,000,000 |

＊　1株の払込金額70,000円×発行株式数400株×$\frac{1}{2}$＝14,000,000円（資本金）

(3)　株式の発行：増資（資本金組入額は原則処理）

| （当 座 預 金） | 72,000,000 | （資　　本　　金)* | 72,000,000 |
| （株 式 交 付 費） | 500,000 | （現　　　　　金） | 500,000 |

＊　1株の払込金額120,000円×発行株式数600株＝72,000,000円（資本金）

(4)　株式の発行：増資（資本金組入額は容認処理）

| （普 通 預 金） | 72,000,000 | （資　　本　　金)* | 36,000,000 |
| | | （資 本 準 備 金） | 36,000,000 |

＊　1株の払込金額120,000円×発行株式数600株×$\frac{1}{2}$＝36,000,000円（資本金）

基本例題**41**

(1)　増資の手続き：株式申込証拠金の計上

| （別 段 預 金） | 60,000,000 | （株式申込証拠金)* | 60,000,000 |

＊　1株の払込金額200,000円×発行株式数300株＝60,000,000円（株式申込証拠金）

(2)　増資の手続き：資本金等の計上

（株式申込証拠金）	60,000,000	（資　　本　　金)*	30,000,000
		（資 本 準 備 金）	30,000,000
（当 座 預 金）	60,000,000	（別 段 預 金）	60,000,000

＊　1株の払込金額200,000円×発行株式数300株×$\frac{1}{2}$＝30,000,000円（資本金）

基本例題42

(1) 第1期決算：当期純利益の振り替え（決算振替仕訳）

（損　　　　益）	5,000	（繰越利益剰余金）	5,000

(2) 株主総会：剰余金の配当と処分

（繰越利益剰余金）	4,300	（利 益 準 備 金）	300
		（未 払 配 当 金）	3,000
		（別 途 積 立 金）	1,000

(3) 配当金の支払い：未払配当金の取り崩し

（未 払 配 当 金）	3,000	（当 座 預 金）	3,000

(4) 第2期決算：当期純利益の振り替え（決算振替仕訳）

（損　　　　益）	6,500	（繰越利益剰余金）	6,500

（参考）［基本例題42］における総勘定元帳の勘定記入は次のようになります。

繰 越 利 益 剰 余 金

6/28	利 益 準 備 金	300	4/1	前 期 繰 越	5,000
〃	未 払 配 当 金	3,000	3/31	損　　　　益	6,500
〃	別 途 積 立 金	1,000			
3/31	次 期 繰 越	7,200			
		11,500			11,500

基本例題43

利益準備金は，会社法の規定により，①「配当金の10分の1」の金額を，②「資本準備金と利益準備金の合計が資本金の4分の1に達するまで」積み立てます。具体的には以下のように計算します。

（繰越利益剰余金）	1,770	（利 益 準 備 金）*	120
		（未 払 配 当 金）	1,300
		（別 途 積 立 金）	350

* ① $1,300円 \times \dfrac{1}{10} = 130円$ （要積立額）

　② $10,000円 \times \dfrac{1}{4} - (2,200円 + 180円) = 120円$ （積立可能額）

　　　基準資本金額（積立限度額）

　③ ①と②のいずれか小さいほう　∴　120円

410

基本例題44

設問1

(単位：千円)

借　方　科　目	金　　額	貸　方　科　目	金　　額
繰 越 利 益 剰 余 金	1,850	未 払 配 当 金	1,000
		利 益 準 備 金	100
		別 途 積 立 金	750

設問2

(単位：千円)

借　方　科　目	金　　額	貸　方　科　目	金　　額
当 座 預 金	12,000	資 本 金	10,000
		資 本 準 備 金	2,000

設問3

(単位：千円)

借　方　科　目	金　　額	貸　方　科　目	金　　額
損 益	1,120	繰 越 利 益 剰 余 金	1,120

設問4

株 主 資 本 等 変 動 計 算 書

自×8年4月1日　至×9年3月31日　　　　(単位：千円)

	株　主　資　本				
	資　本　金	資本剰余金	利　益　剰　余　金		
		資本準備金	利益準備金	別途積立金	繰越利益剰余金
当 期 首 残 高	30,000	5,000	1,500	1,200	2,830
当 期 変 動 額					
剰余金の配当等			(100)	(750)	(△ 1,850)
新株の発行	(10,000)	(2,000)			
当期純利益					(1,120)
当期変動額合計	(10,000)	(2,000)	(100)	(750)	(△ 730)
当 期 末 残 高	(40,000)	(7,000)	(1,600)	(1,950)	(2,100)

純資産に関する取引をテーマに簿記一巡の理解が問われています。

会社法では，剰余金の配当・処分がいつでも行えるため，株主資本の構成を柔軟に変動させることができます。そこで，株主資本等の純資産の変動を表すために，株主資本等変動計算書が作成されます。

簿記検定2級の出題範囲に含まれている財務諸表は，次のとおりです。

> ① 損益計算書
> ② 貸借対照表
> ③ 株主資本等変動計算書

いずれの財務諸表が出題されても，しっかりと作成できるようになってください。

⑴ 問題の解き方

簿記一巡の手続きの流れをベースに時間の流れどおりに解いていきます。取引を日付順に仕訳しながら，次のように該当する金額を求めていくとよいです。

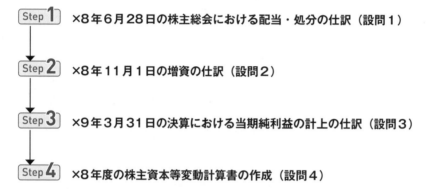

Step **1** ×8年6月28日の株主総会における配当・処分の仕訳（設問1）

Step **2** ×8年11月1日の増資の仕訳（設問2）

Step **3** ×9年3月31日の決算における当期純利益の計上の仕訳（設問3）

Step **4** ×8年度の株主資本等変動計算書の作成（設問4）

商業簿記はどのような問題であっても，困ったときには，まず仕訳を書くことをおすすめします。

⑵ 剰余金の配当・処分（設問1）

株主総会で確定した利益処分の内容にもとづき仕訳を行います。未払配当金は負債の増加，利益準備金および別途積立金（任意積立金）の積み立ては純資産の増加として計上し，同額の繰越利益剰余金を減額します。

なお，利益準備金は，毎決算期に利益の処分として支出する金額（株主配当金）の10分の1を，配当・処分時の資本準備金と利益準備金の合計額が資本金の4分の1に達するまで積み立てなければなりません。

① 要積立額：$\underset{\text{株主配当金}}{\underline{1,000\text{千円}}} \times \dfrac{1}{10} = 100\text{千円}$

② 積立可能額：$\underset{\text{資本金}}{\underline{30,000\text{千円}}} \times \dfrac{1}{4} - \underset{\text{資本準備金と利益準備金}}{(\underline{5,000\text{千円} + 1,500\text{千円}})} = 1,000\text{千円}$

①と②のいずれか小さいほう　∴100千円

(3) 増資（設問２）

払 込 金 額：60千円×200株＝12,000千円

資本金組入額：10,000千円

資 本 準 備 金：12,000千円－10,000千円＝2,000千円

(4) 株主資本等変動計算書（設問４）

前記の取引を仕訳し，株主資本等変動計算書を作成します（以下，単位：千円）。

① 剰余金の配当・処分

△：「剰余金の配当等」◀── （繰越利益剰余金）1,850　（未 払 配 当 金）1,000
（利 益 準 備 金）100 ──▶「剰余金の配当等」：⊕
（別 途 積 立 金）750 ──▶「剰余金の配当等」：⊕

② 増　資

（当 座 預 金）12,000　（資　本　金）10,000 ──▶「新株の発行」：⊕
（資 本 準 備 金）2,000 ──▶「新株の発行」：⊕

③ 当期純利益の計上

（損　　益）1,120　（繰越利益剰余金）1,120 ──▶「当期純利益」：⊕

④ 期末残高

資　本　金：30,000千円＋10,000千円＝40,000千円

資本準備金：5,000千円＋2,000千円＝7,000千円

利益準備金：1,500千円＋100千円＝1,600千円

別途積立金：1,200千円＋750千円＝1,950千円

繰越利益剰余金：2,830千円－1,850千円＋1,120千円＝2,100千円

基本例題45

損益

借方		貸方	
3/31 仕　　　　入	(6,000)	3/31 売　　　　上	12,000
〃　　給　　　料	1,770	〃　　受 取 利 息	300
〃　　保 険 料	(120)	〃　　有価証券評価損益	(250)
〃　　貸倒引当金繰入	(560)		
〃　　棚卸減耗損	(1,000)		
〃　　減価償却費	(1,600)		
〃　　商標権償却	(90)		
〃　　支 払 利 息	120		
〃　　法人税 住民税及び事業税	(590)		
〃　　(繰越利益剰余金)	(700)		
	(12,550)		(12,550)

繰越利益剰余金

借方		貸方	
6/28 利益準備金	180	4/1　前 期 繰 越	2,200
〃　　未払配当金	1,800	3/31 (損　　益)	(700)
3/31 (次 期 繰 越)	(920)		
	(2,900)		(2,900)

繰 越 試 算 表

借方		貸方	
現 金 預 金	5,850	買　掛　金	2,760
受 取 手 形	(2,000)	未払法人税等	(590)
売　掛　金	(4,000)	借　入　金	3,000
売買目的有価証券	(1,450)	貸倒引当金	(600)
繰 越 商 品	(3,000)	減価償却累計額	(2,600)
前払保険料	(40)	資　本　金	10,000
備　　　品	5,000	資本準備金	3,000
商　標　権	(810)	利益準備金	180
その他有価証券	(1,600)	繰越利益剰余金	(920)
		その他有価証券評価差額金	(100)
	(23,750)		(23,750)

解説

1．決算整理仕訳

(1) 貸倒引当金の設定

(貸倒引当金繰入)	560	(貸 倒 引 当 金)	560

貸倒見積額：(受取手形2,000円＋売掛金4,000円－A社1,000円)×2％＝100円 ⎫
　　　　　　A社売掛金1,000円×50％　　　　　　　　　　　　　　　＝500円 ⎬ 合計：600円

繰入額：貸倒見積額600円－前T/B貸倒引当金40円＝560円

414

(2) 有価証券の期末評価

① B社株式：売買目的有価証券

（売買目的有価証券）	250	（有価証券評価損益）	250

評価差額：時価1,450円－取得原価1,200円＝250円（評価差益）

② C社株式：その他有価証券

（その他有価証券）	100	（その他有価証券評価差額金）	100

評価差額：時価1,600円－取得原価1,500円＝100円（評価差益）

(3) 売上原価の算定と商品の期末評価

① 売上原価の算定

（仕　　　　　入）	2,000	（繰　越　商　品）	2,000
（繰　越　商　品）	4,000	（仕　　　　　入）	4,000

期首商品棚卸高：前T／B繰越商品2,000円

期末商品棚卸高：原価@1,000円×帳簿数量4個＝4,000円

② 棚卸減耗損の計上

（棚　卸　減　耗　損）	1,000	（繰　越　商　品）	1,000

棚卸減耗損：原価@1,000円×（帳簿数量4個－実地数量3個）＝1,000円

③ 商品評価損の計上：仕訳なし

時価@1,250円が原価@1,000円を上回っているため，商品評価損は発生していません。

(4) 備品の減価償却：200%定率法

（減　価　償　却　費）	1,600	（減価償却累計額）	1,600

定率法償却率：（1÷5年）×200%＝0.4（40%）

減価償却費：（備品5,000円－減価償却累計額1,000円）×0.4＝1,600円

(5) 商標権の償却：定額法

（商　標　権　償　却）	90	（商　　標　　権）	90

償却額：商標権900円×$\dfrac{12か月}{120か月}$＝90円

(6) 前払保険料の計上

（前　払　保　険　料）	40	（保　　険　　料）	40

償却額：保険料160円×$\dfrac{3か月}{12か月}$＝40円

(7) 法人税等の計上

（法人税，住民税及び事業税）	590	（未　払　法　人　税　等）	590

2．決算整理仕訳の集計

決算整理仕訳を集計して，決算整理後の残高を明らかにします。

勘定科目	決算整理前の残高	決算整理仕訳の集計	決算整理後の残高
現 金 預 金	5,850		5,850
受 取 手 形	2,000		2,000
売 掛 金	4,000		4,000
売 買 目 的 有 価 証 券	1,200	＋250	1,450
繰 越 商 品	2,000	△2,000　＋4,000　△1,000	3,000
備 品	5,000		5,000
商 標 権	900	△90	810
そ の 他 有 価 証 券	1,500	＋100	1,600
買 掛 金	(2,760)		(2,760)
借 入 金	(3,000)		(3,000)
貸 倒 引 当 金	(40)	＋560	(600)
減 価 償 却 累 計 額	(1,000)	＋1,600	(2,600)
資 本 金	(10,000)		(10,000)
資 本 準 備 金	(3,000)		(3,000)
利 益 準 備 金	(180)		(180)
繰 越 利 益 剰 余 金	(220)		(220)
売 上	(12,000)		(12,000)
受 取 利 息	(300)		(300)
仕 入	8,000	＋2,000　△4,000	6,000
給 料	1,770		1,770
保 険 料	160	△40	120
支 払 利 息	120		120
貸 倒 引 当 金 繰 入	―	＋560	560
有 価 証 券 評 価 損 益	―	＋250（評価差益）	(250)
その他有価証券評価差額金	―	＋100（評価差益）	(100)
棚 卸 減 耗 損	―	＋1,000	1,000
減 価 償 却 費	―	＋1,600	1,600
商 標 権 償 却	―	＋90	90
前 払 保 険 料	―	＋40	40
法人税，住民税及び事業税	―	＋590	590
未 払 法 人 税 等	―	＋590	(590)

(注)（　　）内の金額は，貸方金額を表します。

416

3．損益勘定の記入

　　費用項目および収益項目の決算整理後の残高を損益勘定に記入し，当期純利益を算定します。

　　なお，損益勘定において算定された当期純利益（損益勘定の貸方残高）は繰越利益剰余金勘定へ振り替えられるため，損益勘定の借方に「繰越利益剰余金」として当期純利益の金額を記入します。

　　決算振替仕訳：当期純利益の振り替え

| （損　　　　　　益） | 700 | （繰越利益剰余金） | 700 |

4．繰越試算表の作成

　　資産項目，負債項目および純資産項目（繰越利益剰余金を除く）の決算整理後の残高を解答します。なお，「繰越利益剰余金」勘定は，当期純利益を含めて解答します。

　　繰越利益剰余金：後T/B（＝前T/B）220円＋当期純利益700円＝920円

5．繰越利益剰余金勘定の記入

　　繰越利益剰余金勘定（純資産の勘定）の記入については，詳しくは「テーマ15　剰余金の配当と処分」を参照してください。

* $\underbrace{220円}_{前T/B} + \underbrace{700円}_{当期純利益} = 920円（次期繰越）$

損 益 計 算 書

○○株式会社	自×2年4月1日　至×3年3月31日		（単位：円）
Ⅰ　売　　上　　高			12,000
Ⅱ　売　上　原　価			
1．期首商品棚卸高	（	2,000 ）	
2．当期商品仕入高	（	8,000 ）	
合　　　計	（	10,000 ）	
3．期末商品棚卸高	（	4,000 ）	
差　　　引	（	6,000 ）	
4．（商品評価損）	（	200 ）	（　　6,200 ）
売上総利益			（　　5,800 ）
Ⅲ　販売費及び一般管理費			
1．給　　　　料		1,770	
2．保　険　料	（	60 ）	
3．貸倒引当金繰入	（	260 ）	
4．減価償却費	（	1,000 ）	
5．商標権償却	（	30 ）	（　　3,120 ）
営業利益			（　　2,680 ）
Ⅳ　営業外収益			
1．受取利息		300	300
Ⅴ　営業外費用			
1．支払利息		120	
2．有価証券評価損	（	200 ）	（　　320 ）
税引前当期純利益			（　　2,660 ）
法人税, 住民税及び事業税			（　　1,060 ）
当期純利益			（　　1,600 ）

貸 借 対 照 表

○○株式会社　　　　　　　　　　×3年 3 月31日　　　　　　　　　　（単位：円）

資 産 の 部			負 債 の 部		
Ⅰ 流 動 資 産			Ⅰ 流 動 負 債		
1 現 金 預 金		5,850	1 買 掛 金		2,760
2 受 取 手 形	(2,000)		2 未払法人税等		(1,060)
3 売 掛 金	(4,000)		流動負債合計		(3,820)
計	(6,000)		Ⅱ 固 定 負 債		
（貸倒引当金）	(300)	(5,700)	1 長 期 借 入 金		(3,000)
4 有 価 証 券		(1,000)	2 繰延税金負債		(30)
5 商 品		(3,800)	固定負債合計		(3,030)
6 前 払 費 用		(80)	負 債 合 計		(6,850)
流動資産合計		(16,430)	純 資 産 の 部		
Ⅱ 固 定 資 産			Ⅰ 株 主 資 本		
1 備 品	(5,000)		1 資 本 金		10,000
減価償却累計額	(2,000)	(3,000)	2 資 本 剰 余 金		
2 商 標 権		(870)	資 本 準 備 金		3,000
3 投 資 有 価 証 券		(1,600)	3 利 益 剰 余 金		
4 長 期 前 払 費 用		(20)	利 益 準 備 金	180	
固定資産合計		(5,490)	繰越利益剰余金	(1,820)	(2,000)
			Ⅱ 評価・換算差額等		
			1 その他有価証券評価差額金		(70)
			純 資 産 合 計		(15,070)
資 産 合 計		(21,920)	負債及び純資産合計		(21,920)

1．決算整理仕訳

(1) 貸倒引当金の設定

（貸倒引当金繰入）	260	（貸 倒 引 当 金）	260

貸倒見積額：（受取手形2,000円＋売掛金4,000円）×5％＝300円

繰入額：貸倒見積額300円－前Ｔ／Ｂ貸倒引当金40円＝260円

(2) 有価証券の期末評価

・Ａ社株式：売買目的有価証券

（有価証券評価損益）	200	（売買目的有価証券）	200

評価差額：時価1,000円－取得原価1,200円＝△200円（評価差損）

・Ｂ社株式：その他有価証券

（そ の 他 有 価 証 券）	100	（繰 延 税 金 負 債）	30
		（その他有価証券評価差額金）	70

評価差額：時価1,600円－取得原価1,500円＝100円（評価差益）

繰延税金負債：100円×30％＝30円

その他有価証券評価差額金：100円－30円＝70円

(3) 売上原価の算定と商品の期末評価

・売上原価の算定

（仕 入）	2,000	（繰 越 商 品）	2,000
（繰 越 商 品）	4,000	（仕 入）	4,000

期首商品棚卸高：前Ｔ／Ｂ繰越商品2,000円

期末商品棚卸高：原価＠1,000円×帳簿数量4個＝4,000円

・棚卸減耗損の計上：仕訳なし

　帳簿数量と実地数量が一致しているため棚卸減耗は発生していません。

・商品評価損の計上

（商 品 評 価 損）	200	（繰 越 商 品）	200

商品評価損：（時価＠950円－原価＠1,000円）×実地数量4個＝△200円

・商品評価損の売上原価への算入

（仕 入）	200	（商 品 評 価 損）	200

(4)　備品の減価償却：200%定率法

（減 価 償 却 費）	1,000	（減価償却累計額）	1,000

定率法償却率：（1÷8年）×200%＝0.25（25%）

減価償却費：（備品5,000円－当期取得分1,000円－減価償却累計額1,000円）

$\qquad$ ×0.25＝750円

$\qquad$ 当期取得分1,000円×0.25＝250円

合計：
1,000円

(5)　商標権の償却：定額法

（商 標 権 償 却）	30	（商 　 標 　 権）	30

償却額：商標権900円× $\dfrac{4か月}{120か月}$ ＝30円

(6)　前払保険料の計上

（前 払 保 険 料）	80	（保 　 険 　 料）	100
（長期前払保険料）	20		

前払保険料：保険料160円× $\dfrac{12か月}{24か月}$ ＝80円

長期前払保険料：保険料160円× $\dfrac{3か月}{24か月}$ ＝20円

(7)　借入金の振り替え（組替仕訳）

　　借入金の返済期日が決算日後1年を超えているため，貸借対照表の作成上，一年基準を適用し，「借入金」は固定負債の部に「長期借入金」として表示します。

（借 　 入 　 金）	3,000	（長 期 借 入 金）	3,000

(8)　法人税等の計上

（法人税，住民税及び事業税）	1,060	（未 払 法 人 税 等）	1,060

2．決算整理仕訳の集計

決算整理仕訳を集計して，決算整理後の残高を明らかにします。

勘定科目	決算整理前 の残高	決算整理仕訳の集計	決算整理後 の残高
現 金 預 金	5,850		5,850
受 取 手 形	2,000		2,000
売 掛 金	4,000		4,000
売 買 目 的 有 価 証 券	1,200	△200	1,000
繰 越 商 品	2,000	△2,000　＋4,000　△200	3,800
備 品	5,000		5,000
商 標 権	900	△30	870
そ の 他 有 価 証 券	1,500	＋100	1,600
買 掛 金	(2,760)		(2,760)
借 入 金	(3,000)		(3,000)
貸 倒 引 当 金	(40)	＋260	(300)
減 価 償 却 累 計 額	(1,000)	＋1,000	(2,000)
資 本 金	(10,000)		(10,000)
資 本 準 備 金	(3,000)		(3,000)
利 益 準 備 金	(180)		(180)
繰 越 利 益 剰 余 金	(220)		(220)
売 上	(12,000)		(12,000)
受 取 利 息	(300)		(300)
仕 入	8,000	＋2,000　△4,000　＋200	6,200
給 料	1,770		1,770
保 険 料	160	△100	60
支 払 利 息	120		120
貸 倒 引 当 金 繰 入	―	＋260	260
有 価 証 券 評 価 損 益	―	△200（評価差損）	200
繰 延 税 金 負 債	―	＋30	(30)
その他有価証券評価差額金	―	＋70（評価差益）	(70)
商 品 評 価 損	―	＋200　△200	―
減 価 償 却 費	―	＋1,000	1,000
商 標 権 償 却	―	＋30	30
前 払 保 険 料	―	＋80	80
長 期 前 払 保 険 料	―	＋20	20
法人税，住民税及び事業税	―	＋1,060	1,060
未 払 法 人 税 等	―	＋1,060	(1,060)

（注）（　　）内の金額は，貸方金額を表します。

3．損益計算書の作成

損益計算書の表示区分にしたがって，費用項目および収益項目の決算整理後の残高を記入し，当期純利益を算定します。

なお，売上原価の区分は，その内訳（計算過程）を明らかにします。また，以下の勘定科目についてはその表示科目に注意が必要です。

勘定科目	表　示　科　目
有価証券評価損益	借方残高：営業外費用の区分「有価証券評価損」
	貸方残高：営業外収益の区分「有価証券評価益」

4．貸借対照表の作成

貸借対照表の表示区分にしたがって，資産項目，負債項目および純資産項目（繰越利益剰余金を除く）の決算整理後の残高を解答します。なお，「繰越利益剰余金」勘定は，当期純利益を含めて解答します。

繰越利益剰余金：後Ｔ／Ｂ（＝前Ｔ／Ｂ）220円＋当期純利益1,600円＝1,820円

また，以下の勘定科目については，その「表示科目」に注意が必要です。

勘定科目	表　示　科　目
繰　越　商　品	流動資産の部「商品」
売買目的有価証券	流動資産の部「有価証券」
そ の 他 有 価 証 券	固定資産の部「投資有価証券」
前　払　保　険　料	流動資産の部「前払費用」
長 期 前 払 保 険 料	固定資産の部「長期前払費用」
借　　入　　金	1年内：流動負債の部「短期借入金」
	1年超：固定負債の部「長期借入金」

基本例題47

精　算　表　　　　　　　　　　　　（単位：円）

勘定科目	残高試算表 借方	残高試算表 貸方	修正記入 借方	修正記入 貸方	損益計算書 借方	損益計算書 貸方	貸借対照表 借方	貸借対照表 貸方
前 払 費 用	9,000			1,000			8,000	
建　　　　物	1,200,000						1,200,000	
建物減価償却累計額		284,000		4,000				288,000
未 払 費 用		50,000	50,000	55,000				55,000
退職給付引当金		178,000		2,000				180,000
給　　　　料	360,000		55,000	50,000	365,000			
保 険 料	3,000		1,000		4,000			
退職給付費用	22,000		2,000		24,000			
減 価 償 却 費	44,000		4,000		48,000			

■解説

1．減価償却

（減 価 償 却 費）	4,000	（建物減価償却累計額）	4,000

2．退職給付引当金

（退 職 給 付 費 用）	2,000	（退 職 給 付 引 当 金）	2,000

3．前払費用

（保　　険　　料）	1,000	（前 払 費 用）	1,000

4．未払費用

（未 払 費 用）	50,000	（給　　　　料）	50,000

（給　　　　料）	55,000	（未 払 費 用）	55,000

424

基本例題48

(1)　前受金の計上

（当 座 預 金）	40,000,000	（前 受 金）*	40,000,000

　　　*　@10,000円×4,000枚＝40,000,000円

(2)　仕掛品の計上

（仕 掛 品）	11,800,000	（当 座 預 金）	5,300,000
		（現 金）	6,500,000

(3)　役務収益・役務原価の計上

（前 受 金）	40,000,000	（役 務 収 益）*	50,000,000
（現 金）	10,000,000		
（役 務 原 価）	11,800,000	（仕 掛 品）	11,800,000

　　　*　@10,000円×5,000枚＝50,000,000円

基本例題49

	本　店　側				支　店　側			
(1)	（支　店）	2,000	（現　金）	2,000	（現　金）	2,000	（本　店）	2,000
(2)	（支　店）	6,000	（現　金）	6,000	（営業費）	6,000	（本　店）	6,000
(3)	（買掛金）	8,000	（支　店）	8,000	（本　店）	8,000	（現　金）	8,000
(4)	（支　店）	3,000	（売掛金）	3,000	（現　金）	3,000	（本　店）	3,000

支　　店				本　　店			
(1)	2,000	(3)	8,000	(3)	8,000	(1)	2,000
(2)	6,000					(2)	6,000
(4)	3,000					(4)	3,000

基本例題50

合 併 損 益 計 算 書
自×年4月1日　至×年3月31日　　　　　（単位：円）

費　　　　用	金　　額	収　　　　益	金　　額
売 上 原 価	（　2,979,700　）	売 上 高	（　3,987,000　）
貸倒引当金繰入	（　2,800　）		
減 価 償 却 費	（　59,200　）		
営 業 費	（　617,500　）		
当 期 純 利 益	（　327,800　）		
	（　3,987,000　）		（　3,987,000　）

合併貸借対照表

×年3月31日　　　　　　　　　　（単位：円）

資　　産	金　　額	負債・純資産	金　　額
現 金 預 金	（　　681,100　）	買　掛　金	（　　540,100　）
売　掛　金	（　　550,000　）	貸倒引当金	（　　11,000　）
商　　品	（　　269,000　）	減価償却累計額	（　　133,200　）
前 払 費 用	（　　3,000　）	資　本　金	（　　800,000　）
備　　品	（　　370,000　）	繰越利益剰余金	（　　388,800　）
	（　1,873,100　）		（　1,873,100　）

■解説

Ⅰ．残高試算表の金額推定

　1．当月の本支店間取引の仕訳

	本　店　側		支　店　側	
1	（現金預金）56,700	（支　店）56,700	（本　店）56,700	（現金預金）56,700
2	（支　店）69,000	（仕　入）69,000	（仕　入）69,000	（本　店）69,000
3	（支　店）23,000	（売掛金）23,000	（現金預金）23,000	（本　店）23,000
4	（支　店）43,200	（現金預金）43,200	（買掛金）43,200	（本　店）43,200
5	（支　店）24,600	（現金預金）24,600	（営業費）24,600	（本　店）24,600

　2．本店勘定および支店勘定の推定

　　　上記の仕訳を集計して決算整理前残高試算表における支店勘定および本店勘定の残高を求めます。

支　　店		本　　店	
前月末　327,400	1.　　56,700	1.　　56,700	前月末　327,400
2.　　69,000			2.　　69,000
3.　　23,000	残高　430,500 ◀ 一致 ▶ 残高　430,500		3.　　23,000
4.　　43,200			4.　　43,200
5.　　24,600			5.　　24,600

　3．決算整理前残高試算表の空欄の推定

　⑴　本店側（借方）の繰越商品勘定

　　　借方合計と繰越商品勘定を除いた合計金額との差額から推定します。

　　　　3,686,000円 － 3,446,300円 ＝ 239,700円
　　　　　借方合計　　その他の合計

　⑵　支店側（借方）の現金預金勘定

　　　借方合計と現金預金勘定を除いた合計金額との差額から推定します。

　　　　2,214,800円 － 1,928,000円 ＝ 286,800円
　　　　　借方合計　　その他の合計

426

Ⅱ．決算整理仕訳

1．売上原価の算定

（仕　　　　　入）*1	387,700	（繰　越　商　品）	387,700
（繰　越　商　品）*2	269,000	（仕　　　　　入）	269,000

*1　期首商品棚卸高：239,700円〈本店〉＋148,000円〈支店〉＝387,700円
*2　期末商品棚卸高：110,000円〈本店〉＋159,000円〈支店〉＝269,000円

P/L当期商品仕入高：1,780,000円〈本店〉＋1,081,000円〈支店〉＝2,861,000円

P/L売上原価：387,700円＋2,861,000円－269,000円＝2,979,700円

2．貸倒引当金の設定

（貸倒引当金繰入）*	2,800	（貸 倒 引 当 金）	2,800

*　貸倒引当金：売掛金（253,000円〈本店〉＋297,000円〈支店〉）×2％＝11,000円
　　貸倒引当金繰入：11,000円－貸倒引当金（4,200円〈本店〉＋4,000円〈支店〉）＝2,800円

3．減価償却費の計上

（減 価 償 却 費）*	59,200	（減価償却累計額）	59,200

*　減価償却費：40,000円〈本店〉＋19,200円〈支店〉＝59,200円

B/S減価償却累計額：（50,000円〈本店〉＋24,000円〈支店〉）＋59,200円＝133,200円

4．前払費用の計上

（前 払 費 用）*	3,000	（営　　業　　費）	3,000

*　前払費用：2,000円〈本店〉＋1,000円〈支店〉＝3,000円

P/L営業費：（338,500円〈本店〉＋282,000円〈支店〉）－3,000円＝617,500円

基本例題51

（現 金 預 金）	100,000	（支 払 手 形）	80,000
（売 　 掛 　 金）	50,000	（借 　 入 　 金）	70,000
（仕 　 　 　 入）	40,000	（資 　 本 　 金）*2	50,000
（土 　 　 　 地）	35,000	（資 本 準 備 金）	20,000
（の 　 れ 　 ん）*1	5,000	（その他資本剰余金）*3	10,000

*1　時価純資産75,000円（総資産225,000円－総負債150,000円）－@160円×500株
　　＝△5,000円（のれん）
*2　@100円×500株＝50,000円（資本金）
*3　@160円×500株－50,000円－20,000円＝10,000円（その他資本剰余金）
（注）土地はB社の簿価20,000円ではなく，時価35,000円で記帳することに注意が必要です。

付　録　1

主な勘定科目（2級商業簿記）一覧表

貸借対照表項目			
資産項目（企業が所有するもの，権利・債権）		負債項目（将来返済しなければならない義務・債務）	
【流動資産】	【固定資産】	【流動負債】	【固定負債】
現金	［有形固定資産］	支払手形	退職給付引当金
当座預金	建物	営業外支払手形（注1）	繰延税金負債
普通預金	備品	買掛金	リース債務（注1）
契約資産	車両運搬具	電子記録債務	
受取手形	機械装置	営業外電子記録債務（注1）	
営業外受取手形（注1）	リース資産	未払金（注1）	
売掛金	減価償却累計額（注2）	未払法人税等	
クレジット売掛金	建設仮勘定	未払消費税	
電子記録債権	土地	借入金（注1）	
営業外電子記録債権（注1）		未払費用	
貸倒引当金（注2）	［無形固定資産］	前受金	
売買目的有価証券	のれん	契約負債	
繰越商品（三分法）	商標権	返金負債	
商品（売上原価対立法）	特許権	前受収益	
貸付金（注1）	ソフトウェア	預り金	
前払金		仮受金	
前払費用（注1）	［投資その他の資産］	修繕引当金	
未収入金	定期預金（注1）	商品保証引当金	
未収還付法人税等	その他有価証券	賞与引当金	
未収還付消費税	満期保有目的債券（注1）	役員賞与引当金	
未収収益	子会社株式	純資産項目	
貯蔵品	関連会社株式	【株主資本】	【評価・換算差額等】
仕掛品	繰延税金資産	資本金	その他有価証券評価差額金
仮払金		資本準備金	
未決算		その他資本剰余金	
		利益準備金	
		新築積立金	
		別途積立金	
		繰越利益剰余金	

（注1）短期性のものは流動資産または流動負債に表示し，長期性のものは固定資産または固定負債に表示します。
（注2）資産の評価勘定として，該当する資産のマイナス分として表示します。

損益計算書項目			
費用科目(収益を獲得するために使われたものおよび労働力)		収益科目(ものおよび労働力を提供して得た対価)	
【売上原価】	【営業外費用】	【売上高】	【営業外収益】
仕入（三分法）	支払利息	売上	受取利息
売上原価（売上原価対立法）	手形売却損	役務収益	為替差益
役務原価	電子記録債権売却損		有価証券利息
棚卸減耗損（注1）	債権売却損		受取配当金
商品評価損（注2）	為替差損		受取手数料
	貸倒引当金繰入（注3）		受取地代
【販売費及び一般管理費】	有価証券売却損（注4）		受取家賃
給料	有価証券評価損		有価証券売却益（注4）
賞与	雑損		有価証券評価益
広告費	創立費		償却債権取立益
旅費交通費	株式交付費		雑益
保険料			
支払手数料	【特別損失】		【特別利益】
支払地代	固定資産売却損		固定資産売却益
支払家賃	固定資産除却損		保険差益
法定福利費	固定資産廃棄損		負ののれん発生益
支払リース料	固定資産圧縮損		国庫補助金受贈益
発送費	火災損失		
租税公課			
修繕費	【利益の控除項目】		
研究開発費	法人税, 住民税及び事業税		
貸倒引当金繰入（注3）	法人税等調整額		
貸倒損失			
退職給付費用			
修繕引当金繰入			
賞与引当金繰入			
役員賞与引当金繰入			
減価償却費			
のれん償却			
ソフトウェア償却			
雑費			
当期純利益（一会計期間で獲得することができたもうけ）			

連結貸借対照表
非支配株主持分

連結株主資本等変動計算書
資本金当期首残高
利益剰余金当期首残高
非支配株主持分当期首残高
剰余金の配当
非支配株主持分当期変動額

連結損益計算書
非支配株主に帰属する当期純利益
非支配株主に帰属する当期純損失

（注1）棚卸減耗損は，原価性のあるものについては「販売費及び一般管理費」に表示されることもあります。また，原価性のないものは「営業外費用」または「特別損失」に表示します。

（注2）商品評価損は，「特別損失」に表示されることもあります。

（注3）貸倒引当金繰入は，売上債権に対するものを「販売費及び一般管理費」に，貸付金に対するものを「営業外費用」に表示します。

（注4）有価証券の売却損益はその所有目的の違いによって異なります。その詳細は，テーマ05■4.を参照してください。

付 録 2

日商簿記で使う算数と数学

1. 分数

(1) 加算（たしざん）・減算（ひきざん）

① 分母が同じ分数同士のときは，分子同士をそのまま加算・減算します。

（例1）　　　　　　　　　　　　　　　　── そのまま加算

$$\frac{3}{7} + \frac{2}{7} = \frac{3+2}{7} = \frac{5}{7}$$

（例2）　　　　　　　　　　　　　　　　── そのまま減算

$$\frac{3}{7} - \frac{2}{7} = \frac{3-2}{7} = \frac{1}{7}$$

② 分母が違う分数同士のときは，分母の数を揃えてから分子同士を加算・減算します。

（例）

$$\frac{1}{3} + \frac{1}{2} = \frac{1 \times 2}{3 \times 2} + \frac{1 \times 3}{2 \times 3}$$

分母を6に揃える（通分）ためにそれぞれ2と3を掛けます。なお，分数の分母と分子に同じ数を掛けても，分数の大きさは変わりません。

$$= \frac{2}{6} + \frac{3}{6} = \frac{5}{6}$$

(2) 乗算（かけざん）

分母同士の乗算は，分母同士，分子同士を掛けます。

（例）

$$\frac{1}{3} \times \frac{2}{5} = \frac{1 \times 2}{3 \times 5} = \frac{2}{15}$$

(3) 除算（わりざん）

除算は，割る数の逆数（分子と分母を入れ替えた分数）を掛けます。

（例）　　　　　　　　　　　　　　　　　　　── 分子と分母を入れ替えて掛けます。

$$\frac{1}{3} \div \frac{2}{5} = \frac{1}{3} \times \frac{5}{2} = \frac{1 \times 5}{3 \times 2} = \frac{5}{6}$$

2. 歩合と百分率

割合を表す単位として，歩合（ぶあい）や百分率（ひゃくぶんりつ）などがあります。

(1) 歩合

通常，試合の勝率などを「○割（わり）○分（ぶ）○厘（りん）」のように表しますが，これを歩合といいます。

「割」は分数で10分の1（小数で0.1），「分」は100分の1（0.01），「厘」は1,000分の1（0.001）を表します。

具体的には，試合の勝率で「5割4分1厘」を小数で表すと0.541となります。

(2) 百分率

百分率とは，%（パーセント）のことをいい，もとになるものを100等分した場合の割合を表したものをいいます。

たとえば，空気中に含まれる窒素の割合はおよそ78%ですが，これは，もとになる空気を100等分したうちのおよそ78の割合が窒素であることを表します。空気を1としたとき，窒素の割合を小数で表すと，およそ0.78となります。

(3) 小数，分数，歩合，百分率の関係

小数，分数，歩合，百分率を表にすると以下のようになります。

小　数	0.1	0.25	0.5
分　数	$\dfrac{1}{10}=\dfrac{10}{100}$	$\dfrac{1}{4}=\dfrac{25}{100}$	$\dfrac{1}{2}=\dfrac{5}{10}=\dfrac{50}{100}$
歩　合	1割	2割5分	5割
百分率	10%	25%	50%

3. 一次方程式

一次方程式は次のように解きます。

(1) 「25x−50＝75」を解く。

① 左辺の「−50」を右辺に移項します。このとき，符号の「−」は「＋」に変わります。

$25x\ \boxed{-50}\ =75$

左辺から右辺へ移項

$25x=75\ \boxed{+50}$

右辺を計算

$25x=125$

①は，次のようにも計算できます。

$25x-50=75$

両辺に50を加算

$25x-50\ \boxed{+50}\ =75\ \boxed{+50}$

$25x=125$

② 両辺を25で割って，xを求めます。

両辺を25で割ります。

$25x\ \boxed{\div 25}\ =125\ \boxed{\div 25}$

$x=5$ … （答）

(2) 「5−x＝4(2−x)」を解く。

① 右辺のカッコ（　）をはずします。

それぞれの項に掛けます。

$5-x=\boxed{4}\,(2-x)$

$5-x=\boxed{4}\times 2-\boxed{4}\times x$

$5-x=8-4x$

② 右辺の−4xを左辺に移項します。

$5-x\ \boxed{+4x}\ =8$

$5+3x=8$

③ 左辺の5を右辺に移項します。

$3x=8\ \boxed{-5}$

$3x=3$

④ 両辺を3で割って，xを求めます。

$3x\ \boxed{\div 3}\ =3\ \boxed{\div 3}$

$x=1$ … （答）

さくいん……Index

MEMO

よくわかる簿記シリーズ

ごうかく
合格テキスト　日商簿記2級商業簿記 Ver.17.0

1999年3月10日　初　版　第1刷発行
2024年2月20日　第20版　第1刷発行
2024年10月17日　　　　　第2刷発行

編 著 者	Ｔ Ａ Ｃ 株 式 会 社
	（簿記検定講座）
発 行 者	多 　田 　敏 　男
発 行 所	Ｔ Ａ Ｃ 株式会社　出版事業部
	（ＴＡＣ出版）

〒101－8383
東京都千代田区神田三崎町3－2－18
電 話 03 (5276) 9492 （営業）
FAX 03 (5276) 9674
https://shuppan.tac-school.co.jp

組	版	朝日メディアインターナショナル株式会社
印	刷	株式会社　ワ　　コ　　ー
製	本	株式会社　常 　川 　製 　本

© TAC 2024　　　Printed in Japan　　　ISBN 978－4－300－10657－0
N.D.C. 336

簿記検定講座のご案内

選べる学習メディアでご自身に合うスタイルでご受講ください!

通学講座

| 3級コース | 3・2級コース | 2級コース | 1級コース | 1級上級コース |

教室講座 通って学ぶ

定期的な日程で通学する学習スタイル。常に講師と接することができるという教室講座の最大のメリットがありますので、疑問点はその日のうちに解決できます。また、勉強仲間との情報交換も積極的に行えるのが特徴です。

ビデオブース講座 通って学ぶ / 予約制

ご自身のスケジュールに合わせて、TACのビデオブースで学習するスタイル。日程を自由に設定できるため、忙しい社会人に人気の講座です。

直前期教室出席制度
直前期以降、教室受講に振り替えることができます。

無料体験入学
ご自身の目で、耳で体験し納得してご入学いただくために、無料体験入学をご用意しました。

無料講座説明会
もっとTACのことを知りたいという方は、無料講座説明会にご参加ください。

無 料
予約不要※

※ビデオブース講座の無料体験入学は要予約。
無料講座説明会は一部校舎では要予約。

通信講座

| 3級コース | 3・2級コース | 2級コース | 1級コース | 1級上級コース |

Web通信講座 スマホやタブレットにも対応 / 見て学ぶ

教室講座の生講義をブロードバンドを利用し動画で配信します。ご自身のペースに合わせて、24時間いつでも何度でも繰り返し受講することができます。また、講義動画はダウンロードして2週間視聴可能です。有効期間内は何度でもダウンロード可能です。
※Web通信講座の配信期間は、お申込コースの目標月の翌月末までです。

TAC WEB SCHOOL ホームページ
URL https://portal.tac-school.co.jp/
※お申込み前に、左記のサイトにて必ず動作環境をご確認ください。

DVD通信講座 見て学ぶ

講義を収録したデジタル映像をご自宅にお届けします。講義の臨場感をクリアな画像でご自宅にて再現することができます。
※DVD-Rメディア対応のDVDプレーヤーでのみ受講が可能です。パソコンやゲーム機での動作保証はいたしておりません。

資料通信講座 (1級のみ)

テキスト・添削問題を中心として学習します。

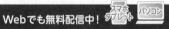 Webでも無料配信中! スマホ タブレット パソコン

「TAC動画チャンネル」

● **講座説明会** ※収録内容の変更のため、配信されない期間が生じる場合がございます。
● **1回目の講義 (前半分) が視聴できます**

詳しくは、TACホームページ「TAC動画チャンネル」をクリック!

| TAC動画チャンネル 簿記 | 検索 |

コースの詳細は、簿記検定講座パンフレット・TACホームページをご覧ください。

パンフレットの
ご請求・お問い合わせは、
TACカスタマーセンターまで

通話無料 ゴウカク イイナ
0120-509-117
※携帯電話からもご利用になれます。

受付時間 月〜金 9:30〜19:00
土・日・祝 9:30〜18:00

TAC簿記検定講座
ホームページ

| TAC 簿記 | 検索 |

簿記検定講座

お手持ちの教材がそのまま使用可能!
【テキストなしコース】のご案内

TAC簿記検定講座のカリキュラムは市販の教材を使用しておりますので、こちらのテキストを使ってそのまま受講することができます。独学では分かりにくかった論点や本試験対策も、TAC講師の詳しい解説で理解度も120%UP! 本試験合格に必要なアウトプット力が身につきます。独学との差を体感してください。

左記の各メディアが
【テキストなしコース】で
お得に受講可能!

こんな人にオススメ!

● テキストにした書き込みをそのまま活かしたい!

● これ以上テキストを増やしたくない!

● とにかく受講料を安く抑えたい!

※お申込前に必ずお手持ちのバージョンをご確認ください。場合によっては最新のものに買い直していただくことがございます。詳細はお問い合わせください。

お手持ちの教材をフル活用!!

合格テキスト

合格トレーニング

会計業界への就職・転職支援サービス

TACの100%出資子会社であるTACプロフェッションバンク（TPB）は、会計・税務分野に特化した転職エージェントです。勉強された知識とご希望に合ったお仕事を一緒に探しませんか？ 相談だけでも大歓迎です！ どうぞお気軽にご利用ください。

人材コンサルタントが無料でサポート

Step1 相談受付 完全予約制です。HPからご登録いただくか、各オフィスまでお電話ください。

Step2 面談 ご経験やご希望をお聞かせください。あなたの将来について一緒に考えましょう。

Step3 情報提供 ご希望に適うお仕事があれば、その場でご紹介します。強制はいたしませんのでご安心ください。

正社員で働く

- 安定した収入を得たい
- キャリアプランについて相談したい
- 面接日程や入社時期などの調整をしてほしい
- 今就職すべきか、勉強を優先すべきか迷っている
- 職場の雰囲気など、求人票でわからない情報がほしい

TACキャリアエージェント

https://tacnavi.com/

派遣で働く（関東のみ）

- 勉強を優先して働きたい
- 将来のために実務経験を積んでおきたい
- まずは色々な職場や職種を経験したい
- 家庭との両立を第一に考えたい
- 就業環境を確認してから正社員で働きたい

TACの経理・会計派遣

https://tacnavi.com/haken/

※ご経験やご希望内容によってはご支援が難しい場合がございます。予めご了承ください。　※面談時間は原則お一人様30分とさせていただきます。

自分のペースでじっくりチョイス

アルバイト・正社員で働く

- 自分の好きなタイミングで就職活動をしたい
- どんな求人案件があるのか見たい
- 企業からのスカウトを待ちたい
- WEB上で応募管理をしたい

Webで

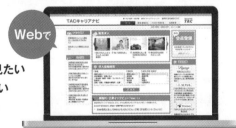

TACキャリアナビ

https://tacnavi.com/kyujin/

就職・転職・派遣就労の強制は一切いたしません。会計業界への就職・転職を希望される方への無料支援サービスです。どうぞお気軽にお問い合わせください。

 TACプロフェッションバンク

■ 有料職業紹介事業 許可番号13-ユ-010678　■ 一般労働者派遣事業 許可番号（派）13-010932
■ 特定募集情報等提供事業 届出受理番号51-募-000541

東京オフィス
〒101-0051
東京都千代田区神田神保町1-103
東京パークタワー 2F
TEL.03-3518-6775

大阪オフィス
〒530-0013
大阪府大阪市北区茶屋町6-20
吉田茶屋町ビル 5F
TEL.06-6371-5851

名古屋 登録会場
〒453-0014
愛知県名古屋市中村区則武1-1-7
NEWNO 名古屋駅西 8F
TEL.0120-757-655

10860572

TAC出版 書籍のご案内

TAC出版では、資格の学校TAC各講座の定評ある執筆陣による資格試験の参考書をはじめ、資格取得者の開業法や仕事術、実務書、ビジネス書、一般書などを発行しています！

TAC出版の書籍

*一部書籍は、早稲田経営出版のブランドにて刊行しております。

資格・検定試験の受験対策書籍

- ❂日商簿記検定
- ❂建設業経理士
- ❂全経簿記上級
- ❂税　理　士
- ❂公認会計士
- ❂社会保険労務士
- ❂中小企業診断士
- ❂証券アナリスト

- ❂ファイナンシャルプランナー(FP)
- ❂証券外務員
- ❂貸金業務取扱主任者
- ❂不動産鑑定士
- ❂宅地建物取引士
- ❂賃貸不動産経営管理士
- ❂マンション管理士
- ❂管理業務主任者

- ❂司法書士
- ❂行政書士
- ❂司法試験
- ❂弁理士
- ❂公務員試験(大卒程度・高卒者)
- ❂情報処理試験
- ❂介護福祉士
- ❂ケアマネジャー
- ❂電験三種　ほか

実務書・ビジネス書

- ❂会計実務、税法、税務、経理
- ❂総務、労務、人事
- ❂ビジネススキル、マナー、就職、自己啓発
- ❂資格取得者の開業法、仕事術、営業術

一般書・エンタメ書

- ❂ファッション
- ❂エッセイ、レシピ
- ❂スポーツ
- ❂旅行ガイド (おとな旅プレミアム/旅コン)

TAC出版

書籍のご購入は

1 全国の書店、大学生協、ネット書店で

2 TAC各校の書籍コーナーで

資格の学校TACの校舎は全国に展開!
校舎のご確認はホームページにて

資格の学校TAC ホームページ
https://www.tac-school.co.jp

3 TAC出版書籍販売サイトで

CYBER TAC出版書籍販売サイト

BOOK STORE

24時間ご注文受付中

| TAC 出版 | で | 検索 |

https://bookstore.tac-school.co.jp/

- 新刊情報をいち早くチェック!
- たっぷり読める立ち読み機能
- 学習お役立ちの特設ページも充実!

TAC出版書籍販売サイト「サイバーブックストア」では、TAC出版および早稲田経営出版から刊行されている、すべての最新書籍をお取り扱いしています。

また、会員登録(無料)をしていただくことで、会員様限定キャンペーンのほか、送料無料サービス、メールマガジン配信サービス、マイページのご利用など、うれしい特典がたくさん受けられます。

サイバーブックストア会員は、特典がいっぱい!(一部抜粋)

通常、1万円(税込)未満のご注文につきましては、送料・手数料として500円(全国一律・税込)頂戴しておりますが、1冊から無料となります。

専用の「マイページ」は、「購入履歴・配送状況の確認」のほか、「ほしいものリスト」や「マイフォルダ」など、便利な機能が満載です。

メールマガジンでは、キャンペーンやおすすめ書籍、新刊情報のほか、「電子ブック版TACNEWS(ダイジェスト版)」をお届けします。

書籍の発売を、販売開始当日にメールにてお知らせします。これなら買い忘れの心配もありません。

日商簿記検定試験対策書籍のご案内

TAC出版の日商簿記検定試験対策書籍は、学習の各段階に対応していますので、あなたのステップに応じて、合格に向けてご活用ください!

3タイプのインプット教材

❶

🔵 **満点合格を目指し次の級への土台を築く**

「合格テキスト」
「合格トレーニング」

● 大判のB5判、3級〜1級累計300万部超の、信頼の定番テキスト&トレーニング! TACの教室でも使用している公式テキストです。3級のみオールカラー。
● 出題論点はすべて網羅しているので、簿記をきちんと学んでいきたい方にぴったりです!
◆3級 □2級 商簿、2級 工簿 ■1級 商・会 各3点、1級 工・原 各3点

❷

🔵 **教室講義のようなわかりやすさでしっかり学べる**

「簿記の教科書」
「簿記の問題集」　　　　　　　　滝澤 ななみ 著

● A5判、4色オールカラーのテキスト（2級・3級のみ）&模擬試験つき問題集!
● 豊富な図解と実例つきのわかりやすい説明で、もうモヤモヤしない!!
◆3級 □2級 商簿、2級 工簿 ■1級 商・会 各3点、1級 工・原 各3点

❸

🔵 **初学者でも楽しく続けられる!**

「スッキリわかる」
テキスト／問題集一体型
滝澤 ななみ 著（1級は商・会のみ）

● 小型のA5判（4色オールカラー）によるテキスト／問題集一体型。これ一冊でOKの、圧倒的に人気の教材です。
● 豊富なイラストとわかりやすいレイアウト! かわいいキャラの「ゴエモン」と一緒に楽しく学べます。

◆3級 □2級 商簿、2級 工簿
■1級 商・会 4点、1級 工・原 4点

「スッキリうかる本試験予想問題集」
滝澤 ななみ 監修　TAC出版開発グループ 編著
● 本試験タイプの予想問題9回分を掲載
◆3級 □2級

TAC出版

コンセプト問題集

● 得点力をつける!

『みんなが欲しかった! やさしすぎる解き方の本』

B5判 滝澤 ななみ 著

● 授業で解き方を教わっているような 新感覚問題集。再受験にも有効。

◆3級 □2級

本試験対策問題集

● 本試験タイプの 問題集

『合格するための 本試験問題集』
(1級は過去問題集)

B5判

● 12回分(1級は14回分)の問題を収載。 ていねいな「解答への道」、各問対策が 充実

● 年2回刊行。

◆3級 □2級 ■1級

● 知識のヌケを なくす!

『まるっと 完全予想問題集』
(1級は網羅型完全予想問題集)

A4判

● オリジナル予想問題(3級10回分、2級12回分、 1級8回分)で本試験の重要出題パターンを網羅。

● 実力養成にも直前の本試験対策にも有効。

◆3級 □2級 ■1級

直前予想

『○年度試験をあてる TAC予想模試 +解き方テキスト ○〜○月試験対応』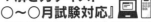

(1級は第○回試験をあてるTAC直前予想模試)

A4判

● TAC講師陣による4回分の予想問題で最終仕上げ。

● 2級・3級は、第1部解き方テキスト編、第2部予想模試編 の2部構成。

● 年3回(1級は年2回)、各試験に向けて発行します。

◆3級 □2級 ■1級

あなたに合った合格メソッドをもう一冊!

 『究極の仕訳集』
B6変型判
● 悩む仕訳をスッキリ整理。ハンディサイズ、 一問一答式で基本の仕訳を一気に覚える。
◆3級 □2級

 『究極の計算と仕訳集』
B6変型判 境 浩一朗 著
● 1級商会で覚えるべき計算と仕訳がすべて つまった1冊!
■1級 商・会

 『究極の会計学理論集』
B6変型判
● 会計学の理論問題を論点別に整理、手軽 なサイズが便利です。
■1級 商・会、全経上級

 『カンタン電卓操作術』
A5変型判 TAC電卓研究会 編
● 実践的な電卓の操作方法について、丁寧 に説明します!

:ネット試験の演習ができる模擬試験プログラムつき(2級・3級)

:スマホで使える仕訳Webアプリつき(2級・3級)

・2024年2月現在 ・刊行内容、表紙等は変更することがあります ・とくに記述がある商品以外は、TAC簿記検定講座編です

書籍の正誤に関するご確認とお問合せについて

書籍の記載内容に誤りではないかと思われる箇所がございましたら、以下の手順にてご確認とお問合せをしてくださいますよう、お願い申し上げます。

なお、正誤のお問合せ以外の書籍内容に関する解説および受験指導などは、一切行っておりません。
そのようなお問合せにつきましては、お答えいたしかねますので、あらかじめご了承ください。

1 「Cyber Book Store」にて正誤表を確認する

TAC出版書籍販売サイト「Cyber Book Store」の
トップページ内「正誤表」コーナーにて、正誤表をご確認ください。

CYBER TAC出版書籍販売サイト
BOOK STORE

URL：https://bookstore.tac-school.co.jp/

2 1の正誤表がない、あるいは正誤表に該当箇所の記載がない
⇒ 下記①、②のどちらかの方法で文書にて問合せをする

★ご注意ください★

お電話でのお問合せは、お受けいたしません。
①、②のどちらの方法でも、お問合せの際には、「お名前」とともに、
「対象の書籍名（○級・第○回対策も含む）およびその版数（第○版・○○年度版など）」
「お問合せ該当箇所の頁数と行数」
「誤りと思われる記載」
「正しいとお考えになる記載とその根拠」
を明記してください。
なお、回答までに1週間前後を要する場合もございます。あらかじめご了承ください。

① ウェブページ「Cyber Book Store」内の「お問合せフォーム」より問合せをする

【お問合せフォームアドレス】

https://bookstore.tac-school.co.jp/inquiry/

② メールにより問合せをする

【メール宛先　TAC出版】

syuppan-h@tac-school.co.jp

※土日祝日はお問合せ対応をおこなっておりません。
※正誤のお問合せ対応は、該当書籍の改訂版刊行月末日までといたします。

乱丁・落丁による交換は、該当書籍の改訂版刊行月末日までといたします。なお、書籍の在庫状況等により、お受けできない場合もございます。
また、各種本試験の実施の延期、中止を理由とした本書の返品はお受けいたしません。返金もいたしかねますので、あらかじめご了承くださいますようお願い申し上げます。

（2022年7月現在）